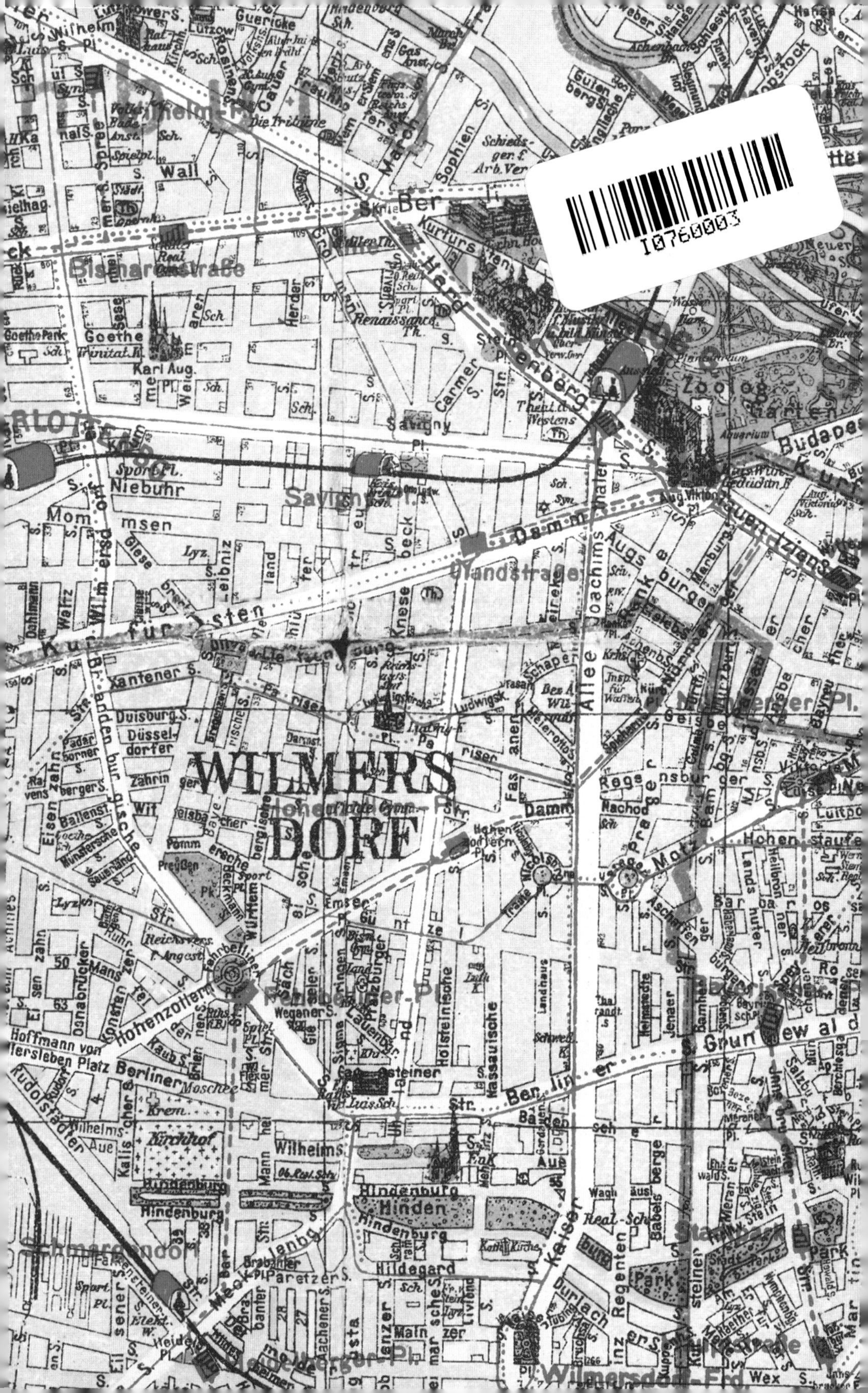
WILMERS
DORF
I0760003
Zoolog. Garten
Kurfürstendamm
Savigny Pl.
Niebuhr
Mommsen
Xantener S.
Duisburg.S.
Düssel-dorfer
Pariser
Ludwigkirche
Regensburger
Nachod
Hohenzollern
Fehrbelliner Pl.
Berliner
Kaiser Allee
Joachimsthaler
Augsburger
Nürnberger Pl.
Motz
Hohenstaufen
Grunewald
Hindenburg
Hildegard
Paretzer S.
Mainzer
Durlach
Regenten
Badensche
Aschaffenburger
Lietzenburger
Kirchhof
Preußen Pk.
Renaissance Th.
Schiller Th.
Theat. d. Westens
Goethe
Karl Aug. Pl.
Carmer S.
Knesebeck
Leibniz
Wielandstraße
Uhlandstraße
Hardenbergstraße
Kantstraße
Bismarckstraße
Schmargendorf
Wilmersdorf-Fr.d.

V&R

Simon-Dubnow-Institut
für jüdische Geschichte und Kultur

Simon Dubnow

Buch des Lebens

Erinnerungen und Gedanken
Materialien zur Geschichte meiner Zeit

Band 3: 1922–1933

Herausgegeben im Auftrag des
Simon-Dubnow-Instituts für jüdische Geschichte und Kultur
von Verena Dohrn

Aus dem Russischen von Vera Bischitzky

Vandenhoeck & Ruprecht

Umschlagabbildung: Simon Dubnow, Riga 1936
© The Archives of the YIVO Institute for Jewish Research, New York
Vorsatz: Der Berliner Westen. Pharus-Plan Berlin 1923; Verkehrsausgabe, Ausschnitt © Pharus-Plan (2005)
Nachsatz: Berlin Mitte. Pharus-Plan Berlin 1923; Verkehrsausgabe, Ausschnitt © Pharus-Plan (2005)

Mit 24 Abbildungen

Bibliografische Information Der Deutschen Bibliothek

Die Deutsche Bibliothek verzeichnet diese Publikation in der Deutschen Nationalbibliografie; detaillierte bibliografische Daten sind im Internet über <http://dnb.ddb.de> abrufbar.

ISBN 3-525-36952-2

Textgrundlage der deutschen Übersetzung ist die von Viktor E. Kel'ner betreute russische Neuausgabe von Simon Dubnows »Kniga žizni. Materialy dlja moego vremeni. Vospominanija i razmyšlenija«, die 1998 in St. Petersburg (Rußland, 2. Auflage 2005) erschienen ist.

Printed in Germany.
Umschlagkonzeption: Groothuis, Lohfert, Consorten, Hamburg
Satz: Satzspiegel, Nörten-Hardenberg
Druck und Bindung: Hubert & Co., Göttingen

Gedruckt auf alterungsbeständigem Papier.

Inhalt

Vorwort

Mit diesem dritten Band liegen die Erinnerungen Simon Dubnows, des großen jüdisch-russländischen Historikers der Geschichte der Juden, vollständig in deutscher Sprache vor. Das seinen Namen tragende Institut für jüdische Geschichte und Kultur in Leipzig möchte auf diese Weise dem Historiker und dem Menschen Simon Dubnow Dank und Verpflichtung zum Ausdruck bringen. Mit der nunmehr realisierten Absicht, die drei Bände seiner Erinnerungen mit einem umfangreichen Anmerkungsapparat versehen herauszugeben, wird dem deutschsprachigen Leser ein bedeutendes zeithistorisches Dokument in die Hand gegeben. Dieses ist in erster Linie von persönlich-biographischer Bedeutung für den in einer breiteren Öffentlichkeit wenig bekannten Lebensweg Simon Dubnows. Hier erschließt sich das Œuvre des Historikers und jüdischen Volkserziehers in einer Epoche des Wandels, der Umbrüche und Revolutionen. Die Bände bieten mit den in ihnen enthaltenen unterschiedlichen Perspektiven sowohl der historischen und kulturwissenschaftlichen Forschung als auch einer allgemein interessierten Leserschaft ein ganzes Panorama von jüdischen und anderen Themen.

Der dritte und letzte Band umfasst den Zeitraum von 1922 bis 1933. Beide Jahreszahlen stehen für allgemeine historische Zäsuren ebenso wie für zentrale Erfahrungen der Person Simon Dubnow – Zeitgeschichte und Lebensgeschichte werden hier identisch, doch diese Identität von Lebenszeit und Weltzeit verheißt im Kontext jüdischer Geschichte wenig Gutes. Im Jahre 1922 verlässt Simon Dubnow Petrograd; im Jahre 1933 ist er gezwungen, Berlin den Rücken zu kehren. Beide Daten stehen für die jeweilige Etablierung eines totalitären Regimes. 1922 gründete sich die Sowjetunion. Das Regime hatte sich mit der Beendigung des polnisch-sowjetischen Krieges im Frieden von Riga 1921 stabilisiert, Grenzen waren gezogen, Institutionen eingerichtet worden; der so genannte Kriegskommunismus war an sein Ende gelangt, die Macht der Bolschewiki stand nunmehr außer Frage. Ein gutes Jahrzehnt darauf, im Januar 1933, war die Herrschaft der Nazis in Deutschland Wirklichkeit geworden. Simon Dubnow wurde erneut Zeuge und Beobachter der dramatischen Vorgänge von Machtübertragung und früher Gleichschaltung; am grundsätzlichen Unrechts- und Gewaltcharakter dieser Regierung konnte für ihn kein Zweifel sein. Er hatte genug gesehen, als er wenige Monate nach dem Regierungsantritt Hitlers, im August desselben Jahres, Deutschland Richtung Riga verließ.

In seinen Erinnerungen der Jahre 1922 bis 1933 reflektiert Simon Dubnow die jüdische Erfahrung der allgemeinen Krisenhaftigkeit jener Zeit. Die Krise ist evident, aber ihr Ausgang ist ihm, dem prospektiven Opfer des Holocausts, noch verborgen. Umso dramatischer bietet sich die Beschreibung jener Jahre dem heutigen Leser dar: Er weiß um den Ausgang der Geschichte. Doch auch für die Zeitgenossen ist diese Zeit ungewöhnlich: Ihr haftet etwas Vorübergehendes, etwas Vorläufiges an – eine veritable Zeit der Ausnahme, eingezwängt zwischen neu entstandenen Räumen. Das politische Geschehen spielt sich ab *zwischen* Räumen und Zeiten. Als ein solches Ereignis »dazwischen« wird es später dann auch von der Historiographie markiert werden, von »Zwischeneuropa« war sogar schon in der zeitgenössischen politischen Debatte die Rede. Im historischen Rückblick, prägte sich der Begriff der »Zwischenkriegszeit« ein. Das Wort »Zwischeneuropa« hatte eine territoriale Grundbedeutung und sollte seinerzeit den Raum zwischen Deutschland und Russland kennzeichnen – den ausgeschlossenen Mächten der Pariser Ordnung von 1919. Von dieser ungewissen Konstellation ging das Empfinden von Vorläufigem und Provisorischem aus. Die spätere Zuschreibung »Zwischenkriegszeit« war und ist von temporalem Bezug und weist jene Jahre als Atempause aus, ganz so, als habe es sich bloß um eine geliehene Zeit zwischen den dramatischen Großereignissen des Jahrhunderts gehandelt. Das eine Großereignis, der Erste Weltkrieg, zerstörte dabei die politische Welt von gestern, das andere, der Zweite Weltkrieg, vernichtete im wörtlichen Sinne diejenige europäische Bevölkerungsgruppe, die man mit Hannah Arendt als Europas signifikanteste Minderheit bezeichnen könnte – die Juden. Der Raum, in dem die überwiegende Zahl von ihnen damals lebte, wurde durch ethnische Konflikte, Revisionsabsichten und wirtschaftliche Krisen zutiefst erschüttert – und das, noch bevor das eigentliche Unheil seinen Lauf nahm. Schon in den 1920er Jahren waren fast alle neu errichteten oder erweiterten Staaten des ostmitteleuropäischen Raums zu autoritären Gemeinwesen oder offenen Diktaturen geworden. Die Zwischenkriegszeit in »Zwischeneuropa« war eine den Juden Ostmitteleuropas wenig gewogene Zeit. Es war eine Zeit der Katastrophen vor der Katastrophe.

In der Dämmerung zwischen den Zeiten richtet sich Simon Dubnow in Berlin ein, um sein Lebenswerk, die *Weltgeschichte des jüdischen Volkes* in zehn Bänden sowie die *Geschichte des Chassidismus* zu vollenden – gemäß der seinem Geschichtswerk eingekerbten Maxime: »Ich heile das neue Leid mit der Erinnerung an das alte«. Minutiös protokolliert er gleichzeitig in seinen Erinnerungen, was der Engel der Geschichte allein im Blick zurück zu offenbaren vermag. Es ist also ein Blick auf die sich ankündigenden Verwerfungen des dramatischen 20. Jahrhunderts – und zwar aus der Perspektive des vorangegangenen Saeculums; ein Blick, der noch die Gewissheit der inzwischen vergangenen Ära europäischer Vielvölkerreiche kannte und nun, langsam zwar aber mit geschärfter Aufmerksamkeit, auf die kurzatmigen Reflexe der neuen und erweiterten Nationalstaaten schaut, die ihrer Existenz wenig gewiss sind.

Die Erinnerungen Simon Dubnows bieten sich dem Leser als eine Art von Palimpsest dar: Die Arbeit an der von ihm verfassten *Weltgeschichte des jüdischen Volkes* wird gleichsam auf denselben Seiten von den Ereignissen des Tages überschrieben – die Memoiren Dubnows kommentieren diese Gleichzeitigkeit des Ungleichzeitigen unentwegt. Thema sind die politischen Vorgänge, aber natürlich auch profane Fragen seines schriftstellerischen Alltags, also sehr häufig Probleme, die mit den Verwandlungen von Manuskripten in Druckwerke zu tun haben. Die Verknüpfung zwischen historischem Text und dem Text der Zeit schlägt sich in den Erinnerungen wie in einem Logbuch nieder – es geht um Fragen des Übersetzens, des Edierens, des Verlegens, des Neu- und Umschreibens. Ihre Bedingungen sind die materielle Seite der zu verfassenden Geschichte. Dubnow belasten die Widrigkeiten des Alltags und die um alles in der Welt zu nutzende Lebenszeit angesichts einer Energien verschleißenden Inflation. Dazu gehören auch die von anderen vermittelten Eindrücke über die gewesene wie die anwesende Zeit – Begegnungen mit Zeitgenossen von nah und fern, aus dem verschlossenen Russland und dem zugänglichen »Zwischeneuropa«. Schließlich ist das damalige Berlin eine Station des Übergangs in jener zwischenzeitlichen Welt.

Die Zwischenkriegszeit ist die Zeit der Minderheiten. Die Krise von Nation und Nationalität, die vor allen Augen in der Zwischenkriegszeit aufgebrochen war, scheint aus heutiger Sicht die Geschichtsauffassung des jüdischen Historikers und das mit ihr verbundene Autonomiekonzept in aller Dringlichkeit ebenso zu bestätigen wie es faktisch widerlegt wurde; diese Krise des sich immer stärker anstauenden Bedrohungspotenzials von ethnischem Nationalismus und Xenophobie offenbarte die brennende Aktualität von Fragen des Völkerrechts und des Minderheitenschutzes – seinerzeit juristisch noch höchst fragile Gebilde, deren Bedeutung aber gerade für die Juden »Zwischeneuropas« gar nicht überschätzt werden können. Die Lehre war unmissverständlich: Ist der Minderheitenschutz nicht verbürgt und verfällt das ihn tragende internationale Ordnungsgefüge, vor allem die europäische Friedensordnung des Völkerbundes, dann sind die Juden als nicht-territoriale Bevölkerung allen sich daraus ergebenden Gefährdungen gänzlich schutzlos ausgeliefert.

Bei allem Interesse an der Minderheitenfrage war die »deutsche Zeit«, wie man seine Jahre in Berlin nennen könnte, für Simon Dubnow jedoch vornehmlich eine Werkstatt des Historikers. Die ausgehenden 1920er Jahre waren trotz mancherlei Unbill des Alltags dank seiner stupenden Energie, seines Fleißes und seiner Disziplin, zum Höhepunkt seiner Schaffenskraft geworden, in denen er wichtige Teile seiner Pläne vollendete; auch von diesem intellektuellen Kraftakt des siebzigjährigen Simon Dubnow zeugen die Erinnerungen. Sie geben nicht zuletzt auch ein einzigartiges Bild von den letzten Jahren der Republik von Weimar, die mit Dubnow einen Chronisten haben, der den Untergang der deutschen Demokratie als russisch-jüdischer Emigrant in Berlin beobachtet und protokolliert. Sein Blick war in vielerlei Hinsicht ungewöhnlich, denn bei Dubnow handelte es sich nicht nur um eine Person des 19. Jahrhunderts und der Welt der Vielvölkerreiche. Der von ihm eingenommene Blick auf die deutschen Zustände erlaubt eine durch vielerlei Distanzen geschärfte Beobachtung. Sie unterscheidet sich grundlegend von den Wahrnehmungen der deutschen Juden und ihrer Emanzipationsgeschichte, die in jenen Tagen annulliert wird – um von allen damit zusammenhängenden Folgen nicht zu reden.

Das Editionsprojekt hat von der jahrelangen Mühe sehr vieler Beteiligter profitiert, von denen in erster Linie die Herausgeberin Verena Dohrn und die Übersetzerinnen Vera Bischitzky – die wie für den ersten Band auch für den vorliegenden verantwortlich zeichnete – und Barbara Conrad-Lütt zu nennen sind. Ihrer detailgenauen Arbeit an dem Dokument, sowohl bei der Übertragung des Textes aus dem Russischen ins Deutsche als auch bei der Kommentierung der zahlreichen politischen, zeithistorischen und kulturellen Bezüge, sei deshalb vor allem meine Dankbarkeit und der Dank des ganzen Instituts ausgesprochen. Dabei bewährte es sich, dass mit Frau Dohrn die wissenschaftliche Verantwortung in den Händen einer erfahrenen Osteuropahistorikerin lag, die seit Jahren zu verwandten Themen arbeitet.

Im Zusammenhang der zahlreichen Arbeitsschritte, die auf dem Wege zur Drucklegung immer auch zu tun sind – zu nennen wären hier exemplarisch nur die Herstellung der aufwändigen Register, die Abstimmungen zwischen dem Verlag Vandenhoeck & Ruprecht und allen Beteiligten und die vereinheitlichende Durchsicht aller Texte – sei auch den Mitarbeiterinnen und Mitarbeitern des Instituts von Herzen gedankt, namentlich Susanne Zepp und Nicolas Berg für ihr unmittelbares inhaltliches Engagement bei allen Zwischenstufen des Textes und für ihre Weitsicht in der allgemeinen Koordination und Organisation der Abläufe dieses dreibändigen Großprojektes. Gedankt sei besonders herzlich auch Grit Jilek für ihren großen Einsatz bei der Erstellung des Sachregisters für alle drei Bände. Hier wurde nicht zuletzt auch ihre Forschungsleistung evident, die sie parallel dazu in ihre Magisterarbeit über Simon Dubnows Autonomiekonzept investierte.

Arndt Engelhardt sei für die Umsicht bei der Beschaffung von Fotografien und deren Rechten gedankt, außerdem auch Yvonne Kleinmann, Markus Kirchhoff, Frank Nesemann und Kai Struve für ihre genaue Lektüre von Teilen des Textes und der Kommentare vor der Drucklegung, sowie für die Durchsicht der Fahnen. Auch dem Verlag sei ein herzlicher Dank ausgesprochen – hier möchte ich Martin Rethmeier in erster Linie, persönlich und zugleich stellvertretend für alle seine Mitarbeiterinnen und Mitarbeiter, die an dem Projekt beteiligt waren, nennen und ihm für die von einem besonderen Geist geprägte Kooperationsbeziehung zwischen Göttingen und Leipzig danken. Sodann gilt mein herzlicher Dank auch den Hilfskräften des Instituts, neben Grit Jilek vor allem Anke Költsch, Sebastian Kirschner, Stephan Stach, Sebastian Voigt und Fabian Frauendorf, die in verschiedenen Phasen der Editionsarbeit unentbehrlich gewesen sind.

Zuletzt soll nicht versäumt werden, der entscheidenden Institution zu danken, ohne die das Memoiren-Projekt nicht hätte realisiert werden können, dem Sächsischen Staatsministerium für Wissenschaft und Kunst. Es hat in der Person von Frau Eva Wiese einen beständigen Befürworter und ideellen Förderer gefunden – und dafür sei ihr auch persönlich ein besonders herzlicher Dank ausgesprochen.

Dan Diner Im Frühjahr 2005

Verena Dohrn und Anke Hilbrenner

Einführung: Simon Dubnow in Berlin

I. Die ephemere Existenz des Migranten

Simon Dubnow verbrachte die Jahre von 1922 bis 1933 in Berlin. Dort erlebte er den hoffnungsvollen Beginn und das schreckliche Ende der Weimarer Republik. Im Vorwort zum dritten Teil der *Erinnerungen*, das er 1940 in Riga, Mežaparks [Kaiserwald], verfaßte, resümierte er, er sei Zeuge des Unterganges geworden.[1] Beinahe wäre dieser Teil der Erinnerungen dem Krieg zum Opfer gefallen. Er erschien in den letzten Monaten des Friedens in Lettland nach Abschluß des Hitler-Stalin-Pakts, nachdem Wehrmacht und Rote Armee in Polen einmarschiert waren. Dubnow brachte den dritten Teil der *Erinnerungen* im Frühjahr 1940 im Selbstverlag an die Öffentlichkeit, nur wenige Wochen bevor die Sowjetunion Lettland besetzte. Fünfzehn Jahre zuvor hatte der russisch-jüdische Historiker in der Berliner Emigration seine Hoffnungen auf ein friedliches und demokratisches Europa zu der bangen Frage zusammengefaßt: »Werde ich den wahren Pazifismus, das Zur-Ruhe-Kommen der Seelen, den Beginn der Vereinigten Staaten Europas noch erleben?« Diese Tagebuchaufzeichnung ist auf den 20. Oktober 1925 datiert. Der Anlaß für sein Nachdenken über die Zukunft Europas war der Abschluß der Verträge von Locarno gewesen, in denen Deutschland auf eine militärische Revision der europäischen Grenzen verzichtete. Doch Dubnows Realitätssinn warnte ihn vor zu großen Hoffnungen.[2] Zwischen bangen Fragen und bitterer Bilanz spannt sich der Horizont seiner Erinnerungen an die Berliner Zeit.

Der Historiker und Politiker Simon Dubnow gilt als einer der großen Erzähler der jüdischen Geschichte. Er wurde schon zu Lebzeiten zu einer Legende stilisiert, obgleich er wegen seiner eigenwilligen politischen Konzeptualisierung des Diasporanationalismus umstritten blieb und im Zeitalter des Nationalismus marginalisiert wurde. Außerhalb der jüdischen Welt geriet er weitgehend in Vergessenheit. Geboren in der Kreisstadt Mstislawl, Gouv. Mogiljow, aufgewachsen in einer traditionellen Familie und Autodidakt in den Geschichtswissenschaften, gehörte Simon Dubnow zum Kreis jener russisch-jüdischen Intellektuellen, deren Rebellion zunächst an den Ideen der Aufklärung orientiert und sowohl gegen die jüdische Tradition wie gegen die zarische Autokratie gerichtet war, sich dann aber angesichts der mißlungenen Integration und weitgehender Nichtakzeptanz in der russischen Gesellschaft in nationale oder revolutionäre

Romantik verkehrte.[3] Dubnow lebte als freier Autor und Journalist in Petersburg, Odessa und Wilna. Seit den 1890er Jahren spielte der nationale Romantiker, liberale Politiker und Wissenschaftler eine zentrale Rolle im »Kulturkampf« zwischen den verschiedenen politischen und kulturellen Orientierungen und den unterschiedlichen Sprachgruppen innerhalb der jüdischen Gemeinschaft des Russischen Reiches.[4]

Nach dem Scheitern seiner Hoffnungen auf eine jüdische nationale Wiedergeburt im Rahmen eines demokratischen und pluralistischen Rußland verabschiedete sich Simon Dubnow von der osteuropäischen Heimat und von der Politik. Er emigrierte nach Berlin, um dort seine Lebensarbeit zu vollenden – die zehnbändige monumentale *Weltgeschichte des jüdischen Volkes* sowie die *Geschichte des Chassidismus* in zwei Bänden und das *Buch des Lebens*. Dafür benötigte er die kulturelle Infrastruktur einer Metropole, insbesondere gute Bibliotheken. Diese Voraussetzung bot ihm die Preußische Staatsbibliothek. Doch selbst im Berliner Refugium vermochte sich Dubnow der öffentlichen und politischen Arbeit nicht gänzlich zu entziehen. In der Rolle des Mittlers wirkte er auch im russisch-jüdischen Berlin und fungierte für unterschiedliche, sogar miteinander verfeindete Gruppen als Symbol-, Leit- und Integrationsfigur. Sein Leben und Wirken im Berliner Westen bildeten einen Schnittpunkt interkultureller Kommunikation und transnationaler politischer Aktionen. Die Mittlerrolle entsprach seinem Temperament und war seine persönliche Antwort auf die existentiellen Enttäuschungen und politischen Verwerfungen. Davon zeugen Dubnows Erinnerungen im dritten Teil und geben dazu einen Einblick in die Eigenarten und die Vielfalt des russisch-jüdischen Berlin. Sie zeigen den Wirkungsradius der Migranten in der Metropole, über die Grenzen der Stadt, ja sogar über die Grenzen Deutschlands hinaus.

Simon Dubnow und seine Frau Ida, geborene Frejdlin, gehörten zu den Revolutionsflüchtlingen des Jahres 1922. Sie hatten Petrograd am 23. April 1922 verlassen, waren über Estland und Lettland nach Litauen gereist und kamen am 6. September von Kaunas über Danzig am Bahnhof Berlin-Charlottenburg an. Der Jüdische Nationale Rat in Litauen hatte ihnen zur Ausreise aus der Sowjetunion verholfen und der Jüdische Verlag in Berlin dem Historiker bereits die Publikation der *Weltgeschichte* in vier Sprachen (deutsch, hebräisch, russisch und jiddisch) offeriert. Ein Grund für seine baldige Weiterreise nach Berlin war, daß sich die Aussicht auf einen Lehrstuhl für Jüdische Geschichte an der Universität in Kaunas zerschlug, ein zweiter, daß Berlin ihm größere Chancen zur Vollendung und Veröffentlichung seines Werkes bot als die litauische Hauptstadt.

Berlin gewährte den Dubnows zunächst zeitweiliges, später unbefristetes Asyl. Sie lebten dort ein gutes Jahrzehnt, bis die Nationalsozialisten im Januar 1933 die Macht ergriffen. Wie viele andere Migranten führten sie ein Leben des Übergangs. Ein Zeichen dafür war der häufige Wohnungswechsel. Zunächst nahm der Freund und Kollege Josef Meisl, Sekretär der Jüdischen Gemeinde von Berlin, das Ehepaar auf. Die ersten Monate verbrachten die Dubnows bei ihm in Halensee. Danach lebten sie zur Untermiete in einer Pension, im Sommerhaus, in möblierten Zimmern bei einer deutschen, dann bei einer jüdischen Wirtin. Im Frühjahr 1924 bezogen sie zwei möblierte Zimmer in einer Villa am Hohenzollerndamm, Ecke Roseneck in Berlin-Grunewald. Am längsten, zwischen August 1925 und August 1930, insgesamt fünf Jahre, und nach eigenem Empfinden auch am unbeschwertesten lebten Simon Dubnow und seine Frau Ida in einer möblierten Vierzimmerwohnung in der Charlottenbrunner Straße Nr. 3. Zuletzt mieteten sie sich eine Wohnung in Berlin-Grunewald, in der Ruhlaer Straße Nr. 8, einem gerade fertig gestellten hochmodernen Bau, der damals öffentliches Aufsehen erregte, und richteten sich dort ganz neu ein. Das unstete Dasein der frühen zwanziger Jahre wich allmählich Kontinuität und Seßhaftigkeit. Stets lebte Dubnow in Berlin – anders als in Petersburg/Petrograd, wo er immer wieder um das Wohnrecht kämpfen mußte, aber ähnlich wie zuvor in Wilna, danach in Riga – in gutbürgerlichen Gegenden mit Gärten, Alleen oder Parks in der Nähe. Dann aber wurde er erneut zur Flucht gezwungen.

Dubnow reizte die Urbanität Berlins. Er zeigte Sympathie für den neu geschaffenen demokratischen Staat. Darüber hinaus war ihm die besondere jüdische Tradition Berlins bewußt, kam ihm die geopolitische Lage im Kreuzungspunkt – als Station und Bindeglied – zwischen Ost und West gelegen.[5] In erster Linie aber waren es zunächst jüdische Institutionen und Menschen aus dem weitgehend deutsch akkulturierten jüdischen Ostmitteleuropa, die ihm in Berlin ein Heimatgefühl gaben. Juden aus Galizien, Mähren, Böhmen, Ungarn, dem Baltikum hatten es leichter als er, sich in die deutsche Haupt- und Großstadt einzufügen. Doch der erste, der ihn 1921 nach Berlin gerufen hatte, war ein Landsmann – Saul-Israel Gurwitsch. Dubnow hatte ihn im Alter von siebzehn Jahren (1877) in der Jeschiwa seines Großvaters Benzion in Mstislawl kennengelernt. Sie waren Altersgenossen und weitläufig miteinander verwandt. In Dubnows erstem Petersburger Jahr (1881) hatten die beiden zusammen bei einem Privatlehrer Englischunterricht genommen, um die Lieblingsautoren John Stuart Mill, Herbert Spencer und Thomas Buckle im Original zu lesen. Gurwitsch war 1905 nach Berlin ausgewandert und ein hebräischer Publizist geworden. Er hatte dort die Zeitschrift *He-Atid* gegründet und sie bis zu seiner Ausweisung aus Deutschland nach Kriegsbeginn herausgegeben. Den Krieg, die Revolution und den Bürgerkrieg hatte er in der Ukraine erlebt, wo er ein unstetes Wanderleben führte. Dubnow war ihm erst 1920 in Petersburg wieder begegnet.[6] Seit 1921 lebte Gurwitsch erneut in Berlin, nun bei seinem Sohn Elias Hurwicz, der den dritten Band von Simon Dubnows *Neuester Geschichte des jüdischen Volkes* in deutscher Übersetzung herausgab (Berlin 1923) und später auch die gekürzte deutsche Edition der Erinnerungen (*Mein Leben*, Berlin 1937). Gurwitsch selbst starb jedoch, noch bevor Dubnow in Berlin eintraf. Erste institutionelle Anlaufstelle für Dubnow war die Jüdische Gemeinde, und sein erster Gewährsmann dort war der Gemeindesekretär Josef Meisl

(1883–1958). Dubnow kannte Meisls Schwiegervater, den hebräischen Publizisten Saul Pinchas Rabinowitsch-Schefer, der aus Tauroggen an der ostpreußisch-litauischen Grenze stammte, bereits seit langer Zeit. Er war ihm in den späten 1880er Jahren auf einer Reise in Warschau begegnet. Meisl hatte seine Kindheit und Jugend in der traditionellen osteuropäisch-jüdischen Lebenswelt Mährens verlebt. Mit Dubnow verband ihn das Interesse an der Geschichte der Juden im östlichen Europa.[7] Als Dubnow im September 1922 in Berlin ankam, arbeitete Meisl dort bereits seit mehr als einem Jahrzehnt. Rabinowitsch-Schefer, der seit 1905 in Berlin gelebt hatte, war 1910 gestorben.

Verbindungen zum deutschsprachigen Berlin stellten für Simon Dubnow auch Mark Wischnitzer sowie die Brüder Juli und Boris Brutzkus her. Wischnitzer kam aus Galizien, die Brüder Brutzkus stammten aus Kurland, und Dubnow kannte alle drei aus Petersburg. Wischnitzer war dort – wie Dubnow – Mitglied der *Historisch-Ethnographischen Gesellschaft* und verantwortlicher Redakteur für die Geschichtsabteilung der russischsprachigen *Jüdischen Enzyklopädie* gewesen. Später hatte er an der von Dubnow herausgegebenen historischen Zeitschrift *Jewrejskaja starina* mitgearbeitet. Von 1921 bis 1937 engagierte er sich in Berlin als Sekretär des *Hilfsvereins der deutschen Juden* für die Juden im östlichen Europa. Der Agrarexperte Boris Brutzkus hatte sich zuerst in der ICA *(Jewish Colonization Association)*, später im ORT (*Gesellschaft zur Förderung von Handwerk und Arbeit für die Juden in Rußland*, gegr. 1880 in Petersburg) und zusammen mit Dubnow in der *Folkspartej* öffentlich engagiert. In Berlin lehrte er von 1922 bis 1932 am *Russischen Wissenschaftlichen Institut*, war im YIVO aktiv und gab mit Jakob Lestschinsky und Jakob Segall zusammen die *Bleter far jidische demografie, statistik un ekonomik* (1923–25) heraus. Der studierte Mediziner Juli Brutzkus hatte nach der Übersiedlung aus Moskau im Zuge der Vertreibungen der Juden aus der russischen Metropole (1891) als Publizist in Petersburg gearbeitet, schrieb für den *Woschod*, für die *Jewrejskaja schisn* und für den *Rasswet*. Auch er war in der ICA engagiert und hatte in der *Gesellschaft zur Verbreitung der Aufklärung unter den Juden in Rußland* in Petersburg, später im *Verband zur Erlangung der Bürgerrechte für Juden in Rußland* (gegr. 1905 in Wilna[8]) mitgewirkt. Seit 1922 in Nachfolge von Max Solowejtschik Minister für jüdische Angelegenheiten und Parlamentsabgeordneter in Litauen hatte er nach der Einschränkung der jüdischen Autonomie in der Ersten Litauischen Republik Mitte der 1920er Jahre Aufgabe, Amt und Mandat verloren und war nach Berlin emigriert. In Berlin arbeitete er für das YIVO und die jüdische Gesundheitsorganisation OSE.

Die Freundschaft mit den Brüdern Steinberg aus dem lettgallischen Dwinsk/Dünaburg/Daugavpils war erst in Berlin entstanden. Dubnow kannte Aaron Steinberg zwar schon aus Petrograd, denn der an der Universität Heidelberg promovierte Philosoph und Sympathisant der Sozialrevolutionäre war dort – wie er – Mitglied der *Historisch-Ethnographischen Gesellschaft*, der *Gesellschaft für Aufklärung* und Kollege an der Jüdischen Universität gewesen. Doch erst bei der Übersetzung der *Weltgeschichte* und der *Geschichte des Chassidismus* ins Deutsche arbeitete Dubnow eng mit ihm zusammen. Mit Isaak Steinberg, der ein führender Sozialrevolutionär und der erste Justizminister Sowjetrußlands gewesen und dabei ein gesetzestreuer Jude geblieben war, verbanden ihn intensive Gespräche und gelegentliche gemeinsame Besuche einer kleinen Synagoge in der Franzensbader Straße an hohen Feiertagen.

Im Kreis der Freunde und Kollegen, die er aus Petersburg, Odessa und Wilna kannte und die er bei seiner Ankunft in Berlin zusammengerückt fand, fühlte sich Dubnow gut aufgehoben. In ihnen begegnete er seiner alten Lebenswelt, der eigenen Vergangenheit. Hingegen betrachtete er die deutsche Hauptstadt mit ihren Ereignissen und Attraktionen zumeist nur als kritischer Beobachter, aus die Perspektive des Lesers der *Vossischen Zeitung*. In dieser Hinsicht war die Stadt Exil, ein unwirklicher Ort. Auch die Welt der Theater, Museen, Galerien, Kinos, Kabaretts, Cafés blieb Dubnow fremd. Von solchen Dingen findet man in den Erinnerungen kein Wort. Allerdings hatte er sich für derlei auch in seinem früheren Leben im Russischen Reich nicht interessiert.

II. Das russisch-jüdische Berlin

Das Berlin der Weimarer Republik hatte viele Facetten. Dem entsprechend gibt es bis auf den heutigen Tag mannigfaltigen Deutungen Raum. Es war ein urbaner Mikrokosmos, der extreme Gegensätze in sich vereinigte – Unter den Linden repräsentative preußische Residenz- und Reichshauptstadt, aber im roten Wedding Hochburg der Arbeiterbewegung, Armenhaus im Scheunenviertel und europäische Metropole am Kurfürstendamm. Das Weimarer Berlin steht für den Beginn wie für den Untergang der Demokratie in Deutschland und ebenso für den Glanz der »goldenen Zwanziger« wie für das Elend, das durch Krieg, Inflation und Weltwirtschaftskrise ausgelöst worden war. Es wurde selbst zum Mythos.[9]

Das jüdische Berlin

Die Geschichte der Juden in Berlin ist ein unverbrüchlicher Teil dieses Mythos. Die Haskala nahm von Berlin ihren Ausgang. Nicht umsonst wurde ›Berliner‹ oder *berlintschik* im östlichen Europa zum Inbegriff für den Maskil. Im Kreis von Moses Mendelssohn entstanden die Idee eines deistischen Judentums, die Vorstellung von der Unterscheidbarkeit nach historischer und natürlicher Religion und die Vision einer deutsch-jüdischen Symbiose. In den Salons von Dorothea Veit-Mendelssohn, Henriette Herz und Rahel Varnhagen wie in der Publikationstätigkeit des Verlagshauses Nicolai wurde die neutrale bürgerliche Gesellschaft geprobt. Dieses Experiment erschien im 19. Jahrhundert erfolgversprechend. Es erreichte seinen Höhepunkt in der politischen Durchsetzung der Weimarer Verfassung, die im übrigen von dem Juden Hugo Preuß geschrieben war, und scheiterte gut ein Jahrzehnt darauf furchtbar. Dieses Experiment erregt bis auf den heutigen Tag historisches Interesse. Die Itzigs, Bleichröders, Wertheims oder Berliners stehen für wirtschaftliche Prosperität und industrielle Innovation in der Metropole. Berlin war mit einer Hochschule (seit 1872), einer Akademie, einer Gesellschaft und einer wissenschaftlichen Zeitschrift das Zentrum der *Wissenschaft des Judentums* und wurde als Reaktion darauf – nach Frankfurt am Main – mit der *Agudas Israel* und dem Rabbinerseminar (seit 1873) auch ein Mittelpunkt der Orthodoxie. Fast alle jüdischen Spitzenorganisationen – religiöse wie politische, wirtschaftliche, kulturelle und soziale – hatten ihren Sitz in Berlin: der *Deutsch-Israelitische Gemeindebund*, die *Zionistische Vereinigung* mit all ihren Organisationen und die anderen Parteien – *Poale Zion, Misrachi*, die *Jüdische Volkspartei*, der *Verband nationaldeutscher Juden*; der *Reichsbund der jüdischen Frontsoldaten*, der *Jüdische Frauenbund*, diverse Berufsvereinigungen; die Großloge für Deutschland *B'nai B'rith*; der *Hilfsverein der deutschen Juden*, das *Arbeiterfürsorgeamt der jüdischen Organisationen Deutschlands*, die *Zentralwohlfahrtsstelle der deutschen Juden*. Die Juden der Reichshauptstadt waren auch die ersten, die die Initiative zur Schaffung einer Gesamtorganisation der deutschen Juden ergriffen. Im Kaiserreich führten sie sie zunächst auf Vereinsbasis, im *Centralverein* und im *Verband deutscher Juden*, zusammen. Später, zu Beginn der Weimarer Republik, gelang es ihnen, mit dem *Preußischen Landesverband jüdischer Gemeinden* den Nukleus eines Dachverbands in Form einer öffentlich-rechtlichen Körperschaft zu gründen. Berlin war die Wirkungsstätte Martin Bubers, Albert Einsteins und Leo Baecks. Es bildete den Fokus der »jüdischen Renaissance« wie den der Assimilation. Das kulturelle Leben und die Unterhaltungsindustrie der Weimarer Republik sind undenkbar ohne die Juden Berlins.[10] Als Schattenseite des jüdischen Berlin galt das Scheunenviertel. Seit den ersten großen Pogromen im Russischen Reich Anfang der 1880er Jahre, verstärkt aber seit den Flucht- und Migrationsbewegungen im Zuge des Ersten Weltkriegs hatte Berlin – wie andere europäische Großstädte – zwar kein Ghetto, aber doch sein Judenquartier in Berlin-Mitte, wo die osteuropäischen Juden, die mittellos aus Polen, Galizien, Rumänien eingewandert waren, unterkamen. Es war zugleich ein allgemeines Sammelbecken der Unterwelt, wo auch Kleinkriminalität und Prostitution blühten. Deshalb empfanden viele Berliner die Gegend rund um die Grenadierstraße als Makel, und tatsächlich provozierte das Viertel, wie der Novemberpogrom 1923 zeigen sollte, Antisemitismus und gewalttätige Übergriffe.[11]

Übergänge – das russische und das russisch-jüdische Berlin

Auch *Russkij Berlin*, das ›Russische Berlin‹, ist bereits eine Legende, wenn auch auf ganz andere Art als das jüdische, und in den Wissenschaften ein fester Begriff.[12] Ins Berlin der zwanziger Jahre hatten sich die russischen Monarchisten ebenso wie Sozialrevolutionäre und Anarchisten, liberale Intellektuelle und Anhänger der linken Avantgarde aus dem revolutionären Rußland geflüchtet. Unter den Linden residierte die erste Botschaft der neuen Sowjetmacht im westlichen Ausland. In jenen Jahren kam es zu anregenden Begegnungen zwischen deutschen und russischen Künstlern, trafen sich Bertold Brecht und Sergej Tretjakow, Wsewolod Meyerhold und Erwin Piscator, Wieland Herzfelde und Wladimir Majakowski, Elias Canetti und Isaak Babel, Walter Benjamin und Asja Lacis. Im Herbst 1922 wurde in der Galerie Van Diemen (Unter den Linden Nr. 21) die Erste Russische Kunstausstellung gezeigt, eine Gemeinschaftsveranstaltung des Kommissariats für Volksbildung der Sowjetunion und des Auslandskomitees zur Organisation der *Hungerhilfe*. Dort wurden erstmals Werke von El Lissitzky und Marc Chagall, Nathan Altman, David Sterenberg, Alexandra Exter, Natalja Gontscharowa vorgestellt.

Im russisch-jüdischen Berlin überschnitten sich die beiden Kulturkreise. Das Attribut ›russisch‹ bezog sich auf das Russische Reich und auf den Erfahrungshorizont der russischen Hegemonialkultur und Verwaltungssprache, der die Juden in Polen, dem Baltikum und in Rußland miteinander verband. Die russischen Juden bildeten zusammen mit den galizischen Juden aus dem Habsburgerreich, den rumänischen Juden und den polnischen Juden unter preußischer Herrschaft das osteuropäische Judentum. Berlin war seit den Pogromen der Jahre 1881/82 nach dem Mord an Alexander II. und bis zur Machtergreifung durch die Nationalsozialisten 1933 für Juden aus dem Russischen Reich ein Zufluchtsort. Für die meisten der Pogromflüchtlinge der 1880er Jahre blieb Berlin eine Durchgangsstation, aber im studentischen Milieu entstanden bereits in jener Zeit beständigere Zirkel russischer Juden im Umkreis des *Rabbinerseminars für das orthodoxe Judentum*, der *Hochschule für die Wissenschaft des Judentums* und der Universität. Seit 1887 gab es in Berlin einen russisch-jüdischen wissenschaftlichen Studentenverein, aus dem so prominente Politiker wie Chaijm Weizman, Schmarja Levin, Leo Motzkin und Nachman Syrkin hervorgehen sollten. Aber die Glanzzeit des russisch-jüdischen Berlin lag in der Weimarer Republik. Mehr noch als für das jüdische oder für das russische Berlin galt für das russisch-jüdische Berlin, daß es vielschichtig und mehrdeutig war: ein Migrationszentrum, ein Ort des ›Fremden‹, ein Durchgangsort, eine Metropole und ein Schnittpunkt der Kulturen. Nirgends sonst in Deutschland kam es in einem solchen Maß wie in Berlin zu Verflechtungen zwischen der russischen, deutschen und jüdischen Kultur. Die Migranten, die das russisch-jüdische Berlin prägten, waren Intellektuelle – Politiker, Wissenschaftler, Juristen, Literaten und Künstler – von europäischer Bildung und europäischem Selbstverständnis mit verschiedenen politischen wie kulturellen Profilen und individuell unterschiedlich empfundener Zugehörigkeit zum Judentum. Dennoch sind die Bilder Chagalls und El Lissitzkys, das Gastspiel Meyerholds, die Werke Isaak Babels und Ilja Ehrenburgs Manifestationen nicht einfach des russischen, sondern immer auch des russisch-jüdischen Berlin. Sie haben die künstlerischen Avantgarden in Deutschland stark beeinflußt. Weniger als diese blieben wahrscheinlich der ehemalige Richter Jakow Tejtel, der in den zwanziger Jahren den *Verband russischer Juden* leitete, der Rechtsanwalt Alexis Goldenwejser, der Justitiar des Verbands war, die Brüder Brutzkus und Steinberg, Mark Wischnitzer und viele andere im öffentlichen Gedächtnis. Fraglich bleibt, wie stark die gegenseitigen russisch-jüdisch-deutschen Impulse und Einflüsse tatsächlich waren. Bekannt ist demgegenüber die negativ wie positiv überhöhte Projektionsfigur des ›Ostjuden‹ von deutscher und deutsch-jüdischer Seite. Dieses Stereotyp trat in der Weimarer Republik nirgends so provokant zutage wie in der Hauptstadtöffentlichkeit, in Berlin als dem »Ostbahnhof Europas«. Um der hohlen Projektion vom ›Ostjuden‹ die komplexe historische Erfahrung der osteuropäischen Juden entgegenzusetzen gilt es, die sozialen und kulturellen Differenzen zwischen den galizisch-polnischen und den russisch-jüdischen Migranten wie die undifferenzierte Identifizierung beider Gruppen zu bedenken. Die galizisch-polnischen Juden gehörten zumeist zu den Armen und werden im urbanen Raum dem ›Scheunenviertel‹ zugeordnet, während die russischen Juden mehrheitlich dem Mittelstand entstammten und zum Westen Berlins gezählt werden.[13] Viele von ihnen lebten im Stadtteil Charlottenburg, das deshalb im Volksmund ›Charlottengrad‹ hieß. Die russischen Juden und die Ostjuden bildeten unterschiedliche soziokulturelle Milieus, die sich nur an den Rändern berührten, allerdings in der deutschen Öffentlichkeit ohne Unterschied wahrgenommen wurden. Nachweislich intensive und nachhaltig wirkende Kontakte gab es fast ausschließlich in der Bohème zwischen russischen, jüdischen und deutschen Künstlern und Literaten.

Juden waren und sind Mittler zwischen Ost und West in Europa. Diese Mittlerrolle verdankt sich einerseits dem aschkenasischen Traditionszusammenhang und ist andererseits die Folge von Migrationen und Vertreibungen. Sie resultiert aus der Teilhabe des europäischen Judentums an Aufklärung und Moderne wie an den daraus entstehenden nationalen Bewegungen. In jedem Fall manifestierte sie sich zumindest bis zum Beginn der nationalsozialistischen Herrschaft und dem Mord an den Juden in fast allen europäischen Ländern während des Holocaust in einem jüdischen Selbstverständnis als Europäer *par excellence*. Aber auch wenn sie Mittler waren, so stellten die russisch-jüdischen Migranten doch keineswegs eine homogene Gemeinschaft dar, sondern vertraten ein breites Spektrum von Positionen und sympathisierten mit unterschiedlichen Gruppen. Längst nicht alle, die ihre Heimat für immer verlassen hatten, waren entschiedene Gegner der Revolution. Manche von ihnen wie die Schriftsteller Ehrenburg und Babel kehrten wieder in die Sowjetunion zurück. Andere – wie zum

Beispiel die Mitarbeiter von ORT, OSE, ICA oder *Emigdirect* – arbeiteten von Berlin aus mit sowjetischen Institutionen zusammen. Unter den Migranten befanden sich orthodoxe Juden genauso wie säkulare, konservative und liberalbürgerliche, linke Avantgardisten, aber auch Zionisten, Anarchisten und unpolitische Künstler. Der Historiker Simon Dubnow steht für das liberale, bürgerliche russisch-jüdische Berlin.

Die Sprachen des russisch-jüdischen Berlins

Die Migranten des russisch-jüdischen Berlin sprachen und publizierten in vier Sprachen: Russisch, Jiddisch, Hebräisch und Deutsch, wobei jede von ihnen tendenziell eine bestimmte ideologische Orientierung repräsentierte. Die liberalen und konservativen Revolutionsflüchtlinge pflegten das Russische. In den Kreisen der Arbeiterbewegung wurde jiddisch gesprochen und publiziert. Hebräisch war aus programmatischen Erwägungen die bevorzugte Sprache der Zionisten und der Tradition nach das Idiom der Orthodoxen. Die weltoffenen bürgerlichen Liberalen legten Wert darauf, deutsch zu sprechen und zu schreiben. Deutsch war für sie in Berlin die Landessprache wie es vorher Russisch im Russischen Reich gewesen war. Auch wenn das Niveau ihrer deutschen Sprachkenntnisse variierte, so konnten die meisten zumindest Deutsch als Nahsprache des Jiddischen verstehen. Viele von ihnen aber hatten darüber hinaus Bildung an deutschen Universitäten mit und ohne akademischen Abschluß erworben. Zum Status der Sprachen im Berlin der 1920er Jahren sei angemerkt, daß Russisch an Ansehen verloren hatte, Jiddisch und Hebräisch sich hingegen aufgewertet sahen. Dubnows Sprachgebrauch, vor allem aber seine Autobibliographie der Berliner Jahre zeugen davon. Bis 1922 hatte der Erzähler der Erinnerungen das Jiddische meistens als ›Jargon‹ bezeichnet, nun nannte er es beim Namen. Hatte er seine Schriften bis zur Russischen Revolution zum großen Teil auf russisch publiziert, so überwogen in den Berliner Jahren die jiddischen und hebräischen Veröffentlichungen, von denen er alles Tagespolitische und Essayistische sowie die *Geschichte des Chassidismus* eigenhändig in den beiden jüdischen Sprachen schrieb, die großen Werke allerdings übersetzen ließ. Das Russische, vormals Sprache eines Vielvölkerreichs, in dem seit Nikolaus I. die Staatsideologie des offiziellen Nationalismus regiert hatte, war nun zum Idiom der Emigration herabgesunken. Die Verbindung mit dem Mutterland, die das Renommee des Russischen hätte stärken können, wurde durch die Manifestationen des neuen Regimes auch im Bereich der Sprache empfindlich gestört. Die bolschewikische Staatsdoktrin beeinflußte durch Orthographiereform und Sowjetjargon auch die russische Sprache. Jiddisch, die Alltagssprache der Aschkenasim, verband die Juden in Ost- und Westeuropa durch die gemeinsame Tradition. Trotzdem wurde es in den 1920er Jahren zum Unterscheidungsmerkmal für osteuropäische und deutsche Juden, denn die Aschkenasim in Deutschland orientierten sich seit Moses Mendelssohn an der deutschen Sprache und Kultur. Sie hatten das Jiddische abgelegt und verdrängt. Dabei hatte das Jiddische gerade die Berliner Mundart mehr geprägt als andere deutsche Dialekte. Insofern stellte das *mameloschn* [die Muttersprache] einen Konfliktpunkt in den innerjüdischen Beziehungen dar. Das Jiddische verband darüber hinaus die russischen Juden mit den ›Ostjuden‹ aus Galizien, Rumänien, Polen. Im östlichen Europa hatte es im Zuge der Haskala eine Neubelebung und Aufwertung erfahren. Sein Status war durch die Anerkennung als eine der Nationalsprachen auf der Konferenz in Czernowitz 1908 innerhalb der jüdischen Welt und gut ein Jahrzehnt später durch die Anerkennung als Sprache der jüdischen Minderheiten, deren Kultur- oder Schulautonomie in den neu gegründeten Staaten Ostmitteleuropas vertraglich zugesichert wurde, angehoben worden. Jiddisch fungierte in den säkularen Kreisen der *bundistischen* wie der zionistischen Arbeiterbewegung und in der schönen Literatur während der 1920er Jahre als eine moderne Diasporasprache. Auch die Gründung des *Yidisher Visnschaftlekher Institut* (YIVO) im Sommer 1925 ging von Berlin aus. – Hebräisch wiederum, die Sprache der Bibel und der jüdischen Traditionsschriften, hatte im Zuge der Haskala und der zionistischen Bewegung eine enorme Renaissance und Veränderungen erfahren, ohne daß die grundlegende Einheit zwischen dem biblischen Hebräisch und der modernen Nationalsprache Ivrit zerstört worden wäre. Die Lehrer und Studenten am orthodoxen Rabbinerseminar, die Zionisten und die Avantgardisten der hebräischen Literatur in Berlin konnten sich deshalb auch über ideologische Differenzen hinweg mühelos miteinander verständigen. Wie das Jiddische ging das Hebräische aus den Neuordnungen nach dem Ersten Weltkrieg gestärkt hervor. Sein Ansehen war durch die internationale Anerkennung des zionistischen Ziels nach der *Balfour* Deklaration im November 1917, eine jüdische Heimstatt in Palästina zu schaffen, gewachsen. 1931 fand in Berlin eine Konferenz für Hebräisch statt, in deren Gefolge der Hebräische Weltverband mit Sitz in Berlin gegründet wurde.[14] Im östlichen Europa konkurrierten Jiddisch und Hebräisch um Anerkennung und Hegemonie als moderne jüdische Nationalsprache. Die unerbittlichen Auseinandersetzungen zwischen den Hebraisten und den Jiddischisten, die den kulturellen, religiösen und politischen Konfliktlinien entsprachen, setzten sich im Berlin der 1920er Jahre fort und waren damals noch unentschieden.

Institutionen des russisch-jüdischen Berlin

Die Bedeutung des russisch-jüdischen Berlin an Zahlen festzumachen, erweist sich als schwierig, da die statistischen Angaben über die Migranten aus dem östlichen Europa weit auseinandergehen und die russischen Juden in den Erhebungen schwer von den Juden aus anderen osteuropäischen Ländern zu unterscheiden sind. Nach der amtlichen Volkszählung des Jahres 1925 waren von einer halben Million Juden in Deutschland mindestens 20 % osteuropäischer Herkunft und von den beinahe 173.000 Juden in Berlin knapp 44.000 (25,4 %) Ausländer.[15] Das russisch-jüdische Berlin umfaßte alle jene Phänomene, die mit den Emigranten aus dem Zarenreich nach Berlin gelangt waren oder sich durch deren Anwesenheit und Initiativen in der Hauptstadt der jungen deutschen Republik entwickelt hatten: eine rege Presse- und Verlagstätigkeit, eine enorme Anzahl von russischen, jiddischen, hebräischen Publikationen und Ausstellungen, Organisationen und Institutionen, öffentlichen Veranstaltungen und Ereignissen. Die *Chronik russischen Lebens in Deutschland 1918–1941* hat eine Menge dieser Initiativen und Ereignisse übersichtlich dokumentiert.[16] Ein Großteil der zweihundertzweiundvierzig russischen Verlage und dreiunddreißig Druckereien in Berlin zwischen 1918 und 1941, die von Gottfried Kratz ermittelt wurden[17], brachten russisch-jüdische Literatur heraus.

Eine Organisation von besonderer Bedeutung für das russisch-jüdische Berlin war der *Verband russischer Juden*, der 1920 gegründet worden war. Er hatte bis zu seiner Auflösung durch die Gestapo im Jahre 1935 Bestand. Sein Ziel war es, Pogrom- und Revolutionsflüchtlingen aus Rußland Hilfe zu leisten. Im Unterschied zum *Verband der Ostjuden in Deutschland* (seit 1923/24 *Verband ostjüdischer Organisationen*) repräsentierte er das liberale intellektuelle Bürgertum. Der Verband wurde von der Jüdischen Gemeinde in Berlin, seit 1926 auch vom »Internationalen Arbeitsamt« beim Völkerbund und von verschiedenen jüdischen Hilfsorganisationen (*Joint*, ICA, *Alliance Israélite Universelle*, *Hilfsverein der deutschen Juden*) unterstützt. Ansonsten finanzierte er sich aus Spenden. Er war politisch neutral. Sein Arbeitsfeld bildeten verschiedene Arten von Hilfeleistungen an Migranten: Arbeitsbeschaffung, soziale Unterstützung, berufliche Weiterbildung, ärztliche und juristische Hilfe. Darüber hinaus bot der Verband auch ein Kulturprogramm an. Unter seinem Dach wurde Ende der 1920er Jahre der *Reichsausschuß für russisch-jüdische Flüchtlingshilfe* und – auf Initiative seines Vorsitzenden Jakow Tejtel – die *Weltvereinigung Kinder-Freunde* gegründet.[18] Dubnow engagierte sich im Verband. Eine andere Organisation, die das russisch-jüdische Berlin trefflich charakterisiert, ist die *Gesellschaft zur Förderung von Arbeitern und Handwerkern unter den Juden* im östlichen Europa, im allgemeinen nach der russischen Abkürzung kurz ORT genannt. ORT wurde im Jahre 1880 von dem Petersburger Industriellen und ›Eisenbahnkönig‹ Poljakow und einigen jüdischen Intellektuellen zunächst als *Fonds zur Förderung des Handwerks und der Arbeit in der Landwirtschaft* gegründet. Nach der Russischen Revolution ging die Gesellschaft ins Exil und expandierte zu einer internationalen jüdischen Hilfsorganisation, die bis auf den heutigen Tag Bestand hat. Berlin ist mit dem ORT in besonderer Weise verbunden. Erstens erklärte sich die Gesellschaft auf der Konferenz in Berlin 1921 zum Weltverband mit Landesorganisationen. Neu gegründete ORT-Gruppen in der Sowjetunion und in den ostmitteleuropäischen Republiken Polen, Rumänien, Litauen und Lettland schlossen sich ihm an. Zweitens machte der internationale ORT Berlin zu seinem zentralen Sitz und behielt ihn bis 1933. Die Organisation war nicht nur bei Hilfsaktionen für Juden in der Sowjetunion federführend engagiert oder zumindest beteiligt, sondern förderte in Zusammenarbeit mit, aber gelegentlich auch in Konkurrenz zu anderen internationalen und deutschjüdischen Hilfsorganisationen (*Joint*, OSET, OSE, ICA, *Hilfsverein der deutschen Juden*, *Emigdirect*), die alle entweder ihre Zentrale oder zumindest einen Sitz in Berlin hatten, Kolonisationsprojekte in der Sowjetunion. ORT band zahlreiche Personen an sich. Die Organisation eröffnete Ingenieuren, Technikern, Statistikern, Historikern, Literaten und Sozialwissenschaftlern ein Arbeitsfeld.[19]

Abgesehen von den russischen Zeitungen *Rul* und *Dni*, der *Jüdischen Rundschau*, der *CV-Zeitung*, den Zeitschriften *Rasswet*, *Der Jude*, *Milgroim* gab es ein Presseorgan, das in der jüdischen Welt die Funktion eines ›Meta-Kommunikators‹ erfüllte, einen Standort im Weimarer Berlin hatte und dessen Bulletin von Dubnow täglich gelesen wurde, – die *Jüdische Telegraphen Agentur*, im allgemeinen kurz J. T. A. genannt. Die J. T. A. wurde 1919 in London von Jacob Landau (*Wien 1892–1952) und Mejr Grossman (*Krasnodar, Rußland 1888–1964) als Nachfolgeorganisation des *Jewish Correspondence Bureau* gegründet, das seit Beginn des Ersten Weltkriegs in Den Haag bestand. Es war die erste und ist bis heute wohl die größte jüdische Nachrichtenagentur. Sie begann mit zwei Büros (London, New York) und verfügte 1926 bereits über sechs Standorte (Paris, Warschau, Berlin, Jerusalem, London und New York) und 146 Korrespondenten. Die Zahl der Leser wurde Mitte der 1920er Jahre auf zehn Millionen geschätzt.[20] Jedes der Agenturbüros gab ein Bulletin in der Landessprache heraus. Seit 1924 publizierte das New Yorker Büro *The Jewish Daily Bulletin*. In den europäischen Bulletins, die in der Regel jeden zweiten Tag erschienen und sechs bis acht Seiten umfaßten, waren Zeitungsmeldungen aus der jüdischen Welt rund um den Globus zusammengestellt. Zugleich belieferte die Agentur die jüdische Presse mit Nachrichten. Die Ereignisse in Berlin im allgemeinen und im russisch-jüdischen Berlin im besonderen nahmen dort einen prominenten Platz ein. Das Berliner Korrespondenzbüro der J. T. A. wurde von dem deutsch-jüdischen Schriftsteller Michael Wurmbrand geleitet und beschäftigte eine große Anzahl namhafter jüdischer Journalisten und Politiker aus dem östlichen Europa, die in Berlin Zuflucht gefunden hatten, wie den *Bundisten* Rafail Abramowitsch (Rejn), leitender Redakteur des *Sozialistitscheski westnik* in Berlin, oder den linken Zionisten Leon Chasanowitsch, der sich in Berlin im Rahmen von ORT-Projekten für die jüdische Kolonisation in der Sowjetunion engagierte. Zu den Mitarbeitern des Berliner Korrespondenzbüros der J. T. A. gehörten ferner der jiddische Schriftsteller Awrom Chaschin, der jiddische Literaturkritiker und *Mussarnik* Israel-Isidor Eljaschew (Baal-Machschowos), Leiter des *Klal*-Verlags in Berlin, und die hebräischen Publizisten Benzion Katz, Mosche Klejnman und Jeschajahu Klinow. Auch der Demograph und Sozialökonom Jakob Lestschinsky gehörte zum Autorenkreis der J. T. A., ebenso Meir

Neustadt (Noy), der später ein bekannter jiddischer Folklorist wurde, sowie der Journalist Gerschon Swet und viele andere.[21] Die Aktivitäten der meisten von ihnen sind in der *Chronik russischen Lebens in Deutschland* dokumentiert. Einige der Genannten gehörten zu Dubnows Bekanntenkreis.

Der Zerfall der Imperien nach Weltkrieg, Revolution und Bürgerkrieg in Rußland und die Entstehung zahlreicher neuer nationaler Staaten und Grenzen im östlichen Europa, welche die jüdische Diaspora bedrohten und regionale Kulturräume zerrissen, hatte die Lebenswelt der russischen Juden zerstört und die Juden aus ihren Domizilen vertrieben. Deshalb wurden die diasporaerfahrenen russisch-jüdischen Migranten früher als viele andere Europäer für die Frage der Minderheitenrechte sensibilisiert. Ihnen waren die Unzulänglichkeiten ethnisch begründeter Nationalstaatsideologien schmerzlich bewußt. Dank ihrer polyglotten Bildung und ihres europäischen Selbstverständnisses richteten sie sich in der Fremde so gut es eben ging häuslich ein. Dennoch blieb das russisch-jüdische Berlin eine ephemere Erscheinung. Es bildete zumindest bis zur Verfolgung durch die Nationalsozialisten keine Gemeinschaft, sondern stellte ein vielgestaltiges, mehrsprachiges Migrantenmilieu dar, das an seinen Rändern in eine hybride Großstadtkultur überging. Topographisch betrachtet, blieb Berlin für viele Migranten nicht mehr als die erste Station jenseits der Staatsgrenze, ein erster Sammel- und Treffpunkt, und unter geopolitischem Aspekt ein strategisch günstiger Ausgangspunkt für weitere Migrationen, übernationale Unternehmungen wie die Hilfsaktionen für Juden im östlichen Europa oder die Kolonisationsprojekte von ORT in der Sowjetunion. Das russisch-jüdische Berlin bildete eine Kunstwelt innerhalb der von der Kriegsniederlage und der Weltwirtschaftskrise sich mühsam erholenden Hauptstadt der noch jungen Weimarer Republik. Die Metropole war umgekehrt aber doch ein Ort für die ihres konkreten gesellschaftlichen Umfelds beraubten und entwurzelten Intellektuellen, um Projekte zu planen und durchzuführen. Berlin entwickelte sich zu einer Drehscheibe für Initiativen der internationalen Arbeiterbewegung, der europäischen Minderheiten, der politischen Parteien, der Nachrichtendienste, der Presse und des Verlagswesens. Im Kontext der jüdischen Geschichte stellte das russisch-jüdische Berlin nicht mehr und nicht weniger als eine spezifische Diasporaerfahrung dar.

Das Besondere des russischen Berlin war nach Karl Schlögel »die Konfrontation und Kohabitation russischer und sowjetischer Kultur sowie die Polarisierung beider entlang der innenpolitischen Fronten, die Weimar zugrunde richteten.«[22] Auch im russisch-jüdischen Berlin wurden heftige Debatten über Rußland, die Revolution und die Juden geführt, vor allem anderen aber antizipierte und ebnete das russisch-jüdische Berlin den Weg von der deutschen Hauptstadt zur europäischen Metropole. Es wurde zum Prüfstein für den Stand der Zivilgesellschaft und für deren Erosion durch Rechtsextremismus und Antisemitismus oder aber für die Akzeptanz transnationaler Orientierungen.

III. Dubnow in der Fremde

Das russisch-jüdische Berlin war für Simon Dubnow Exil. Wie ein roter Faden zieht sich das Thema ›Fremdheit‹ durch die Erinnerungen an seine Berliner Jahre, vor allem in den ersten Jahren seines Aufenthaltes. Immer wieder räsonierte er über seine Entwurzelung und seine Heimatlosigkeit. Berlin wurde nicht zu seiner zweiten Heimat, sondern blieb für ihn der Ort, an dem die Druckerpresse seiner Bücher stand. Nur um sein Lebenswerk zu vollenden und die *Weltgeschichte des jüdischen Volkes* (10 Bände, 1925–1929) zu publizieren, ertrug er »den Druck der Fremde«[23]. Die zunehmende Bedrohung der jungen deutschen Demokratie von rechts, die sich z. B. in der Wahl Paul von Hindenburgs zum Reichspräsidenten am 26. April 1925 äußerte, steigerte dieses Gefühl der Isolation: »Die deutsche Fremde ist mir nun noch fremder geworden.«[24] Und schließlich, nachdem er sich zuletzt doch in der Fremde eingerichtet hatte, mußte er auch aus Berlin wieder fliehen.

Aber wie sollte der Autor einer jüdischen Nationalgeschichte im Geiste der Diaspora sich auch in der »Zitadelle der Assimilation«[25] und im Land der *Wissenschaft des Judentums* zu Hause fühlen? Seine Heimat und damit der Ort, an dem er seine historische Perspektive entwickelt hatte, lag weit von Berlin entfernt im Osten Europas.

Geschichtsentwurf einer Zeitenwende

Simon Dubnow hatte seine Geschichtskonzeption im russischen Vielvölkerreich entwickelt. Inhalt und Publikum seiner Geschichtserzählung waren die von ihm so bezeichneten »russischen Juden«. Bereits zu Beginn der 1890er Jahre hatte er sie als seine Berufung entdeckt: »Mein Lebensziel ist nun klarer geworden: die Verbreitung historischer Kenntnisse über das Judentum und eine gesonderte Aufarbeitung der Geschichte der russischen Juden. Ich bin gewissermaßen zum Missionar der Geschichte geworden.«[26]

Er erschuf eine jüdische Nationalgeschichte, ausgehend von der historischen Erfahrung der Juden im russischen Vielvölkerreich. Diese jüdische Erfahrung interpretierte er im Kontext des östlichen Europas im ›langen‹ 19. Jahrhundert. Osteuropa war bis zur Zeitenwende von 1917/18 strukturell geprägt von den Nationalisierungsprozessen zahlreicher Minderheiten, die zu zentrifugalen Kräften in den großen multiethnischen Imperien, im Habsburger, im Osmanischen und im Russischen Reich wurden. Dubnows historischer Entwurf entstand in der Auseinandersetzung mit der imperialen Verfaßtheit dieser Minderheiten, die um ihr Recht auf Selbstverwaltung rangen. Das russische Vielvölkerreich war dementsprechend eine Rahmenbedingung seiner Geschichtserzählung. Im Gegensatz zu jenem Teil der Diaspora, der in den mittel- und westeuropäischen Nationalstaaten einem gewissen Homogenisierungsdruck ausgesetzt war, konnten die russischen Juden in einem von den unterschiedlichsten religiösen und nationalen Minderheiten geprägtem Vielvölkerreich ein zumindest im Ansatz autonomes nationales Leben entfalten. Deshalb waren die russischen Juden, trotz der antisemitischen Politik im späten Zarenreich und ihrer bis 1917 »unterbliebenen Emanzipation«[27], für Dubnow das »Hegemoniezentrum« des jüdischen Volkes seiner Zeit. Der eigene Weg der russischen Juden in die Moderne in der zweiten Hälfte des 19. Jahrhunderts entwickelte sich eben gerade »ohne Assimilation oder Emanzipation«.[28]

Für diesen zentralen Teil der Weltjudenheit hatte Dubnow auch eine politische Vision – den *Autonomismus*. Er wollte den Fortbestand der jüdischen Diaspora als moderne Nation mit dem Recht auf kulturelle Selbstbestimmung sichern. Als Gründer der *Folkspartej* im Russischen Reich nach 1905 forderte er das Recht auf Autonomie für die jüdischen kommunalen Strukturen, das er aus der Geschichte ableitete. Die jüdische Gemeinde in Osteuropa hatte in Polen-Litauen bis zu den Teilungen im späten 18. Jahrhundert über zahlreiche Privilegien der Selbstverwaltung in den Bereichen Religion, Bildung, Wohlfahrt, Kultur bis hin zu Gesetzgebung und Gerichtsbarkeit verfügt. Als Surrogat eines nationalen Territoriums sollten diese Gemeinden wiedererstehen und so die autonome Existenz der jüdischen Nation in der Diaspora garantieren. Dubnow deutete dabei die Gemeinden zu modernen demokratischen Organen um. Sie wurden zu seiner politischen Vision für das jüdische nationale Leben in einem modernen demokratischen multinationalen Staatswesen, das sich, so hoffte Dubnow, aus dem verhaßten ›Völkergefängnis‹ des Zarenreiches entwickeln würde.

Auch wenn seiner *Folkspartej* im Russischen Reich bis 1917 kein entscheidender politischer Erfolg beschieden war, so wurde Dubnow doch vor allem mit seiner Lesart der jüdischen historischen Erfahrung in der osteuropäischen Diaspora für die russischen Juden zum Geschichtslehrer in ihrem späten ›Völkerfrühling‹. Das wird auch aus den Erinnerungen Mark Wischnitzers an das vorrevolutionäre Petersburg deutlich: »Wir jungen Leute betrachteten Dubnow als unseren Lehrer im Bereich der Geschichtswissenschaft und waren voller Hochachtung für ihn.«[29]

Die Krise der russischen Judenheit zog mit der Katastrophe des Ersten Weltkrieges auf. Ihr Siedlungsgebiet, der sogenannte *Ansiedlungsrayon*, wurde zum Kriegsschauplatz. Die Obrigkeit des Russischen Reiches verdächtigte die jüdische Bevölkerung kollektiv der Illoyalität und vertrieb sie brutal aus dem Frontgebiet. Es kam zu antijüdischen Pogromen, während gleichzeitig jüdische Soldaten in der russischen Armee ihr Leben ließen. Diese grausame Erfahrung unterstellter Illoyalität im Krieg führte Dubnows Konzept autonomer Minderheiten in einem modernen Vielvölkerstaat an seine Grenzen. Er begann, nach einer internationalen Lösung für das sich verschärfende Problem der osteuropäischen Judenheiten zu suchen.[30] Nach 1917/18 gab es die russischen Juden dann als imperiale Bevölkerung tatsächlich nicht mehr. Viele der russischsprachigen Juden verließen das ehemalige russische Vielvölkerreich. Andere wurden durch die Neuordnung Ostmitteleuropas zu polnischen, litauischen, lettischen oder sowjetischen Juden.

Dubnow erlebte die Katastrophe des Ersten Weltkrieges und den dadurch ausgelösten Epochenwechsel als *finis mundi*: »Nach mehreren Jahrhunderten der kulturellen Entwicklung sind wir heute in einer Periode des Chaos angelangt, das eine neue Welt gebiert. Ob diese Welt besser oder schlechter sein wird als die bisherige? Erleben wir gerade den Untergang der europäischen Kultur oder die dunkle Stunde vor Anbruch des Morgenrots?«[31] Die Etablierung von Nationalstaaten auf den Territorien der untergegangenen Vielvölkerreiche in Ostmittel- und Osteuropa und die Sowjetisierung des Russischen Reiches beraubte Dubnows historisches Narrativ seiner implizierten Zukunftsvision. Denn das Modernisierungsprinzip des homogenen Nationalstaates ließ keinen Platz für Alterität oder geteilte Solidaritäten und widersprach der nach Dubnow wegweisenden transnationalen und transterritorialen historischen Realität der osteuropäisch-jüdischen Diaspora.

Neben dem Verlust der Heimat und der Flucht vor der bolschewikischen Gewaltherrschaft, hatte der politische Umbruch das Gefühl der finalen Krise und die verzweifelte Hoffnung auf einen europäischen Neubeginn erzeugt. Durch den gewaltsamen Untergang des alten Europas im Kriege, die nationalstaatliche Neustrukturierung des östlichen Europas und die Sowjetisierung weiter Teile des ehemaligen russischen Vielvölkerreiches geriet Dubnows Weltbild aus den Fugen. Sein Narrativ wurde von den Ereignissen überholt, noch bevor er es zu seiner großen zehnbändigen Synthese zusammengefaßt und publiziert hatte.

Dubnows Geschichte einer übernationalen Pluralität, Heterogenität und Differenz kann heute als eine postmoderne Geschichtsschreibung avant la lettre gelesen werden. In der krisenhaften Zeit der Moderne jedoch, als Nationalstaaten nach dem Ersten Weltkrieg im östlichen Europa zur unumkehrbaren Realität geworden zu sein schienen, wirkte Dubnows historischer Entwurf, als habe er seine Gültigkeit verloren. Vor allem in den 1920er Jahren in Berlin unter den »Staatsbürgern aus dem Central-Verein«[32], wie Dubnow die deutschen Juden einmal ironisch nannte, mußte er als östlich, rückständig und fremd erscheinen.

Eine russisch-jüdische Geschichte ohne russisch-jüdisches Publikum?

Dubnow war sich der herausfordernden Differenz seines historischen Gegenentwurfs zur deutsch-jüdischen Geschichtsschreibung bewußt. Nach dem Erscheinen des ersten Bandes der deutschen Übersetzung seiner *Weltgeschichte des jüdischen Volkes* im Jahre 1925 schrieb er in sein Tagebuch: »Ein halbes Jahrhundert nach dem Abschluß des Werkes von Graetz, führt ein Historiker aus dem Osten, den es in die Heimat seines Vorläufers verschlagen hat, dessen Werk fort, noch dazu in dessen Sprache, wenn auch mit Hilfe eines Übersetzers. Die nächste Zukunft wird zeigen, wie meine häretische Geschichtskonzeption im Land der traditionellen *Wissenschaft des Judentums* aufgenommen werden wird.«[33] Dubnows große Synthese seines historischen Schaffens erschien zunächst also nicht nur in dem Land, sondern auch in der Sprache der *Wissenschaft des Judentums.* Für Dubnow selber aber war die Herausgabe des russischen Originals sein wichtigstes Anliegen und der eigentliche Grund für seinen Aufenthalt in Berlin. Die russische Ausgabe war ihm auch wichtiger als eine mögliche hebräische und deshalb entschied er sich gegen eine Übersiedlung nach Erez Israel im Jahre 1923, wo viele seiner Freunde bereits lebten: »Dort könnte ich lediglich die hebräische Ausgabe meiner *Geschichte* verwirklichen, was aber soll aus der russischen werden, die nicht einmal bis zur Hälfte fertiggestellt ist? Ich muß das Original herausgeben und auf dessen Grundlage die Übersetzungen in Angriff nehmen, dafür aber muß ich zwei weitere Jahre in Berlin leben, an der russischen Druckerpresse, und hier unter den räuberischen und bösartigen Wirtinnen leiden, den Bankrotteuren unter den Herausgebern und möglicherweise auch unter schlimmer Not ...«[34] Sein ursprünglicher Plan war es gewesen, in Berlin das russische Original herauszubringen und zeitgleich dazu die Übersetzungen zu überprüfen und auf den Weg zu bringen. Nachdem er aber die Herausgabe der deutschen Übersetzung im Jahre 1929 endlich vollendet hatte, wurde seine Hoffnung auf das Erscheinen des russischen Originals immer geringer. Die deutsche Ausgabe erschien ihm nun als seine Ausgabe ›letzter Hand‹, dennoch registrierte er diese Wendung mit Enttäuschung. Er konnte noch nicht ahnen, daß es ihm in Riga Ende der dreißiger Jahre gelingen würde, das russische Original doch noch zu vollenden.

Dubnows Wahl des Russischen als Wissenschaftssprache zeugt von der besonderen Bedeutung der russischen Juden und ihrer Lebenswelt im russischen Vielvölkerreich für sein Welt- und Geschichtsbild. Mit dieser Festlegung auf das Russische schloß Dubnow von Beginn an weite Teile des jüdischen Volkes auf der ganzen Welt von der Rezeption seiner Schriften aus. Im Vergleich dazu wäre das Hebräische, das sich in jener Zeit im Prozeß seiner Modernisierung befand, eine lingua franca der weltweiten Diaspora gewesen. Die russischen Juden, die seine Sprache verstanden, waren aber seit 1917/18 als Kollektiv verschwunden, wie Dubnow in seinem Tagebuch betrauerte: »Es gibt kein Rußland mehr und nicht jene russische Judenheit, für die ich fast ein halbes Jahrhundert gearbeitet habe ... Ich schreibe für die Juden der ganzen Welt, außer für jene, die eingesperrt sind im Sowjetischen Reich, meine Werke werden in verschiedenen Sprachen gedruckt, nicht aber in jener, in der ich vor allem schrieb«.[35] In der Sowjetunion aber wurde Dubnow als bürgerlicher Historiker nicht mehr rezipiert und schließlich als ›Weißgardist‹ öffentlich verunglimpft. Die sowjetischen Kritiker verrissen seine Bücher und Arbeiten. Dubnows Äußerungen und Positionen gegenüber der Sowjetunion waren so prominent und wirkten derart provozierend, daß die *Jewsekzija* ihn in ihrer Presse angriff und sogar die Regierungen der Sowjetrepubliken Belorußland und Ukraine öffentlich auf ihn reagierten. Durch diese politische Zensur wurde sein russischsprachiges Publikum in der Sowjetunion für ihn schließlich unerreichbar.

Von der russischen zur deutschen Ausgabe

Das Dreizehnte Buch im Dritten Band der Erinnerungen trägt die Überschrift »Vollendung der zehnbändigen Geschichte« und das erste (71.) Kapitel »Von der russischen zur deutschen Ausgabe«. Dubnow war klar geworden, daß er seinen ursprünglichen Plan, zuerst eine »Allgemeine Geschichte des jüdischen Volkes« in russischer Sprache herauszubringen, aufgeben mußte. In Deutschland und dementsprechend beim *Jüdischen Verlag* war vor allem eine deutsche Ausgabe gefragt. Deshalb begann er, sich verstärkt mit der Übersetzung seines Werkes ins Deutsche auseinanderzusetzen, an der Aaron Steinberg arbeitete. Ein Gegenstand der Gespräche zwischen Autor und Übersetzer war der Titel des Werks. Dubnow beschloß, ihn zu ändern. Bisher hatte er es russisch *Wseobschtschaja istorija* [Allgemeine Geschichte] genannt. Nun sollte es statt dessen auf deutsch *Weltgeschichte des jüdischen Volkes* heißen »Ich erfand den Titel *Weltgeschichte des jüdischen Volkes* für die deutsche Übersetzung und beriet mich mit den Kennern der deutschen Sprache Koigen und Steinberg, ob der Begriff ›Weltgeschichte‹ in diesem Zusammenhang zulässig sei. Zunächst schwankten sie, meinten dann aber, dies sei in einem bestimmten Sinne möglich und zwar im Sinne einer Geschichte der Juden der ganzen Welt mit der für mich wichtigen Akzentuierung auf *Weltvolk*, das nicht auf ein bestimmtes Territorium beschränkt ist. Auf französisch hieße es ›histoire universelle du peuple juif‹. Einige deutsche Rezensenten mißbilligten meinen Neologismus, der Mehrheit aber gefiel der Begriff, der bald darauf sogar äußerst populär wurde.«[36] Die Übertragung des russischen Originals in die Sprache der *Wissenschaft des Judentums* sollte paradoxerweise zur Vervollkommnung von Dubnows Bauplan und Erzählung der Geschichte beitragen. Die Bildung der deutschen Begrifflichkeiten gab Raum für einen hermeneutischen Prozeß, der schließlich auch das Original rückwirkend beeinflußte. Offensichtlich brachte erst die Suche nach einer adäquaten Übersetzung des Titels für die deutsche Ausgabe das Originelle und Neue von Dubnows Geschichtskonzeption auf den Begriff, der nun ins Russische rückübertragen und für die Ausgabe in der Originalsprache übernommen wurde. Der Umweg über die fremde Sprache tat dem Werk keinen Abbruch, sondern präzisierte dessen Begrifflichkeit. Die Entscheidungen der Übersetzung der *Weltgeschichte* aus dem Russischen und der *Geschichte des Chassidismus* aus dem Hebräischen ins Deutsche wurden von Aaron Steinberg in Zusammenarbeit mit Simon Dubnow gefällt, daneben aber setzten auch die Übertragungen anderer Übersetzer Maßstäbe: Israel Friedländer etwa mit dem Essay *Die jüdische Geschichte* (Berlin 1898) und mit den ersten zwei *Briefen vom alten und neuen Judentum* (Berlin 1905), Alexander Eliasberg mit den ersten beiden Bänden der *Neuesten Geschichte des jüdischen Volkes* (Berlin 1920), Elias Hurwicz, der 1923 die Übersetzung des dritten Bandes der *Neuesten Geschichte* und 1926 die ersten drei *Briefe vom alten und neuen Judentum* veröffentlichte, und nicht zuletzt Josef Meisl, der Dubnows Autobibliographie (bis 1930) in zwei verschiedenen Versionen herausgab. Sorgsam übersetzte Meisl die russischen Titel, während er die hebräischen und die jiddischen allenfalls mit kurzen Erläuterungen versah. Die deutsche Edition der Erinnerungen übernimmt Dubnows historische Begriffe in der Regel von Aaron Steinberg, manchmal aber auch von Josef Meisl – zum Beispiel im Titel *Briefe vom alten und neuen Judentum*. Bisweilen hält sie sich eng an Dubnows eigener Begrifflichkeit in russischer Sprache, behält zum Beispiel den Begriff »Epoche« (russ. *epocha*) bei, statt ihn – wie Steinberg – als »Zeitalter« zu übersetzen.

Reaktionen auf Dubnows Geschichtswerk im Westen

Bis in die 1920er Jahre konnten die meisten deutschen Juden den Großteil von Dubnows historischen Arbeiten nicht lesen. Jetzt aber erschien sein Hauptwerk in deutscher Sprache – und Dubnow grenzte sich darin von der deutschen *Wissenschaft des Judentums* ab. Die ›soziologische Auffassung‹, wie Dubnow seinen methodischen Zugriff auf die *Weltgeschichte des jüdischen Volkes* nannte, war die Herausforderung eines russischen Juden an die große Tradition der *Wissenschaft des Judentums*. In seiner Einleitung kritisierte er die »von *Zunz* und *Graetz* inaugurierte Geschichtsschreibung« als eine »einseitige Auffassung« der jüdischen Geschichte: Sie sei einzig eine »Geistes- und Leidensgeschichte«. Heinrich Graetz hatte als erster jüdischer Historiker eine Synthese von Einheit und Kontinuität der jüdischen Geschichte trotz der Abwesenheit einer jüdischen Staatlichkeit nach der Zerstörung des Zweiten Tempels konstruiert.[37] Seine Konstruktion beruhte jedoch, anders als die Dubnows, auf einem idealistischen Geschichtsbild: »Geschichte ist der Reflex einer Idee«[38]. Diese Idee manifestierte sich nach Graetz in den herausragenden Persönlichkeiten, den Talmudgelehrten, Rabbinern, Philosophen, Schriftstellern und Denkern, an denen die jüdische Geschichte reich war.

Dubnow aber folgte in seiner *Weltgeschichte des jüdischen Volkes*, entgegen dem idealistischen Entwurf von Zunz und Graetz, dem Leitgedanken der Evolution des jüdischen Volkes. Die Kontinuität der jüdischen Geschichte ergab sich also durch die Entwicklung eines »nationalen Organismus« durch die Jahrtausende. Das jüdische Volk hatte seinem Verständnis nach in all dieser Zeit immer existiert, sowohl zu Zeiten des jüdischen Staates als auch in der Diaspora. Daraus ergab sich für ihn, daß die historische Analyse eine »bio-soziologische Untersuchung«[39] dieses Volkskollektivs sein müsse. Die Ursache für die im Gegensatz dazu ›einseitig‹ idealistische Geschichtsschreibung der *Wissenschaft des Judentums*, die nicht das Volk, wie von Dubnow gefordert, sondern einzelne Persönlichkeiten als Träger einer Idee durch die Zeiten untersuchte, war seiner Meinung nach das »Assimilationsdogma«. Damit kritisierte Dubnow die Ansicht, »wonach sich die Juden mit ihrem Eintritt in die bürgerliche Gesellschaft jedes Staates in den Rahmen der jeweils vorherrschenden Nation einzufügen und nur noch der angestammten Religion treu zu bleiben hätten: sie seien Deutsche in Deutschland, Franzosen in Frankreich usw.«[40] Diese ›Deutschen‹ und ›Franzosen jüdischen Glaubens‹ leugneten die Existenz eines jüdischen Volkes in ihrer Gegenwart. Deshalb konnten sie auch keine Geschichtsschreibung akzeptieren, die sich mit der Entwicklung des jüdischen Volkes beschäftigte. Statt dessen nahmen sie die Graetzsche Lesart, nach der die Kontinuität jüdischer Geschichte in der Abfolge geistiger Leistungen einzelner herausragender Persönlichkeiten lag, als ihre gemeinsame Vergangenheit an.

Dubnow riet den westeuropäischen Juden selbstbewußt, ihr Dogma anhand seiner jüdischen Nationalgeschichte einer »neuerlichen Prüfung zu unterziehen«.[41] Er kritisierte die westeuropäische und vor allem deutsch-jüdische ›Assimilation‹ scharf, die schließlich in ein »nationales Marranentum« geführt habe.[42] Im Gegensatz dazu sei der »östliche Kern der Judenheit« stets der Überzeugung geblieben, »daß die in der ganzen Welt zerstreuten Juden nicht etwa als Bestandteile der fremden nationalen Organismen, sondern als Teilglieder einer und derselben jüdischen Nation um ihre Freiheit zu ringen hätten.«[43]

Deutsche und osteuropäische Juden unterschieden sich tatsächlich grundlegend voneinander, was ihr Verhältnis zum Judentum einerseits und zu dem Land, in dem sie lebten, andererseits anging. Die meisten osteuropäischen Juden verstanden sich als Teil der jüdischen Nation, die eine Minderheit in den Staaten Ostmittel- und Osteuropas darstellte. Sie fühlten sich über ihre nationale Zugehörigkeit verbunden mit dem jüdischen Volk in der weltweiten Diaspora. Die deutschen Juden verstanden sich seit der Emanzipation als »Staatsbürger jüdischen Glaubens«. Ihre Loyalität galt ihrer deutschen Heimat, sie empfanden sich als Teil der deutschen und nicht der jüdischen Nation, die über die ganze Welt verstreut war. Ihr Judentum begriffen sie als Konfession. Als Deutsche und nicht als Juden suchten sie ihre Probleme zu lösen und als deutsche Staatsbürger beantworteten sie deutsch-jüdische Fragen exklusiv für sich selbst. Ihre Antworten hatten häufig keine Gültigkeit für die ›ausländischen‹ Juden, mit denen sie vielleicht ein gemeinsamer Glaube verband, nicht aber eine gemeinsame Volkszugehörigkeit.[44]

Vor diesem Hintergrund mußte Dubnows nationaljüdische Geschichtsauffassung, die die jüdische Vergangenheit als Entwicklungsprozeß eines weltweiten jüdischen Volkes begriff, auf den Widerspruch der ›deutschen Staatsbürger jüdischen Glaubens‹ stoßen. Dubnow war sich der Tatsache bewußt, daß die deutschen Juden sich nicht ohne weiteres von seiner ›soziologischen Auffassung‹ überzeugen lassen würden, um sich einem nationalen Verständnis vom Judentum zuzuwenden, das ihrem deutschen Patriotismus und Selbstverständnis zuwider lief. Bereits nach dem Erscheinen der dreibändigen *Neuesten Geschichte* in deutscher Übersetzung im Jahre 1923 wurde er von deutsch-jüdischen Rezensenten scharf angegriffen. So bezeichnete der späterhin berühmte Philosoph Leo Strauss in der von Martin Buber herausgegebenen Monatsschrift *Der Jude* Dubnows soziologische Geschichtsschreibung als »Greinen und Schimpfen« und »billiges

Moralisieren«. Besonders empört war Strauss über Dubnows Darstellung des deutschen Militarismus und die Bezeichnung des deutsch-französischen Krieges von 1871 als »sinnlose Prügelei«.[45] Der Liberale Heinrich Stern beklagte in der Zeitung des *Central-Vereins*, daß Dubnows Beleidigung des deutschen Volkes auch die deutschen Juden treffe.[46] Dubnow bemerkte in seinem Tagebuch lakonisch, solche Rezensionen zeugten davon, daß das Buch »den Nagel auf den Kopf getroffen« habe.[47] Dennoch gab es auch positive Reaktionen. Die junge deutsch-jüdische Historikerin Selma Stern z. B. äußerte ihre Kritik sehr viel verhaltener und erkannte in Dubnow einen Meister der klugen Strukturierung des ungeheuren Stoffes der jüdischen Geschichte.[48] Dubnows Freund Josef Meisl würdigte die *Neueste Geschichte* als wichtige Etappe der jüdische Historiographie »im Geiste der nationalen Wiedergeburt«.[49]

Nicht alle deutschen Juden waren ›assimiliert‹ und deutsch-national, aber auch viele andere, z. B. die Zionisten, hatten Probleme mit Dubnows Geschichtsbild, zielte es doch nicht auf die Wiederherstellung der Eigenstaatlichkeit im ›Land der Väter‹. Dubnow selber bemühte sich durchaus um Verständigung mit den deutschen Juden, die aufgrund der politischen Umstände das erste Publikum seiner *Weltgeschichte* sein sollten. Der deutschen Ausgabe der *Weltgeschichte* gab er gesonderte Vorbemerkungen bei; »ad usum delphini« wie er sie in seinem Tagebuch nannte.[50] Darin vertrat er zwar selbstbewußt seine nationaljüdische Lesart der jüdischen Geschichte, erläuterte sie aber, um die Zustimmung »seiner Leser, namentlich der westeuropäischen«[51], zu erringen. Auch in institutioneller Hinsicht bemühte er sich um Verständigung mit den deutschen Juden. Im Frühsommer 1924 gründete Dubnow gemeinsam mit anderen »russischen Juden« in Berlin eine jüdische wissenschaftliche Gesellschaft, die Vorträge, Diskussionen und Seminare veranstalten sollte. Während Dubnow eine Vereinigung »unserer ostjüdischen Emigration« vorschwebte, argumentierten seine Freunde für eine Gesellschaft der Begegnung zwischen deutschen und osteuropäischen Juden. Als deutsche Juden arbeiteten z. B. der Rektor der *Hochschule für die Wissenschaft des Judentums* Ismar Elbogen und der Leiter der Orientalischen Abteilung der Preußischen Staatsbibliothek Gotthold Weil in der Gesellschaft mit. Diese *Jüdische Wissenschaftliche Vereinigung* als Ort der intellektuellen Verständigung zwischen deutschen und osteuropäischen Juden gründete sich formal am 13. Juni 1924. Zu diesem feierlichen Anlaß hatten sich etwa fünfzig Personen eingefunden – »unsere wie auch ›Deutsche‹«, wie Dubnow sie beschrieb. Er hielt eine Rede in der Sprache der osteuropäischen Juden – auf jiddisch.

Nachdem er sich solcherart auf die Seite der osteuropäischen Einwanderer gestellt hatte, rief er der Versammlung die jüdische Migrationsgeschichte zwischen Ost und West ins Gedächtnis. Er würdigte die osteuropäischen Gelehrten als Erneuerer der *Wissenschaft des Judentums* in deutscher Tradition: »[...] seit der zweiten Hälfte des 18. Jahrhunderts entsandte Berlin seine Emissäre der Aufklärung nach Polen und Rußland, wir aber geben ihm jetzt die Vertreter der modernen jüdischen Wissenschaft zurück«.[52] Trotz der Betonung west-östlicher jüdischer Wechselseitigkeit, unterstrich Dubnow damit selbstbewußt seine Ansicht von der Fortschrittlichkeit seines eigenen historischen Entwurfes. Diese kam auch in seinem ersten wissenschaftlichen Vortrag vor dem Plenum der *Jüdischen Wissenschaftlichen Vereinigung* zum Ausdruck. Er nutzte die Gelegenheit, dem gemischten Publikum seine »soziologische Auffassung« der jüdischen Geschichte näher zu bringen, »die für die Mehrzahl unserer deutschen Kollegen eine unglaubliche Häresie« darstellte.[53] Die Debatten, die auf diesen Vortrag folgten, beschrieb Dubnow als hitzig und emotional. Seine »soziologische Auffassung« wurde sowohl von den Zionisten als auch von denjenigen deutschen Juden, die der idealistischen Geschichtsschreibung von Graetz anhingen, angegriffen. Dieser Konflikt war vorprogrammiert, stellte Dubnow mit seinem nationaljüdischen Geschichtsentwurf doch die Grundfesten des deutsch-jüdischen Selbstverständnisses in Frage. Auch die Auseinandersetzungen mit den Zionisten waren verständlich, denn Dubnow hielt nicht nur an einer Geschichtlichkeit, sondern auch an einer Zukunft der Diaspora fest. Dubnows dritter Weg, der weder die Emanzipation der Juden als assimilierte Staatsbürger ihrer modernen Nationalstaaten, noch die Gründung eines eigenen jüdischen Nationalstaates zum Ziel hatte, sondern die transnationale jüdische Diaspora als osteuropäische Erfahrung zur Zukunftsvision machte, war ein Angriff auf das Selbst- und Weltbild aller deutschen Juden. Trotzdem war Dubnow zunächst noch optimistisch, was die Zukunft des intellektuellen Austausches zwischen osteuropäischen und deutschen Juden anging. Doch das Interesse an diesem Austausch schlief rasch ein, die Gruppe wurde immer kleiner und hörte bereits nach einem dreiviertel Jahr auf zu existieren.

Das Scheitern der *Jüdischen Wissenschaftlichen Vereinigung* als Ort der Verständigung von deutschen und osteuropäischen Juden kann als symptomatisch für die Kommunikationsprobleme zwischen Ost und West angesehen werden. Auch hier wird deutlich, daß Berlin für Dubnow wie auch für die anderen russischen Juden Exil und Fremde blieb. Den meisten Deutschen und auch den deutschen Juden galt er als Außenseiter. Seine Konzeptionen des *Autonomismus*, des jüdischen Nationalismus und der jüdischen Diasporageschichte erschienen im deutsch-jüdischen Kontext exotisch. Zwar unterhielt Dubnow gute Beziehungen zu einzelnen *Wissenschaftlern des Judentums*, aber es bleibt fraglich, ob von der Freundschaft zu Ismar Elbogen, um nur diesen zu nennen, auf das Gros der *Wissenschaftler des Judentums* geschlossen werden kann, ob er sie anerkannte und – umgekehrt – ob sie ihn ernst nahmen. Dagegen spricht ein bekanntes Beispiel: die Aversion Dubnows gegenüber dem Neukantianer Hermann Cohen und die Nichtbeachtung, die Simon Dubnow von vielen deutschsprachigen Judaisten und Orientalisten erfuhr.

Zwar spielten die osteuropäischen Juden in der jüdischen Kultur der Weimarer Republik eine bedeutende Rolle beim Ringen der deutschen Juden um ›Authentizität‹.[54] Der ›Ostjude‹ war ein fester Bestandteil der deutsch-jüdischen

Literatur. Für die Wiederentdeckung ihrer eigenen Jüdischkeit, bedienten sich die deutschen Juden in der Zwischenkriegszeit eines stilisierten Idealtypen vom ›Ostjuden‹, der den Traditionen des Judentums näher schien, als die ›assimilierten‹ deutschen Juden selbst, die sich mit Hilfe des ›Ostjuden‹ auf die Suche nach ihrer eigenen Vergangenheit machten. Aber der ›Ostjude‹ blieb dabei eine Projektion. Auch die Erforschung des Chassidismus durch Martin Buber oder der jüdischen Mystik durch Gerschom Scholem sind Teil dieser jüdischen Renaissance, die den ›Ostjuden‹ in den Mittelpunkt stellt. Simon Dubnow war ein Vorläufer dieser beiden berühmten, im deutsch-jüdischen Kontext sozialisierten Wissenschaftler, sowohl in der Erforschung des Chassidismus als auch in der Historiographie zur jüdischen Mystik. Dennoch kam es zu keinem Austausch, obwohl Dubnow versucht hatte, mit Buber Kontakt aufzunehmen. Simon Dubnows Berliner Erfahrungen zeigen, daß ein ›intellektueller Ostjude‹, der sich nicht als Bote einer romantischen Vergangenheit, sondern als moderner und herausfordernder Erneuerer der *Wissenschaft des Judentums* verstand, nicht in das Idealbild der deutschen Juden vom ›Ostjuden‹ paßte. Ein Dialog zwischen Ost und West kam auf dieser wissenschaftlichen Ebene nicht zustande.

IV. Engagement wider Willen? Dubnows Kontakte und Initiativen in Berlin

Im Russischen Reich war Dubnow eine zentrale Person der russisch-jüdischen Öffentlichkeit gewesen, die in der zweiten Hälfte des 19. Jahrhunderts auf lokaler Ebene entstanden war und spätestens nach der Krisenerfahrung der Pogrome zu Beginn des 20. Jahrhunderts auf ganz Rußland ausstrahlte. Durch seine Publikationen in den wichtigsten russisch-jüdischen Zeitschriften zu historischen Themen und Tagesfragen und durch seine von ihm selbst so bezeichnete »gesellschaftliche Arbeit« wurde er – wie Wischnitzer es formulierte – zum politischen Erzieher des nationalen Judentums. Er verkörperte damit für die russischen Juden eine Idealvorstellung, die tief im europäischen Denken des 19. Jahrhunderts verwurzelt war.[55]

Nach dem Pogrom von Kischinjow im Jahre 1903 hatte Simon Dubnow gemeinsam mit anderen national gesinnten Juden wie dem Kulturzionisten Achad Haam, dem Zionisten Ben Ami und dem berühmten hebräischen Dichter Chajim Nachman Bialik zur organisierten Selbstwehr aufgerufen. Eine solche Selbstwehr war es, die sich nach dem Pogrom von Homel auf der Anklagebank wiederfand. In diesem Zusammenhang gewann der jüdische *Schutzbund*[56], der den Angeklagten qualifizierte Anwälte zur Seite stellte, an Bedeutung. Im Zuge der Demokratiebewegung im Russischen Reich seit 1904/05 bildete sich aus dem *Schutzbund* der *Verband für Bürgerrechte*[57]. Auf dieser Grundlage entstanden schließlich alle jüdischen Parteien, die im Russischen Reich bis 1917 und darüber hinaus in Ostmitteleuropa in der Zwischenkriegszeit eine Rolle spielen sollten. Dubnow war eine der führenden Persönlichkeiten des *Verbands für Bürgerrechte* und nutzte dieses Forum, um sein nationales Autonomieprogramm zum festen Bestandteil jüdischer Politik im Russischen Reich zu machen. Alle Parteien von den gemäßigt bürgerlichen Integrationisten über die jüdischen Sozialisten bis hin zu den Zionisten übernahmen Dubnows nationale Forderungen, wenn seine eigene Partei auch weitgehend bedeutungslos blieb. Daneben spielte Dubnow eine wichtige Rolle in den Institutionen der jüdischen Geschichtswissenschaft im Russischen Reich. Anläßlich seines vierzigjährigen literarischen Jubiläums im Jahre 1921, kurz vor seiner Ausreise aus der Sowjetunion, wurde Dubnows herausragende Stellung in der russisch-jüdischen Öffentlichkeit gewürdigt: »Pionier und Veteran der Geschichte der russischen Juden, Theoretiker und Kämpfer der national-kulturellen Wiedergeburt, Erforscher des alten und Prophet des neuen Judentums – Semjon Markowitsch ist all jenen teuer, denen das jüdische national-kulturelle Schaffen und der Kampf der russischen Judenheit um ihr nationales Leben am Herzen liegt.« Deshalb wurde dieses Jubiläum »nicht als Fest einer bestimmten Gruppe oder Partei, sondern als Festtag der gesamten russischen Judenheit«[58] begangen. Eine solche öffentliche Rolle konnte und wollte Dubnow in seinem Berliner Exil nicht spielen.

Hoffnungen auf Vollendung seines Lebenswerkes

Berlin war für ihn der Ort der Vollendung seines wissenschaftlichen Lebenswerkes, jede Art der »gesellschaftlichen Arbeit« suchte er zunächst zu vermeiden, um sich auf sein historisches Schaffen konzentrieren zu können. Nur wenige Wochen nach seiner Ankunft in Berlin bat er in einem offenen Brief, den die *Jüdische Rundschau* abdruckte, von »Einladungen, an wissenschaftlich-literarischen Publikationen teilzunehmen, Vorlesungen zu halten, in öffentlichen Organisationen mitzuarbeiten, Versammlungen zu besuchen, usw.« abzusehen[59] Dubnow begründete seine Ablehnung einer öffentlichen Rolle mit der Notwendigkeit, seine »Geschichte des jüdischen Volkes« vollenden zu müssen. Der Brief zeugte vom Selbstbewußtsein, zugleich aber auch vom Gefühl der Unsicherheit des Emigranten.

Er fürchtete, die »gesellschaftliche Arbeit« im Berliner Exil würde unter Umständen weit hinter das öffentliche Engagement im Russischen Reich zurückfallen. Das Gefühl der Fremdheit und wehmütige Erinnerungen an die verlorene Heimat überschatteten die Initiativen der russischen Juden. So erlebte Dubnow es zumindest in der ersten Zeit: »Es ist nicht leicht, sich in den komplizierten Erlebnissen dieser Tage zurechtzufinden, wo Einsamkeit mit großem Getriebe wechselt, die Wahrnehmung der Fremde mit einem Widerhall des Vertrauten. [...] Häufige berührende Begegnungen der Exilanten aus den verschiedensten Gegenden des zerstörten Rußland. Ich weiß, daß ich lediglich in irgend einer

Versammlung auftreten müßte, um weitere Dutzende derartiger Relikte zu treffen ... Die Unterhaltungen drehen sich meist um Geschäftliches – die geplanten Publikationen. Persönliche Gespräche aber sind traurige Emigrantengespräche ...«[60] Nach den vergeblichen Anstrengungen für die Sache der Juden im Russischen Reich fehlte ihm in Berlin zunächst die Energie, sich erneut in der »gesellschaftlichen Arbeit« zu engagieren. Sogar jenen, die auf der politischen Bühne der Weimarer Republik für die osteuropäischen Juden und den aus dem östlichen Europa stammenden Autonomiegedanken auftreten wollten, erteilte Dubnow eine Absage. Trotz der Versuche der *Jüdischen Volkspartei*, ihn zu einer Kandidatur bei den ersten Wahlen zum *Preußischen Landesverband der Juden* im Jahre 1925 zu überreden, trat er nicht zu den Wahlen an, sondern empfahl den ehemaligen Minister für jüdische Angelegenheiten in Litauen, Max Solowejtschik, als Kandidaten: »Ich begriff auch, daß ein Theoretiker des Autonomismus den ersten Versuch einer Zentralisierung autonomer Gemeinden im assimilierten deutschen Judentum hätte unterstützen müssen, doch dazu wäre Kampf nötig gewesen, ein langer Kampf mit der Assimilation in ihrer wichtigsten Zitadelle. Aber mir liegt der einstige Kampf in Rußland noch im Magen.«[61] Bei den Berliner Gemeinderatswahlen im Jahre 1926 ließ er sich jedoch auf die Liste der *Volkspartei* setzen, ohne gewählt zu werden. Trotz der Abwehr, eine politische Rolle zu spielen, konnte Dubnow sich der öffentlichen Aufmerksamkeit nicht völlig entziehen. Denn es war – wie Archivfunde belegen – bereits vor und unmittelbar nach seiner Ankunft absehbar, daß Simon Dubnow in Berlin ›eine Adresse‹ sein würde.

Verschiedene Verlage (*Klal, Grani, Dwir,* Welt-Verlag, Jüdischer Verlag) stritten im Jahre 1922 um die Rechte an seiner *Weltgeschichte*.[62] Unmittelbar nach seiner Ankunft wählte die amerikanisch-jüdische Hilfsorganisation, das *Joint Distribution Committee*, Dubnow in die Kommission für kulturelle Institutionen der Juden in Deutschland. Freunde und Parteigenossen aus der *Folkspartej* erwarteten ihn bereits. Der *Verband russischer Juden* lud ihn zu einem Vortrag ein. Das *Jüdische Lexikon*, die amerikanisch-jiddischen Zeitungen *Forwerts* und *Der tog* und auch die *Jüdische Rundschau* baten um seine Beiträge, »trotz Ihrer Erklärung, dass Sie von Einladungen zur Mitarbeit verschont sein wollen«[63]. Immer öfter sagte er zu. Außerdem war er häufiger bei Veranstaltungen im Logenhaus, Kleiststraße Nr. 10, oder nebenan, im Scholem-Alejchem-Klub, Kleiststraße Nr. 9, zu Gast. Während der Berliner Jahre publizierte Dubnow in der deutschen, jiddischen, russischen und hebräischen Presse (die *Bulletins* der *Jüdischen Telegraphen Agentur* und *Jüdische Rundschau* in Berlin, *Forwerts* und *Der tog* in New York, *Jewrejskaja tribuna* in Paris, *Rasswet* in Berlin etc.). Und schließlich wandten sich seine »russischen Juden« in Berlin an ihn. Dubnow empfand große Solidarität vor allem mit den unterprivilegierten osteuropäischen Juden, die es in die Fremde verschlagen hatte.

Engagement für die osteuropäischen Juden in Wissenschaft und Gesellschaft

Besondere Empathie brachte er den osteuropäischen jüdischen Studenten entgegen, die ihre Heimat verlassen hatten, um an der »europäischen höheren Jeschiwa«, wie er die Berliner Universität einmal nannte, zu studieren. Ihre Not und ihre Verlorenheit in der Fremde rührten ihn. In ihnen erkannte er seine eigenen Wanderjahre wieder, obwohl er doch niemals in den Westen gelangt war, um dort zu studieren. Also wies er auch die Studenten nicht zurück, als sie ihn baten, an ihren Versammlungen teilzunehmen. So wurde er schließlich – neben Albert Einstein – zum Ehrenpräsidenten des Verbands der jüdischen Studentenvereinigungen in Deutschland gewählt. Jahrelang galt sein Bestreben der Gründung einer jüdischen Universität in Europa.[64]

Die russischen Juden blieben ›sein Volk‹ – auch in der Fremde. Für sie trat er auf die Bühne der Öffentlichkeit und für sie versuchte er, sein Wirken über die Zeitenwende von 1917/18 zu retten. So knüpfte er etwa an die Institutionen russisch-jüdischer Wissenschaft an, die er im Russischen Reich gegründet hatte, als er im Oktober 1925 der Gründung der *Historischen Sektion* des YIVO in Berlin vorsaß. Die übrigen Gründungsmitglieder waren seine alten Freunde und Weggefährten, ebenfalls russisch-jüdische Wissenschaftler, wie Nachum Stif, Ilja Tscherikower, Mark Wischnitzer oder Jakob Lestschinsky. Doch Berlin erwies sich auch für diese russisch-jüdische wissenschaftliche Unternehmung nicht als der richtige Ort. Der Konflikt zwischen osteuropäischer und deutsch-jüdischer Wissenschaft verhinderte ein Aufblühen jiddischer Wissenschaft in Deutschland. Die Aktivisten des YIVO fanden ihr Arbeitsumfeld statt dessen in Polen.[65] Dem jungen polnischen Nationalstaat mit seinem Antisemitismus und der national-chauvinistischen Politik gegenüber seinen zahlreichen Minderheiten stand Dubnow äußerst kritisch gegenüber. Eine Einladung nach Warschau lehnte er 1922 ab: »Gott verschone mich vor der polnischen Hölle!«[66] Dennoch wurde Polen zum wichtigsten Zentrum der osteuropäischen Juden im neu geordneten Ostmitteleuropa. Dubnow erkannte darin die Nachfolge des russisch-jüdischen Hegemoniezentrums: »Ich sehe ein neues Zentrum für die russischen Juden voraus: Polen«.[67] In Warschau versammelte das YIVO schließlich ein große Anzahl von Historikern und Geschichtsstudenten um sich und konnte eine breitere Öffentlichkeit für seine Programme interessieren. Dort lehrte Majer Bałaban, ein langjähriger Kollege Dubnows, der Warschau zu einem Zentrum jüdischer historischer Wissenschaft machte.[68] Für die jungen jüdischen Historiker des YIVO in Polen wie Emanuel Ringelblum, Ignacy Schiper und Philip Friedman wurde Dubnow zum »intellektuellen Paten«[69] ihrer Arbeit. Die Arbeit des YIVO machte Polen zum bedeutendsten Ort osteuropäischer jüdischer Wissenschaft in der Diaspora. Dubnow verglich das YIVO anläßlich seines zehnjährigen Bestehens mit der Hebräischen Universität in Jerusalem, die ebenfalls im Jahr 1925 gegründet wurde. Mit diesen beiden Institutionen, so Dubnow, sei die jüdische Wissenschaft in ihren beiden wichtigsten Zentren zu

Hause: In Erez Israel und in der osteuropäischen Diaspora.[70] Auch wenn das YIVO sein Wirken nicht in Deutschland entfalten konnte, so ist doch festzuhalten, daß Dubnow diese so bedeutende Institution osteuropäischer jüdischer Wissenschaft in Berlin ins Leben rief. Von Berlin aus nahm er Einfluß auf seine alte osteuropäische Heimat, die neue Heimat der russischen Juden in Polen.

Simon Dubnow versuchte darüber hinaus immer wieder die wissenschaftliche und die gesellschaftliche Arbeit im Interesse der osteuropäischen Juden miteinander zu verbinden. So engagierte er sich im Rahmen des *Ostjüdischen Historischen Archivs* für die Herausgabe einer wissenschaftlichen Schriftenreihe über die Pogrome in der Ukraine von 1918 bis 1921. Das *Ostjüdische Historische Archiv* war auf Initiative einer Gruppe jüdischer Intellektueller und Politiker der *Jüdischen Folkspartej* in Kiew gegründet worden, um Materialien über die Pogrome der Revolutions- und Bürgerkriegsjahre in der Ukraine zu bewahren. Simon Dubnow hatte sich gemeinsam mit anderen prominenten Intellektuellen wie Chajim Nachman Bialik, Max Solowejtschik und Jakow Tejtel dafür eingesetzt, daß das Archiv nach Berlin verlegt wurde, damit die Materialien dort publiziert werden konnten. In sieben Bänden wollten Ilja Tscherikower, Nachum Stif und Nachum Gergel gemeinsam mit Dubnow die Schrecken dieser Pogrombewegung darstellen. Die Bücher sollten in russischer und jiddischer Sprache erscheinen. Damit sollte in Berlin ein weiteres historiographisches Werk an die Öffentlichkeit gebracht werden, das sich vor allem an russische und andere osteuropäische Juden richtete. Neben historischen Darstellungen war auch eine Aktenedition vorgesehen. Dubnow selbst schrieb einen sehr emotionalen Artikel für den ersten Band, den Ilja Tscherikower herausgab, und setzte sich in der Folge für die Finanzierung der Unternehmung ein. Das Projekt konnte aber niemals vollständig verwirklicht werden. Es blieb beim Erscheinen des ersten Bandes.[71]

Doch obwohl dieses Publikationsprojekt scheiterte, sollte sich das Archiv der Materialien über die Pogrome in der Ukraine in einem anderen Zusammenhang als nützliches Instrument der Interessenvertretung osteuropäischer Juden auf der öffentlichen Bühne erweisen. Als der Revolutionär und jiddische Dichter Schalom Schwarzbard am 25. Mai 1926 den ehemaligen ukrainischen Armeeführer Simon Petljura in Paris erschoß, dessen ›Freiheitskampf‹ für die grausamen antijüdischen Gewalttaten in der Ukraine verantwortlich gemacht wurde, empfanden Dubnow und seine Weggefährten in der Emigration Genugtuung. Sie sahen in diesem Racheakt eine heroische Tat, die das Interesse der Weltöffentlichkeit auf das an den Juden in der Ukraine begangene Unrecht lenkte. Während Schalom Schwarzbard in Paris auf seinen Prozeß wartete, gründete Dubnow, gemeinsam mit Ilja Tscherikower, Jakob Lestschinsky und anderen unter der Führung von Leo Motzkin eine Kommission, die dessen Verteidigung vorbereiten sollte. Diese Kommission stellte auf der Grundlage des *Ostjüdischen Historischen Archivs* Materialien zusammen, in denen der Öffentlichkeit deutlich gemacht werden sollte, »daß drei Jahre hintereinander in der Ukraine jüdisches Blut unschuldig geflossen ist und daß die Verbrecher, die diese Massacres organisiert haben, dem Gericht nicht überantwortet wurden und noch heute frei und unangefochten in Europa herumwandeln und sogar noch ›hohe Politik‹ machen dürfen.«[72] Während Dubnow im Namen der russischen Juden die Verteidigung des ›Märtyrers‹ Schalom Schwarzbard als nationale Aufgabe begriff, kritisierte ein Vertreter der von Dubnow so bezeichneten »Assimilation«, der Präsident des *American Jewish Committee* Louis Marshall, diese Bemühungen. Marshall, der zur deutsch-jüdischen Elite in den Vereinigten Staaten zählte, warnte davor, Schwarzbard zum jüdischen Nationalheiligen zu stilisieren und seine Bluttat zu rechtfertigen, denn er befürchtete einen Aufschwung der anti-jüdischen Stimmung in der Ukraine.[73] Tatsächlich wurde Simon Petljura nach der Ermordung seinerseits zum Nationalhelden der ukrainischen Emigration, die in Schwarzbards Tat eine bolschewistische Verschwörung vermutete. Dubnow aber sah in Marshalls Warnungen nationalen Verrat und forderte zum Prozeßauftakt in zahlreichen Publikationen die Solidarität des jüdischen Volkes in der ganzen Welt, indem er in flammenden Worten auf die Schrecken des jüngsten ukrainischen Pogromzeitalters hinwies. Auch appellierte er an die ukrainische Intelligenzija, sich von den Taten Petljuras zu distanzieren. Die Anstrengungen der Kommission waren erfolgreich, und Schwarzbard wurde unter Berücksichtigung des an den Juden in der Ukraine verübten Unrechtes, das während des Prozesses von der Verteidigung ausführlich dargelegt wurde, schließlich freigesprochen.

In diesem neuerlichen Konflikt zwischen »westeuropäischer Assimilation« und osteuropäischem jüdischen Nationalismus brach abermals der scheinbar unüberbrückbare Gegensatz zwischen ost- und westeuropäischem Judentum auf, der Dubnow durch seine gesamte Berliner Zeit begleitete und sein Gefühl des Fremdseins immer wieder verstärkte. Diesen Konflikt trug er schließlich auf der Züricher Konferenz für Minderheitenrechte im Jahre 1927 offen aus. Die Teilnahme an dieser Konferenz markiert den Höhepunkt seiner »gesellschaftlichen Tätigkeit« in den Berliner Jahren.

Die Züricher Konferenz zum Schutz der Minderheitenrechte (1927)

Um seine politische Position als Vertreter der osteuropäischen nationaljüdischen Interessen zu stärken, paßte Dubnow seinen im russischen Vielvölkerreich entstanden Diasporanationalismus den Bedingungen des nationalstaatlich geordneten Europas in der Zwischenkriegszeit an. Er formulierte sein transterritoriales und übernationales Autonomieprogramm um, damit es den Bedingungen und Instrumenten des nationalstaatlichen Europas gerecht wurde. An die Stelle einer allrussischen jüdischen Nationalversammlung im russischen Vielvölkerreich traten nach Dubnows modifiziertem politischen Entwurf nun der Völkerbund und die garantierten Rechte der nationalen Minderheiten. Er berief sich dabei auf die Pariser Friedensverträge, in denen die Volksminderheiten anerkannt und ihr

Schutz durch den Völkerbund garantiert wurde. Um ihre Interessen wahrzunehmen, bräuchten die Juden eine internationale jüdische Organisation, die ihre Rechte in den unterschiedlichen Nationalstaaten beim Völkerbund vertreten sollte.[74] Dubnow nutzte die Instrumente des neuen Europa, um seiner Vision einer weltweiten jüdischen Nation auch nach dem Epochenwechsel von 1917/18 Geltung zu verschaffen. Doch mit dem modernen jüdischen Diasporanationalismus, der sich von seiner Herkunft im russischen Vielvölkerreich gelöst hatte, und der nun auf eine internationale Bühne trat, brachte er die »assimilierten Westjuden« abermals gegen sich auf. Wieder war es Louis Marshall, der vor der Selbstbezeichnung der Juden als »nationaler Minderheit« warnte und sich im assimilatorischen Sinne für eine Selbstwahrnehmung der Juden als Staatsbürger jüdischen Glaubens aussprach. Die Selbstbezeichnung als weltweite jüdische Nation könne vor allem in den jungen instabilen Nationalstaaten des östlichen Europas auf Vorbehalte stoßen. In den westeuropäischen Ländern und in den USA hätten die meisten Juden ohnehin kein Interesse, sich als Teil der jüdischen Nation zu verstehen.[75] Die *Jüdische Rundschau* faßte diese Bedenken kurz zusammen: »Die westeuropäische Assimilation lehnte die Konferenz ab, weil sie das Wort ›Jüdisches Volk‹ fürchtete.«[76] Der Historiker des jüdischen Volkes Simon Dubnow griff diese Haltung scharf an und stellte sich abermals auf die Seite der osteuropäischen Juden. Neben seinem Opponenten Louis Marshall sprach er auch stellvertretend für die ›assimilierten Westjuden‹ den französischen Großrabbiner Israël Lévi an, der als Gegner der Konferenz aufgetreten war: »Man sagt, es sei gefährlich, die (echt-nationalen) jüdischen Gemeinschaften in Osteuropa als *nationale* Minderheiten hinzustellen, weil das Wort ›national‹ mit Bezug auf Juden in den Friedensverträgen nicht erwähnt sei. Sogar diejenigen assimilierten Westjuden, die so sprechen, müssen aber auch zugeben, daß in allen Ländern die Juden zum mindesten eine *religiöse* Minderheit sind, – wie dürfen sie es dann zulassen, dass die Rechte einer solchen Minderheit verletzt werden sollen, ohne dagegen zu protestieren? Erscheint es dem geehrten Großrabbiner von Frankreich nicht verdrießlich, wenn man einen jüdischen Studenten in Jassy oder Bukarest schlägt, sei es daß ihm dies als Mitglied einer religiösen Minderheit, wie der Herr Großrabbiner meint, oder als Mitglied einer nationalen Minderheit, wie die nicht assimilierten rumänischen Juden selbst meinen, widerfährt?«[77]

Dubnow stemmte sich mit diesen plakativen Appellen gegen den vorherrschenden Trend der Assimilation, indem er der »toten westlichen Judenheit«[78], wie er sie in seinem Tagebuch empört nannte, mangelnde Solidarität mit ihren verfolgten Brüdern im Osten Europas vorwarf. Darüber hinaus vertrat er die Ansicht, daß seiner Vision einer weltweiten jüdischen Nation die Zukunft gehöre. Auf der Züricher Konferenz prophezeite er, »daß *die alte Assimilationspolitik bankrott* machen, und daß der nationale Gedanke siegen wird. Die junge Generation wird national sein.«[79]

Auf der Konferenz wurde das *Council for Jewish Minority Rights* gegründet, das das *Comité des Délégations Juives* auf der Pariser Friedenskonferenz ablösen sollte. Dubnow wurde ins Präsidium des *Councils* gewählt und nutzte diese Plattform auch in der Folgezeit, um weiter die nationaljüdischen Interessen der osteuropäischen Juden zu vertreten.

Das ›Haus Dubnow‹ als Ort der russischen Juden in Berlin

Angesichts seiner zahlreichen Aktivitäten für die russischen und osteuropäischen Juden im Exil, repräsentierte das ›Haus Dubnow‹ einen besonderen Ort der russischen Juden in Berlin. Alle Orte, an denen Simon Dubnow sich häuslich einrichtete und arbeitete, waren bekannte Adressen und wurden eine Institution. In Berlin pflegte Dubnow, egal, wo er gerade wohnte, ein weltoffenes Haus. Er empfing namhafte Politiker und Wissenschaftler ebenso wie arme Neuankömmlinge aus dem Osten Europas, die Hilfe und Rat brauchten oder Nachrichten brachten. Seine Wohnung war ein Treffpunkt für die Familie, für Freunde und Bekannte ebenso wie für wissenschaftliche und politische Zusammenkünfte und Debatten. Das ›Haus Dubnow‹ war eine Adresse, an die sich vor allem osteuropäische Juden wandten. Sie kamen zu ihm mit der Bitte um Unterstützung wie z. B. die osteuropäischen jüdischen Studenten und wurden gehört. Jüdische Aktivisten unterschiedlicher Parteien richteten ihre Anfragen an den russisch-jüdischen Politiker Dubnow. Vom ›Haus Dubnow‹ kamen die Impulse zur Gründung der Historischen Sektion des YIVO. Hier nahm Dubnow zu wichtigen Fragen wie dem Schwarzbard-Prozeß Stellung. Von hier aus plante er seine Position auf der Züricher Konferenz für Minderheitenrechte. Diese Stellungnahmen fanden über die J. T. A, aber auch über die jiddischsprachigen Zeitungen der amerikanischen Juden den Weg in die Weltöffentlichkeit. Im ›Haus Dubnow‹ traf sich der Freundeskreis der Dubnows, der zum großen Teil aus russischen Juden bestand. Darüber hinaus war das Haus der Ausgangspunkt von Dubnows zahlreichen Korrespondenzen mit den bedeutendsten Persönlichkeiten der russisch-jüdischen Emigration in aller Welt. Der Judaist Ismar Elbogen erinnerte sich an die Offenheit und Begeisterungsfähigkeit Dubnows, Eigenschaften, die dem russisch-jüdischen Migranten auch neue Freundschaften einbrachten und Arbeitszusammenhänge eröffneten. Name und Wirken Simon Dubnows in Berlin stehen für diese Fähigkeit und die Bereitschaft kultureller und politischer Integration. Zugleich verkörpern und belegen seine Kontakte und Beziehungen die Eigenart und Vielgestaltigkeit des russisch-jüdischen Berlin.

Es ist bemerkenswert, daß Dubnow trotz seiner dezidierten Parteinahme für die osteuropäischen Juden, seiner klaren Positionierung im Sinne seines russisch-jüdischen historischen Gegenentwurfs zur *Wissenschaft des Judentums* und seinem politisch unzeitgemäßen Diasporanationalismus, zur Integrationsfigur einer viel breiteren jüdischen Öffentlichkeit wurde. Diese Öffentlichkeit suchte dabei nicht den Politiker Dubnow, sondern wandte sich an den Denker, den Intellektuellen als Leitfigur und als Symbol. Die Person Dubnows wurde so in der Öffentlichkeit gewissermaßen ›entideologisiert‹ und mit Bedeutungen unterschiedlichster Art aufgeladen. Die jungen Historiker des YIVO in Warschau z. B., die ihn als »intellektuellen Paten« akzeptierten, vertraten eine völlig andere Art der Geschichtsschreibung, als Dubnows »soziologische Auffassung« vorgegeben hatte. Politisch gesehen unterhielt Dubnow Kontakte zu den *Bundisten* (durch seine Tochter Sofija), zu dem deutsch-jüdischen Sozialdemokraten Eduard Bernstein, zu den Jiddischisten des YIVO (durch die Freunde Jakob Lestschinsky, Ilja Tscherikower, Nachum Stif), zu den politischen Zionisten (Leo Motzkin, Victor Jacobson) und den Kulturzionisten (Chajim Nachman Bialik, Jehoschua Chana Rawnizki, Simon Rawidowicz) genauso wie zu den russisch-jüdischen Liberalen (Mark Wischnitzer, Leonti Bramson, Juli und Boris Brutzkus, Jakow Tejtel). Nur zu den russisch assimilierten akademisch gebildeten jüdischen Kreisen um russische Verlage wie *Petropolis*, *Epocha*, *Slowo* und Zeitungen wie *Rul* u. a. hielt er Distanz. Auch beteiligte er sich nicht an der öffentlichen Debatte über die Russische Revolution und die Juden in den Jahren 1922–1924 in Berlin, die durch das Erscheinen einer Broschüre des *Vaterländischen Verbandes russischer Juden* ausgelöst worden war.[80] Die Aktivisten des *Verbandes* vertraten die Ansicht, die russischen Juden hätten im Interesse ihrer russischen Heimat, wenn nötig auch an der Seite der Weißen, gegen die bolschewikische Herrschaft kämpfen müssen. Obwohl Dubnow die Bolschewiki verachtete und bereits ahnte, daß die gesamte jüdische Gemeinschaft für die Beteiligung von Juden an der Russischen Revolution zur Rechenschaft gezogen und dieses Faktum in das Arsenal des Antisemitismus aufgenommen werden würde, hielt er diese Diskussion für reaktionär und für nationalen Verrat, waren es doch vor allem die Weißen gewesen, die für die grausamen anti-jüdischen Pogrome während des Bürgerkrieges verantwortlich waren.

Trotzdem zeigen seine vielfältigen Kontakte, wie leicht er die Grenzen zwischen den unterschiedlich orientierten politischen Parteien wie zwischen den verschiedenen Sprachgruppen im Migrantenmilieu und dem deutsch-jüdischen Berlin überschritt. Er pflegte Kontakte zur Jüdischen Gemeinde in der Oranienburger Straße (Josef Meisl) genauso wie zur *Hochschule für die Wissenschaft des Judentums* (Ismar Elbogen), zum *Jüdischen Verlag* und zu den beiden jüdischen Enzyklopädie-Projekten (*Jüdisches Lexikon* im Jüdischen Verlag, *Encyclopaedia Judaica* bei *Eschkol*). Albert Einstein trat an ihn mit dem Vorschlag heran, eine »Jüdische Universität in Europa« zu gründen. In Berlin wurde der 70. Geburtstag Simon Dubnows im Kreise der Kollegen und Freunde ausgiebig und mit großen Ehren gefeiert, und zwar sowohl im jiddischen Kreis des YIVO, zusammen mit Jakob-Wolf (Wilhelm) Latzky-Bertoldi, Jakob Lestschinsky, Zalman Rubaschow (alias Schneur Zalman Schazar), Aaron Steinberg, Ilja Tscherikower u. a., als auch im Zusammenhang der deutschsprachigen Wissenschaftler: Josef Meisl, Mark Wischnitzer und Ismar Elbogen; letztere ehrten ihn mit der Herausgabe einer Festschrift. Im Jahre 1931 wurde Dubnow zum Mitglied der *Historischen Kommission der Akademie für die Wissenschaft des Judentums* gewählt.

Dubnows öffentliche Rolle in Berlin war davon geprägt, daß er sich in jener Zeit – seiner programmatischen Option für Integration und Synthese entsprechend – gewissermaßen ›überpolitisch‹ gab. Seine tagespolitischen Vorstellungen waren an das russische Vielvölkerreich gebunden gewesen. Nach der Zeitenwende von 1917/18 versuchte er einerseits sein Konzept an die nationalstaatliche Moderne anzugleichen, andererseits war die Zeit seines parteipolitischen Engagements vorbei. Als ›personaler Rollenträger‹ wurde er sogar von politischen Gegnern als Leitfigur vereinnahmt. Dubnow war für diese Rolle prädestiniert, nahm sie an und spielte mit ihr, ohne sein Gesicht zu verlieren. Daraus formte sich das ›Haus Dubnow‹ in Berlin, vergleichbar der Pilgerstätte Jasnaja Poljana für die Anhänger Lew Tolstois in Rußland, das er später, nach 1933, in Riga weiterführte.[81] Die hohe symbolische Bedeutung, die ihm osteuropäische, deutsche und Juden in aller Welt verliehen, machte Dubnow zur Integrationsfigur, der Heimat schuf, obwohl er selbst in der Fremde blieb.

V. Simon Dubnows Konzept der Integration

Die Art, in der Berliner Emigration ein ›offenes Haus‹ zu führen, entsprach Dubnows synthetisierender und integrierender Konzeption von der jüdischen Geschichte und Politik, die Anfang der zwanziger Jahre bereits voll entwickelt war. Den Kern dieser Konzeption bildete die Vision vom »jüdischen Volk« als einer weltweiten Gemeinschaft der Juden, die nicht auf religiösen Normen, sondern auf dem Bekenntnis zur kollektiven historischen Erfahrung basierte. Aufgewachsen in der durch Tradition und Religion begründeten patriarchalischen und oligarchischen Gemeinschaftlichkeit der *kehilla*, der aschkenasischen Diasporagemeinde, unter der Herrschaft und in den Grenzen des Russischen Reiches, hatte Dubnow in seiner rebellischen Jugend diese normative, in der Vormoderne verwurzelte Gemeinschaftsordnung und Lebensform heftig kritisiert. Das Scheitern der Integration sowie die daraus entstehende existentielle Krise Mitte der 1880er Jahre kompensierte er jedoch durch Rückwendung zur aschkenasischen Tradition und Neukonzeptualisierung der jüdischen Gemeinschaft. Dem chassidischen ›Geheimnis der Konzentration‹ *(sod ha-zimzum)* gemäß übertrug er das humanistische universale Ideal einer ›brüderlichen Menschheitsgemeinschaft‹ programmatisch auf die partikulare jüdische Geschichte und Kultur. Die Erfahrungen freundschaftlicher Gemeinschaft und kommunaler jüdischer Politik in der modernen Großstadt Odessa hatten ihn zur Entdeckung des Judentums als Kulturnation geführt, in der er die Staatsnation überwunden und aufgehoben sah. Die Revolution von 1905 hatte ihm und seinen Mitstreitern und Freunden die Möglichkeit politischer Partizipation im Reichsmaßstab eröffnet, auch wenn dieses politische Versprechen rasch wieder eingeschränkt wurde. Der Weltkrieg und der Oktoberumsturz zwangen ihn schließlich, jüdische Politik für die osteuropäischen Juden im internationalen Zusammenhang zu fordern und zu fördern.[82]

Es war die Vision von den Juden als Kulturnation, die ihn zur doppelten Forderung nach Emanzipation und nach personaler kultureller Autonomie bewogen hatte. Zugleich ermöglichte ihm die Deutung der jüdischen Geschichte als unaufhörlicher und universaler Diaspora, über die Zerstörung der russisch-jüdischen Kultur durch die Oktoberrevolution und die Herrschaft der Bolschewiki hinauszublicken. Die Vision von der jüdischen Kulturnation und die Konzeption der Diasporageschichte machten es Dubnow leichter, Berlin als Domizil anzunehmen. Er erfand den Diasporajuden eine »Welt-Häuslichkeit« und übernahm als Historiker und politischer Denker die Verantwortung dafür. Dabei reflektierte Dubnow die eigene Situation auf die gesamte globale jüdische Geschichte und entwickelte daraus eine Geschichte der Migrationen ganz eigener und anderer Art als seine Landsleute und Schicksalsgenossen Eugene und Alexander Kulischer, die es – wie ihn – Anfang der 1920er Jahre von Petersburg in die westliche Emigration verschlagen hatte – den einen nach Berlin, den anderen nach Paris. Eugene gelang nach 1933 die Flucht in die USA, während Alexander in Frankreich im Holocaust ermordet wurde. Dubnow sah die Geschichte der jüdischen Migrationen als integralen Bestandteil einer universalen jüdischen Diasporageschichte, die Brüder Kulischer hingegen interpretierten die gesamte Weltgeschichte auf dem Hintergrund ihrer Diasporaerfahrungen als unaufhörliche Wanderbewegung.[83] Im Rahmen seiner Migrations- und Diasporakonzeption verstand Dubnow Berlin als Zentrum der aschkenasischen Tradition, aus der die osteuropäische Diaspora hervorgegangen und deren unverbrüchlicher Teil sie war. In diesem Bewußtsein konnte er die Berliner Universität als »europäische höhere Jeschiwa« bezeichnen. Zum aschkenasischen Traditionszusammenhang fügte sich das europäische Selbstverständnis: ein der Aufklärung verpflichteter universaler und bürgerlicher Bildungshintergrund ebenso wie das romantisch begründete nationale Selbstverständnis. Über die Ursprünge des jüdischen Nationalismus sagte der Philosoph Emmanuel Levinas in Erinnerung an seinen deutsch-jüdischen Griechischlehrer im Litauen der 1920er Jahre, dieser habe ihm das Bewußtsein gegeben, sie seien »*Europäer* [...], gerade *weil* zionistisch.«[84] Und der Kulturphilosoph David Koigen, mit dem Dubnow in Berlin häufig Spaziergänge unternahm und freundschaftliche Gespräche führte, sprach im selben Zusammenhang, im Hinblick auf das Geschichtsbewußtsein, von den Juden als den »Europäern schlechthin.«[85] Dubnow selbst nannte die Juden mit Leo Motzkin in den 1920er Jahren – wie später auch Hannah Arendt –, ironisch einen politisch aktuellen Terminus der marxistischen Gegner aufgreifend, die »älteste Internationale« in Europa.[86]

Den Begriff der »Welt-Häuslichkeit« wiederum hat einst Ossip Mandelstam geprägt. Wie der Historiker Simon Dubnow so wurde auch der Dichter durch die Erfahrung der Russischen Revolution zur Vision der »Welt-Häuslichkeit« (wsemirnaja domaschnost) gezwungen. Im selben Jahr, in dem Dubnow Rußland verließ und über Kaunas nach Berlin übersiedelte, prophezeite Mandelstam in dem »Menschenweizen« überschriebenen Essay:

»Dreimal gesegnet ist heute, was nicht mehr Politik ist im alten Verstande, gesegnet ist die Ökonomie mit ihrem Pathos der Welt-Häuslichkeit, gesegnet das Steinbeil des Klassenkampfes, gesegnet alles was erfüllt ist von der einen großen Sorge um die Regelung der Weltwirtschaft, alle Mühe um den Welt-Herd. Das Gute im ethischen Sinn und das Gut im wirtschaftlichen, d. h. die Gesamtheit des Geräts, der Werkzeuge für die Produktion, Sack und Pack der Welt. Zusammengetragen auf dem Buckel von Jahrtausenden – das beides nun in eins. [...] Der Weg aus dem nationalen Zerfall, aus dem Zustand des Korns im Sack zur Welt-Einheit, zur Internationale führt nur über die Renaissance des europäischen Bewußtseins, über die Wiedergewinnung des Europäertums als unserer großen Nationalität. – Das ›Gefühl für Europa‹, in Krieg und Bruderzwist betäubt, verrufen, unterdrückt, kehrt in den Kreis der aktiven Arbeitsideen zurück.«[87]

Für den Dichter Mandelstam figurierte die Metapher als Vexierbild des Etappensiegs der Weltrevolution einerseits, der Beschwörung der europäischen Kultureinheit angesichts des politökonomischen Primats der Revolution andererseits. Auf Dubnow übertragen meint sie die Einsicht in die weltumspannende, unaufhörliche Diaspora[88] und die positive Umwertung des Paradoxons und Negativs von der »internationalen Nation« der Juden.

Als Dubnow nach Berlin kam, hatte er mit seinem Leben und Wirken in Rußland abgeschlossen. Dennoch setzte er seine Auseinandersetzung mit Geschichte und Gegenwart der Juden im östlichen Europa in Berlin fort – nicht nur in der wissenschaftlichen Arbeit am historischen Werk, sondern auch im politischen Einsatz für die Diaspora, denn er sah sie nun im Kontext der Moderne neu. Als Migrant hat er das Berlin der zwanziger Jahre mitgestaltet, umgekehrt wurde die junge Hauptstadt der Weimarer Republik durch Bürger wie ihn mit dem Anspruch, eine europäische Metropole zu sein, konfrontiert. Daß Dubnow das Weimarer Berlin im Migrantenmilieu als Fremde wahrnahm, lag an der Diskrepanz zwischen dem Selbstverständnis der ›Deutschen jüdischen Glaubens‹ und dem eigenen transnationalen Entwurf von der ›Welt-Häuslichkeit‹ der Juden als der »ältesten Internationale«. Dubnows ›Volk‹ saß in New York, in Osteuropa, auch in Berlin, es war überall zu Haus. Dubnow unterhielt von Berlin aus mehr Kontakte ins Ausland als innerhalb Deutschlands oder gar in Berlin. Trotzdem wirkte das ›Haus Dubnow‹ durch seine symbolische, von politischen Inhalten weitgehend losgelöste Funktion, und Dubnow erreichte in immer stärkerem Maße auch die deutschen Juden. Er wurde zu einer Integrationsfigur zwischen Ost und West. Diese Synthese wird an der späten Wirkung seiner *Weltgeschichte* besonders deutlich. Seine für die deutschen Juden ›häretische‹ Geschichtsschreibung, die in den zwanziger Jahren so harsche Reaktionen ausgelöst hatte, wurde schließlich auch in Deutschland erfolgreich, und Dubnow freute sich darüber, die ›Westjuden‹ als Publikum gewonnen zu haben, nachdem er die russischen Juden in der alten Heimat verloren geben mußte. Im Jahre 1930 erfuhr er, daß seine *Weltgeschichte* erfolgreicher sei als der »große Graetz«.[89] Je bedrohlicher der Antisemitismus in Deutschland wurde, desto mehr fanden Dubnows Ideen auch im Westen Anklang und Akzeptanz. Kurz vor seiner Flucht aus dem nationalsozialistischen Deutschland trauerte er über den Untergang der deutschen Judenheit und resümierte seine Berliner Jahre als gegenseitige Annäherung, die in der deutsch-jüdischen Katastrophe ihren Höhe- und Schlußpunkt erreichte. Dubnows deutschsprachige *Weltgeschichte des jüdischen Volkes* gewann in dieser Situation eine tragische Bedeutsamkeit:

»Jetzt lesen auch jene Intellektuelle – ihrer Arbeit beraubte Anwälte, Ärzte usw. – in ihrer unfreiwilligen Freizeit dieses Buch, die sich früher in unsere nationale Problematik nicht hineindenken konnten. [...] Ich verlasse Deutschland mit dem Gedanken, daß ich hier nicht umsonst gelebt und gearbeitet habe und jenen Menschen, die von der Katastrophe erschüttert und aus der Bahn geworfenen wurden, eine Stütze hinterlasse.«[90]

VI. Vorwort, Schlußbemerkung und »Gedanken« im dritten Teil der Erinnerungen

Im Vorwort zum ersten Band der *Erinnerungen* war Dubnow noch von einem zweibändigen Werk ausgegangen. Im Vorwort zum zweiten präsentierte er den Bauplan zu drei Bänden. Die Fülle des Materials zwang ihn, einen weiteren zu den zwei ursprünglich geplanten hinzuzufügen. Darin wollte er die Berliner Jahre beschreiben, das »Leben im Ausland«, wie er die Zeit im nachhinein nannte. Der letzte Band sollte mit dem »Auszug aus Hitlerdeutschland (1933)« enden, und mit »Gedanken« beschlossen werden. Die ersten beiden Bände waren bald nach Dubnows Ankunft in Riga und kurz hintereinander im Abstand von nur einem Jahr, 1934 und 1935, erschienen. Bis der dritte Band herauskam, sollten noch fünf weitere Jahre vergehen. Hingegen wurden die Zeitspannen der erinnerten Lebensabschnitte von Band zu Band kürzer, dreiundvierzig Jahre im ersten, neunzehn im zweiten, elf Jahre im dritten, gleichzeitig rückte die erinnerte Zeit immer näher an die Gegenwart heran. Betrachtet man den dritten Band als Abschluß des Memoirenwerkes, so erscheinen die Vorworte zu jedem Band, die er jeweils kurz vor der Drucklegung der Bücher im Juni 1934, im Mai 1935 und im Februar 1940 verfaßte, gleichsam als sein Rahmen. Zugleich bilden sie zusammen mit der Schlußbemerkung im *Buch des Lebens* Dubnows letzte Eintragungen aus der Rigaer Zeit.

In allen drei Vorworten erläuterte Dubnow sein programmatisches Grundkonzept der Geschichte als Erinnerung, potenziert zur *Ego-Historie*, der Autobiographie des Historikers als Identifizierung der individuellen mit der kollektiven jüdischen Geschichte.[91] Darüber hinaus rechtfertigte er die Veröffentlichung seines »Buches der Rechenschaft« in dem Bewußtsein, eine historische Endzeit durchlebt zu haben: »[...] vieles deutet darauf hin, daß das zwanzigste Jahrhundert keine Fortsetzung, sondern die Umkehrung des neunzehnten werden wird« – vom Beginn eines demokratischen und pluralistischen Europa hin zu einem autoritär oder diktatorisch beherrschten.[92] Alle drei Vorworte thematisieren die Form, in der die Erinnerungen erzählt werden. Sie seien weniger literarisch geschrieben, sondern in historischer Manier auf reichhaltiger Quellenbasis, bestehend aus Tagebüchern und umfangreichen Korrespondenzen, abgefaßt. Während die Quellen im ersten Band die Erzählungen ergänzten, bildeten sie in Gestalt der Zitate aus den Tagebüchern im zweiten und im dritten Band durchgängig den Text.[93] Im letzten Teil, den Erinnerungen an die Berliner Zeit, werden die Tagebucheintragungen seltener, knapper, auch treten sie im Verhältnis zu den den einzelnen Kapiteln vorangestellten einleitenden Zusammenfassungen und Erläuterungen des Erlebten noch stärker in den Vordergrund. Bis zuletzt besticht die Hellsichtigkeit und Vitalität des Erzählers, und dennoch zeigt die Textstruktur, daß es, je kürzer der zeitliche Abstand zu den Ereignissen war, immer schwieriger wurde, sie mental zu verarbeiten. Dazu kam die Dramatik der Ereignisse, die dem alternden Migranten zusetzte. Zwischen fünfzig und sechzig hatte er das Elend, den Hunger und den psychischen Terror von Weltkrieg, Revolution, Bürgerkrieg und Kriegskommunismus bestehen müssen, ein Lebensjahrzehnt später, zwischen siebzig und achtzig, mußte er das Aufkommen Hitlerdeutschlands, erneute Flucht und den Tod seiner Ehefrau Ida wenige Monate nach der Ankunft in Riga verkraften. Jedenfalls verkürzen sich im *Buch des Lebens* zum Ende hin auch die ohnehin knappen einleitenden Erzählpassagen vor den Tagebuchzitaten.

Die Memoiren enden mit einer Schlußbemerkung[94]. Darin verabschiedet sich der Autobiograph nicht so sehr von seiner Leserschaft als von seinen eigenen Erinnerungen und zugleich von der russischen Sprache und Literatur. Das *Buch des Lebens* war, »mein letztes Buch in jener Sprache [...], die mir vierzig Jahre lang als wichtigstes literarisches Instrument diente«, heißt es im Vorwort zum ersten Band, und weiter: »Es gab eine Zeit, in der ich von der Idee durchdrungen war, die russisch-jüdische Literatur als wichtigsten Teil der weltweiten Diasporaliteratur zu den Höhen der modernen Wissenschaft führen zu können.«[95] Mit poetischen Wendungen, Lieblingszitaten aus Puschkins *Jewgeni Onegin* und Nekrassows »Ritter für eine Stunde«, kehrte Dubnow in der Schlußbemerkung zu Reminiszenzen zurück, die ihn seit seiner Jugend begleiteten. Mit der erzwungenen Emigration aus Deutschland nach Lettland war er tatsächlich in den osteuropäischen Kulturkreis zurückgekehrt, in dem man die russische Sprache weiterhin als *lingua franca* anerkannte, auch wenn Lettland nun ein unabhängiger Staat war. Nur deshalb gelang es Dubnow, einen wesentlichen Teil seines Werkes – während der zweiten Hälfte der dreißiger Jahre in Riga vollständig und im russischen Original zu publizieren. Mit der Schlußbemerkung, in der er die Rigaer Veröffentlichungen stolz aufzählte, setzte Dubnow seinen programmatischen Erwartungen an das russisch-jüdische Zentrum zuletzt noch einmal ein Denkmal.

Auf die Schlußbemerkung folgen zuletzt die »Gedanken«, Notizen, im Laufe des Lebens flüchtig zu Papier gebracht. Die ersten drei Abschnitte über eine »Psychologie der Erinnerung«, über die Ethik und das triadische Modell der

Evolution waren Material für einen philosophischen Traktat, der aber ungeschrieben blieb. Der Traktat sollte eine Erläuterung zu der historistischen Weltbetrachtung abgeben. Die weiteren Abschnitte über »Religion und Philosophie«, »Staat, Nation und Klasse«, »Wissenschaft und Literatur«, über das ›ewige‹ jüdische Volk empfiehlt er als Ergänzungen zu dem Fragment zu lesen. Die französische Neuausgabe der Erinnerungen *La livre de ma vie*, die vor zwei Jahren in Paris erschien, verzichtete auf den Anhang der »Gedanken«. Tatsächlich irritieren und stören sie den Leser der *Erinnerungen*, denn sie konfrontieren ihn mit Texten ganz anderer Art: Essayfragmenten, Sentenzen und Aphorismen. Dennoch braucht er die »Gedanken«, um die *Erinnerungen* zu verstehen. Zumal Dubnow selbst sie in diesen Rahmen gestellt und mit ihnen das *Buch des Lebens* beschlossen hat. Es ist so, als hätte der Achtzigjährige seinen Schreibtisch aufgeräumt, denn viele der Lebensweisheiten – wie zum Beispiel ›Scripta manent‹ oder ›Erkenne dich selbst!‹–, die er nun noch einmal, sie vielmals variierend, niedergeschrieben hat, sind dem Leser bereits aus den *Erinnerungen* bekannt. Der Historiker liebte es offensichtlich, sich mit Spruchweisheiten zu umgeben. Sie hingen über dem Schreibtisch, standen auf der Titelseite des Tagebuches, so daß sie allgegenwärtig waren und ihn stets mahnen konnten. Viele dieser Sprüche sind Gemeinplätze des europäischen gebildeten Bürgertums, die – in Rußland vielleicht mit anderen Akzenten als in Deutschland – nach wie vor mit derselben Bedeutung und Funktion als geflügelte Worte kursieren.

Dubnow war kein Theoretiker der Erinnerung. Er hatte zwar etwas von Sigmund Freud gelesen, aber die Gedächtnistheorien seiner Zeit, die im 20. Jahrhundert wegweisend wurden – Henri Bergsons Lebensphilosophie, Abi Warburgs kunsthistorischer Mnemosyne-Atlas, Maurice Halbwachs' soziologische Konzeption der kollektiven Erinnerung – berücksichtigte er nicht. In dieser Hinsicht blieb sein Denken dem *fin de siècle* verhaftet. Seine Konzeption war hausgemacht, stützte sich auf autodidaktisch erworbene moderne Bildung und auf die Tradition. Für ihn erfüllten die jüdische Ethik, die Weisheiten der chassidischen Mystik über die unterschiedlichen Bewußtseinszustände der *katnut ha-mochin* und der *gadlut ha-mochin* [der Verkleinerung und Vergrößerung des Verstandes] dieselbe Funktion. Dennoch war er auf seine Weise am Diskurs der Säkularisierung des jüdischen Erinnerungsgebots *Sachor*! [Erinnere Dich!] beteiligt. Letztendlich kam er zu ähnlichen Einsichten über das Verhältnis von individuellem und kollektivem Gedächtnis wie Maurice Halbwachs: »Es gibt kein mögliches Gedächtnis außerhalb derjenigen Bezugsrahmen, derer sich die in der Gesellschaft lebenden Menschen bedienen, um ihre Erinnerungen zu fixieren und wiederzufinden.«[96] Für Dubnow wie für Halbwachs ist das individuelle Gedächtnis sozial bedingt, ohne im kollektiven Gedächtnis zu verschwinden, denn die Erinnerungen bilden jeweils ein »unabhängiges System«, dessen Elemente sich gegenseitig stützen und bestimmen, sowohl im Individuum als auch im Rahmen einer Gemeinschaft. Dubnows ›Theorie‹ von der »Integration der Seele« meint nichts anderes als zu dieser Einsicht zu gelangen, das heißt mittels der bewußten Identifizierung der »kleinen«, individuellen mit der »großen«, kollektiven Geschichte eine seelische Balance zu finden.

Dennoch kommen Dubnows »Gedanken« manchmal als allzu dürre Abstraktionen daher – wie beispielsweise die kritischen Reflexionen zum Geschlechterverhältnis oder über Individuum und Masse. Doch auch diese Passagen behalten als biographische und zeitgenössische Dokumente ihren Wert. Im Abschnitt »Staat, Nation und Klasse« gibt der Zeitzeuge Dubnow rückblickend und bilanzierend in Form kurzer Thesen eine Zusammenschau und vergleichende Einschätzung vom Beginn der beiden totalitären Regime im Europa des 20. Jahrhunderts. Seine abschätzigen Bemerkungen über die »Masse« im Abschnitt »Vermischte Gedanken« sind vor dem Hintergrund dieser Erfahrung zu sehen. Wie Elias Canetti, Wilhelm Reich, Hannah Arendt hat er die politische Verführbarkeit der Menge schmerzlich erlebt, nur daraus keine wissenschaftlichen, sozialpsychologischen oder philosophischen Schlußfolgerungen gezogen. Darüber hinaus sind die Sentenzen über die Masse auch Ausdruck seines radikalen Individualismus und ohne das Selbstverständnis als »Missionar der Geschichte« nicht zu verstehen. Doch gerade diesem Temperament und Selbstbild verdankt sich das Geschichtswerk, die zehnbändige *Weltgeschichte* und die *Geschichte des Chassidismus*. Ähnlich wie mit der Darstellung der Masse verhält es sich mit den Reflexionen zum Geschlechterverhältnis, in denen er die Frau als Teil der kopflosen »Herde« und willenloses Geschöpf der Mode beschrieb und dabei das traditionelle Rollenverständnis reproduzierte. Bereits die Erinnerungen haben sein zwiespältiges Bewußtsein von den Geschlechterrollen beschrieben – die Einsicht in das Ende des patriarchalischen Zeitalters und das alltägliche Verhalten des Patriarchen im Familienzusammenhang.[97] Unwillkürlich reflektiert der Leser diese Passagen auf Dubnows Verhältnis zu seiner Frau Ida, geborene Frejdlin. Nach Dubnows eigenen Schilderungen veränderte sich die Beziehung im Laufe der Zeit. Als sie sich kennenlernten, hatten sie gemeinsam gegen die traditionelle Ordnung der *kehilla* und die überkommenen Geschlechterrollen rebelliert, doch im Laufe der Zeit und der Not gehorchend hatte Ida in der Beziehung die traditionelle Rolle der Hausfrau und Mutter angenommen. Anders hätte Simon Dubnow auch nicht arbeiten und den Lebensunterhalt der Familie nicht verdienen können. Er hat die Rollenverteilung selbstverständlich in Anspruch genommen und sich dabei innerlich von seiner Frau entfernt. In den Erinnerungen hat er die Momente, in denen ihm dies schmerzlich zu Bewußtsein kam, aber auch solche, in denen ihn Gefühle der Schuld Ida gegenüber und der Dankbarkeit für sie übermannten, beschrieben.[98] Das *Buch des Lebens* ist »Ida, ein halbes Jahrhundert lang Gefährtin meines Lebens, gestorben am 23. Januar 1934 in Riga«, gewidmet.

Editorische Notiz

Der dritte Teil der *Erinnerungen* und die Autobibliographie der Jahre 1922 bis 1939 wurden nach der russischen Neuausgabe (Petersburg 1998) ungekürzt ins Deutsche übersetzt. Die deutsche Edition richtet sich an Experten wie an ein allgemein gebildetes Publikum. Deshalb werden russische, hebräische und jiddische Orts- und Eigennamen, Buchtitel sowie Zitate und unübersetzbare Termini im Text transkribiert – aus dem Russischen nach Duden und aus dem Hebräischen beziehungsweise Jiddischen nach den Regeln der *Encyclopaedia Judaica*, die vereinfacht und der Phonetik des Deutschen angepaßt wurden. Ein besondere Note erhält der Text durch Dubnows Art, Namen, Begriffe, Titel und Zitate aus verschiedenen Sprachen und Schriften wiederzugeben. Für eine adäquate und verständliche Rückübertragung galt hier der Grundsatz, die spezifisch russisch-jüdische Prägung des Textes weitestgehend zu erhalten: Hebräische wie jiddische Begriffe, Zitate und Redewendungen wurden buchstäblich aus dem Russischen rücktranskribiert, um die osteuropäisch-aschkenasischen Vokalisierungs- und Artikulationskonventionen zu wahren; andere, vor allem Eigen- und Ortsnamen aus fremdsprachigen Kontexten, wurden in den jeweils eigenen landesüblichen Schreibweisen wiedergegeben. Eine Ausnahme bilden russische Ortsnamen, für die deutsche Formen üblich sind wie Warschau, Petersburg und Moskau. Ein Problem waren die jüdischen Familiennamen: Die wenigsten sind originär russisch, viele von ihnen aschkenasischer Herkunft. Begegnen sie vor allem im russischen Kontext und sind darüber hinaus weniger oder gar nicht bekannt geworden wie Genrich Genkel oder Juli Gessen, so wurde ihre russische Schreibweise beibehalten. Bei aus Literatur und Geschichte bekannten Persönlichkeiten wie Julius Brutzkus oder Aaron Steinberg hingegen wurde die eingeführte Schreibweise beibehalten. Im Namensverzeichnis wurden beide Versionen angegeben. Ein besonderes Problem stellten die russischen Bezeichnungen für die Wortgruppe ›jüdisch‹ – ›hebräisch‹ beziehungsweise ›Judenheit‹ – ›Judentum‹ dar: Im russischen Text steht für all dies nur das Adjektiv ›jewrejski‹ beziehungsweise das Substantiv ›jewrejstwo‹ aus dem Wortstamm ›jewrej‹, so daß die Übersetzung hier variiert und der Kontext entscheidet. Bei Hervorhebungen im Text der Erinnerungen differenziert die deutsche Edition, anders als die Petersburger und Rigaer Ausgaben, die hier nicht immer konsequent sind, und verwendet Großschreibung für feststehende Begriffe und offizielle Bezeichnungen von Einrichtungen; Anführungszeichen für Zitate und Titel von Einzeltexten; halbe Anführungszeichen für das Zitat im Zitat und für die Hervorhebung von Redewendungen, Ironisierungen und andere Markierungen; sowie Kursivierung für alle Buchtitel, fremdsprachigen Begriffe, Redewendungen und Eigennamen von Vereinigungen, mit Ausnahme von im Deutschen eingebürgerten Bezeichnungen wie Bolschewiki oder Menschewiki. Hier wurde auf eine Hervorhebung verzichtet. Darüber hinaus wurden alle deutschen Wörter, die bereits im Original der Erinnerungen deutsch geschrieben waren, kursiviert. Was die Zeitrechnung betrifft, so gilt es den deutlichen Unterschied von 3760/1 Jahren zwischen der christlichen und der jüdischen zu beachten, der im *Buch des Lebens* eine Rolle spielt. Die Zitate aus der Hebräischen Bibel folgen der maßgeblichen wie in Sprachstil und Zeitgeist dem *Buch des Lebens* angemessenen Übersetzung von Leopold Zunz. Zum Text der Erinnerungen gehören die mit * gekennzeichneten Erläuterungen des Autors in den Fußnoten. Die häufig verwendeten drei Punkte entsprechen einer russischen Manier und bedeuten keine Auslassung. Die Autobibliographie gibt einen komprimierten Einblick in das Werk des Historikers und bezeugt dessen unermüdliche Schaffenskraft unter schwierigsten Lebensbedingungen. Sie rekapituliert elf Jahre Editionsgeschichte und gibt dem Leser zugleich einen hilfreichen Werkindex an die Hand. Die Anmerkungen der Herausgeberin beschränken sich auf das Nötigste. Die bibliographischen Hinweise werden aus dem Russischen transliteriert, aus dem Hebräischen und Jiddischen transkribiert; geographische Begriffe werden erklärt. Die großen politischen Ereignisse in der Weimarer Republik finden lediglich dann eine Erläuterung, wenn es zum Verständnis der *Erinnerungen* wie des russisch-jüdischen Berlin unerläßlich schien. Dubnows umsichtige Art, erklärend zu erzählen, kommt dem Leser in dieser Hinsicht entgegen. Ein Verzeichnis der im Text erwähnten Zeitungen und Zeitschriften, ein kommentiertes Namensverzeichnis sowie Glossar und Abkürzungsverzeichnis liefern zusätzliche Informationen. Für das Namensverzeichnis, das auf den Anmerkungen der Petersburger Ausgabe basiert, zeichnen die Herausgeber beider Editionen gemeinsam verantwortlich. Da Dubnows Erinnerungen an Personen – Familie, Freunde, Kollegen, politische Mitstreiter aus verschiedenen jüdischen Milieus im Zarenreich – enzyklopädischen Charakter haben, kommt dem Namensverzeichnis in der deutschsprachigen Edition eine besondere Bedeutung zu. Glossar und Abkürzungsverzeichnis erläutern vorwiegend Namen von Vereinigungen und Institutionen, ferner einschlägige und häufig verwendete hebräische, jiddische und russische Begriffe, die im Text in der Regel kursiv kenntlich gemacht wurden. Ausführlichere Lesehilfen und Hinweise auf die Edition finden sich im ersten Band der *Erinnerungen*, im vorliegenden dritten Band ist ein ausführliches Sach- und Ortsregister hinzugekommen, das sich auf den Gesamttext der »Erinnerungen und Gedanken« bezieht.

Mein Dank für Unterstützungen bei der Arbeit an Dubnows Erinnerungen gilt in erster Linie den Übersetzerinnen, Frau Vera Bischitzky, die den ersten und dritten Band vorzüglich übersetzt hat, sowie Frau Dr. Barbara Conrad-Lütt, auf die die Übersetzung des zweiten Bandes zurückgeht. Der Dubnow-Experte in Jerusalem, Kollege und Freund Prof. Avraham Greenbaum hat mich auch beim dritten und letzten Teil kenntnisreich und verläßlich durch die Recherchen zu den Erläuterungen begleitet. Ferner verdanke ich Prof. Gertrud Pickhan, Prof. Szymon Rudnicki, Prof. Gennady Estraikh, Dr. Heidemarie Petersen, Dr. Cecile Kuznitz, Dr. Hans-Dieter Schmid, Dr. Anatol Schenker, Esfir Bramson und Maria Dold manchen Hinweis.

Ohne das Simon-Dubnow-Institut für jüdische Geschichte und Kultur hätte dieses Projekt nicht realisiert werden können. Es ist mir eine besondere Freude, Herrn Prof. Dan Diner für die großzügige Förderung der Edition im Rahmen des von ihm geleiteten Instituts zu danken und ebenso dem Institut insgesamt für die gute Zusammenarbeit wie für die konkrete Hilfe seiner Mitarbeiterinnen und Mitarbeiter, sei es im Hinblick auf das sorgfältige Korrekturlesen von Manuskriptteilen (Dr. Frank Nesemann, Dr. Kai Struve), sei es bei der aufwendigen Beschaffung der Photographien und Bildrechte (Arndt Engelhardt). Mein Dank geht sodann an Herrn Dr. Nicolas Berg, der sich mit großer Sorgfalt und Umsicht der Vermittlung zwischen Institut, Herausgeberin und Verlag, aber auch vielen Fragen der Textgestalt und des Registers angenommen hat. Ganz besonders sei noch einmal Frau Grit Jilek gedankt für ihre Arbeit am Sachregister der Gesamtmemoiren, das in diesem dritten Band vorgelegt wird. Last but not least möchte ich auch Frau Dr. Susanne Zepp sehr herzlich danken, die das gesamte Projekt im Rahmen des Simon-Dubnow-Instituts über zwei Jahre hinweg koordiniert und gefördert hat.

Simon Dubnow

Buch des Lebens

Vorwort
zum dritten Band

Im vorliegenden Band werden jene elf Jahre meines Lebens beschrieben, die ich in Deutschland verbrachte (1922–1933). Es war dies die kurze Zeitspanne der Weimarer Verfassung, der einzigen in der Geschichte Deutschlands, in der dieser Staat eine freie demokratische Republik war. Skeptiker bezeichneten das damalige Deutschland ironisch als Republik ohne Republikaner und Demokratie ohne Demokraten, dies aber war nur insoweit richtig, als die Republik antirepublikanischen und antidemokratischen Elementen unbeschränkte Freiheiten einräumte, die diese nutzten, um sie zu zerstören. Ich war ebenfalls Zeuge dieses Untergangs, des Endes des demokratischen Deutschland, da ich sieben Monate des Jahres 1933 unter dem neuen Regime der Diktatur verbrachte. So gehört das, was hier beschrieben wird, bereits der Geschichte an und kann einen Platz unter den »Materialien zur Geschichte meiner Zeit« beanspruchen.

In den zwanziger Jahren des 20. Jahrhunderts begann ich in Deutschland, mein großes historisches Werk zu vollenden, das im folgenden Jahrzehnt im Baltikum gänzlich abgeschlossen wurde. Allerdings stellt das für die europäische und insbesondere für die jüdische Geschichte fatale Jahr 1933 im *Buch des Lebens* einen Endpunkt dar, über den meine Erinnerungen nicht hinausgehen.

Der zweite Teil dieses Bandes ist »Gedanken« gewidmet. Nach Gruppen geordnet finden sich hier viele jener Reflexionen, die ich auf meinem Lebensweg flüchtig notierte, Gedanken der Jugend und des Alters, *juvenilia et senilia*. Die ersten drei Kapitel der »Gedanken« sind der Darlegung einiger Elemente eines philosophischen Traktats gewidmet, den zu schreiben mir nicht vergönnt war (»Integration der Seele«, »Höchstes Kriterium der Ethik« und »Evolutionäre Triade« – im Kontext der Lehre des Historismus, der Grundlage meiner Weltbetrachtung)[1]. In den folgenden Kapiteln werden einzelne Gedanken dargelegt, die häufig als Ergänzung zu den genannten Elementen meiner Weltbetrachtung dienen können.

Am Ende folgt eine »Autobibliographie«, die chronologische Zusammenstellung meiner Bücher und Artikel in verschiedenen Sprachen, im Original und in Übersetzungen [...][2], wobei von den Übersetzungen nur jene erwähnt werden, die mir bekannt sind. Diese Autobibliographie mag jene literarische Autobiographie ergänzen, die den wesentlichen Teil des *Buches des Lebens* ausmacht.

Meža parks bei Riga
20. Februar 1940

Zwölftes Buch

Auf den Ruinen Europas

(1922–1924)

Kapitel 68

Zwischen Rußland und Deutschland (April bis August 1922)

Fronten und Nachkriegsgrenzen. – Zwischen Petersburg und Reval. Mein literarisches Gepäck in Revaler Gefangenschaft. – Das gastfreundliche Riga. – Ein Monat in Kowno: Begegnungen an der Wiege der neugeborenen Autonomie. – Frage des Tages: Kowno oder Berlin, Lehrstuhl der Geschichte oder Herausgabe des historischen Werks? – Parteiquerelen. – Sommer am Meer bei Danzig. – Entscheidung gegen den Lehrstuhl in Kowno und Orientierung auf Berlin. Konkurrenz der Berliner Verlage um das Recht zur Publikation der *Geschichte* in vier Sprachen. – Der Rathenau-Mord, Inflation und Unruhe in Deutschland. – Die ›polnische Hölle‹, Wehklagen aus Rußland, Deutschland in Konvulsionen, das englische Mandat für Palästina und mein Aufruf zur Einigkeit. – Übersiedlung nach Berlin. – Auszüge aus meinem Tagebuch.

Als ich aus dem abgeschotteten Reich des Bolschewismus in den Westen aufbrach, war mir bewußt, daß ich auf den ›Ruinen Europas‹ reisen würde (wie sich Lloyd George auf der damals stattfindenden Konferenz von Genua ausdrückte[1]), doch erst unterwegs spürte ich das ganze Ausmaß der Nachkriegszerrüttung. Während des Krieges hatte an den Fronten und in den Schützengräben der Schrecken des Todes gewütet; jetzt gab es Grenzen, Barrieren zwischen den neu entstandenen Staaten, diese Fronten der Visa, Zollkontrollen und Durchsuchungen, die dem friedlichen Reisenden ein Graus sind. Das wertvollste Recht der Vorkriegszeit war zerstört – das Recht auf Bewegungsfreiheit, das in jenen Jahren der Umsiedlung ganzer Völker nach dem Weltkrieg, der die Landkarte Europas verändert hatte, besonders wichtig war. Während meiner Wanderschaft zwischen Rußland und Deutschland, im Frühjahr und Sommer 1922, erlebte ich die Bitternis des geknechteten Wanderers, die mir die Freude über den Auszug aus dem ›Haus der Knechtschaft‹ vergällte. In Deutschland selbst aber erwarteten mich politische Unruhen und sämtliches Unheil der Inflation. All dies jedoch ließ sich geduldig ertragen angesichts der lichten Perspektive, das Hauptwerk meines Lebens in einem großen wissenschaftlichen Zentrum vollenden zu können.

Am 23. April 1922 reisten wir tagsüber aus Petersburg ab, trafen aber erst um zehn Uhr abends in dem kleinen Grenzstädtchen Jamburg an der estnischen

Grenze ein, wo die Reisenden und ihr Gepäck einer peniblen Kontrolle unterzogen wurden. Die Reisenden im überfüllten Zug bangten, hatten doch zahlreiche von ihnen Valuta oder Schmuck bei sich, die aus Rußland auszuführen verboten war. Viele wurden zur Leibesvisitation aus dem Zug herausgeholt. Sie mußten sich nackt ausziehen und wurden verhaftet, entdeckte man verbotene Wertgegenstände bei ihnen, wobei ihr gesamtes Gepäck eingezogen wurde. An meiner Frau und mir ging dieser Kelch vorüber, obwohl auch wir Valuta mit uns führten, eine geringe Menge deutscher Mark, die sorgfältig in die Pelzärmel des Mantels meiner Frau eingenäht, für die ersten Ausgaben im Ausland vorgesehen waren. An der Grenze händigte ich dem Schaffner eine Menge wertlosen sowjetischen Geldes aus, das ebenfalls nicht ins Ausland ausgeführt werden durfte. Die ganze Nacht lang irrte unser Zug im Grenzstreifen zwischen dem russischen Jamburg und dem estnischen Narva umher. Am Morgen passierten wir die estnische Zollkontrolle und hätten weiterfahren sollen, unser Waggon wurde jedoch aus irgend einem Grund vom abfahrenden Zug abgekoppelt, so daß wir bis zum Abend in Narva festsaßen. Erst spät am Abend fuhren wir nach Reval weiter.

Frühmorgens trafen wir in Reval ein und beschlossen, auf dem Bahnhof auf unseren Zug zu warten, der uns um vier Uhr nachmittags nach Riga bringen sollte. Ich begab mich zur Sowjetischen Gesandtschaft, um meinen Paß zurückzubekommen, der von dem uns aus Rußland begleitenden sowjetischen Agenten einbehalten worden war. Ich wurde von einem jungen Beamten empfangen, einem gewissen Rabinowitsch, der sich als Odessaer erwies und aus einer mir einst bekannten armen Familie stammte. Zurück auf dem Bahnhof, wartete ich geduldig auf die Abfahrt des Zuges nach Riga, als ich jedoch an der Kasse die Fahrkarte löste und die Quittung für die weitere Beförderung des Gepäcks vorwies, stellte sich heraus, daß sich mein Gepäck nicht auf dem Bahnhof befand. Es war zum Zoll im Hafen gebracht worden, da ich bei meiner Ankunft in Reval nicht darauf hingewiesen hatte, daß es auf dem Transitwege weiterbefördert werden sollte. Unverzüglich begab ich mich zum Hafen, doch in den Hunderten von Waggons und Zollspeichern konnten meine Koffer nicht gefunden werden. Inzwischen war der Zug nach Riga abgefahren und ich kehrte mit der bitteren Vorstellung zum Bahnhof zurück, daß die Koffer mit dem Manuskript meines Werks und dem wichtigsten Teil meines Archivs irgendwo zwischen den Waren in diesem riesigen Ostseehafen verlorengegangen waren.

Kaum war ich am Bahnhof eingetroffen, als ich mich in der Umarmung eines Hünen wiederfand – es war der mir gut bekannte Petersburger Rechtsanwalt S. E. Kalmanowitsch, der damals als Justitiar in der Sowjetischen Mission in Reval tätig war. Vom Vertreter des ORT Feinlejb, dem ich zufällig auf dem Bahnhof begegnet war, hatte er gehört, daß ich in Reval aufgehalten wurde, und erschien nun gemeinsam mit einem Vertreter des örtlichen Gemeinderats, Eisenstadt, um mich zu bitten, bis zum folgenden Tag in der Stadt zu bleiben. So bezogen wir Quartier in Eisenstadts wunderbarer Villa und verbrachten den

Abend in angeregtem Gespräch mit den Hausherren und seinen Gästen aus dem Kreis der örtlichen Intelligenzija. Anderntags erwachte ich mit dem beunruhigenden Gedanken an das Schicksal meines Koffers mit den Manuskripten. Gemeinsam mit einem Mitarbeiter Eisenstadts (der Chef eines Handelshauses war) begab ich mich in den Revaler Hafen, um nach meinem Gepäck zu fahnden. Drei Stunden lang hasteten wir zwischen Hunderten von Güterwagen umher, um jenen Waggon ausfindig zu machen, in dem der eifrige Zollbeamte meine Sachen verwahrt hatte. Schließlich fanden wir ihn, durchliefen in der Zollabfertigung sämtliche Formalitäten und brachten die Sachen unter der Eskorte des Zollbeamten zum Bahnhof. Bis heute ist mir die Angst gegenwärtig, die ich um das Schicksal meiner Manuskripte durchlebte, ohne die es meine zehnbändige *Geschichte* nicht geben würde.

Am Tage setzten wir unsere Reise fort und hofften auf eine Fahrt nach Kowno[2] ohne Unterbrechung. Auf dem Bahnhof hatten sich unsere Begleiter darüber unterhalten, daß man nach Riga telegrafieren müsse, damit man mich dort gebührend empfange. Ich sträubte mich dagegen und sagte, ich wolle ohne Zwischenstation nach Kowno reisen, die Revaler aber entschieden offensichtlich nach ihrem Gusto. Als wir am Morgen in Riga eintrafen, der Hauptstadt des neuen Lettland, erwartete uns auf dem Bahnhof eine ganze Phalanx von Abgeordneten: vom jüdischen Departement des Bildungsministeriums[3], von den jüdischen Schulen, Zeitungsredaktionen und anderen Einrichtungen. Man brachte uns in der komfortablen Wohnung des Zionisten M. Lulow in der Elisabethstraße[4] unter, wohin unaufhörlich Besucher strömten, um sich mit mir über gesellschaftliche Themen zu unterhalten. Ich erinnere mich an die Abgeordneten der *Saeima* M. Nurok und J. Hellman, den zionistischen Funktionär Dr. Wasserman, den *Folkisten* S. Lewitas, den Direktor des jüdischen Departements für Bildung J. Landau und seinen Mitarbeiter W. Polozkoi, meinen einstigen Hörer in den *Kursen für Orientalistik*[5]. Ich wurde durch verschiedene Kultureinrichtungen geführt, besuchte beide Gymnasien, in einem wurde auf Hebräisch unterrichtet und im anderen auf Jiddisch, nahm Grußworte der Schüler in beiden Sprachen entgegen und antwortete ebenfalls in beiden Sprachen. Der Sprachenstreit erregte bereits damals die jüdische Gemeinschaft von Riga, und man bat mich, zu dieser Problematik einen öffentlichen Vortrag zu halten. Am Abend des 30. April hielt ich diesen Vortrag auf Jiddisch im großen Saal des Schwarzhäupterhauses[6]. Ich verwies darauf, daß in unserer Kultur stets ein Dualismus der Sprachen geherrscht habe, häufig auch ein Pluralismus, und daß jede der beiden jetzt konkurrierenden Sprachen – der nationalen wie der Volkssprache – ihre Funktionen in der Schule, der Literatur und dem öffentlichen Leben erfüllten. Dennoch erforderten es die Interessen der breiten Masse, daß der Unterricht in der Mehrzahl der Schulen in der lebendigen Alltagssprache der Schüler auf Jiddisch geführt werde. Nach dem Vortag gab es ein Bankett mit den üblichen Reden der Vertreter der gesellschaftlichen Organisationen. In meiner Entgegnung (auf Russisch) ging ich auf den großen Umbruch in der jüdischen

Geschichte nach dem Weltkrieg ein und auf die Aufgaben der Kulturautonomie in den neu entstandenen Staaten, den Überresten des zerstörten russisch-jüdischen Zentrums.[7]

Auf diese Weise hielt ich mich unerwartet fast eine Woche lang in Riga auf. In meinen flüchtigen Tagebuchnotizen findet sich ein Widerhall meiner Stimmung in jenen stürmischen Tagen: »Der deprimierende Weg hat sich überraschend in einen Triumphzug verwandelt ... Ununterbrochener Empfang von Besuchern, Zeitungsreportern und Korrespondenten, Fahrten zu verschiedenen Einrichtungen, Grußbotschaften an meine Adresse und Erwiderungen meinerseits ... Dieser Ausdruck inniger Ergebenheit für den Historiker seitens der Intelligenzija berührt mich zutiefst, auch freuen mich diese Zeichen brodelnden Lebens nach der Herrschaft des Todes, die ich hinter mir ließ, doch all dies erschöpft mich außerordentlich. Überraschend wurde ich auf dem Weg abgefangen, überredet, meine Reise zu unterbrechen und in Reisekleidung und Pelz an warmen Frühlingstagen lärmende Versammlungen zu besuchen, denn meine übrigen Sachen sind im Gepäck auf dem Bahnhof verwahrt« (Aufzeichnungen vom 28. und 30. April). Ich entsinne mich, wie ich in meiner schwedischen Hausjacke auftrat, in der ich aus Petersburg abgereist war, und wie man mich in diesem Aufzug, noch dazu mit Bartstoppeln, in Riga fotografierte.

Am 2. Mai traf ich um zwei Uhr mittags mit meiner Frau in Kowno ein. Bereits am Vormittag waren wir unterwegs auf den Bahnhöfen von Šiauliai, Radviliškis und Kėdainiai[8] von Abordnungen der jüdischen Gemeinden willkommen geheißen worden. Auf dem Bahnhof von Kowno erwartete uns der Minister für jüdische Angelegenheiten, M. Solowejtschik, der Präsident des Jüdischen Nationalrats, S. Rosenbaum, J. Brutzkus, der noch kürzlich mein Nachbar in Petersburg gewesen war, Abordnungen von Studenten und verschiedener Organisationen. Auf dem Bahnhofsvorplatz hatten jüdische Pfadfinder[9] Aufstellung genommen, die das Automobil, das uns zum Hotel brachte, unter den Klängen der *Hatikwa* begleiteten. Wir wurden im damals einzigen anständigen Hotel von Kowno untergebracht, dem »Metropol«[10], in dem Diplomaten und namhafte Ausländer abstiegen. Noch am selben Abend ehrten mich meine Freunde ohne Rücksicht auf meine Erschöpfung mit einem Bankett. Überfüllt und eng war es im baufälligen Saal der Mapu-Bibliothek[11], dem Schauplatz dieser Ehrung, doch die Grußansprachen waren flammend – man forderte mich, den Ideologen des Autonomismus[12], auf, mich in Litauen niederzulassen und dort eine von der Verfassung anerkannte umfassende jüdische Autonomie einzurichten. In diesem Augenblick dachte ich an das Bild des leidgeprüften jüdischen Litauen, wie es sich uns im Frühjahr 1915 dargestellt hatte, zum furchtbarsten Zeitpunkt des Weltkrieges, als wir in unseren Petersburger Versammlungen einige schlaflose Nächte mit Diskussionen zugebracht hatten, wie den Zehntausenden Flüchtlingen aus Kowno und seiner Umgebung geholfen werden könne.[13] Inzwischen waren diese Flüchtlinge zurückgekehrt und forderten mich auf, gemeinsam mit ihnen ein neues Leben aufzubauen. All mein Mitgefühl und meine Liebe gegenüber den leidenden Brüdern kam in meiner Antwortrede zum Ausdruck, in der ich sagte, daß ich mich als litauischen Juden im Geiste empfände und mit Freuden bereit sei, meiner erneuerten Heimat zu dienen.

Es folgte eine Reihe von Tagen, die sich mir als lichte Tage der Wiedergeburt eingeprägt haben, erhellt von jenem frohen Gefühl, das ein Genesender nach langer schwerer Krankheit empfindet. Einige Jahre lang im ›Totenhaus‹[14] Sowjetrußland von der gesamten Welt isoliert, erneuerte ich jetzt die Kontakte zu dieser Welt. Im Büro des jüdischen Ministeriums in Kowno erwarteten mich unzählige Brief von in alle Winde zerstreuten Freunden und Verwandten, die von meiner Befreiung gehört hatten. Täglich leitete Solowejtschik die an die Adresse des Ministeriums gesandten Briefe und Telegramme an mich weiter, in denen man mir anläßlich meiner Erlösung und der Möglichkeit einer Verwirklichung meiner literarischen Pläne im freien Europa gratulierte. Unter den für mich eingegangenen Paketen befand sich auch die vom verstorbenen Friedländer angefertigte Übersetzung meiner Monographie *Geschichte der Juden in Polen und Rußland* ins Englische (ein Extrakt meines zehnbändigen Werkes), erschienen in drei Bänden in Amerika in den Jahren 1916 bis 1920, die ich nun erstmals in Händen hielt. Im Vorwort der Herausgeber zum letzten Band erschütterte mich der Hinweis, dieser Band sei von Friedländer kurz vor seiner schicksalhaften Reise in die Ukraine zum Druck vorbereitet worden, wohin er im Auftrag des *Joint*-Komitees gereist war, um die Verteilung von Hilfsgütern zu koordinieren. In den Anmerkungen und dem ausführlich Index erkannte ich die liebende Hand des Freundes, dessen Nachruf ich vor meiner Abreise aus Rußland mit so großer Erregung geschrieben hatte. In dem Poststapel aus Deutschland fanden sich ebenfalls zahlreiche Briefe von Berliner Verlagen (deren Anzahl stetig wuchs), in denen mir Angebote unterbreitet wurden, ihnen das Veröffentlichungsrecht für meine gesamte zehnbändige *Geschichte des jüdischen Volkes* in russischer, deutscher und den beiden jüdischen Sprachen zu übertragen.

Nun erhob sich die Frage, wo ich meinen Wohnsitz nehmen sollte – in Kowno oder in Berlin? Mit Kowno verband mich der mir offiziell zugesagte Lehrstuhl für jüdische Geschichte an der litauischen Universität, der mir bereits angetragen worden war, als ich noch in Rußland lebte.[15] Berlin dagegen war der einzige Ort für mich, an dem ich nicht nur mein Hauptwerk in verschiedenen Sprachen herausgeben, sondern den Text auch in letzter Redaktion vervollkommnen konnte, da mir die reich bestückten Bibliotheken der deutschen Hauptstadt zur Verfügung standen. Zunächst drängten mich sowohl Solowejtschik als auch der litauische Bildungsminister Juodakis, die Vorlesungsreihe zu eröffnen. Gesprächen mit dem Dekan der soziologischen Fakultät, dem später zu trauriger Berühmtheit gelangten Minister Voldemaras, entnahm ich jedoch, daß in Regierungskreisen hinter den Kulissen ein Kampf um den jüdischen Lehrstuhl geführt wurde. Voldemaras selbst, der bereits bei unserem ersten Gespräch einen ungünstigen Eindruck auf mich gemacht hatte, verhehlte mir seine Abneigung gegenüber den in die Fakultät »eingedrungenen« jüdischen Disziplinen nicht. Damals wußte ich noch nicht, daß in den führenden Kreisen bereits jene Tendenz der Beschränkung der jüdischen Gemeinde- und Kulturautonomie geboren war, die später zur Beseitigung des jüdischen Ministeriums und des Nationalrats führen sollte.[16] Solowejtschik hatte es nicht für notwendig erachtet, mich in diese Interna der Ministerialbürokratie einzuweihen. Mir wurde lediglich mitgeteilt, daß im Zuge der Debatte um die Zusammensetzung der neuen Fakultät und der Verteilung der Aufgaben unter den Lehrkräften der Rechtsanspruch sämtlicher nominierter Professoren auf einen Lehrstuhl überprüft werde, darunter auch der meine. Angesichts dieser Unwägbarkeiten beschloß ich, den Vorlesungsbetrieb vorerst nicht aufzunehmen und ihn bis zum Herbst, dem Beginn des neuen Semesters, aufzuschieben. Ich faßte den Kompromiß ins Auge, ein Semester in Kowno und eines in Berlin zu verbringen. Bald stellte sich allerdings heraus, daß es im damaligen Kowno sogar schwierig war, eine vernünftige Wohnung zu finden. Auch stand zu vermuten, daß mich die lokalen Politikaster in dieser Provinzhauptstadt in meiner wissenschaftlichen Arbeit behindern würden.

Tatsächlich suchte man mich von ersten Tag an in die kleinlichen Parteiquerelen hineinzuziehen. Es war ein Kampf zwischen Hebraisten und Jiddischisten im Gange, zwischen der zionistischen Zeitung *Stime* und der folkistischen *Neis*, in der N. Stif, S. Kalmanowitsch und der unbändige Tschernichow arbeiteten, ein ewiger Oppositioneller, der häufig seine Prinzipien wechselte, offenbar aus Opposition sich selbst gegenüber. Es war an mir, die verfeindeten Parteien zu beschwichtigen. So publizierte ich unter der Überschrift »Zanket euch nicht auf dem Wege!« einen Artikel (auf Jiddisch mit dem biblischen Titel»Al tirgsu baderech«[17]). Mit meiner Unterstützung wurde in Kowno die *Jüdische Historisch-Ethnographische Gesellschaft*[18] gegründet, die mit Reden von Solowejtschik, Brutzkus und mir im Stadttheater eröffnet wurde. Doch in einer Zeit, da mir die Vollendung meiner Lebensaufgabe bevorstand, die lediglich in einem so großen akademischen Zentrum wie Berlin möglich war, konnte mich diese kommunale Arbeit nicht befriedigen. So entschloß ich mich nach langem Schwanken, in den Sommerurlaub zu fahren und anschließend in die Hauptstadt des damals freien, demokratischen Deutschland aufzubrechen, und sei es vorübergehend, um meine Publikationen auf den Weg zu bringen.

Nach einmonatigem Aufenthalt in Kowno reisten wir am 1. Juni in die Nähe von Danzig, wo die Familie meiner Warschauer Tochter Sofija Erlich ein Sommerhaus bezogen hatte. Wir mußten durch den Osten Deutschlands und den ›Danziger Korridor‹ reisen, um den damals deutsch-polnische Feindseligkeiten entbrannt waren. Hier konnte ich mich erneut anschaulich davon überzeugen – wie in meinem Tagebuch nachzulesen ist –, daß die Kriegsfronten auch nach Beendigung des Weltkriegs in Form von Zollgrenzen weiterbestanden, an denen nicht nur das Gepäck den Ein- und Ausfuhrverboten unterlag, sondern auch der Reisende selbst. Die Probleme begannen bereits in Eydtkuhnen[19]. Unser Gepäck wurde an der litauischen Grenze zurückgehalten, in Wirballen (Werźbalawa)[20], so daß wir seinetwegen den ersten Zug abfahren lassen mußten. Nach unangenehmer Visitation an der deutschen Grenze fuhren wir weiter und stiegen über Nacht im besten Hotel Königsbergs ab. Am folgenden Morgen begab ich mich zum polnischen Konsul, um ein Visum zur Passage des ›polnischen Korridors‹ zu erlangen. Aus der Menge der Wartenden, die auf der Treppe standen, rettete mich meine Visitenkarte, die ich dem Konsul hatte schicken lassen. Letzterer (oder sein Sekretär) nahm mich sehr freundlich auf, erzählte, daß er von meinem Auszug aus Rußland gehört habe, und unterzog mich im Gewande einer Unterhaltung einer regelrechten politischen Befragung. Drei bis vier Stunden des Wartens und das polnische Visum zur Durchreise durch den ›Danziger Korridor‹ war erteilt. Nun fuhren wir von Königsberg nach Danzig. Bei Marienburg wurden alle Passagiere aufgefordert, ihr Gepäck aus den Abteilen zu holen und zur Kontrolle in eine Scheune zu bringen. Es war dies die Freistaatlich-Danziger Kontrolle ... Darauf fuhren wir eine weitere halbe Stunde und wieder hieß es: Stop! Polnische Kontrolle in Dirschau. Grimmige Kontrolleure sammelten die Pässe ein und erklärten mir, mit meinem polnischen Visum hätte ich kein Recht, mit diesem Zug zu fahren, und müsse aussteigen. Eine scharfe Antwort meinerseits in ebenso nachhaltigem Kommandoton – und die Angelegenheit war beigelegt. Schließlich trafen wir um zehn Uhr abends in Danzig ein, wo uns Genrich (mein Schwiegersohn) auf dem Bahnhof erwartete.

Wir bezogen Quartier in einer wunderschönen Villa am Strand in Brösen[21], bei Danzig. Mit uns wohnte meine Tochter mit Familie, die wir fast vier Jahre lang nicht gesehen hatten – seit ihrer Flucht aus dem hungernden bolschewistischen Petersburg. Meine beiden Enkel waren herangewachsen und ihre Petersburger Jahre schienen ein weit entfernter Kindertraum zu sein. Die Sommerfrische am Ufer der Ostsee hätte schön sein können, wäre die Sorge um unsere Zukunft nicht gewesen. Die Frage Kowno oder Berlin mußte endgültig entschieden werden. Aus Kowno trafen von Solowejtschik Briefe über den Widerstand gegen einen jüdischen Lehrstuhl im dortigen Professorenkollegium ein. »Um den Lehrstuhl für jüdische Geschichte zu verhindern, geht es dort um die Frage, ob ich lediglich auf der Grundlage meiner wissenschaftlichen Arbeiten zum Professor berufen werden könne – ohne wissenschaftlichen Grad[22], also ein Diplompapier.« (Aufzeichnung vom 17. Juni). In den Zeitungen erschien die Nachricht einer Telegraphenagentur, die Fakultät in Kowno habe mich nicht an den Lehrstuhl für jüdische Geschichte berufen. »Sofort schickte ich Solowejtschik einen Brief, mit der Bitte um Weiterleitung an den litauischen Bildungsminister, in dem ich erklärte, ich verzichtete auf den Lehrstuhl, selbst in dem Falle, daß sich die Zeitungsnachricht nicht bestätige, da ich nicht in einem wissenschaftlichen Kollegium arbeiten könne, dessen Mehrheit einem Diplompapier vor Dutzenden wissenschaftlicher Arbeiten den Vorzug gebe. Ich teilte Solowejtschik daraufhin mit, daß ich entschlossen sei, nach Berlin überzusiedeln, wo die Buchausgaben ohne mich nicht zustande kämen. Ich bin den Professoren von Kowno zu Dank verpflichtet – haben sie mir doch eine schwierige Entscheidung abgenommen ... Nun steht also die Übersiedlung nach Berlin auf der Tagesordnung ...« (Aufzeichnung vom 21. Juni). Solowejtschik teilte mir in seinem Antwortschreiben mit, es sei eine Falschmeldung gewesen und eine endgültige Entscheidung über den Lehrstuhl noch nicht getroffen, er füge sich aber meiner kategorischen Entscheidung und leite meine Erklärung an den Bildungsminister weiter. »Nun denn«, schrieb ich am 8. Juli, »finis Kowno. Ich bin meines Versprechens ledig, kann nach Berlin übersiedeln und mich meinem Hauptwerk widmen«*

Zu diesem Zeitpunkt endeten auch meine Schwankungen zwischen den Angeboten der unterschiedlichen Berliner Verleger, die um das Recht konkurrierten, meine zehnbändige *Geschichte* in vier Sprachen herauszugeben. In Berlin ging damals Seltsames vor sich: mit dem Einsetzen der Inflation der deutschen Mark setzte eine Inflation des Buchmarkts ein, Dutzende von Verlagen entstanden, vor allem in den Kreisen der russisch-jüdischen Emigration, die Werke russischer Klassiker im Original und Werke jüdischer Autoren auf russisch und in anderen Sprachen herauszugeben begannen. Damals hoffte man noch auf die Möglichkeit des Absatzes dieser Bücher in Rußland, wo die Bolschewiki die Buchproduktion fast gänzlich geknebelt hatten, eine Hoffnung, die sich aber nicht erfüllen sollte. Man rechnete auch mit dem verstärkten Appetit des lesenden Publikums nach den Hungerjahren von Krieg und Zerstörung. Einige Verlage befaßten sich speziell mit der Herausgabe von Büchern jüdischen Inhalts. Im großen deutschen Ullstein-Verlag wurde auf Initiative meines Verwandten Saul Gurwitsch unter dem Namen *Klal*-Verlag eine jüdische Abteilung eingerichtet.[23] Der Emigrantenverlag *Grani* begann, neben russischen auch jüdische Bücher herauszugeben, wofür eine eigene Abteilung, die unter der Leitung von I. M. Tscherikower auf Jiddisch publizierte.[24] Der Odessaer Verlag *Moria*, der sich mit dem neuen Unternehmen *Dwir* zusammengeschlossen hatte, war nach Berlin übergesiedelt und entfaltete unter der Leitung von Bialik und Rawnizki, die hierher emigriert waren, eine rege Tätigkeit.[25] Schließlich erhob auch der schon seit langem in Berlin ansässige Jüdische Verlag,[26] der bereits die beiden Bände meiner *Neuesten Ge-*

* Daß Reaktionäre aus der Gruppierung um Voldemaras, die mit der Einführung eines solchen Lehrstuhls selbst unzufrieden waren, eine Rolle bei der Entscheidung spielten, mich nicht als Leiter des Lehrstuhls für jüdische Geschichte zu berufen, bezeugt eine so vertrauenswürdige Persönlichkeit wie der Rektor der litauischen Universität, der Liberale Biržiška. Einige Jahre nach diesem Vorfall drückte er anläßlich eines Gesprächs mit Journalisten sein Bedauern darüber aus, daß »[vor einigen Jahren] der damals bestandene Plan [der Schaffung einer judaistischen Fakultät an der litauischen Universität] von den Reaktionären zunichte gemacht worden ist, und daß man sich dadurch der Ehre hat begeben müssen, einen Mann wie Prof. S. Dubnow zu den Lehrern der Universität zu zählen. Prof. Dubnow war damals zum Leiter der judaistischen Fakultät ausersehen.« (ich zitiere die Berliner *Jüdische Rundschau* vom 2.11.1926 [Nr. 80, S. 615]).

schichte in deutscher Übersetzung herausgebracht hatte, Anspruch auf die Publikation der anderen Bände. Er hatte zweifellos das Recht dazu, und ich sandte ihm noch aus Brösen das Manuskript des dritten Bandes vom russischen Original zur Übersetzung. Um die übrigen Ausgaben, insbesondere die beiden jüdischen, bewarb sich der *Klal*-Verlag und bezog sich dabei auf meine früheren Absprachen mit Gurwitsch, der in jenem Sommer allerdings schwer krank in der Klinik lag und noch vor meiner Ankunft in Berlin starb. Außerdem erfuhr ich, daß dieses Unternehmen unzuverlässig sei, was sich im folgenden auch bestätigte. Gegen die Übertragung der Publikation in hebräischer Sprache an einen anderen Verlag erhob auch Bialik im Namen von *Dwir* Einwände, da ihm unsere noch in Rußland geschlossenen Vereinbarungen ein Prioritätsrecht einräumten, dem ich mich fügen mußte. Zu jener Zeit suchte mich Tscherikower als Bevollmächtigter des Verlages *Grani* und der jüdischen Abteilung dieses Verlages (Literarischer Verlag) in meinem Sommerdomizil auf und überzeugte mich, ihnen das Recht auf die russische und jüdische Ausgabe (in Jiddisch) zu übertragen. Somit hatte ich, der in Rußland nicht einmal für meine Originalausgaben einen Verleger gehabt hatte, zur gleichen Zeit vier Verleger für Original und Übersetzungen. Allerdings erwiesen sich nicht alle Verlage als zuverlässig. Während der bald darauf einsetzenden Krise im Buchgeschäft gingen zwei Unternehmen bankrott, was eine Unterbrechung der Herausgabe meines mehrbändigen Werkes nach sich zog, worüber im folgenden berichtet werden wird.

Mir stand nun die immense Redaktionsarbeit des russischen Originals und der drei Übersetzungen bevor. Ich mußte so schnell wie möglich nach Berlin reisen, um dort entsprechende Voraussetzungen für die Arbeit zu schaffen. Indessen trafen aus Deutschland bedrückende Nachrichten ein. Ende Juni war in Berlin Außenminister Rathenau ermordet worden – ein unheilverkündender Akt der Reaktion gegen die freie demokratische Republik. Die Inflation nahm zu, die deutsche Mark verlor katastrophal an Wert, die Wohnungsnot in Berlin führte zum *Wohnungszwang*[27], einer lästigen Reglementierung beim Anmieten einer Wohnung. Und die Teuerung wuchs mit jedem Tag. Dazu die Aufregungen, die mit dem Land meines Auszugs verknüpft waren: Meine Fachbibliothek (Judaica) befand sich noch immer in Petersburg. Über die Litauische Botschaft wurden Anstrengungen unternommen, sie herauszubringen, Zeitungsinterviews, die ich über Sowjetrußland gab, hätten das Ergebnis unserer Bemühungen allerdings zunichte machen können. Aus Rußland trafen nach wie vor traurige Nachrichten ein (Fortsetzung des Hungers, Schrecken der *Tscheka*, der Prozeß gegen die Sozialrevolutionäre[28]; in Polen wüteten Chauvinisten und Judeophobe aus den Reihen der Partei der Volksdemokraten[29]; in den Ländern Westeuropas hatte sich die vom Krieg erschütterte Ordnung noch nicht stabilisiert. Nur selten reagierte ich öffentlich auf die damaligen Tagesereignisse. Lediglich anläßlich der Übernahme des Palästinamandats durch England[30] äußerte ich mich im zionistischen *Rasswet*, der in Berlin erschien – in dem Sinne, daß jetzt, da sich die Utopie des Zionismus in bescheidene Realität verwandelt habe und die Idee von der Autonomie der *Golus* in einer Reihe von Ländern ebenfalls konkrete Formen annehme, der Augenblick der Vereinigung der nationalen Judenheit in Hinblick auf eine Zusammenarbeit gekommen sei.

Über einige meiner Eindrücke während des dreimonatigen Aufenthalts in der Nähe von Danzig mögen folgende Auszüge aus meinen Tagebüchern Auskunft geben:

10. Juni 1922. Ich erhole mich, lese, studiere den Westen, von dem ich so viele Jahre isoliert war. Die gestrige Fahrt in den Danziger Vorort Langfuhr hat mich begeistert: Das ist sie, meine ideale Gartenstadt, mich dort niederzulassen ist mir jedoch nicht vergönnt ...

8. Juli. Probleme mit der Übersiedlung nach Berlin, mit dem Transport alles für die Arbeit Nötigen aus Rußland, Kowno und Danzig dorthin. Komplizierte, aufregende Gedanken angesichts des heutigen Zustands der Zerrüttung, der Grenzkordons und Visa. Auch die katastrophale Lage in Deutschland bestürzt mich: die politischen Wirren nach dem Rathenau-Mord, der beispiellose Fall der Mark und die täglich wachsende Teuerung. Ich begebe mich auf den Vulkan und muß das tun, denn dort befindet sich die Druckerpresse, und ich bin berufen, die Mission meines Lebens zu erfüllen ... Der warmherzige Artikel meines langjährigen Lemberger Mitarbeiters bei der *Starina*, M. Bałaban[31], der mich unlängst hier besuchte, hat mich gerührt. Er schrieb ihn anläßlich dieses Besuchs für eine Warschauer (polnische) Zeitung.

15. Juli. Priluzki (Abgeordneter des polnischen *Sejm*) war hier und lud mich nach Warschau ein, um die dortige Öffentlichkeit kennenzulernen. Ich lehnte ab. Gott verschone mich vor der polnischen Hölle! Ich habe meinen Beitrag bereits geleistet und mein Soll in der russischen Hölle erfüllt ...

23. Juli. Lese zahlreiche Zeitungen und atme die unruhige Atmosphäre Europas. Noch sind die Wunden nicht verheilt, noch die zerstörten Nester nicht wieder errichtet. Die Haager Konferenz[32] endete ebenso ergebnislos wie jene von Genua, mit den Bolschewiki soll man keine Vereinbarungen treffen, Rußland ist zum weiteren Absterben verurteilt. In Moskau nähert sich der Prozeß gegen die Sozialrevolutionäre Partei, der vermutlich ungeachtet des Protests der gesamten Welt mit dem Todesurteil enden wird, seinem Ende. Lenin ist unheilbar krank, doch die Trotzkis, Bucharins und dei minores befinden sich noch in Reserve. In Polen herrscht finsterste Reaktion und schändlichste Judophobie; unter den hiesigen Sommergästen aus Warschau finden sich zahlreiche Opfer des in Polen auferstehenden zaristischen Regimes der Rechtlosigkeit und der Pogrome ... Deutschland windet sich in wirtschaftlichen Konvulsionen, die zu politischen Erschütterungen führen können. Und in diesem Land ist mir beschieden, mein Nest zu errichten, das letzte meines Lebens!

27. Juli. Vor kurzem habe ich vom Tod des führenden zionistischen Politikers B. Goldberg in Palästina erfahren, der in Wilna einst mein Nachbar war. Noch vor drei Wochen hatte ich einen Brief von ihm erhalten – einen Willkommensgruß aus Jaffa. Ich muß an die Jahre 1903 bis 1906 in Wilna denken und an 1917 bis 1919 in Petersburg. In seinem letzten Brief hatte mich der Verstorbene an unseren Abschied an einem Wintertag des Jahres 1919 in Petersburg erinnert – in der Wohnung, die kalt war wie ein Grab ... Er hat die Verwirklichung seines Traumes nicht mehr erlebt, der Ärmste – die Übernahme des Palästinamandats durch England.

Dieser vor einigen Tagen vollzogene Akt, der zweifellos in der Geschichte der Judenheit von entscheidender Bedeutung ist, verliert allerdings nach den drei Beschneidungen in der Definition des Begriffs ›national home‹ der einstigen Balfour-Deklaration, die unter dem Eindruck der arabischen Drohungen und Proteste zustande kam, viel von seiner Bedeutung. So kommt *in spe* jenes kleine nationale Zentrum zustande, das wir mit dem Entstehen des Zionismus vorausgesehen haben, doch auch dieses Zentrum ist inmitten der feindlich gesinnten arabischen Umgebung nicht frei von Unruhe. Weder das Problem der *Golus*, noch jenes der Emigration wird auf diese Weise gelöst, deren lediglich kleinster Teil sich nach Palästina wendet, obgleich es ungeheuer wichtig wäre, wenn mehr Juden dorthin auswandern würden, um wenigstens eine entsprechend große nationale Minderheit neben der arabischen Mehrheit zu schaffen.

2. August. Kürzlich erhielt ich aus Kowno ein Telegramm, daß meine Bücher aus Rußland eingetroffen seien.* Meine Fachliteratur ist also in Sicherheit. Offen bleibt aber noch immer die Frage nach dem Transport der übrigen Bücher, Manuskripte und anderer Sachen aus Kowno nach Berlin, wo es nicht leicht sein wird, bei dem furchtbaren Zustrom unserer intellektuellen Emigration, eine Wohnung zu finden ...

Nun müssen wir noch erleben, daß auch im Westen das elementare Recht auf Bewegungsfreiheit abgeschafft wurde. Heute kam ein Brief aus Kowno: Um für einen zeitweiligen Aufenthalt in Berlin ein deutsches Visum zu erhalten, ist meine persönliche Anwesenheit in Kowno vonnöten, obwohl mein Paß bereits dorthin entsandt wurde und man die Formalitäten für mich schon eingeleitet hat. Genau vor einem Jahr quälte ich mich in Petersburg in Erwartung des Visums von den Bolschewiki für das Recht auf Emigration, führte eine fieberhafte Korrespondenz mit Moskau und Kowno und soll nun wiederum zwischen Kowno und Berlin umherirren und endlose Korrespondenzen über Visa, die Ausfuhr der Manuskripte usw. führen.

Unter den zahllosen Besuchern finden sich interessante Menschen. Vorgestern war Schalom Asch bei mir, heute Opatoschu, ein neuer Stern unserer Belletristik, dessen Roman *In poilische welder*[33] ich gerade lese. Beide kamen aus Amerika ...

11. August. Täglich sitze ich am Rande des Parks, am Strand, genieße die Schönheit der Natur, die einstige Ekstase aber stellt sich nicht ein. Es fehlt die Abgeschiedenheit, ebenso wie die innere und äußere Ruhe, die ein inniges Gebetsgespräch der Seele erst ermöglicht ... In Sowjetrußland wüten die Schrecken von

* Für das Herausbringen meiner Bibliothek bin ich Benzion Katz zu Dank verpflichtet, der mit dem Auftrag aus Berlin nach Rußland reiste, die Bibliothek des Baron Ginzburg zu retten, was aber nicht gelang.

Hunger und Terror. Der Prozeß gegen die Sozialrevolutionäre in Moskau ist zu Ende gegangen: vierzehn Leader (Goz u. a.) wurden zum Tode verurteilt, die Todesstrafe vorerst aber ausgesetzt. Die Verurteilten bleiben Gefangene der *Tscheka* und können jeden Moment erschossen werden …

Tod in den Reihen der Literaturschaffenden. Vor einigen Tagen starb in Berlin D. Frischmann. Heute las ich in Berliner Zeitungen vom Tod S. Gurwitschs. Mit letzterem verbinde ich allerfrüheste Erinnerungen … Ich hatte gehofft, ihn bald – im Herbst – in Berlin wiederzusehen und mich mit ihm an den Oktober 1877 zu erinnern[34] – und plötzlich sein Tod!

20. August. Korrespondenz über das Anmieten einer Wohnung in Berlin … Ich komme gerade aus Oliva[35], wo ich Hirschhorn, dem folkistischen Abgeordneten des Warschauer Sejm, einen Gegenbesuch abgestattet habe. Dort erfuhr ich von einem Reisenden, daß in Berlin Panik herrsche. Man fürchtet einen kommunistischen oder monarchistischen Umsturz im Zusammenhang mit der Reparationsproblematik … Ich will noch einige Tage abwarten, bis sich die politische Lage klärt. Inzwischen werde ich versuchen, etwas zur Frage des Bündnisses zwischen Zionisten und *Folkisten* zu schreiben, um ein stabiles Zentrum zwischen der extremen Rechten und Linken zu bilden. Anlaß ist übrigens die fast gleichzeitige Übernahme des britischen Mandats in Palästina und die verfassungsmäßige Verankerung der jüdischen Autonomie in Litauen … Ich erneuere meinen Versuch aus dem Jahre 1901, als ich zur Schaffung einer vereinigten Nationalpartei aufrief.[36]

26. August. Ich schrieb für den Berliner *Rasswet* den Artikel »Nationale Vereinigung«, spürte aber, wie banal sein Inhalt angesichts der gegenwärtigen Konvulsionen Europas ist … Heute errang ich einen Sieg an allen Fronten: Ich erhielt in Danzig sowohl das deutsche Visum für Berlin, als auch das polnische Durchreisevisum durch den ›polnischen Korridor‹. In Berlin hat sich für uns bereits eine bescheidene Wohnung in Halensee gefunden. Ein stiller Winkel im lärmenden Babylon schwebt mir vor, dem Zentrum unserer intellektuellen Emigration, irgendwo am Stadtrand. Ich bin erschöpft vom Lärm des hiesigen Sommers, in den Ferienkolonien Warschaus, Wilnas und Litauens, die sich um Danzig herum angesiedelt haben.

Die Zeitungen veröffentlichten ein Telegramm aus New York, in dem es hieß, daß ich an das dortige Rabbinerseminar* eingeladen sei, Vorlesungen zu jüdischer Geschichte zu halten. Vermutlich werde ich die Einladung in Kürze erhalten – und sie natürlich ablehnen, wie angenehm es jetzt auch wäre, im ruhigen und reichen Land des Dollars zu leben, weit entfernt vom europäischen Vulkan. Ich bin jetzt an Berlin gefesselt, dort aber wächst die Panik …

* Die offizielle Einladung von Stephen Wise, dem Begründer des Theologischen Seminars in New York, war an mich abgeschickt, während meines Umherirrens jedoch nicht bei mir angekommen. Später, während einer Begegnung mit Wise in der Schweiz 1927, warf er mir vor, daß ich seinen Brief nicht beantwortet hätte. Ich eröffnete ihm, daß mich der Brief nie erreicht habe, ich seine Einladung aber in jedem Falle nicht hätte annehmen können.

Kapitel 69

In Berlin. Herausgeberfieber und Nöte der Inflation (1922–1923)

Ankunft in Berlin und stille Zuflucht im Halenseer ›Gartenhaus‹. Erste Eindrücke vom Kreis der Emigranten. Die Schatten der Vergangenheit. – Redaktion der *Neuesten Geschichte des jüdischen Volkes* in vier Sprachen. Meine Übersetzer. – Fieberhafte Arbeit in der kalten Fremde. Inflation, Wohnungsnot und tollwütige deutsche Wirtinnen. Wohnung im Grunewald. Das Wohnrecht und das Recht auf eine Wohnung. – Leben außerhalb der Stadt in Lichtenrade. – Fertigstellung der russischen Ausgabe und der deutschen Übersetzung der *Neuesten Geschichte.* Die Einstellung der Assimilatoren zu meiner Geschichtskonzeption (Rieger und Stern). – Das nicht zustande gekommene Treffen mit Achad Haam. Letzte Begegnung mit Ben Ami. – Herbst 1923: politisches und wirtschaftliches Chaos, der Hitler-Putsch in München. – Bankrott meiner Verleger und Unterbrechung der Herausgabe des russischen Originals der *Geschichte.* Traurige Perspektiven. – Arbeit zur ›Seelenrettung‹: Redaktion der *Alten Geschichte* und des *Litauischen Pinkos.* – ›Dritte Haidamatschina‹. – Flucht aus der ländlichen Idylle in die Stadt. Auszüge aus meinen Tagebüchern.

Es war ein klarer, kühler Morgen, als wir am 6. September 1922 mit dem Zug aus Danzig am Bahnhof Charlottenburg in Berlin eintrafen. Mein Blick fiel auf verschiedene Fern- und Stadtbahnsteige, Tunnel und Treppen mit auf und ab flutenden Menschenmassen, ich aber fand mich allein inmitten dieses wogenden Menschenstroms, auf der Suche nach einer stillen Zuflucht für meine Arbeit in der riesigen Kosmopolis. Der deutsche Gepäckträger, der unser Gepäck in ein Taxi lud, nahm von mir mit unzufriedenem Blick Hunderte deutscher Mark für seine Arbeit entgegen, die infolge der Inflation am nächsten Tag bereits die Hälfte ihres Wertes eingebüßt haben konnten. Eine Viertelstunde später hatte uns das Auto in das benachbarte Viertel des Berliner Westen gebracht, nach Halensee, wo eine kleine Wohnung für uns bereitstand. Der Sekretär der jüdischen Gemeinde, der junge Historiker Josef Meisl, und seine Frau (die Tochter des verstorbenen Historikers Rabinowitsch-Schefer) hatten für uns zwei Zimmer in der Wohnung einer jüdischen Familie im Parterre jenes Hauses vorbereitet, in dem sie selbst wohnten. So zogen wir in die stille Halberstädter Straße[37], unweit der Hauptschlagader des Berliner Westen, dem Kurfürstendamm. Die Fenster unserer Zimmer in einem typischen Berliner ›Gartenhaus‹[38] (einem Hinterhofgebäude) gingen auf einen mit Sträuchern zugewachsenen Hof hinaus, die uns vor den Blicken der Menschen, aber auch vor den Sonnenstrahlen bewahrten, die nur selten in unsere Klause drangen. Angesichts der Wohnungsnot im damaligen Berlin mußte man sich auch über diese Zuflucht freuen.

Über die Eindrücke dieser ersten Tage meines Berliner Lebens notierte ich am 14. September (1922): »Es ist nicht leicht, sich in den komplizierten Erlebnissen dieser Tage zurechtzufinden, wo Einsamkeit mit großem Getriebe wechselt, die Wahrnehmung der Fremde mit einem Widerhall des Vertrauten. Lange nicht gesehene Gefährten der verschiedensten Lebensetappen kommen zu Besuch – Bialik und Gefolge aus den Tagen von Odessa, Ju. Brutzkus, Dr. Wischnitzer und M. Krejnin aus jenen von Petersburg, B. Katz aus Wilna, Solowejtschik und Eljaschewa aus der kürzlichen litauischen Etappe und auch Zufallsbekannte. Häufige berührende Begegnungen der Exilanten aus den verschiedensten Gegenden des zerstörten Rußland. Ich weiß, daß ich lediglich in irgendeiner Versammlung auftreten müßte, um weitere Dutzende derartiger Relikte zu treffen ... Die Unterhaltungen drehen sich meist um Geschäftliches – die geplanten Publikationen. Persönliche Gespräche aber sind traurige Emigrantengespräche ...

Das Rad der Arbeit hat mich bereits erfaßt. Ich sehe (im Manuskript) die deutsche Übersetzung des letzten Bandes der *Geschichte* durch und füge die deutschen Zitate vor der Abgabe an die Setzerei ein, was mich zwingt, in den Quellen zu suchen und diese in Bibliotheken auszuleihen. Auch am russischen Text arbeite ich in Vorbereitung auf die Drucklegung und die Übersetzungen. So vergehen Stunden und Tage in der Stille unseres ›Gartenhauses‹. Hin und wieder wird die Stille gestört und es tauchen lebendige Schatten der Vergangenheit bei mir auf. Schmarja Levin war da, Rawnizki und Bialik, Bekannte aus Odessa, aus Kowno. Ich selbst nahm an einer Sitzung der ›Pogrom-Kommission‹[39] teil, sah das Archiv der ukrainischen Hölle von 1918 bis 1920, traf dort Latzky und andere. Ich beginne bereits, Einladungen zu Sitzungen und Versammlungen Absagen zu erteilen, auf denen ich Reden halten soll. Dabei halte ich mich an das Prinzip der Isolation zugunsten der wissenschaftlichen Arbeit, die tatsächlich gewaltig ist«.

Bald schon publizierte ich im *Rasswet* und in der *Jüdischen Rundschau* einen Brief, in dem ich erläuterte, ich sei gezwungen, derartige Einladungen auszuschlagen, um, dem Prinzip *respice finem* folgend, die Fertigstellung meines historischen Werkes zu betreiben.[40]

All dies wurde vom Bewußtsein dominiert, daß es mir schließlich möglich geworden war, mein Vermächtnis in noch größerem Maße zu erfüllen, als ich es mir früher erträumt hatte. Die Arbeit meines Lebens, die erneuerte *Weltgeschichte des jüdischen Volkes* würde unter meiner unmittelbaren Aufsicht gleichzeitig in vier Sprachen gedruckt werden. Es war beschlossen worden, den

Druck nicht mit dem ersten Band, der alten Geschichte, zu beginnen, sondern mit den letzten drei Bänden, die die gesamte neuere Geschichte behandelten, von der Französischen Revolution des Jahres 1789 bis zum Weltkrieg 1914. Diese drei Bände sollten unter dem Titel *Neueste Geschichte des jüdischen Volkes* einen gesonderten Zyklus bilden. Aus diesem Zyklus waren bereits früher zwei Teile im russischen Original (Petersburg 1914) und in der deutschen Übersetzung von A. Eliasberg (Berlin 1920) veröffentlicht worden und in den beiden jüdischen Sprachen gab es erste Übersetzungen in Manuskripten. Der dritte Band war von Dr. Elias Hurwicz (dem Sohn des kürzlich verstorbenen Saul Gurwitsch)[41] übersetzt worden, der zum Zeitpunkt meiner Ankunft in Berlin im Jüdischen Verlag gerade in Druck ging. Die Übersetzung der beiden ersten Teile ins Jiddische war bereits zu Zeiten des Bürgerkriegs in Kiew von N. Stif angefertigt und vom Übersetzer jetzt mit nach Berlin gebracht worden. Der große Kenner der jüdischen Volkssprache und Erforscher ihrer Geschichte Stif gestattete sich allerdings bei der Übersetzung verschiedene Neologismen und syntaktische Freiheiten. Ich wünschte aber nicht, daß man die Übersetzung meiner Arbeit für Experimente zur Entwicklung des literarischen Jiddisch gebrauchte und strich deshalb allzu kühne Neubildungen bei der Autorenkorrektur heraus, was zu Konflikten mit dem heißblütigen Stif führte, der in seinen Stil verliebt war. Auch die Redaktion der Übersetzung ins Hebräische bereitete mir beträchtliche Mühe. Bereits in den Kriegsjahren hatte der alte Hebraist I. Triwusch, der auch die Romane L. Tolstois übersetzt hatte, damit begonnen, meine *Neueste Geschichte* ins Hebräische zu übertragen, und ich hatte vieles an seinem archaischen Stil zu korrigieren. Jetzt war die weitere Übersetzung meinem ehemaligen Petersburger Hörer B. Krupnik anvertraut worden, der in Berlin lebte, einem sehr guten Hebraisten. Da es auf diesem Gebiet aber keine Grenzen der Vervollkommnung gibt, redigierten wir seine Übersetzung gemeinsam und suchten nach den besten Formen aus dem reichen Arsenal der jahrtausendealten Literatur.

Während an den Übersetzungen gearbeitet wurde, sah ich das im Druck befindliche russische Original der *Neuesten Geschichte* noch einmal durch und korrigierte es, denn in Berlin fanden sich zusätzliche Quellen, die mir in Petersburg nicht zugänglich gewesen waren. In Fragen der Buchbeschaffung erwies mir mein Nachbar, Dr. Meisl, wertvolle Dienste, der sie für mich aus der Bibliothek der Berliner Jüdischen Gemeinde und aus der Preußischen Staatsbibliothek entlieh, einer der größten Bibliotheken Europas. Unter dieser angespannten Arbeit der Durchsicht des Originals und der Übersetzungen der drei Bände vergingen das Ende des Jahres 1922 und ein großer Teil des Jahres 1923. Mein Schreibtisch war überhäuft mit Manuskripten und Korrekturen der vier Ausgaben. Die kontinuierliche Arbeit in diesem Laboratorium verschaffte mir große moralische Genugtuung, die äußere Situation jedoch verdarb mir oft die Stimmung. Aus dem engen und halbdunklen Parterre im Haus in der Halberstädter Straße zogen wir schließlich zu Beginn des Winters in eine bessere Unterkunft im nahegelegenen Stadtteil Grunewald: Die beiden großen hellen Zimmer in der komfortablen Wohnung in der Charlottenbrunner Straße[42] wären mir als häusliches Paradies erschienen, hätte dort nicht ein böser Zerberus in Gestalt einer deutschen Hauswirtin gewacht. Zu jener Zeit der wahnsinnigen Inflation und Wohnungsnot hatte sich diese Rasse der ›Haustiere‹ zur Geißel für alle Emigranten entwickelt, die sich keine eigenen Wohnungen leisten konnten. Diese Wirtinnen waren meist Witwen, die von einer ererbten Bankrente lebten, die jetzt infolge der Inflation schnell zusammenschmolz, was sie vor Kummer den Verstand verlieren ließ. Sie waren gezwungen, einen Teil ihrer Wohnungen an Untermieter aus den Berlin überschwemmenden Emigrantenkreisen zu vermieten und verlangten riesige Mietsummen, immer in der Angst, diese unzähligen Tausende von Mark könnten abgewertet werden. Viele vermieteten ihre Zimmer lediglich unter der Bedingung, daß man in harter ausländischer Währung zahlte, vor allem in Dollar. Diese Furien vergifteten ihren Untermietern durch die verschiedensten Schikanen oft genug das Leben. Wenn wir Emigranten uns trafen, unterrichteten wir einander gewöhnlich über die Eigenschaften unserer Wirtinnen und die Methoden des Kampfes mit dieser Raubtierrasse.[43] Unsere neue Wirtin, eine gewisse Witwe Meyer, bereitete uns bereits unmittelbar bei unserem Einzug eine Überraschung, indem sie erklärte, sie hätte es sich anders überlegt und wolle die Zimmer, die sie uns eine Woche zuvor gegen Quittung über die Vorauszahlung der Miete überlassen hatte, nicht mehr vermieten. Unser scharfer Protest zwang sie zum Einlenken, im Laufe der vier Monate, die wir bei ihr wohnten, erlaubte sie sich aber alle erdenklichen Schikanen, obwohl wir mit jedem weiteren Monat die Miete verdoppelten und verdreifachten.

Um das Recht zu erlangen, ein Zimmer zu mieten, mußte man Anträge in den Wohnungsämtern der Stadtverwaltung stellen, wobei die Zentralverwaltung die Antragsteller in die Bezirksämter schickte und die Bezirke sie wieder an die Zentrale zurückverwiesen. Auch die Verlängerung des Wohnrechts in Berlin war nicht leicht zu bekommen. Infolge des Zustroms enormer Emigrantenmassen und von Ausländern allgemein, darunter auch von Spekulanten, die von der Inflation profitieren wollten, gewährte das Polizeipräsidium Neuankömmlingen das Wohnrecht nur für einen kurzen Zeitraum. Für mich bürgte der Professor der Orientalistik Sobernheim, der im Außenministerium einen hohen Posten bekleidete, und dennoch erteilte man mir lediglich eine Aufenthaltserlaubnis für zwei Monate, so daß ich jedes Mal um Verlängerung dieser Frist bitten mußte. Später wurde die Aufenthaltserlaubnis auf ein halbes und dann auf ein Jahr ausgedehnt, bis man mir 1926 schließlich das Recht auf unbegrenztes Wohnrecht einräumte (*bis auf weiteres*[44]).

Im Januar 1923 verstärkte sich die politische Unruhe in Deutschland. In Folge der Weigerung der Deutschen, Reparationen zu zahlen, begann die französische Okkupation des Ruhr-Beckens. Das entwaffnete Deutschland befand sich in einer hilflosen Position, es konnte lediglich passiven Widerstand leisten und die Arbeit der Okkupanten sabotieren. Eine Atmosphäre von Haß und

Bosheit vergiftete das Leben in Berlin. Im März zog ich in die Siedlung Lichtenrade außerhalb von Berlin.[45] Wir bezogen zwei Zimmer bei deutschen Wirtsleuten in einer kleineren Villa, und mir schien, nun würde ich mehr Ruhe für meine Arbeit haben. Tatsächlich schaffte ich vieles und konnte vier Ausgaben meines großen Werkes gleichzeitig in Druck geben, Ruhe aber fand ich nicht. Das Fazit anläßlich des ersten Jahrestages meines Auszugs aus Rußland (am 23. April) sah folgendermaßen aus: »Genau vor einem Jahr habe ich Petersburg und Rußland nach langen Kerkerqualen im Reich des neuen Despotismus verlassen. Ich wußte, daß ich zu den ›Ruinen Europas‹ unterwegs war, der Augenblick des Aufbruchs aus dem Gefängnis aber war licht und verhieß vieles in der Zukunft. Ein Jahr ist vergangen. Ich bin frei, ich bin in Berlin, an der Druckerpresse, täglich treffen von allen Seiten Korrekturen ein, und ich bin damit beschäftigt, mein Lebenswerk zu vollenden. Bin ich nun glücklich? Nein. Man kann nicht ruhig sein, wenn ringsum eine Atmosphäre der Unruhe herrscht. ›Europas Ruinen‹ zerfallen vor meinen Augen immer weiter und begraben Ideale und Träume unter sich, die wir noch vor so kurzer Zeit hegten. Ich kam zu einem Zeitpunkt nach Litauen und später nach Deutschland, da die letzten Flämmchen der Hoffnung noch flackerten. Seitdem hat sich dort die lichte Vision der Autonomie verdüstert, hier aber verlischt die Hoffnung auf einen europäischen Frieden. Die Blumen sind verblüht, die Feuer verglommen ... Eine Friedensvision lockte mich im Frühjahr 1922 und im Frühjahr 1923 ist sie verweht.«

In dieser ›Kälte der Fremde‹ wärmten uns häufige Begegnungen mit anderen Ankömmlingen aus der verlassenen Heimat. Einige von ihnen hatten schon vor längerer Zeit hier Wurzeln geschlagen – noch vor dem Krieg, wie Schmarja Levin und Victor Jacobson. Levin, der während seiner Agitationsreisen für den Zionismus Amerika gewonnen hatte, ließ nichts außerhalb Zions gelten und verurteilte die *Golus* als völlige Degeneration. Mir schien, er wollte wohl eher an die Rettung durch den Zionismus glauben, als er tatsächlich daran glaubte, denn er war gewöhnlich pessimistisch gestimmt und begeisterte sich nur in Augenblicken heißer Diskussionen oder mitreißender Vorträge, als wolle er sich selbst anfeuern. Ausgeglichener war Jacobson, ein typischer rußländischer Intellektueller und einstiger Korrespondent der liberalen *Russkije wedomosti*, der als kundiger politischer Mitarbeiter, insbesondere auf diplomatischem Gebiet (er sprach mehrere europäische Sprachen), in die Arbeit der deutschen Zionisten integriert war. Als wir uns begegneten, gehörte er der Leitung des Jüdischen Verlags an, der die deutsche Ausgabe meines großen historischen Werks betrieb und ebenfalls plante, eine Übersetzung meiner *Briefe vom alten und neuen Judentum* herauszugeben. Diese Übersetzung wollte V. Jacobson selbst übernehmen, doch es sollte nicht mehr dazu kommen, daß er diesen Plan in die Tat umsetzte. Recht häufig trafen wir uns. Ich besuchte ihn zu Hause, oder er kam zu mir nach Lichtenrade, und immer fanden wir eine gemeinsame Sprache in unseren Unterhaltungen über allgemeine und jüdische Themen. Jacobson war (wohl in zweiter Ehe) mit einer gutmütigen Deutschen verheiratet, die zum Judentum übergetreten war, und besaß zwei wunderbare Töchter, Zwillinge, die Hebräisch lernten. Bald verließ er den Verlag, überließ dem jungen und regen Dr. S. Kazenelson die Geschäfte und übernahm die Funktion eines Vertreters der *Zionistischen Organisation beim Völkerbund*, zunächst in Paris, später in Genf. Ende 1934 erreichte mich die traurige Nachricht von seinem plötzlichen Tod.

Damals traf ich mich oft mit unserem Ökonomen Jakob Lestschinsky, der sich als ständiger Mitarbeiter des New Yorker jüdischen *Forwerts* ebenfalls in Berlin niedergelassen hatte. Er suchte mich mit dem Angebot seines Chefredakteurs Kagan auf, einige Artikel für den Literaturteil zu schreiben. Obwohl ich kein Bedürfnis verspürte, für die Tagespresse zu arbeiten, nahm ich für diesmal das Angebot an und vermerkte diese ›Sünde‹ folgendermaßen in meinem Tagebuch (31. Januar 1923): »Zum ersten Mal in meinem Leben habe ich mich von einem Honorar in Versuchung führen lassen: mindestens 25 Dollar für ein Artikelchen, was nach heutigem Kurs eine Million deutscher Mark ausmacht. Das rettet mich vielleicht vor dem Wohnungsterror: Ich kaufe einen Teil der Villa oder zahle den Wirtsleuten eine Kontribution in Millionenhöhe, um ihre Launen zu besänftigen. Dann wird meine wissenschaftliche Arbeit ruhig vonstatten gehen können – soweit das auf einem Vulkan möglich ist.« Auf jiddisch schrieb ich einen Artikel über die Judenpogrome im Elsaß während der Französischen Revolutionen von 1789 und 1848. Er wurde bald darauf in zwei Ausgaben des *Forwerts* abgedruckt, unter der von der Redaktion verfaßten reißerischen Überschrift »Auch während der Französischen Revolution gab es Judenpogrome!« Lestschinsky erzählte mir, er sei damals in Odessa einer jener Autodidakten gewesen, denen ich über die *Gesellschaft für Aufklärung*[46] kostenlose Lehrer oder Marken für freie Mittagsmahlzeiten vermittelt hätte. In Berlin wurde Lestschinsky einer meiner häufigsten Besucher und gemeinsam mit I. Tscherikower, dessen schriftstellerisches Talent ich bereits vor längerer Zeit entdeckt hatte, Mitglied unseres engen Berliner Zirkels, über den im weiteren zu reden sein wird.

Eines Tages erschien bei mir gemeinsam mit S. E. Kalmanowitsch ein Gast aus einer längst vergangenen Zeit: der alte Revolutionär und Narodowolze Lew Dejtsch. Einen langen Winterabend verbrachten wir im Gespräch über die revolutionäre Bewegung der siebziger Jahre und über die Rolle der Juden darin. Bei unserem nächsten Treffen im Hotel las mir Dejtsch Kapitel aus seinem Buch *Die Juden in der Revolution*[47] vor. Auch seine Frau war anwesend, gemeinsam erinnerten wir uns längst vergangener Zeiten. Wie merkwürdig erschien uns die Zusammenführung weit entfernter Epochen – des Morgenrots der russischen Revolution und ihr blutiges Ende im bolschewistischen Umsturz. Dejtsch kehrte bald darauf nach Sowjetrußland zurück, und ich hörte nie wieder von ihm.

Eine traurige Episode im Emigrantenleben Berlins war das Erscheinen jüdischer Reaktionäre unter der Leitung des einstigen radikalen Demokraten J. Bikerman. Gemeinsam mit einigen abtrünnigen Demokraten hatte er den *Vater-*

ländischen Verband russischer Juden gegründet und einen Sammelband[48] herausgegeben, in dem er nachwies, daß die Führer der russischen Judenheit ihrer patriotischen Pflicht nicht Genüge getan und sich nicht mit den Weißen gegen die Bolschewiki zusammengeschlossen hätten, also mit jenen Weißgardisten, die während des Bürgerkriegs die heftigsten Schwarzhunderter und Pogromanstifter gewesen waren. Bikerman selbst hatte sich offenbar bereits den Führern der rechten russischen Emigration in Berlin und Paris angenähert. Dies führte zu heißen Debatten in der Berliner Kolonie und in Versammlungen, in denen Bikermann auftrat, um seinen neuen Glauben zu propagieren. Ich stand diesen Auseinandersetzungen fern. Der Versuch, die Juden mit den einstigen (und wohl auch künftigen) Pogromanstiftern zu vereinen, erlitt natürlich ein völliges Fiasko und der *Vaterländische Bund* verschwand schnell von der Bildfläche.

Im Frühjahr 1923 erschien die deutsche Übersetzung des dritten Bandes der *Neuesten Geschichte* und im Sommer das russische Original (alle drei Bände von mir neu durchgesehen). Die *Geschichte* hatte ich bis zum Jahr 1914 weitergeführt. An dem Vorwort zur russischen Ausgabe ist meine damalige Stimmung abzulesen: »Nach mehreren Jahrhunderten der kulturellen Entwicklung sind wir heute in einer Periode des Chaos angelangt, das eine neue Welt gebiert. Ob diese Welt besser oder schlechter sein wird als die bisherige? Erleben wir gerade den Untergang der europäischen Kultur oder die dunkle Stunde vor Anbruch des Morgenrots?« ... Der deutschen Ausgabe gab ich ein gesondertes Vorwort bei. Da ich die Unzufriedenheit der assimilierten deutschen Judenheit mit meiner nationalen Geschichtskonzeption voraussah, schrieb ich: »Die Anerkennung meines Systems wird mich, als Symptom der Klärung der Geister, freuen; seine Ablehnung wird mich nicht verwundern, da in eben diesem Werke, durch eine lange Tatsachenreihe hindurch, jener historische Prozeß dargelegt ist, der in fataler Weise zur Verwerfung der nationalen Auffassung des Judentums überhaupt führte.«[49] In einer Anmerkung verwies ich gleichzeitig auf das gerade erschienene Vorwort des Historikers und Rabbiners P. Rieger zur neuen Ausgabe der Philippsonschen *Neuesten Geschichte der Juden*[50], in der er meinen antiassimilatorischen Standpunkt scharf verurteilte. Nach Erscheinen des dritten Bandes fiel das Haupt der Berliner ›liberalen‹ Assimilatoren, Heinrich Stern, mit einer wütenden Rezension im Organ des *Centralvereins deutscher Staatsbürger jüdischen Glaubens*[51] über mich her. Ein Satz am Ende meiner Überblicksdarstellung über die Ereignisse in Deutschland am Vorabend des Weltkriegs hatte ihn besonders aufgebracht. Dort verwies ich auf die Debatten im Reichstag vom Mai 1914 über die Nichtzulassung der Juden als Offiziere und andere Verstöße gegen die Gleichberechtigung und schrieb am Ende des Kapitels: »Zwei Monate später marschierten Zehntausende jüdische Soldaten in den Reihen der deutschen Armee an die russische und französische Grenze, um für den Ruhm des Landes des Militarismus und des Antisemitismus zu kämpfen.«[52] Der aufgebrachte deutsche Patriot rief in seiner Rezension: »Wird uns Herr Dubnow den Wert der zerschlagenen Fenster in den jüdischen Häusern und

Geschäften im Falle eines Pogroms ersetzen, der durch derartige Aussagen hervorgerufen wird?«[53] Der Rezensent sollte allerdings jenen Moment erleben, als nicht nur die Fensterscheiben in jüdischen Häusern zu Bruch gingen, sondern auch das gesamte Leben der jüdischen Bevölkerung Deutschlands zerstört wurde, ungeachtet ihres Patriotismus und deutschen Nationalismus … Im Sommer besuchten uns Verwandte aus Warschau in Lichtenrade und Gäste aus fernen Ländern. Nur meinen alten Freund Achad Haam, der zur Behandlung nach Deutschland gekommen war, sah ich leider nicht. Ein Jahr zuvor, als ich noch in Rußland gewesen war, hatte er sich schwer erkrankt in Berlin aufgehalten, auf dem Weg von London nach Palästina; jetzt war er erneut nach Deutschland gekommen und hielt sich zwei Sommermonate lang im Kurort Homburg[54] nahe Frankfurt auf, zusammen mit Bialik und anderen gemeinsamen Freunden. Wir korrespondierten darüber, wo wir uns treffen könnten, in Berlin oder in Homburg. Da ich durch die eiligen Korrekturen der verschiedenen Ausgaben sehr eingespannt war, fiel es mir schwer, die Stadt zu verlassen, Achad Haam aber reiste auf Drängen seiner Angehörigen, die ihm geraten hatten, das unruhige Land zu verlassen, überraschend schnell aus Deutschland ab. So sahen wir uns nach fünfzehnjähriger Trennung nicht wieder, und später war es mir bereits nicht mehr vergönnt, ihm zu begegnen. Noch einige Jahre setzten wir unseren Briefwechsel fort, bis zu der Zeit, als er in Palästina seine alten literarischen Korrespondenzen mit Freunden herausgab, darunter auch mit mir.[55] Den Briefen des kranken Freundes aber, die häufig nach seinem Diktat von Dritten geschrieben waren, war das verhängnisvolle Ende bereits anzumerken, das zu Beginn des Jahres 1927 eintrat.

Dafür gelang es mir in jenem Sommer, meinen Odessaer Freund und Widersacher Ben Ami wiederzusehen, der wegen einer Augenoperation aus Genf nach Berlin gekommen war. Zum ersten Mal nach meiner Abreise aus Odessa im Jahr des Pogroms von Kischinjow[56] begegnete ich ihm nun. In meinen Aufzeichnungen (vom 1. Juli) heißt es in diesem Zusammenhang: »Er ist noch immer derselbe, mit seinen Vorzügen und Unzulänglichkeiten, seinen ›ehrlichen Gedanken‹ (wenngleich sie äußerst einseitig sind), ›in denen so viel Bitterkeit und Schmerz liegt, aber auch so viel Liebe‹, wie ich einst in Petersburg in einer Versammlung (mit den Worten Nekrassows) über ihn sagte.«[57] Später ließ er sich in Palästina nieder und war mir, wie ich hörte, sehr böse, weil ich seinen Namen im letzten Band der *Neuesten Geschichte* nicht erwähnt hatte. Ich tat das deshalb nicht, da ich der Literaturgeschichte überhaupt nur einen äußerst begrenzten Raum einräumte und sie lediglich im Rahmen der allgemeinen soziokulturellen Entwicklung behandelte. Erst in einer späteren deutschen Ausgabe wurde Ben Amis Name dann beiläufig genannt.

Der Sommer endete und der schwere Herbst 1923 begann, eine Zeit völligen wirtschaftlichen Niedergangs und politischer Stürme in Deutschland. Die Inflation hatte bereits die Milliardenmarke erreicht, dann die der Billionen (Anfang November zahlte man für einen Dollar 420 Milliarden Mark und ein Zwei-

Kilo-Brot kostete 25 Milliarden) und die Lebensmittelnot war immer stärker zu spüren. Die Radikalen von Rechts und Links, Reaktionäre und Kommunisten, bereiteten sich darauf vor, die junge demokratische Republik mit ihrem sozialistischen Präsidenten Ebert und dem Koalitionsministerium Stresemann – Hilferding zu erdrosseln. Überall loderten die schrecklichen Flammen der Putsche: Bayern war in den Händen der Rechten, in Sachsen drängten die Kommunisten zur Macht, am Rhein ging die Selbstverwaltung der Städte auf die Separatisten über. In München war der Hitler-Ludendorff-Putsch im Gange. Am 11. November notierte ich: »Eine grauenvolle Woche liegt hinter uns, wer weiß, was uns noch bevorsteht? Drei Tage Hunger-Plünderungen und Pogrome in Berlin[58], bei den Deutschen plünderten sie die Geschäfte, bei den Juden aber drangen sie im jüdischen Viertel (Grenadierstraße)[59] in die Wohnungen ein, raubten den Besitz und schlugen die Bewohner. In diesem Viertel wimmelt es zugegebenermaßen von Spekulanten, die mit Valuta handeln, die Agitation der Antisemiten jedoch richtete sich gegen sämtliche Juden. Das war der erste Judenpogrom in Berlin. Kaum waren diese Aufregungen vorüber, als schreckliche Nachrichten aus Bayern eintrafen: der Führer der Nationalisten Hitler und General Ludendorff, die Verkörperung des blutigen Gespensts des letzten Krieges, proklamierten unter Mithilfe des legalen Diktators von München, von Kahr, eine Diktatur für ganz Deutschland. Schreckliche Bilder schienen zum Greifen nah – Marsch auf Berlin und Herrschaft der schwarzen Terroristen. Plötzlich die Nachricht: Ludendorff ist festgenommen, Hitler geflohen, Kahr distanziert sich von ihnen. Der Putsch ist also vorüber und wir können aufatmen. Als aber heute morgen die Post gebracht wird, fehlen die Berliner Zeitungen: sie erschienen nicht wegen eines Druckerstreiks ... Wir schweben zwischen rechter und linker Diktatur und beide können ins Chaos führen.«

Dieser allgemeine Niedergang wirkte sich auch auf das Verlagsgeschäft aus: Emigrantenverlage – russische wie jüdische – gingen bankrott.[60] Das große Unternehmen *Grani*, das unzählige Bücher herausgegeben hatte, darunter auch das russische Original meiner *Neuesten Geschichte*, konnte mir anstelle des Honorars lediglich eine bestimmte Anzahl von Exemplaren aushändigen (etwa 500 der 5000 gedruckten Exemplare). Doch trauriger war, daß ich die Hoffnung verlor, die übrigen sieben Bände des russischen Originals herausbringen zu können. Lediglich die Publikation der hebräischen drei Bände der *Neuesten Geschichte* in Bialiks und Rawnizkis Verlag *Dwir* wurde fortgesetzt, doch auch die Lage dieses Verlages war unsicher und meine Hoffnungen auf die Fertigstellung des gesamten Werks hielten sich in sehr engen Grenzen. Selbst der solide deutsche Verlag unterbrach die weitere Arbeit und wartete auf ein Abklingen der Krise auf dem Buchmarkt. Ich fand mich nur schwer mit dem Gedanken ab, daß der so erfolgreich begonnene Abschluß meines Lebenswerks unterbrochen wird, und machte mich zur »Seelenrettung« daran, die Handschriften der übrigen Bände zu redigieren, angefangen mit der *Alten Geschichte*.

Gleichzeitig nahm ich eine andere Arbeit in Angriff, in der mir der Widerhall ferner Jahre entgegenschlug, als ich mit der Bearbeitung der Materialien für die Geschichte der polnischen Juden befaßt war. Der Anstoß dafür kam von außen. Eines Sommertages besuchten mich der Student der Berliner Universität Simon Rawidowicz und der junge Rabbiner Ilja Kaplan in Lichtenrade und baten mich, dem hebräischen Verlag *Ajanot*[61], der eine Reihe von Literaturdenkmälern herausgebracht hatte, das Recht der Veröffentlichung des hebräischen Textes des *Litauischen Pinkos* zu übertragen, der unter meiner Redaktion in der *Jewrejskaja starina* gemeinsam mit der russischen Übersetzung erschienen war.[62] Ich nahm dieses Angebot an und redigierte im Laufe eines Jahres den Text des *Pinkos* mit den Varianten erneut, diesmal für eine ›akademische‹ Ausgabe mit Anmerkungen und einer ausführlichen Einleitung. Kaplan, der am Berliner orthodoxen Seminar[63] Talmud unterrichtete, hätte mir beim Korrekturlesen helfen und meine Anmerkungen durch Erläuterungen auf dem Gebiet des talmudischen Rechts ergänzen sollen; es war ihm jedoch lediglich möglich, einen Teil dieser Arbeit zu leisten, da er erkrankte und bald darauf starb. So blieb lediglich Rawidowicz als Mitarbeiter für das Korrekturlesen, der gleichzeitig den kritischen Text *More newuche ha-sman* von Krochmal[64] mit einer umfassenden Monographie über den Autor druckte. Später schloß sich dieser junge Gelehrte und Publizist gemeinsam mit seiner netten Frau, der Tochter des berühmten Zionisten Klee, unserem engen Berliner Zirkel an.

Neben den großen Arbeiten schrieb ich zwischendurch auch kleinere Artikel. Zu Beginn des Jahres 1923 verfaßte ich eine Einführung zum ersten Band der *Geschichte der Pogrombewegung in der Ukraine 1917 bis 1921*, herausgegeben vom *Ostjüdischen Archiv* in Berlin auf der Grundlage einer Unzahl an Dokumenten, die von I.M. Tscherikower und seinen Freuden aus Kiew herausgebracht worden waren.[65] Der erste Band enthielt die systematische Geschichte der Pogrome von 1917 bis 1918, ausgezeichnet zusammengestellt von Tscherikower. Meine Einführung unter der Überschrift »Dritte Haidamatschina« entstand unter dem Eindruck dieser erschütternden Dokumente, woraus sich sein publizistischer Tonfall erklärt. Als ich kurz darauf die grauenvollen Beschreibungen von Augenzeugen des ukrainischen Blutbads von 1919 las (in einem Sonderband des Almanachs *Reschumot* in der Redaktion von Bialik[66]), konnte ich mich noch deutlicher davon überzeugen, daß die »dritte Haidamatschina« des zwanzigsten Jahrhunderts der verwandten Bewegung des siebzehnten und achtzehnten Jahrhunderts an Grausamkeit in nichts nachstand.

Im Herbst 1923 wurden wir erneut Opfer der Wohnungskrise. Wir mußten unsere Sommerwohnung aufgeben und in eine andere Villa in Lichtenrade umziehen.[67] Wir mieteten das Zwischengeschoß eines alten Hauses, von dessen Balkon sich der Blick auf einen Wald, Felder und Gemüsegärten eröffnete. Die Eigentümerin versicherte uns, im Winter werde es warm in den Räumen sein, da die Villa eine Zentralheizung besitze. Das beruhigte uns, und wir ließen uns darauf ein, ihr für die Zimmer mit Pension eine beträchtliche Summe in Dollar zu bezahlen. Vorerst wärmte die Septembersonne, alles ließ sich sehr gut an, und ich spürte die Anwesenheit des ›heiligen Geistes‹ in jenen Stunden der Abgeschiedenheit, wenn ich auf dem sonnenbeschienenen Balkon saß und in die Weite der Felder blickte, die von Wald umgeben waren. Besorgt um das weitere Schicksal meiner Bücher, befaßte ich mich mit der Vorbereitung der Bände der *Alten Geschichte* für den Druck, ohne zu wissen, ob es ihnen beschieden sein würde, tatsächlich zu erscheinen. Mit Einsetzen der Herbsttemperaturen wurde das Arbeiten in der neuen Wohnung jedoch immer schwieriger. Die neue Wirtin hatte uns betrogen, denn die Zentralheizung funktionierte nicht, einfache Öfen aber waren in unseren Zimmern nicht vorhanden. Wir froren. Als uns im Dezember schließlich Erfrieren bei fünf Grad Celsius drohte, flohen wir nach Berlin und zogen in eine Pension im Stadtzentrum. So zahlte ich teuer für meine ländliche Idylle, für den Traum von einem Leben im Schoße der Natur, weitab vom Lärm der Stadt.

Zur Ergänzung möchte ich einige Notizen aus den Tagebüchern von 1922 bis 1923 anführen.

1922

17. Oktober. Der Prozeß gegen die Mörder Rathenaus ist zu Ende gegangen. Das Gericht verhängte das Anathema des Antisemitismus, das der Verschwörung der deutschen ›Schwarzhundertschaft‹ zugrunde lag. Vorgestern aber gab es in Berlin Straßenschlachten zwischen dieser ›Schwarzhundertschaft‹ und den Kommunisten. Es ist unruhig im kalten und hungrigen Deutschland ... Der vermodernde Leichnam des Weltkriegs vergiftet noch immer die Atmosphäre. Was ist das? Spenglers *Untergang des Abendlandes*[68] oder eine jener historischen Konvulsionen, die in vergangenen Zeiten nicht so schmerzlich wahrgenommen wurden wie heute, nach dem weltweiten Blutvergießen?

27. Oktober. Gestern abend waren die Brüder Tschernowitz bei mir. Den älteren der beiden (›Raw-zair‹[69]) habe ich wohl seit 1911 nicht gesehen; er lebte die ganze Zeit in der Schweiz und in Deutschland. Der jüngere Bruder (›Sefog‹, der Journalist) kam mit dem Auftrag aus Jerusalem, Professoren für die eben gegründete historisch-philologische Fakultät zu werben. Mich möchten sie offenbar für den Lehrstuhl für jüdische Geschichte gewinnen. Ich antwortete, daß ich in den kommenden drei, vier Jahren, bis zur »Fertigstellung meines Talmud«, der Ausgabe der mehrsprachigen Geschichte, an Berlin gefesselt sei, sagte aber zu, in einem Jahr für ein Semester oder Trimester nach Palästina zu kommen, um die Vorlesungsreihe zu eröffnen. Der tiefe Wunsch ist bei mir vorhanden. Ein heimlich gehegter Traum könnte wahr werden – die letzten Lebensjahre in Erez Israel zu verbringen. Wie viele Schwierigkeiten zu diesem Ziel jedoch noch aus dem Weg zu räumen sind!...

14. Dezember. ... Schrieb gestern für die *Jüdische Rundschau* eine Notiz zum Jubiläum von Bialik: über die Apotheose des Geistes in seiner Trilogie *Auf der Schwelle des Bet ha-Midrasch* u. a. Schrieb aufgewühlt, in Erinnerung an die Zeit in Odessa 1897 bis 1903. Kürzlich verbrachten Bialik und Rawnizki einen Abend bei mir. Wir sprachen über alles, wie früher, und es schien, als schwebe der Geist des Odessaer Zirkels im Raum …

1923

1. Januar. Graue Morgendämmerung in der Fremde. Wie anders habe ich mir diese Fremde vor einem Jahr inmitten der Ruinen von Petersburg vorgestellt, als das Vertraute fremd und das eigene Heim zum Gefängnis geworden war. Ich hoffte auf einen lichten und stillen Lebensabend in unermüdlicher Bewältigung meines Lebenswerks. Die Arbeit ist im Gange, ringsum aber ist es nicht licht und auch nicht still, wir leben in einer unruhigen Zeit. Die Bitterkeit der Fremde ist zu spüren; das Leid, die Zerstörung und die Not bedrücken den Ausländer doppelt. Die Aussichten für die Welt sehen finster aus. Es gibt keinen Frieden – weder auf Erden noch in den Seelen der Menschen.

Ich habe begonnen, die Bände der *Neuesten Geschichte* auf Grundlage neuer Quellen zu ergänzen. Zwischendurch schreibe ich Kleineres für verschiedene Zeitschriften. Gestern schrieb ich (in Hebräisch) »Erinnerungs- und Gedankensplitter« über Saul Gurwitsch für die Literaturzeitschrift *Rimon*. Für einen Moment versetzte ich mich in die ferne Vergangenheit zurück, legte noch einmal den Weg von 1877 bis 1922 zurück. Genau vor einem Jahr korrespondierte ich mit ihm noch über meinen ›Exodus‹ und vor zwei Jahren nahm ich in Petersburg Abschied von ihm.

19. Januar … In den letzten Tagen haben mich der Dichter Tschernichowski und einer meiner treuesten Hörer aus der Petersburger ›Akademie‹[70] Rubaschow besucht, heute ein führender zionistischer Politiker und Schriftsteller. Eben las ich in der Zeitung vom Tod Nordaus in Paris und einige Minuten darauf erhielt ich einen Anruf mit der Bitte, für die *Jüdische Telegrafenagentur* einen kurzen Lebensabriß über ihn zu verfassen. Ich schrieb, ein großer Mensch sei von uns gegangen, ein Politiker der ›heroischen Epoche‹ des Zionismus, verschwieg auch nicht, daß ich einst gegen seine extremen Schlußfolgerungen aus der großartigen Wahrheit über das ›jüdische Leid‹ polemisiert hatte[71], mich die Gestalt des Sprechers auf Zionistenkongressen jedoch immer wieder an die Gestalten der biblischen Propheten erinnert habe.[72]

1. Februar. Bin eben aus dem »Kant-Hotel«[73] zurückgekehrt, wo ich Bialik und Rawnizki besucht habe, die für einige Tage aus Hamburg[74] nach Berlin gekommen sind. Unseren Begegnungen haftet jedes Mal eine gewisse Sehnsucht nach der Vergangenheit an … Habe von ihnen und R[ubaschow] wohl für lange Zeit Abschied genommen. Im März reist er nach Palästina. Als wir uns nach den Gesprächen in der Kantstraße über die Vergangenheit und über alte Freunde, am Bahnhof Savignyplatz trennten, krampfte sich mir das Herz in grenzenloser Melancholie zusammen …

27. April. Verbrachte einige Tage in ununterbrochener Lektüre für die Ergänzungen zum dritten Band der *Neuesten Geschichte*: über den Vorfall Graetz – Treitschke, über Hermann Cohen,[75] über die *Tagebücher* Herzls[76]. Verschlang die zwei dicken Herzl-Bände in zwei Tagen, gefesselt von diesem brillanten Selbstzeugnis. Meine Einschätzung Herzls fand durch diesen Text vollkommene Bestätigung, in den Ergänzungen muß ich lediglich einige Details einfügen.

Es kamen verschiedene Besucher, darunter ein bayrischer Jude, ein junger Doktor der Rechtswissenschaften und feuriger Orthodoxer der *Agudas Israel*, den mein historisch-philosophischer Versuch *Was ist die jüdische Geschichte?* in deutscher Übersetzung[77] einst tief beeindruckt hatte. Ein weiteres Beispiel für den starken Eindruck, den dieses pathetische Werk meiner Jugend hinterließ, von dem sich der Autor heute distanziert. Im vergangenen Winter erst sprach ich mich anläßlich einer schriftlichen Anfrage aus Rom gegen die Übersetzung dieses Textes ins Italienische aus, erhielt aber vor einigen Tagen aus Stockholm einen Almanach in schwedischer Sprache mit Auszügen aus eben diesem Abriß. Ich erinnere mich, wie berührt der verstorbene Philosoph Lazarus 1898 von dieser Arbeit gewesen war.[78] Das Emotionale wirkt eben stärker als das Ideologische. Ich habe keine Zeit, an eine Überarbeitung dieses ›Versuchs‹ zu denken, denn das komplizierte Tagesgeschäft hat ganz von meiner Zeit Besitz ergriffen.

5. Juli. Kopierte gestern für Tscherikowers *Archiv der Revolution* Auszüge aus meinen Tagebüchern von 1917 und 1918. Wählte lediglich jene Zeilen aus, die sich auf Jüdisches beziehen ... Machte mich heute daran, den Beitrag *Jüdische Geschichte* (Konzeption und Methodologie) für die kurze jüdische Enzyklopädie in deutscher Sprache[79] zu schreiben.

11. September (Rosch ha-Schana 5684). Unser zweites Rosch ha-Schana in Berlin. Vor einem Jahr war ich noch neu hier. Ringsum brodelte es, lärmten die Verleger, erwartete mich ein großes Stück Arbeit – die polyglotte *Geschichte*. Ein Jahr ist vergangen, ein Teil der Arbeit getan, die Verlagskrise aber bedroht den noch zu leistenden, größeren und wichtigeren Teil ...

Das letzte, ungeheure Erdbeben in Japan, das die Hauptstadt und viele Städte zerstörte, lenkte meine Gedanken in den Bereich des Kosmischen, den gefährlichsten für das seelische Gleichgewicht. Von diesen eisigen Höhen riß es die Gedanken fort in die Hölle der Ukraine von 1919 und 1920. Las in den letzten Tagen das schreckliche Buch *Reschumot*. Eine Beschreibung (über das Blutbad von Teplik[80]) erschütterte mich besonders: die typische Geschichte eines ukrainischen Stetl im Jahre 1919, ein Modell des Grauens, das Hunderte solcher Stetl durchmachten ... Ich lese über dieses Wüten der menschlichen Gewalten und denke: Um wie vieles glücklicher sind die Japaner, die von Naturgewalten vernichtet wurden! Kosmische Erschütterungen verdunkeln den Geist, menschliche verletzen die Seele. Dies mein Gebet in diesen *jamim noraim*, in den leuchtenden Morgenstunden auf dem sonnendurchfluteten Balkon, in den seltenen Stunden der Spaziergänge durch unsere Straße, inmitten von Feldern, vorbei an Gärten und Villen.

28. September. Die politische Krise in Deutschland nähert sich offenbar ihrem Ende. Die Regierung gab den passiven Widerstand an der Ruhr auf. Jetzt haben Frankreich und England das Wort. In Deutschland jedoch fürchtet man einen Aufstand von Rechts und Links ...

4. Oktober. Deutschland steht wieder am Rande des Abgrunds: Abdankung des Kabinetts Stresemann und gescheiterte Hoffnungen auf eine große Koalition ... Die Bevölkerung ist so ausgelaugt, daß sie nach einer wie auch immer gearteten Wende dürstet – wenn damit nur den alltäglichen Schrecken ein Ende bereitet werden kann, da die Teuerung inzwischen stündlich wächst und die Milliardenmarke erreicht hat. Der Inhaber des Schuhgeschäfts, bei dem ich gestern warme Hausschuhe für eine halbe Million kaufte, sagte: *Besser ein Ende mit Schrecken, als ein Schrecken ohne Ende*[81] – das Motto des ganzen kleinbürgerlichen Deutschland.

25. Oktober. In den vergangenen zwei Wochen ereigneten sich in Deutschland Dinge, von denen jedes für sich genommen jeden Staat in grenzenlose Anarchie stürzen könnte. ›Putsche‹ von rechts und links, Wüten der Monarchisten in Bayern und ihr offener Ruf nach einer imperialen Regierung, kommunistische Minister in der sächsischen Regierung, Übernahme von Städten durch Separatisten am Rhein, der gestrige Versuch der Kommunisten, die Macht in Hamburg zu übernehmen und Straßenschlachten ... Durch ganz Deutschland rollt eine Welle von Hungerdemonstrationen und Aufständen.[82] Auch in Berlin sind zahlreiche Bäckereien von der Menge gestürmt worden und in den letzten Tagen war es fast unmöglich, Brot zu bekommen.

6. November. So weit ist es nun gekommen: In Berlin probt man Straßenpogrome und prügelt auf Juden ein. Der Brotpreis kletterte gestern von 25 auf 140 Milliarden. Die Menge stürmte die Bäckereien und in den jüdischen Vierteln schlug man auf jüdische Passanten ein ... Deutschland steht vor einer entscheidenden Krise: Es wird mit samt seiner Kultur in einem schwarzen oder einem roten Meer untergehen.

Kapitel 70

Verlagskrise und Autorensorgen (1924)

Wintermärchen in Berlins Umgebung. Übersiedlung ins Stadtzentrum. – Sorgen um die Veröffentlichung der weiteren Bände der *Geschichte*. – Studentenemigration in Berlin: ein symbolisches Bild. – Abschied von Bialik. – Eine Wohnung in Grunewaldnähe, allerdings bei einer Megäre von Wirtin. – Nachbarn: Märtyrer der deutschen philosophischen Wissenschaften; ein ehemaliger sowjetischer Kommissar, der sich zum Ritter des ethischen Sozialismus wandelte; ein irrationaler Rationalist, der mir vom Schicksal bestimmte Übersetzer. – Die Jüdische Wissenschaftliche Gesellschaft, eine Vereinigung von östlichen und westlichen Gelehrten. Unser *West-Östlicher Diwan*. – Neuerliche Durchsicht der Einführung in die *Weltgeschichte des jüdischen Volkes*. Erscheinen des ersten Bandes des *Alten Geschichte* und die Bemühungen meiner Freunde in Paris zur Unterstützung der Herausgabe des zweiten Bandes. – Wissenschaftliche Ausgabe des *Litauischen Pinkos*. – Meine politische Überblicksdarstellung im amerikanischen *Tog*. – Auszüge aus meinem Tagebuch.

Wie ein Wintermärchen voller Schrecken erscheint mir im Rückblick die Flucht vom Land in die Stadt bei klirrendem Frost, der in jenem Winter in Deutschland wütete. Am frostigen Morgen des vierten Januar (1924) ließen wir in der Lichtenrader Villa die gesamte Bibliothek mit dem Archiv und dem größten Teil unserer Sachen zurück und siedelten nach Berlin über, wo wir uns für eine Zeitlang in einer Pension einmieteten, bis wir eine Wohnung gefunden hatten. Die Pension befand sich im Zentrum Charlottenburgs, an der Ecke Grolman-Schillerstraße[83]. Ich entsinne mich eines Winterabends, als ich nach Lichtenrade zurückkehrte, um mich um den Transport unserer Sachen in die Stadt zu kümmern. Nachdem ich in der eiskalten Villa gewesen war, machte ich mich auf den Weg zu meiner Unterkunft für die Nacht bei einer befreundeten Familie, die inmitten von Feldern an der Straße von Lichtenrade nach Marienfelde wohnte. Es wütete ein Schneesturm, der alle Straßen verweht hatte. Ich kam vom Weg ab und konnte das alleinstehende Häuschen nicht finden, das in den schneebedeckten Feldern verschwunden war, fragen aber konnte ich niemanden, denn es war keine Menschenseele zu sehen. Mir wurde unheimlich zumute. Nach langem Umherirren fand ich das Häuschen anhand des Lichtscheins, der aus einem Fenster drang. Am folgenden Morgen wurden unsere Sachen in die Stadt gebracht und der Märtyrer der Liebe zur Natur spürte, daß auch die Stadtkultur mit angenehmer Zentralheizung ihre Vorzüge hat.

Nun aber begannen die Sorgen. »Die Verlagskrise dauert an, meine persönliche Lage ist unsicher, die vor kurzem noch so lichte Perspektive, mein Lebenswerk zu vollenden, hat sich verdüstert und eine finstere Wolke lagert über dem Ende meines Lebenswegs.« (Aufzeichnung vom 13. Januar 1924). Wegen der russischen Ausgabe führte ich Verhandlungen mit neuen Verlegern, vermutlich auch sie künftige Bankrotteure, doch sie stellten die Bedingung, die Bücher nach sowjetischer Orthographie[84] zu drucken, ich aber war nicht bereit, nach Canossa zu gehen und etwas anzunehmen, was von den Bolschewiki verordnet worden war, verboten sie doch die Einfuhr von Büchern nach Rußland in alter Orthographie: »... habe ich durch die Verwendung der alten Orthographie und die wenig schmeichelhafte Erwähnung des Bolschewismus in den Vorworten doch bereits für die veröffentlichten drei Bände der neuesten Geschichte den Weg nach Rußland versperrt.« (Aufzeichnung vom 29. Januar). Bald jedoch siegte die Liebe zu meinem geistigen Kind über meine innere Abneigung gegen die neue Orthographie, und ich gestattete dem kleinen Verlag *Gescher*[85] den ersten Band der *Alten Geschichte* unter dieser Bedingung zu drucken, was ihm allerdings die Türen nach Sowjetrußland nicht öffnete.

In jenen Tagen traf aus Rußland die Nachricht von Lenins Tod ein. »Lenin ist tot. Nach dem schrecklichen Experiment an Rußland war er seelisch längst getötet. Jetzt wird er kanonisiert und tausendköpfige Massen verneigen sich vor seinem Sarg, möglicherweise aber gibt dieser Tod den Anstoß für den bereits begonnenen Prozeß der inneren Zersetzung der kommunistischen Partei« (Aufzeichnung vom 29. Januar). Die Hoffnungen erfüllten sich natürlich nicht. In Rußland wütete nach wie vor die GPU, die selbst die Opposition innerhalb der kommunistischen Partei unterdrückte. Ringsum aber quälten sich die Emigranten, die die Hoffnung auf eine Rückkehr nach Rußland immer mehr verloren.

Vertreter des Verbands jüdischer Studenten[86] besuchten mich, einer riesigen Armee von Studierenden aus Rußland und Polen, die Deutschlands Hochschulen bevölkerten. Sie veranstalteten Konferenzen, zu deren Ehrengästen unter anderen auch Einstein und Eduard Bernstein zählten; mitunter nahm auch ich an diesen Versammlungen teil. Trotz des hohen Grades an Organisiertheit litten viele der Studenten Not. Ein symbolisches Bild steht mir vor Augen, das sich mir einst in Berlin in der Dorotheenstraße darbot, unweit der Universität. Inmitten der Passantenströme und der sich in der schmalen Straße drängenden Automobile, steht ein blasser junger Mann mit dem provinziellen Jeschiwe-Reisekorb in der Hand, der offenbar im Getriebe der ihm unbekannten Hauptstadt die Orientierung verloren hat. Er ist wohl soeben am Bahnhof Friedrichstraße aus dem Zug gestiegen, wo die Ankömmlinge aus Osteuropa eintreffen, und hat sich, da er nicht weiß, wohin er sich wenden soll, zum Universitätsgebäude auf den Weg gemacht. Ich dachte damals: Das ist er, der Typ des alten Jeschibotnik aus Rußland, der nun die europäische höhere Jeschiwa besuchen will – die deutsche Universität – um zu lernen und zu leiden – ein Atavismus einer Reihe von Generationen, die nach oben drängten, zu den Quellen des Wissens. Und jedesmal, wenn ich Kummer und Not der studentischen Emigranten begegnete, sah ich das Bild dieses mageren, verloren wirkenden jungen Mannes unweit der Berliner Universität vor mir, an der Wegkreuzung von der alten Welt in die neue. Tausende von ihnen kehrten mit dem erstrebten Doktortitel in der Tasche nach Hause zurück, gingen auf in der Masse unserer Intelligenzija und waren der Motor unseres öffentlichen Lebens in den unterschiedlichsten Richtungen. Wer konnte vorhersehen, daß diese Intelligenzija bald schon infolge der ›Überproduktion‹ entwertet werden und diese oberste Schicht, was die materielle Sicherheit betrifft, heute auf der sozialen Leiter die unterste sein würde?...

Zu Beginn des Frühjahrs verabschiedete sich Bialik aus unserer Emigrantenkolonie. Fast zwei Jahre hatte er in der Hoffnung in Deutschland verbracht, hier einen großen hebräischen Verlag zu gründen *(Dwir)*. Zwar war es ihm gelungen, während der Inflationszeit eine Reihe solider Bücher herauszugeben, die allgemeine Krise aber wirkte sich ebenfalls auf sein Unternehmen aus, wodurch auch mein Werk litt, von dem lediglich drei Bände der *Neuesten Geschichte* erscheinen konnten. Deshalb beschloß Bialik, den Verlag nach Palästina zu verlegen, wohin sein ständiger Mitarbeiter Rawnizki bereits übergesiedelt war. Mitte März gab das jüdische Berlin dem scheidenden Dichter im Logenhaus in der Kleiststraße[87] einen Abschiedsabend. Es wurden zahlreiche Reden auf hebräisch gehalten, meist einem schlechten. Da ich hebräisch zwar schreibe, aber nicht frei spreche, wollte ich meine Rede zunächst vom Blatt ablesen, entschied mich dann aber dagegen und übergab Bialik bei unserem persönlichen Abschied am nächsten Tag das Geschriebene als Geleitwort für die Reise*. Eine Kopie hat sich in meinem Archiv erhalten. Ich wünschte ihm, im Land unserer klassischen Dichter sein in der *Golus* unterbrochenes dichterisches Schaffen wieder aufnehmen und dort ein weltweites Zentrum des jüdischen Buches schaffen zu können. Unser Abschied berührte mich sehr. Er überreichte mir die neue Luxusausgabe seiner Werke mit der Widmung: ›Zur Erinnerung an gute und schlechte Zeiten.‹ So schied der letzte der Freunde aus der Odessaer Epoche aus meinem Kreis. Später traf ich ihn nur noch selten, während seiner Sommeraufenthalte in Europa.

Tiefe Schwermut hatte mich in jenem Vorfrühling erfaßt. Neuerliche Wohnungsprobleme kamen hinzu. Ich hatte genug vom Leben in der lauten Pension

* Um das mündliche Hebräisch in jenen Jahren seiner Wiedergeburt zu charakterisieren, möchte ich veranschaulichen, wie sich Achad Haam, ein Meister des geschriebenen Hebräisch, in dieser Hinsicht verhielt. Eines Tages war er, der ungern Hebräisch sprach, gezwungen, dem Wunsch der Anwesenden nachzugeben, und hielt eine Rede in dieser Sprache. Als ihm die Zuhörer anschließend sagten, er habe seine Gedanken in der Sprache, die er sonst nicht sprach, wunderbar zum Ausdruck gebracht, entgegnete Achad Haam ironisch: »Woher wissen Sie das? Sie haben ja nur das gehört, was ich sagte, nicht aber das, was ich sagen wollte.«

im Zentrum der Stadt; auch verschlug mir die reichliche, aber wenig schmackhafte deutsche Küche den Appetit, so daß ich neuerlich beschloß, eine Wohnung im Grunewald zu suchen, in der Nähe zum Park. Nach langem Suchen gelang es mir unter Mithilfe von Freunden, in diesem Stadtteil zwei Zimmer in der Wohnung einer eingedeutschten jüdischen Witwe zu finden, die komfortabel an jenem Ende des langen Hohenzollerndamm wohnte, wo er in den Park (Roseneck) mündet.[88] Diese Dame vermochte, aus meiner Liebe zu Wald und Park jeglichen Vorteil zu ziehen, und vermietete mir die Zimmer zu Bedingungen, die zu Zeiten, da die frühere numerische Teuerung der Inflation sich in eine reale Teuerung der Stabilisierung gewandelt hatte, verheerend waren. Dafür tröstete mich die habgierige Wirtin damit, wir würden uns bei ihr wie zu Hause fühlen. Tatsächlich erwies sie sich im Folgenden als eines der schlimmsten Exemplare der Raubtiergattung, die uns während unserer Berliner Emigration peinigte.

Alltagssorgen und Erschöpfung von den Anstrengungen der geistigen Tätigkeit wirkten sich negativ auf eine Grippe aus, an der ich damals erkrankt war. Ihre zweiwöchige Dauer raubte mir die letzten Kräfte, so daß ich in desolatem Zustand in meine neue Grunewalder Wohnung umzog, in der Hoffnung, im nahegelegenen Wald wieder zu Kräften zu kommen. Die Frühlingssonne stärkte meine Widerstandskräfte, so daß ich bald zu meiner Arbeit zurückkehren konnte. Es stellte ich heraus, daß ich in diesem Viertel zwei interessante Nachbarn hatte – den Philosophen David Koigen und den Politiker Isaak Steinberg, der in der ersten Sowjetregierung eine kurze Zeit Justizkommissar gewesen war, den ›Rat der Ruchlosen‹ aber bald verlassen hatte.

Koigen, ein Nachkomme des Wolhynischen Kabbalisten und Rabbiners Naftali Kohen, der seine Jugend in den Universitätskreisen Deutschlands und der Schweiz verbracht hatte, war durchdrungen von äußerster Raffinesse deutschen philosophischen Denkens. Mit dem scharfen Skalpell der Analyse versehen, zerlegte er abstrakte Begriffe in derart winzige Atome, daß sie für das normale Auge nicht mehr sichtbar waren. In seinen Werken (*Ideen zur Philosophie der Kultur, Der moralische Gott* u. a.[89]) ertranken seine tiefschürfenden Gedanken häufig in einem Meer deutscher philosophischer Terminologie, oder sie waren in dichten Nebel gehüllt. In den Jahren unserer Bekanntschaft trug er sich mit dem Gedanken an das System einer umfassenden *Kulturphilosophie*, die er in seiner Zeitschrift *Ethos* entwickelte. Im Anhang seines Buches *Der Aufbau der sozialen Welt*[90] findet sich eine soziologische Tabelle, die in ihrer Abstraktheit an die kabbalistischen Figuren seines Vorfahren erinnert. Dort finden sich vier Prinzipien: Universalisierung, Generalisierung, Singularisierung und Pluralisierung; des weiteren vier Kreise der sozialen Entwicklung: Evolution, Devolution, Revolution, Involution und eine Reihe weiterer kleinster Unterabteilungen. Häufig erläuterte er mir, dem langjährigen Gegner der deutschen philosophischen ›Wissenschaft‹[91], während unserer Gespräche und Parkspaziergänge diese Ideen, jedoch ohne Erfolg. Er trug sich auch mit dem Plan, eine abstrakte Geschichte des Judaismus zu schreiben, die er mir bereits im Vorfeld auseinandersetzte, meine Hinweise auf Widersprüche zwischen einigen seiner Schlüsse und der tatsächlichen Geschichte veranlaßten ihn jedoch, seinen Arbeitsplan, der unvollendet geblieben ist, nicht unbeträchtlich zu verändern. Er war jedoch ein Mensch mit sehr scharfem Verstand, allerdings angekränkelt von ausufernder philosophischer Terminologie, auf die Goethes Worte passen, daß dort, wo konkrete Begriffe fehlen, das Wort an ihre Stelle tritt. Koigen webte begeistert an seinem ›Hirngespinst‹, schuf immer neue mikroskopische Analysen abstrakter Begriffe und war überzeugt davon, daß ihn die Leser verstünden. Seine Bücher aber las nur eine Handvoll deutscher Professoren, denen der Autor sie sandte, während Stapel von Exemplaren in den Lagern der Verlage und den Regalen der Geschäfte ruhten und ihm nicht das geringste Honorar für die aufgewendete Zeit und Arbeit einbrachten. Der materiell eingeschränkte Koigen lebte beständig in der Hoffnung auf einen Lehrstuhl der Philosophie an einer deutschen Universität. Die Zunfthandwerker der Wissenschaft aber boten ihm keine bezahlte Anstellung an und nahmen ihn nicht in ihre Zunft auf. Mir tat dieser ehrliche, selbstlose Arbeiter, der nicht wußte, für wen er sich abmühte, zutiefst leid. Er war ein weicher Mensch und guter Gesprächspartner, und ich verbrachte viele Stunden im Gespräch mit ihm und seiner klugen Frau, die einst gemeinsam mit ihm in der Schweiz die Universität besucht hatte. Ich entsinne mich seines kleinen Arbeitszimmers in der Marienbaderstraße, unweit des Parks, das vom Tabaksqualm des ohne Unterlaß rauchenden Denkers erfüllt war. Ich sagte ihm, daß sich dieser Qualm schädlich auf das Denken auswirke und ihn durch einen ›qualmenden Vorhang‹ von der Realität trenne.

Ein ganz anders gearteter Mensch war mein Nachbar I. S. Steinberg, der in der nahen Karlsbaderstraße wohnte. Er war der sowjetischen Hölle entronnen, nachdem er sich davon überzeugt hatte, daß dies nicht jenes sozialistische Paradies war, von dem er geträumt hatte. Jetzt hielt er das ›Banner des Kampfes‹ hoch (*Snamja borby* nannte sich eine von ihm herausgegebene antibolschewistische Zeitschrift, das Organ der linken Sozialrevolutionäre in der Emigration) gegen die einstigen Gefährten der Oktoberrevolution. Ich erinnere mich noch, wie er mir bei unserer ersten Begegnung sein gerade erschienenes Buch *Das sittliche Antlitz der Revolution*[92] überreichte. Ich fragte ihn, wie er, der hundertprozentige Demokrat und Anhänger eines ethischen Sozialismus, sich auch nur zeitweilig den Reihen der Leute des 25. Oktober hätte anschließen können, die die demokratische Konstituierende Versammlung auseinandergetrieben hätten. Er entgegnete, der Oktoberumsturz sei an sich ein bedeutender Akt der sozialistischen Revolution gewesen, die Bolschewiki hätten das ›Vermächtnis des Oktober‹ jedoch bald verraten und die Grundlagen der sozialen Ethik zerstört. Es war seine zweifellos ehrliche, doch zutiefst subjektive Überzeugung, daß, wer mit Lenin und Trotzki ging, nicht daran zweifelte, daß er einen ethischen Sozialismus aufbaute. Das war bei einem Menschen, bei dem sich ethischer Sozialismus mit jüdischer Religiosität verband, äußerst seltsam. Später schloß ich mit Isaak Steinberg und auch mit seinem jüngeren Bruder Aaron Freundschaft, der in der Folge mein Mitarbeiter und vorzüglicher Übersetzer meiner historischen Werke ins Deutsche wurde.

A. S. Steinberg kannte ich noch aus Petersburg als einen der besten Dozenten an der Jüdischen Universität während des Kriegskommunismus[93]. Er war in drei Kulturkreisen aufgewachsen – dem jüdischen, russischen und deutschen –, nach Abschluß des Studiums in Heidelberg in den Kriegsjahren in Deutschland festgehalten worden und zu einer Zeit nach Rußland zurückgekehrt, als gerade der Bürgerkrieg ausbrach. Bereits damals, mehr aber noch während unserer späteren Begegnungen, faszinierte mich die Vielfalt seiner geistigen Welt: strenge jüdische Religiosität einschließlich der Einhaltung vieler Gebote, die Liebe zur russischen Literatur und Sympathie selbst für ihre damals modernen dekadenten und symbolistischen Strömungen (gemeinsam mit Berdjajew und anderen russisch-orthodoxen Gottsuchern war er Mitglied in der *Wolfil* – der *Freien philosophischen Assoziation*[94]), und schließlich eine nicht unbeträchtliche Portion deutscher Denkstrukturen, wenngleich ohne die philosophische ›Verschwommenheit‹ eines Koigen. Steinberg junior stellte eine Synthese aus Rationalem und Irrationalem dar. Als er mich nach seiner Ausreise aus Rußland in meiner Berliner Pension in der Grolmanstraße besuchte, wurde mir klar, daß genau dieser junge Mann berufen war, Mittler zwischen unserer ostjüdischen und der ansässigen westlichen Intelligenzija zu sein. Während der Arbeit konnte ich mich später von seinen großen literarischen Fähigkeiten und seinem feinen Stilgefühl überzeugen, das in den Übersetzungen wie in seinen eigenen Arbeiten zum Ausdruck kam. Ich erinnere mich noch des Beginns unserer Zusammenarbeit an der Übersetzung meiner zehnbändigen *Geschichte* ins Deutsche. Der Jüdische Verlag, der sich von der Krise auf dem Buchmarkt erholt hatte, plante die Publikation der Ausgabe in deutscher Übersetzung auf Subskriptionsbasis, beginnend mit der *Alten Geschichte*. Der Verlagsleiter, Dr. Kazenelson, begab sich gemeinsam mit mir auf die Suche nach einem passenden Übersetzer (V. Jacobson, der auf diese Arbeit reflektierte, erwies sich als zu beschäftigt für die rasche Fertigstellung der Werkausgabe). Eines Herbsttages 1924 spazierte ich gemeinsam mit Steinberg durch den Park, und wir besprachen dieses Problem und ich fragte ihn, ob er sich die Übersetzung meines Werkes ins Deutsche vorstellen könne. Er entgegnete bescheiden, er wolle eine Probeübersetzung anfertigen und fortfahren, wenn sie gelänge. Die Probe erwies sich als gut, später sogar als glänzend. Steinberg gehörte nicht zu jenen Handwerkern unter den Übersetzern, die sich mühevoll von Zeile zu Zeile des Originals schleppen und die Worte von einer Sprache in die andere transformieren. Er erfaßte den Sinn eines jeden Satzes und übertrug ihn lebendig und zur Gänze in die andere Sprache, ohne den Stil des Autors zu verändern, gleichwohl dem Geist der deutschen Sprache treu bleibend, deren komplizierte Syntax sich stark von jener der russischen unterscheidet.

Außerhalb meines Kreises gab es einen Mann, der einst mein Bruder im Geiste gewesen, dann aber zum äußersten rechten Flügel der Orthodoxie übergewechselt war. Als ich in Deutschland eintraf, erfuhr ich, daß der einstige Autonomist Nathan Birnbaum extrem orthodox und Mitglied der klerikalen Organisation *Agudas Israel* geworden war, die ihr Stabsquartier in Frankfurt am Main hatte. Ich hatte seine Bücher *Gottesvolk* und *Um die Ewigkeit*[95] (1917–1920) gelesen und Verständnis für diesen rastlosen Wanderer im Reiche der Ideen gehabt, der auf all seinen Wegen die Wahrheit suchte und sie nun ausgerechnet bei jenen fand, die bereits das Suchen nach Wahrheit für Sünde halten. Birnbaum lebte damals in Berlin und Hamburg, doch wir trafen uns nicht. Als seine Anhänger beschlossen, anläßlich seines sechzigsten Geburtstages (1924) einen Almanach herauszubringen, und sich auch an mich wandten, schrieb ich einen kurzen Beitrag unter dem Titel »Drei Stufen des Nationalismus«, in dem ich drei Formen des jüdischen Nationalismus unterschied: den politischen oder Zionismus, den geistig-kulturellen oder Autonomismus und den religiösen oder Orthodoxismus. Ich zeigte auf, daß Birnbaum nacheinander diese drei Stufen durchlaufen habe, und stellte die Frage, ob dies ein Auf- oder ein Abstieg sei. Zwar gab ich keine direkte Antwort darauf, die indirekte Antwort aber war klar formuliert. Sowohl der politische wie der religiöse Nationalismus ordnen die nationale Idee jeweils einem Prinzip unter: entweder der irdischen oder der himmlischen Herrschaft, das heißt, sie machen sie zu einer bedingten Idee. Die politischen Zionisten lehnen die *Golus* ab und distanzieren sich damit von der überwiegenden Mehrheit des Volkes, die außerhalb Palästinas lebt, während die Agudisten sich von der überwiegenden Mehrheit der neuen Generationen lossagen, die frei denkt und die Gebote des Judaismus nicht mehr befolgt. Die einzige bedingungslose Form des Nationalismus ist der kulturelle Autonomismus, der das alte und das neue Judentum vereinigen kann, und dies überall – sowohl innerhalb als auch außerhalb eines jüdischen Staates, innerhalb und außerhalb der Synagoge. Dieser Artikel wurde im Jubiläumsalmanach für Birnbaum publiziert (*Vom Sinn des Judentums*, 1925), wobei ihm die Redaktion mein Grußwort beigab, abgedruckt 1914 in der Zeitschrift *Freistatt* anläßlich Birnbaums fünfzigstem Geburtstag, als er noch Autonomist gewesen war. Somit war hier eine historische Bewertung gegeben.

An einem Maiabend des Jahres 1924 fand in meinem Grunewalder Arbeitszimmer eine Zusammenkunft von Freunden statt (Solowejtschik, Koigen, die Brüder Steinberg u. a.), die zum Ziel hatte, in Berlin eine jüdische wissenschaftliche Gesellschaft zu begründen, in deren Rahmen Vorlesungen, Diskussionen sowie Seminare mit Studenten stattfinden könnten. Ich hatte den engeren Kreis unserer ostjüdischen Emigration im Auge, einige Freunde schlugen aber vor, ihn durch die Hinzuziehung deutsch-jüdischer Gelehrter zu erweitern. In der folgenden Zusammenkunft erfuhren wir, daß unsere deutschen Kollegen diese Idee sehr unterstützten und darum bemüht waren, sie rasch in die Tat umzusetzen. Am 13. Juni fand in den Räumen des jüdischen Logenhauses die Gründungsversammlung dieser wissenschaftlichen Vereinigung (der *Jüdischen Wissenschaftlichen Vereinigung*[96]) statt. Etwa ein halbes hundert Personen hatte sich eingefunden, unsere wie auch ›Deutsche‹. Unserer Initiativgruppe schlossen sich der Rektor der *Hochschule für die Wissenschaft des Judentums*[97] Elbogen an, des weiteren einer der Direktoren der Preußischen Staatsbibliothek G. Weil, der bekannte Schriftsteller Simon Bernfeld und andere. Der erblindete, aber noch immer aktive Bernfeld eröffnete die Sitzung mit einer hebräischen Ansprache. Ich sprach auf jiddisch, der »Sprache des zerstörten jüdischen Zentrums, aus dem wir stammen«. Ich verwies auf den sich in der Geschichte wiederholenden Austausch geistigen Potentials zwischen Ost- und Westjudentum: Im Mittelalter entsandte Deutschland Gelehrte und Rabbiner in die jungen jüdischen Kolonien in Polen, nach den Katastrophen des siebzehnten Jahrhunderts jedoch entsandte das polnische Zentrum seine Talmudisten nach Deutschland; seit der zweiten Hälfte des achtzehnten Jahrhunderts entsandte Berlin seine Emissäre der Aufklärung nach Polen und Rußland, wir aber geben ihm jetzt die Vertreter der modernen jüdischen Wissenschaft zurück, die in Deutschland ihren Ursprung hat. Dr. A. Steinberg erläuterte das Vorhaben unserer Organisation, und die Versammlung stimmte ihm zu. Es wurde ein neunköpfiges Komitee gebildet, dem fast die gesamte Initiativgruppe angehörte.

Anfang Juli hielt ich das Eröffnungsreferat unserer Gesellschaft über die neue soziologische Konzeption der jüdischen Geschichte. Inhaltlich entsprach es meiner allgemeinen Einführung in die zehnbändige *Geschichte*, die für die Mehrzahl unserer deutschen Kollegen eine unglaubliche Häresie darstellte, insbesondere das Prinzip der Säkularisierung der jüdischen Geschichte. Eine große Diskussion stand nun bevor, die auf die folgende Zusammenkunft verlegt wurde und eine Woche darauf im selben Saal des Logenhauses stattfand. In meinen Aufzeichnungen findet sich folgender kurzer Bericht über diese Debatte: »Gestern *wikucha rabba* (großer Disput) anläßlich meines Referats über die Geschichtskonzeption. Ich wiederholte die Thesen des Referats, darauf folgte die Debatte. Dutzende Opponenten – unsere wie auch ›Deutsche‹ – waren gekommen und hatten, wie sich herausstellte, vorbereitete Redebeiträge mitgebracht. Nur Bernfeld, der einzige enzyklopädische Historiker, schloß sich im großen und ganzen meiner Konzeption an und schlug lediglich einige Korrekturen in der Periodisierung vor. Alle anderen waren dagegen. S. verkündete feierlich die zionistische Klassifizierung der Geschichte nach staatlicher und nichtstaatlicher; W[eil] nahm Zunz und Graetz in Schutz und andere die Ideologie des Spiritualismus gegen meinen ›Soziologismus‹. In meiner Entgegnung verwies ich auf die Vermischung der Begriffe Verständnis (*Auffassung* oder Konzeption) und Inhalt der Geschichte. Man kann den gesamten Inhalt der Religion und der Literatur in die Geschichte hineinlegen und dennoch alles unter soziologischem Aspekt oder dem Aspekt der Evolution des nationalen Organismus betrachten, der die Kultur des Judaismus schuf (anstelle des Dogmas, daß der Judaismus die Nation schuf). Auf S.'s Einwurf, von einer lebendigen Nation könne man nur in der Periode der Staatlichkeit sprechen, entgegnete ich, seiner Meinung nach mögen die zweitausend Jahre jüdischer Geschichte nichtstaatlich gewesen sein, meiner

Meinung nach aber waren sie ›staatlich‹ im Sinne einer gesellschaftlichen Autonomie statt einer des Staates. Auf den Vorwurf, ich negierte die *Geistigkeit*, erinnerte ich daran, daß ich es gewesen sei, der den Begriff der ›geistigen Nation‹ geschaffen hätte. Meine Entgegnung war emotional und machte offenbar Eindruck. Der Anstoß war gegeben, das Ferment ausgestreut, und wenn die Mitglieder unserer Wissenschaftlichen Gesellschaft im Herbst erneut zusammenkommen, wird es über die Probleme der jüdischen Geschichte einiges zu bereden geben.« Unserer Organisation war allerdings kein langes Leben beschieden. Das Plenum trat noch einige Male zusammen, um Referate zu hören, und einige Male tagte unser Komitee, das faktisch die gesamte Vereinigung darstellte. Einer unserer Spaßvögel (es war wohl Prof. Weil) nannte diese Vereinigung westlicher und östlicher Gelehrter *West-östlicher Diwan,* da das gesamte Komitee auf einem Diwan Platz fand. Ein Jahr später war von der ganzen Organisation keine Spur geblieben.

Statt Zeit und Kraft darauf zu verwenden, unterschiedliche Gruppierungen vermittels des mündlichen Wortes zu überzeugen, hielt ich es für vernünftiger, eine meinem System entsprechende Geschichte für jedermann zu schreiben. In jenem Sommer redigierte ich meine allgemeine Einführung in die jüdische *Geschichte* für die Neuausgabe des ersten Bandes noch einmal, der kurz darauf erscheinen sollte. Wie immer hatte die mündliche Diskussion bei mir eine Vertiefung der Gedanken bewirkt. So ergänzte ich das Vorwort in Hinblick auf mögliche Einwände durch einige Argumente. In der russischen Ausgabe der Einführung fügte ich einen Abschnitt hinzu, unter der Überschrift »Geschichte dieser ›Geschichte‹« (in den Übersetzungen ist sie nicht enthalten), worin ich berichtete, wie der Plan zur *Allgemeinen Geschichte der Juden* Gestalt annahm – vom embryonalen Stadium, das eine Kombination mit den Werken von Graetz, Baeck und Brann darstellte, bis zur heutigen Ausgabe, die auf meiner eigenen Bearbeitung des Materials und einer neuen Konzeption beruhte. Am Ende fügte ich einen Passus hinzu (der ebenfalls in den Übersetzungen fehlt), der besagt, daß über sämtlichen Urteilskriterien für historisches Handeln ein ethisches Kriterium steht, das auch das ›Gericht der Geschichte‹ schafft. Wie oft habe ich seither über die Bedeutung dieses Prinzips nachgedacht, wenn ich beobachtete, wie die Geschichte zu Gunsten dieser oder jener Parteidoktrinen oder politischer Systeme verfälscht wird, die mit ihrem kategorischen Imperativ den allgemeinen Gesetzen der Ethik zuwiderlaufen!

Damals beschloß ich, den Titel meines Hauptwerks zu verändern: *Weltgeschichte des jüdischen Volkes* (anstelle [der] *Allgemeine[n] Geschichte*). Ich erfand den Titel *Weltgeschichte des jüdischen Volkes*[98] für die deutsche Übersetzung und beriet mich mit den Kennern der deutschen Sprache Koigen und Steinberg, ob der Begriff ›Weltgeschichte‹ in diesem Zusammenhang zulässig sei. Zunächst schwankten sie, meinten dann aber, dies sei in einem bestimmten Sinne möglich und zwar im Sinne einer Geschichte der Juden der ganzen Welt mit der für mich wichtigen Akzentuierung auf *Weltvolk*, das nicht auf ein bestimmtes Territorium beschränkt ist. Auf französisch hieße es »histoire universelle du peuple juif«. Einige deutsche Rezensenten mißbilligten meinen Neologismus, der Mehrheit aber gefiel der Begriff, der bald darauf sogar äußerst populär wurde.

Mit dem Erscheinen des ersten Bandes der *Alten Geschichte* jedoch (im September 1924) stellte der Verlag *Gescher*, in dem er herauskam, seine Existenz ein. Ohne eigenes Kapital und in der Hoffnung auf Kredit gegründet, war er nicht einmal in der Lage, die Druckkosten zu bezahlen, ganz zu schweigen vom Autorenhonorar. Mir drohte sowohl materielle Unsicherheit als auch eine neuerliche Verzögerung bei der Fertigstellung meines Werkes. Verzweifelt wandte ich mich an Winawer in Paris, dem meine *Neueste Geschichte* sehr gefallen hatte, und bat ihn, eine Gruppe von Persönlichkeiten für die Herausgabe des zweiten Bandes der *Alten Geschichte* zu gewinnen. Im November traf seine Antwort ein, in der er mitteilte, er sei im Begriff, eine derartige Gruppe zusammenzurufen. Ich sandte ihm einen Voranschlag lediglich für die Druckkosten und verzichtete auf das Autorenhonorar, und Winawer sandte mir diese Summe dann mit einer Zuverlässigkeit, die mich sehr rührte. Wir standen damals in freundschaftlicher Korrespondenz, aus der ich ersah, daß er, ein ausgezeichneter Zivilrechtler, in der Emigration erfolgreich als Berater in zivilrechtlichen Prozessen für russische und auch französische Anwälte tätig war. Er war gezwungen gewesen, das Erscheinen seiner Wochenzeitschrift *Jewrejskaja tribuna* einzustellen, unterstützte aber Miljukows Zeitung *Poslednije nowosti* und deren Literaturbeilage (*Sweno*).

Im Oktober beendete ich die Durchsicht des Textes *Litauischer Pinkos* und schrieb eine ausführliche Einführung dazu auf Hebräisch. Es war eine große wissenschaftliche Ausgabe mit ausführlichem Apparat geworden, in den Emigrantenkreisen und von unserer kärglichen wissenschaftlichen Literatur aber wurde sie in der ersten Zeit kaum bemerkt.

Nur einmal begab ich mich in jener Zeit auf das Terrain der Publizistik. Auf Bitte der Redaktion der großen amerikanischen Zeitung *Tog* schrieb ich für die Jubiläumsausgabe auf Jiddisch einen Artikel über die politische Bilanz des Jahrzehnts von 1914 bis 1924 im jüdischen Leben. »Ich zog Bilanz unter dem ›roten‹ und ›schwarzen‹ Strich der Gegenwart und verwies am Schluß auf die Stimmen aus London und Genf (von der *Abrüstungskonferenz*), auf den Aufruf zum Frieden, dem die gequälte Menschheit zu folgen beginnt. Beendete meinen Artikel mit dem Appell: ›Hört darauf!‹« (Eintrag vom 11. September).

Über weitere Episoden und Stimmungen mögen meine Tagebücher Auskunft geben:

9. Februar. ... Lehnte gestern das Angebot einer Gruppe Berliner Gelehrter ab (Elbogen und anderer), gemeinsam einen ›neuen Graetz‹ herauszubringen, seine mehrbändige Geschichte gänzlich zu überarbeiten. Begründete die Ablehnung damit, daß ich prinzipiell dagegen sei, dieses klassische, wenngleich auch veraltete

Werk, durch eine Überarbeitung zu ruinieren, und damit, daß es für mich keinen Nutzen habe, parallel an einer fremden und der eigenen Arbeit zu arbeiten.

19. April. Der gestrige Pessach-Sejder unter seltsamen Umständen: in der Familie des ehemaligen Kommissars für Justiz Steinberg, der an religiösen Riten festhält ... Junge und ältere Emigranten waren dort, darunter auch Emma Goldman, die Führerin der amerikanischen Anarchisten. Sie erzählte mir davon, wie sie wegen politischer Agitation während des Krieges in Amerika im Gefängnis gesessen habe, dann aus dem Land ausgewiesen wurde, ins bolschewistische Rußland gelangte und schließlich froh sei, dem wieder entronnen zu sein ...

7. Mai ... Erhielt aus Palästina den dritten Band der *Briefe Achad Haams*[99]. Darin sind zahlreiche Briefe von A. H. an mich aus den Jahren 1902 bis 1907 abgedruckt, die ich sogleich durchsah. Versetzte mich gedanklich in jene ›vorsintflutlichen‹ Jahre, voller Aufregungen, aber auch Hoffnungen ...

9. Mai ... Schrieb eben einem Gespenst der Vergangenheit einen kurzen Brief: R. Saitschik, den ich bereits seit zwanzig Jahren aus den Augen verloren hatte. Er ist inzwischen, wie ich hörte, Professor in Köln, seit langem zum Katholizismus konvertiert und uns zutiefst entfremdet. Dennoch beschloß ich, ihm zu schreiben, und fragte ihn geradeheraus: »Bist du mit uns oder mit unseren Feinden?«[100] Sende den Brief aufs Geratewohl an die Adresse der Kölner Universität ...

Erhielt kürzlich aus Frankfurt am M[ain] die zweite Ausgabe meines Essays *Was ist die jüdische Geschichte* in der deutschen Übersetzung von Friedländer. Ein Nachdruck der Berliner Ausgabe von 1898. Der Essay entstand 1892 und genügt meinen heutigen Ansprüchen nicht mehr, doch wieviel Feuer steckt in dieser Arbeit! Der heiße Odessaer Sommer, der weinüberwucherte Pavillon und die feurigen Gedanken, die aufs Papier flossen. Und später, im März 1898, die Freude darüber, daß meine Gedanken zum ersten Mal in Westeuropa publiziert wurden ...

14. Mai. Erhielt aus Petersburg den neuen, XI. Band der *Jewrejskaja starina* – ein erfreuliches Zeichen dafür, daß das geistige Leben im Land des Todes und der Zerstörung noch nicht gänzlich erloschen ist. Das Redaktionskollegium (L. Sternberg u. a.) geht im Vorwort auf die Tatsache ein, daß dieser Band der *Starina* der erste ist, der nach meiner Abreise erschien. Ja, ich erinnere mich meines Jahrzehnts der *Starina*, von 1909 bis Ende 1918. Als Konkurrentin meiner *Geschichte* lenkte mich die *Starina* von meinem wichtigsten Lebenswerk ab, dennoch aber liebte ich sie und investierte viel Kraft und inneres Feuer ...

5. Juni. Erhielt heute morgen vom Jüdischen Verlag einen Stapel Rezensionen[101] der ersten beiden Bände meiner *Neuesten Geschichte*, die 1920 in Berlin erschienen sind. Merkwürdige Gefühle überkamen mich, als ich diese stellenweise heißblütigen und leidenschaftlichen Pro- und Contra-Reaktionen der deutschen Presse las – zu einer Zeit geschrieben, da ich im Petersburger Sarg ausharrte. Allgemeines Resümee: das Buch hinterließ bei Freund und Feind einen starken Eindruck – man erkannte darin eine neue Geschichtskonzeption ...

4. Juli. In den Zeitschriften der hiesigen Assimilatoren erscheinen Besprechungen des dritten Bandes der deutschen Ausgabe der *Neuesten Geschichte*[102], die davon zeugen, daß das Buch den Nagel auf den Kopf getroffen hat. Man empört sich über meine Einstellung zu den echten Deutschen unter den Juden und ihren wilhelminischen Patriotismus früherer Zeiten ...

23. Juli. Bialik, der für eine kurze Zeit aus Palästina nach Berlin gekommen ist, war da. Er äußert sich begeistert über die Eindrücke vom Land, das eine Wiedergeburt erlebt und ruft mich dorthin. Alle meine dortigen Freunde rufen mich zu sich.[103] Wie aber soll das gehen? Dort könnte ich lediglich die hebräische Ausgabe meiner *Geschichte* verwirklichen, was aber soll aus der russischen werden, die nicht einmal bis zur Hälfte fertiggestellt ist? Ich muß das Original herausgeben und auf dessen Grundlage die Übersetzungen in Angriff nehmen, dafür aber muß ich zwei weitere Jahre in Berlin leben, an der russischen Druckerpresse, und hier unter den räuberischen und bösartigen Wirtinnen leiden, den Bankrotteuren unter den Herausgebern und möglicherweise auch unter schlimmer Not ...

5. August. Eine Kette von Besuchern, die in der Stadt weilen. Es kamen A.I. Braudo und L. Ja. Sternberg aus Petersburg. St[ernberg] saß gestern lange bei mir und berichtete über den Alltag unserer Intelligenzija in Piter. Professoren und Studenten werden aus den Schulen geworfen oder heucheln und liebedienern vor der Macht. Der aus der Universität vertriebene fünfundsiebzigjährige Historiker Karejew muß mit einer Pension von 50 Rubeln zurechtkommen. Die kürzliche ›Säuberung‹ der Hochschulen von ›nichtproletarischen Elementen‹ hat Zehntausende Studenten auf die Straße geworfen, darunter einige tausend jüdischer. Die Intelligenzija leidet Not. Hier in Westeuropa muß Hilfe für sie organisiert werden.

6. August. Werde heute Abend Latzky-Bertoldis Vortrag über Argentinien und Chile[104] besuchen, woher er kürzlich zurückkehrte. Vor einigen Tagen war er bei mir, überbrachte das Angebot der Redaktion des *Mundo Israelita* in Buenos Aires, ihnen die Publikation meiner *Neuesten Geschichte* in spanischer Übersetzung zu gestatten. Ich gab meine Zustimmung und schrieb auf Bitten des Verlegers ein kurzes Vorwort zur spanischen Übersetzung. Ging darin auf die Wiedergeburt des jüdisch-spanischen Zentrums[105] in Südamerika ein, wo erneut Laute der kastilischen Sprache unter den Ankömmlingen aus Rußland zu hören sind ... Abravanel irrte unter den spanischen Exilanten in Italien umher und vollendete in der Fremde sein Lebenswerk. Wird es mir wohl vergönnt sein, in der deutschen Fremde mein Werk abzuschließen?

9. August. Heute ist Tische be-Aw. Der gestrige Tag verlief ungewöhnlich. Arbeitete vormittags an der Endredaktion der allgemeinen Einführung (zur *Geschichte*), zum Mittagessen kamen Bialik und Sternberg. Angeregte Unterhaltung bis zum Abend. Abends dann saß ich mit meinem Nachbarn Steinberg in der kleinen Synagoge in der nahegelegenen Franzensbader Straße[106] und sprach das *Ejcha*, wiederholte den schwermütigen Gesang des Kantors. In bunt zusammengewürfelter Gesellschaft von ›Deutschen‹ und Exilanten aus Rußland kehrte ich heim (darunter auch ein Verteidiger der Bolschewiki auf der Januarversammlung 1918 in Petersburg, der inzwischen geflohen ist ...[107]). Der Abend von Tische be-Aw 1898 in Retschiza fällt mir ein, auf dem Holzboden der überfüllten Synagoge, der Spaziergang durch die Felder und die Birkenallee und am folgenden Tag das ruhige Gespräch im mondbeschienenen Garten über dem Dnjepr und die wunderbare, einzigartige Erscheinung[108] ...

20. August. Die Londoner Konferenz[109] endete mit einem Abkommen mit Deutschland. Das fremde, lange vergessene Wort ›Frieden‹ erklang über dem Graben der verfeindeten Völker, die Europa heißen. Man spricht von einer ›neuen Ära‹.

3. September. Neuerliche Konferenz des Völkerbundes in Genf, mit großem Abrüstungsprogramm und einem Schiedsgericht.[110] Alle führen pazifistische Losungen im Mund, kaum jemand aber hat sie im Herzen. (Deutschland war damals dabei, dem Völkerbund beizutreten.)

14. November. In London starb überraschend A. I. Braudo, den wir hier auf seiner Rückreise nach Rußland erwarteten ... Im Sommer hatte er mich in Berlin besucht, traurig und zermürbt vom Existenzkampf in Sowdepien.

26. November. Bereitete mich eine ganze Woche lang auf den öffentlichen Vortrag über die Entstehung des Christentums im *Verband russischer Juden* vor. Das Konzept für diesen Vortrag hatte ich bereits seit längerem fertig im Kopf, befaßte mich aber noch mit der Lektüre zweier Neuerscheinungen: Eduard Meyer, *Ursprung des Christentums* und Klausner, *Jeschu ha-nozri.* Sie änderten nichts an meiner Meinung, und das Konzept der Vorlesung blieb das alte: religiöser Individualismus versus religiösen Nationalismus, das christliche Prinzip vom dem Bösen Nichtwiderstehen gegen den passiven Widerstand der Pharisäer und den aktiven der Zeloten, die universale Religion des Paulus, die später in der Staatsreligion Konstantin des Großen wiedergeboren wurde. Es waren viele Hörer gekommen, die dem zweistündigen Vortrag konzentriert lauschten, der anschließenden Debatte war aber zu entnehmen, daß meine klar und deutlich dargelegten Gedanken von meinen Gegnern nicht richtig verstanden worden waren. Wegen der späten Stunde wurde die Diskussion bereits zu Beginn abgebrochen und ein gesonderter Diskussionsabend in zwei Wochen festgelegt. Ich werde wohl eine neue Lektion halten müssen: Historismus statt Dogmatismus.

10. Dezember. Gestern Diskussionsabend zu meinem Vortrag über das Christentum. Unendlich lange verteidigten meine Gegner altbekannte apologetische Argumente gegen meine klare Formulierung der christlichen Antithese, Argumente aus der Religion gegen das nationale Moment in der Geschichte. Ich antwortete ihnen, mußte die Antwort aber wegen der späten Stunde komprimieren.

13. Dezember. War vorgestern gemeinsam mit Dr. Koigen bei Einstein, der uns eingeladen hatte, um über die schon lange bestehende Idee einer jüdischen Universität* in Europa zu sprechen. Ich schlug vor, sich auf einen kleinen Universi-

* Damals tauchte ein Projekteschmied, der reiche polnische Jude Doktorowitsch, bei Einstein, Koigen und bei mir auf und schlug vor, eine jüdische Universität auf einem Grundstück in Danzig oder der Tschechoslowakei zu errichten, das er finanzieren wolle. Unser Besuch bei Einstein hing teilweise mit diesem Projekt zusammen, das dann nicht realisiert wurde.

tätskern zu beschränken – eine pädagogische Hochschule. Einstein bot uns an, einen Plan auszuarbeiten und eine entsprechende Kommission zusammenzurufen. Wir unterhielten uns anderthalb Stunden. Einstein macht einen lebendigen, bescheidenen Eindruck. Der Ruhm ist ihm nicht zu Kopf gestiegen. Er hält sich für einen schlechten Organisator und für unpraktisch und sagt, er könne lediglich durch Briefe oder Empfehlungen helfen, insoweit als »die Illusion der anderen ihnen Bedeutung verleiht«. Er hat große Anlagen zu einem nationalen Juden, weiß aber noch nichts über nationales Judentum außerhalb des Zionismus.

Komme gerade von einer Versammlung, auf der ein Ankömmling aus der Ukraine über die Tätigkeit der jüdischen Selbstverteidigung in den letzten Jahren sprach. Diese heldenhafte Organisation einiger tausend Menschen rettete viele Gemeinden vor Banditenüberfällen und Pogromen, die bolschewistischen Machthaber aber verboten die Selbstverteidigung schließlich, wie es einst die zaristischen Ministerien und Gouverneure taten.

29. Dezember. Dr. Ehrenpreis aus Stockholm und Schalom Asch aus Warschau waren bei mir, verbrachten den Abend in angeregtem Gespräch. Wie immer aufregende Unterhaltungen: über die Paroxysmen der polnischen Judophobie, über Parteienquerelen in Warschau, die dahin führten, daß der jüdische zionistische *koło* im *Sejm* gegen jiddische Schulen votierte. Auch ich unterzeichnete eine Protestnote …

Immer stärker schwanke ich beim Gedanken an das Dogma *scripta manent*, den Glauben an die papierene Unsterblichkeit, wenn ich den in den Himmel wachsenden Papierstapel betrachte. »Was aber darüber ist, mein Sohn, da laß dich verwarnen, des vielen Büchermachens nähme kein Ende, und vieles Predigen ermüdet den Leib.«[111] Das war die letzte Enttäuschung des Kohelet – nicht nur das Leben ist nichts wert, sondern auch, darüber zu schreiben und ziellos zu philosophieren. »Alles ist eitel.«[112] Ein trüber Tag blickt ins Zimmer, auch die körperliche Erschöpfung begünstigt einen so traurigen Refrain.

Dreizehntes Buch

Vollendung der zehnbändigen *Geschichte*

(1925–1929)

Kapitel 71

Übergang von der russischen zur deutschen Ausgabe (1925)

Unterbrechung der russischen Ausgabe der *Geschichte* und Fortführung der deutschen. – Aufgabe der gesellschaftlichen Tätigkeit. – Reaktion auf den Sprachenkampf. Artikelserie »Vom Jargon zum Jiddischen«. – Studentenabende. Eduard Bernstein. Ein symbolisches Bild. – Sommer in Fichtengrund und Johannisbad. – Stille Klause im Grunewald. – Übergabe meiner Judaica-Sammlung an die Bibliothek der Berliner Gemeinde. Der Berliner Bücherreichtum steht zu meiner Verfügung. – Studie zur Fälschung der Briefe des Bescht und der Begründer des Chassidismus. – Redaktion des dritten Bandes der *Geschichte*. – Aus meinem Tagebuch.

Das Jahr 1925 stellte einen Wendepunkt in meinem Berliner Leben dar. Ich unternahm einen letzten Versuch, die Herausgabe der *Weltgeschichte des jüdischen Volkes* im russischen Original zu vollenden, überarbeitete und druckte den zweiten Band der *Alten Geschichte*, der mit dem Kapitel über die Entstehung des Christentums endet, weiter als bis zu diesem Band gedieh die Ausgabe jedoch nicht: Meine Hoffnung auf einen Vertrieb der Bände in Rußland hatte sich endgültig zerschlagen, die mittellose Emigration aber konnte die Ausgaben für den zehnbändigen Koloß nicht decken. Zu diesem Zeitpunkt eröffnete sich jedoch eine überraschende Perspektive: die Möglichkeit der vollständigen Ausgabe meines Werks in deutscher Übersetzung, die es der gesamten gebildeten Welt zugänglich machen würde. Die vom Jüdischen Verlag initiierte Subskription für sämtliche zehn Bände hatte großen Erfolg, insbesondere nach Erscheinen der ersten beiden Bände der *Alten Geschichte* wurde beschlossen, die Ausgabe in beschleunigtem Tempo herauszubringen, zwei bis drei Bände pro Jahr. Vom zweiten Halbjahr 1925 an konnte ich mich völlig meiner geliebten Arbeit der Vervollkommnung meines Werks in letzter Redaktion widmen. Basierend auf neuen, mir in Berlin zugänglichen Quellen, redigierte ich konzentriert das Petersburger Manuskript und las parallel die Korrektur der deutschen Übersetzung von Steinberg und die entsprechenden Manuskriptteile, um sie mit dem Original zu vergleichen. Zu jener Zeit endeten auch unsere Wohnungsprobleme, das Leid aller Emigranten in Berlin. Im Stadtteil Grunewald bezogen wir vier recht bequeme Zimmer in der Wohnung einer Professorenwitwe, die die meiste Zeit des Jahres in ihrem Landhaus lebte und uns auch in der übrigen Zeit nicht einschränkte.[1] Zum ersten Mal spürte ich den wahren Komfort des Berliner Lebens, das mit seinem Reichtum an Bibliotheken für den Geistesarbeiter so bedeutsam ist.

Um mich dieser »Liquidierung«[2] der Arbeit ungehindert widmen zu können, mied ich es nach wie vor, mich in den unterschiedlichsten Organisationen zu engagieren, die mich für eine Mitarbeit gewinnen wollten. Gewöhnlich entgegnete ich den Abgesandten dieser Organisationen, ein Liquidator könne kein Organisator sein. Zu Beginn des Jahres 1925 fanden im eben erst gegründeten *Landesverband der jüdischen Gemeinden in Preußen* Wahlen statt[3], und eine Gruppe von Personen schlug vor, mich als Vertreter der Ostjuden aufzustellen. Ich erinnere mich, wie mich die Abordnung besuchte, als ich wieder einmal grippekrank mit hohem Fieber im Bett lag, und mich zu überzeugen suchte, die Aufnahme in das Komitee des Landesverbands, des Zentralorgans der Gemeindeautonomie, nicht auszuschlagen. Dazu findet sich in meinen Aufzeichnungen folgende Notiz: »Kürzlich habe ich einer Versuchung standgehalten: Ich verbot endgültig, meinen Namen auf die Kandidatenliste für die Wahlen des Landesverbands zu setzen. Die Leute kamen zu mir, wollten mich überreden, meinen Namen quasi programmatisch auf die Kandidatenliste der *Ostjuden* zu setzen. Ich begriff auch, daß ein Theoretiker des Autonomismus den ersten Versuch einer Zentralisierung autonomer Gemeinden im assimilierten deutschen Judentum hätte unterstützen müssen, doch dazu wäre Kampf nötig gewesen, ein langer Kampf mit der Assimilation in ihrer wichtigsten Zitadelle. Aber mir liegt der einstige Kampf in Rußland noch im Magen. Ich wies die Abordnung darauf hin, daß mein Name einen Proteststurm unter den *Staatsbürgern* aus dem *Centralverein* hervorrufen würde, die im dritten Band meiner *Neuesten Geschichte* charakterisiert werden. Sie würden aufschreien gegen die Kandidatur eines Feindes des deutschen Patriotismus, was meinen Gesinnungsgenossen nur schaden würde. Wir einigten uns darauf, daß statt meiner Soloweitschik, Latzky und Krejnin kandidierten.«

Noch einmal wurde ich damals in die Auseinandersetzungen hineingezogen. In Polen, wo die Wogen der Parteileidenschaften hochschlugen, spitzte sich der Kampf zwischen Hebraisten und Jiddischisten zu. Die jüdische Fraktion im *Sejm*, die durch die Bank zionistisch war, stimmte gegen die staatliche Unterstützung jener Schulen, in denen auf jiddisch unterrichtet wurde, nachdem der *Sejm* eine zweisprachige jiddisch-hebräische Schule abgelehnt hatte. Gegen dieses Votum wurde eine Protestnote veröffentlicht, die auch ich unterzeichnete, da ich fand, man dürfe aus parteitaktischen Überlegungen einer Schule, die ihre Schüler in der Muttersprache unterrichte, keinen Schaden zufügen. Darauf zogen die Fanatiker des Hebraismus gegen mich zu Felde. Einer von ihnen bezichtigte mich in den zionistischen offiziösen Blättern *Ha-Olam* und *Jüdische Rundschau* der Solidarität mit den extremen Jiddischisten, den Feinden der alten hebräischen Sprache. Er tat dies in Form eines an mich gerichteten ›offenen Briefes‹ in beiden Organen[4], wodurch ich zu einer Entgegnung gezwungen war. In meiner »Antwort an die Fanatiker«[5], die in beiden Wochenblättern publiziert wurde, warf ich beiden Seiten extremen Fanatismus und die Verachtung der einen bzw. anderen Sprache vor und grenzte mich somit sowohl von den parteitreuen Hebraisten als auch den Jiddischisten ab. Ich legte mein übliches Prinzip dar, demzufolge die normale Schule in den Ländern der Diaspora ihren Unterricht in der Muttersprache der Schüler halten solle, mit Ausnahme jener Schulen, deren Zöglinge sich auf eine Auswanderung nach Palästina vorbereiten, daß die alte Sprache in jedem Falle jedoch im Zusammenhang mit dem Studium von Bibel und Literatur Unterrichtsgegenstand sein müsse.

Einige Monate darauf näherte ich mich dem Sprachenproblem von historisch-literarischem Standpunkt. Im Auftrag der Redaktion der großen amerikanischen Zeitung *Tog* begann ich eine Artikelserie unter der Überschrift »Fun Jargon zu Jiddisch« – Erinnerungen an meine Begegnungen mit den Schöpfern der ›Jargon‹-Literatur (Spektor, Dineson, Schalom Alejchem, Mendele) und über meine einstige Einstellung zu ihr in der Rolle des Kritikus[6]. In meinen Notizen heißt es (17. Mai): »Den inneren Anstoß zum Schreiben gab mir eine seltsame Koinzidenz – in der Nummer 35 des *Rasswet* 1881 erschien gleichzeitig der Schluß meines kämpferischen Artikels für die Emigration nach Amerika als auch mein anonymer Beitrag ›Jüdische Volkszeitung‹, in dem ich die Notwendigkeit einer Wochenzeitung in jiddischer Sprache aufzeigte ...[7] Etwas Symbolisches lag darin, daß der Jüngling, der vor vierundvierzig Jahren für Amerika und Jiddisch Stellung bezog, heute für eine amerikanische Zeitung in Jiddisch schreibt und inzwischen, während dieses halben Jahrhunderts, sowohl das amerikanische Zentrum als auch die ›Jargon‹-Literatur erwachsen geworden sind ...«

Nach wie vor interessierte ich mich für die Situation der jüdischen Emigrantenjugend an den deutschen Universitäten, die zahlenmäßig von Jahr zu Jahr zunahm und sich zu lokalen und zentralen Verbänden zusammengeschlossen hatte. Mitunter nahm ich auch an Studentenkonferenzen teil.[8] Eine von ihnen war hinsichtlich der ›Ehrengäste‹ besonders bemerkenswert. Am Tisch des Präsidiums waren drei Ehrengäste versammelt – der fünfundsiebzigjährige Eduard Bernstein, der Vertreter der orthodoxen jüdischen Gemeinde in Berlin Meier Hildesheimer und ich. Ich begrüßte die Organisiertheit der Jugend, kennzeichne dies doch eine gesunde Struktur nach einer Epoche der Zerstörung. Bernstein erinnerte an die Notwendigkeit, nationale Bestrebungen mit dem Vermächtnis der großen Französischen Revolution in Einklang zu bringen. Hildesheimer verwies die Studenten darauf, sich die einstigen Jeschibotniki zum Vorbild zu nehmen. Eine jüdische Zeitung veröffentlichte ein Foto unseres Präsidiums und bemerkte dazu, es liege ein symbolischer Sinn darin, daß auf dem Podium ein Führer des Sozialismus, einer der Orthodoxie sowie der Ideologe des freien nationalen Judentums an einem Tisch zusammensäßen.

Bernstein hatte ich bei den Koigens kennengelernt, mit denen er seit langem befreundet war. Während unserer Begegnungen erzählte er mir viel aus seiner Jugend und über das alte jüdische Berlin. Der schöne alte Mann mit dem Patriarchenbart, den lebhaften lachenden Augen und dem gutmütigen Humor hinterließ einen wunderbaren Eindruck. Mir gegenüber war er sehr aufmerksam, offenbar war er berührt von meinen Bemerkungen im letzten Band der *Geschichte*[9], in seiner Lehre des Revisionismus widerspiegele sich der ethische Sozialismus der biblischen Propheten, und er sei berufen, Marx' Jugendsünde gegen das Judentum wiedergutzumachen. Bald darauf wurde er Schirmherr der *Poale Zion* in Deutschland und des *Komitees für das arbeitende Palästina*[10]. Eines späten Maiabends kehrten wir gemeinsam mit einigen Bekannten von einer Versammlung heim und Bernstein erzählte uns von seiner Freundschaft mit P. Axelrod, der ihm einige russische Sätze und Lieder beigebracht habe. Und noch auf der Straße stimmte er das Lied vom »Mütterchen Wolga« an, wobei er die russischen Worte sehr komisch aussprach.

Am 1. Mai 1925 vermerkte ich im Tagebuch: »Heute habe ich die letzten Bögen des zweiten Bandes der russischen *Geschichte* imprimiert, möglicherweise ist dies der letzte Band der zum Scheitern verurteilten Ausgabe. Le roi est mort, vive le roi! Auf meinem Tisch liegt ein elegantes Exemplar des eben erschienenen ersten Bandes der *Geschichte* in deutscher Sprache, zu dem der Titel *Weltgeschichte des jüdischen Volkes* so gut paßt. Ein seltsames Schicksal! Ein halbes Jahrhundert nach dem Abschluß des Werkes von Graetz, führt ein Historiker aus dem Osten, den es in die Heimat seines Vorläufers verschlagen hat, dessen Werk fort, noch dazu in dessen Sprache, wenn auch mit Hilfe eines Übersetzers. Die nächste Zukunft wird zeigen, wie meine häretische Geschichtskonzeption im Land der traditionellen *Wissenschaft des Judentums* aufgenommen werden wird.«

Den Sommerurlaub 1925 verbrachten wir zunächst in Fichtengrund[11] bei Berlin und anschließend im tschechoslowakischen Kurort Johannisbad[12], wo wir in einem primitiven Häuschen auf einem Berg wohnten. Wir hatten eine schlechte Wahl getroffen – der Sommer war kalt und die Wohnungen und Pensionen unbequem. Uns blieb nichts anderes übrig, als von weitem den Blick aufs Riesengebirge an der tschechisch-deutschen Grenze zu genießen und über die holprigen Waldwege in der Nähe zu stolpern. Auch eine dringende Arbeit behinderte die Erholung. Ich mußte die Korrekturen des zweiten Bandes der deutschen Übersetzung lesen und nach Berlin zurücksenden und die Artikelserie »Vom Jargon zum Jiddischen« fortsetzen. Ohne Bedauern nahmen wir Ende Juli von diesem Kurort Abschied, als aus Berlin die wunderbare Nachricht eintraf, eine uns bekannte Emigrantenfamilie überlasse uns ihre vier Zimmer in der bereits erwähnten Wohnung der Professorenwitwe.

Zu Beginn des August hatten wir uns bereits in dieser gemütlichen Wohnung in der Charlottenbrunner Straße eingerichtet, gegenüber dem Haus, in dem wir den schweren Winter 1922/23 verbracht hatten. Das neue Heim setzte unseren

Wohnungsproblemen ein Ende – es war mir vergönnt, hier fünf Jahre zu verbringen und meine wichtigste Arbeit zu vollenden. Es waren die besten Jahre unseres Berliner Lebens. Die Wohnung lag zwar weiter entfernt vom Grunewald als die einstige am Roseneck, in der Nähe befand sich jedoch die Bismarckallee mit der Anlage am Johannisplatz und der aristokratische Villenbezirk rund um die Königsallee (wo Rathenau ermordet worden war). Dorthin führten mich meine Spaziergänge, und ich erfreute mich an den stillen Straßen dieses bezaubernden städtischen Gartenviertels.

Leider gelang es mir auch in dieser neuen, geräumigen Wohnung nicht, mir jene Judaica-Fachbibliothek einzurichten, die ich aus Sowjetrußland hatte herausbringen können. Lange Zeit verblieb dieser Teil meiner Bibliothek in Kowno, und als ich mich entschloß, sie nach Berlin zu holen, entschied ich mich dafür, sie der Berliner Gemeinde zu übergeben, damit sie der dortigen umfangreichen Bibliothek angegliedert werden konnte.[13] Es gab zweierlei Gründe dafür: Ich lebte noch immer im Status eines Emigranten und konnte mir den Luxus einer seßhaften Einrichtung mit großer Bibliothek nicht erlauben. Auf der anderen Seite zwang mich die Not, die Sammlung für tausend Dollar an die Gemeinde zu verkaufen, die das Defizit meines Haushaltsbudgets decken sollten. So blieben mir, nachdem meine allgemeine Bibliothek in Rußland zurückgeblieben und in verschiedene Hände übergegangen und meine Spezialbibliothek der Berliner Gemeinde übergeben war (etwa tausend Bände), einige hundert Bände, hauptsächlich Nachschlagewerke – Bücher, über denen sich allmählich ein Berg neuer Literatur türmte. Nebenbei bemerkt litt ich in Berlin an keinerlei Büchernot – ich bekam sie in großer Anzahl aus der Staatsbibliothek und der Bibliothek der Gemeinde nach Hause geschickt.

Zu jener Zeit schrieb ich nebenbei eine kleine wissenschaftliche Arbeit in Hebräisch – »Sind die Briefe des Bescht echt oder nicht?« (für die bibliographische Zeitschrift *Kirjat sefer* in Jerusalem.) Die Debatten über die Echtheit des kürzlich aufgefundenen umfangreichen Briefkonvoluts des Bescht und anderer Begründer des Chassidismus, das in handschriftlichen und gedruckten Kopien in Umlauf war, beschäftigten die Gelehrten bereits seit langem.[14] Ich besaß eine handschriftliche Kopie, die mir ein Chassid aus Rostow gesandt hatte, und eine vollständige Sammlung der Briefe, die von Chassidim in Palästina eben erst gedruckt worden waren. Als erster Historiker des Chassidismus, der einst jeden einzelnen Materialschnipsel gesammelt hatte, um eine kritische Geschichtsbetrachtung zu ermöglichen[15], stürzte ich mich begierig auf die neuen Materialien, die meine Schlüsse teilweise hätten bestätigen, teilweise ergänzen können, und ich wäre glücklich gewesen, hätten sich die Papiere als echt erwiesen. Nach sorgfältiger Analyse ergab sich aber leider, daß die ›aufgefundenen‹ Briefe der Säulen des Chassidismus eine äußerst geschickte Fälschung darstellten, angefertigt von einem Kenner der altchassidischen Schriften und ›Heiligenleben‹, der die Korrespondenz der heiligen Männer bekannten Legenden über sie anpaßte und somit gleichsam die Legende bestätigte, mit der Absicht, durch die Legende wiederum die Echtheit der ›Entdeckung‹ zu untermauern. Durch Analyse von Fakten und Daten stellte ich die Fälschung der Korrespondenz fest und wandte mich der größeren Exaktheit halber öffentlich an die Besitzer der ›Quellen‹, um sie aufzufordern, diese den Experten zur Begutachtung vorzulegen. Diese Subjekte aber (der ›Lubawitscher Rebbe‹ aus der Dynastie der Schneerson und sein Gefolge) reagierten nicht und entlarvten sich damit selbst.

Die Hauptarbeit gestattete mir jedoch nicht, mich mit derartigen nebensächlichen wissenschaftlichen Exkursen abzugeben. Ich mußte mit der Schlußdurchsicht des Originals des dritten Bandes der *Geschichte* beginnen, um sie dem deutschen Übersetzer übergeben zu können. Diese schwierige Arbeit nahm mich bis zum Ende des Jahres 1925 in Anspruch Mit großem Vergnügen widmete ich mich dieser komplizierten Aufgabe der Vervollkommnung des Textes und nutzte dafür die neu entdeckten Quellen zur Geschichte der Periode der ›palästinisch-babylonischen Hegemonie‹ (nach meiner Periodisierung oder der ›Epoche des Talmuds und der Geonim‹ (nach der alten Terminologie)[16]. Das russische Manuskript des fast 600 Seiten umfassenden Bandes, das ich in Petersburg in den stürmischen Jahren 1917–1918 niedergeschrieben hatte, sah ich von September bis Dezember 1925 durch, die deutschen Korrekturen beanspruchten mich in der ersten Hälfte des darauf folgenden Jahres.

Folgende Auszüge aus meinen Tagebüchern mögen das Bild des beschriebenen Jahres abrunden.

1. März. Sandte eben einen Brief an Achad Haam mit Glückwünschen zur Eröffnung der Jerusalemer Universität.[17] Wie sehr sich unsere Schicksale unterscheiden! Mein Freund hat seine Ruhe gefunden, im eigenen Haus im geliebten Land, inmitten seiner Angehörigen und Freunde, in vertrauter Umgebung, sein Geist jedoch ist erschlafft, seine Nerven angegriffen und die äußere Ruhe kann die seelische Anspannung nicht ausgleichen. Ich dagegen ertrage den Druck der Fremde, der Wanderschaft, ohne eigenes Heim, losgelöst von den Freunden, dennoch aber nicht der seelischen Ruhe verlustig gegangen, die für meine gigantische Arbeit ja so wichtig ist ...

Ringsum ist es unruhig. Der Präsident der deutschen Republik, Ebert, ist tot, ein ehrlicher Republikaner und Demokrat. Bald wird der Kampf im Umfeld der Präsidentenwahlen beginnen. Das schwarze Lager rüstet sich. Das scheintote Junker-Deutschland erwacht und mit ihm das Gespenst der Revanche, des Militarismus und einer neuen weltweiten Sintflut.

10. April. In Deutschland sieden die Leidenschaften vor den Präsidentschaftswahlen. Die rechten Parteien haben Hindenburg als Kandidaten aufgestellt, ein lebendes Symbol des Militarismus und einen ergebenen Untertanen Wilhelms; die linken Parteien einigten sich auf die Kandidatur des Leaders vom Zentrum, Marx. Die vox populi hat die Wahl – für eine Republik oder für die Monarchie und eine allmähliche Rückkehr zur alten Ordnung.

24. April. Ich habe Nachforschungen betrieben. 1914 verwies ich auf die Notwendigkeit einer jüdischen Universität in Westeuropa neben der Universität in Jerusalem und widerstand den Fanatikern, die eine Universität außerhalb Palästinas ablehnten. Diese Recherche war nötig, da in der amerikanischen Zeitschrift *Ha-Doar* die Falschmeldung[18] verbreitet wurde, ich sei 1914 gegen eine Universität in Jerusalem gewesen (abgedruckt in jener Ausgabe der Zeitschrift, die mein Grußschreiben anläßlich der Eröffnung der Jerusalemer Universität in diesem April veröffentlichte). Heute sandte ich einen kurzen Brief an die Redaktion, in dem ich den tatsächlichen Sachverhalt darstellte.

27. April. Zum Präsidenten der deutschen Republik wurde der Soldat und Monarchist Hindenburg gewählt. Diese unerwartete Nachricht hat alle Pazifisten und Demokraten erschüttert ... Wieder riecht es in den internationalen Beziehungen nach Pulver. Die deutsche Fremde ist mir nun noch fremder geworden.

10. Mai. ... Vorgestern hörte ich einen Vortrag von Prof. Speranski aus Petersburg[19] über die Einstellung zu den Juden in Rußland. Der Vortrag hatte wenig Substanz und enthielt judophile Ergüsse. Die Debatten waren unangenehm. Bikerman und seine Freunde entwickelten die These, die Juden seien für den Bolschewismus verantwortlich, der Sozialdemokrat Portugejs entgegnete darauf schlagfertig, dies sei Autoantisemitismus. Einige Opponenten, darunter der Redakteur des *Rul* Gessen, erachteten es für notwendig zu erklären, ihnen sei der Philosemitismus ebenso unangenehm wie der Antisemitismus, und versuchten, den Vortragenden antisemitischer Einstellung zu bezichtigen. Dieser entgegnete auf jeden Vorwurf einzeln. Ich befand mich in einer unangenehmen Lage: Tejtel hatte mir den Platz eines ›Ehrenvorsitzenden‹ zugewiesen, so daß ich bis zum Schluß ausharren mußte, um den Vortragenden nicht zu kränken. Ich hielt es jedoch nicht aus, ergriff das Wort, schloß mich Portugejs Entgegnung an und wies darauf hin, daß eine derartige Debatte bei einem informativen Vortrag nicht am Platze sei. Um ein Uhr nachts verließ ich die Versammlung, die noch andauerte.

Auf meinem Schreibtisch mehren sich die Bände meiner Bücher in verschiedenen Übersetzungen. Oft ereignet sich Unangenehmes. Vor mir liegen drei Bände, wunderbar ausgestattet und gebunden: *An outline of Jewish History*, New York, 1925. Es ist dies mein dürftiges Lehrbuch, es ist alt und müßte überarbeitet werden, die findigen Amerikaner haben es in der englischen Fassung jedoch als vollständigen Lehrgang der Geschichte deklariert. Die amerikanischen Rezensenten gaben denn auch ihrem Unverständnis darüber Ausdruck, daß meine ›vollständige‹ Geschichte mit den Legenden von Adam und Eva beginne. Ich habe diesen ›frommen Betrug‹ des Verlegers in einem Brief an die Redaktion des *Tog* bereits zur Sprache gebracht ...

29. Juni. Lestschinsky brachte mir die neuesten Ausgaben der aus Rußland eingetroffenen jüdischen Zeitungen (bolschewistischer, wie sich versteht), in denen über mich die dreistesten Lügen verbreitet werden. Man rechnet mich dort den ›Monarchisten‹ der Gruppe um Bikerman zu, gegen den ich in der Berliner Versammlung kürzlich scharf polemisierte ...

10. August. War gestern bei einer Konferenz von Emigrantenorganisationen[20]. Traf viele einstige Bekannte. Der Vorsitzende Motzkin begrüßte übrigens »*den Senior der jüdischen Geschichtsschreibung*«, was an meine Adresse gerichtete Ovationen hervorrief. Ich verbeugte mich schweigend, bedauerte aber später, nicht gesprochen zu haben, ich hätte auf den Unterschied zwischen den Jahren 1881 und 1925 eingehen müssen, dem Beginn und dem Ende der jüdischen Immigration in die Vereinigten Staaten von Nordamerika[21]. Mitunter bedauert man ein ausgesprochenes Wort, manchmal aber auch das nicht ausgesprochene.

12. Oktober. Die Zeitungen haben meine Antwort auf die Anfrage der Jüdischen Telegraphenagentur hinsichtlich der (zionistischen) *Jewish Agency* abgedruckt, in der ich meinen Gedanken vom Übergang des parteigebundenen Zionismus zum volksnahen dargelegt habe[22] ...

20. Oktober. Der Locarnopakt[23] – wird er einen Beginn des Pazifismus in Europa einläuten? Vor einem Jahr hat mir die Sitzung des Völkerbunds in Genf so viel Hoffnung gegeben, die dann unter der Last der Ereignisse schwand. Jetzt greift die Seele des alten Pazifisten erneut nach dem Strohhalm, um nicht in Hoffnungslosigkeit zu versinken ... Werde ich den wahren Pazifismus, das Zur-Ruhe-Kommen der Seelen, den Beginn der Vereinigten Staaten Europas noch erleben? Natürlich nicht.

»Doch in der Todesstunde würde ich gern wissen
Daß ich steh auf dem richtigen Weg.«[24]

25. November. Der ›Geist von Locarno‹ – um uns herum aber der unheilbringende Geist von Faschismus und Bolschewismus, eine Polarisierung der politischen Überzeugungen ...

27. November. Eine Stimme aus Rußland. Der in Berlin weilende Kommissar für Volksbildung Lunatscharski äußerte vor Journalisten[25], daß in Rußland völlige Freiheit des wissenschaftlichen Denkens herrsche, »natürlich innerhalb der Grenzen der marxistischen Lehre«. So hätten auch die Inquisitoren zu Zeiten Galileis sagen können, daß bei ihnen innerhalb der Grenzen des katholischen Dogmas uneingeschränkte wissenschaftliche Freiheit herrsche. Und diesem Fanatiker der neuen Kirche huldigen die Staatsmänner Deutschlands; diesen ›roten Kardinal‹ empfangen sie wie weiland die schwarzen Kardinäle der Kirche.

16. Dezember ... Die Tagesereignisse, die Meilensteine des Jahrhunderts werden könnten, überschlagen sich. Am ersten Dezember wurde der Vertrag von Locarno ratifiziert, eine erste Anzahlung auf den Frieden in Europa. Jetzt wird beim Völkerbund eine Abrüstungskommission eingerichtet. Bald wird Deutschland dem Völkerbund beitreten und dann möglicherweise auch Rußland, das Land des roten Militarismus. Wird es eine Wende in der Geschichte geben? Das ist eine Frage der Zukunft. Jetzt aber beschäftigt mich eher eine Frage der Vergangenheit – die zeitweilige Hegemonie des jüdischen Palästina im elften Jahrhundert[26]. Ich halte an diesem Punkt, müde von der angestrengten Arbeit ... Ärgere mich über Einladungen, Sitzungen und Versammlungen ...

20. Dezember. Habe mein Gelübde gebrochen, den hartnäckigen Bitten nachgegeben und gestern dem Bankett anläßlich des fünfundsiebzigsten Geburtstags von Tejtel[27] vorgesessen, das sich bis zwei Uhr morgens hinzog. Ich hielt die Eröffnungsansprache über den Humanisten, es folgten Grußbotschaften, Reden der Vertreter von den verschiedensten Gesellschaften, russischer wie deutscher, Einmütigkeit zwischen Juden und Russen, Ostjuden und Westjuden, Nationalisten und Assimilatoren …

29. Dezember. Eine kleine Etappe: beendete heute die Durchsicht des gesamten dritten Bandes im Manuskript (das Ende der »Orientalischen Periode«[28]). Nun muß ich nur noch Exkurse schreiben, eine Bibliographie und weitere Anlagen.

Kapitel 72

Durchsicht der »Westlichen Periode« (1926–1927)

Zwei Jahre Arbeit an der Vervollkommnung dessen, was während der Jahre des Kriegskommunismus in Rußland entstand. »Die Periode der Kolonisierung Europas«. Lobende Rezensionen. Pläne für eine Übersetzung ins Französische und Englische. – Morgendliche Lektüre eines Telegramms der J. T. A. und die Nachricht über die Heldentat von Schwarzbard in Paris. Organisation eines Verteidigungskomitees. – Annäherung an Motzkin. – Sommer in Ahlbeck. – Tod Winawers. – Tod Achad Haams. Unsere letzte Korrespondenz. Reden auf der Berliner Trauerfeier. Mein Wort über den Menschen der lichten Wahrheit in der finsteren Nacht mystischen Glaubens. ›Nekropole‹. – Vorbereitung einer Konferenz zur Verteidigung der Rechte der jüdischen nationalen Minderheiten. Opposition der Assimilatoren. Konferenz in Zürich (August 1927). Mein Vortrag »Kampf für die Emanzipation einst und jetzt«. – Bildung des Rates für die Verteidigung der Rechte jüdischer Minderheiten. Sein trauriges Schicksal. – Schwarzbards Prozeß und Freispruch. – Auszüge aus dem Tagebuch.

Mit dem Erscheinen des dritten Bandes der *Weltgeschichte des jüdischen Volkes* war die »Orientalische Periode« der jüdischen Geschichte nach meiner Periodisierung beendet. Nun mußte ich die gesamte »Westliche Periode« durchsehen, die folgenden vier Bände, die das Mittelalter und die Neuzeit in Europa bis zur Revolution des Jahres 1789 behandelten. Diese gewaltige Arbeit beanspruchte zwei Jahre, 1926 und 1927. Den Bedingungen der Subskription zufolge mußte der Verlag jedes halbe Jahr einen fünfhundert bis fünfhundertundfünfzig Seiten starken Band herausbringen. In dieser Frist mußte ich mir das Manuskript erneut vornehmen, das ich in Sowjetrußland unter den Bedingungen des Kriegskommunismus verfaßt hatte. Vieles war nun grundlegend zu überarbeiten. Parallel übersetzte Steinberg den russischen Text und anschließend lasen wir beide Korrektur. Nie zuvor hatte ich so intensiv gearbeitet und schon seit langem nicht mehr derartige seelische Befriedigung empfunden. Es gibt keine größere Schaffensfreude, als im Augenblick der Vollendung und Vervollkommnung eines Werkes, wenn der Historiker, wie ein Maler kurz vor Fertigstellung eines Bildes, erkennt, daß er alles nur mögliche getan hat, um ein wahres Geschichtsbild einer Epoche zu entwerfen und die Vergangenheit auferstehen zu lassen.

Zu Beginn des Jahres 1926 stellte ich noch die Exkurse zum dritten Band fertig und las Korrekturen, wechselte aber bereits im März vom Orient zum Westen über und begab mich an die Durchsicht des vierten Bandes, beginnend mit der »Periode der Kolonisierung Europas«[29], die ich erstmals in die jüdische Geschichtsschreibung als selbständigen Abschnitt einführte. Zwischen diesem Band und dem folgenden gestattete ich mir lediglich eine einwöchige Ruhepause in der Berliner Umgebung, in Fichtengrund, wo ich an der Schwelle vom Winter zum Frühling mit dem Wald Zwiesprache hielt. Bei meinen Spaziergängen begleitet mich der junge Belletrist Samuil Lewin, der mir seine Dramen und Romane aus dem chassidischen Alltag in seinem polnischen Jiddisch vorlas. Dieser arme Emigrant besaß ein nicht ausgebildetes, angeborenes Talent und war von schriftstellerischem Fieber beseelt. Er hatte bereits einige Romane auf jiddisch und in deutscher Übersetzung veröffentlicht, das bittere Los der Fremde aber gestattete ihm nicht, sein Talent zu entwickeln und einen gebührenden Platz in der Literatur einzunehmen.

Kurz nach meiner Rückkehr nach Berlin bereitete mir die Polizei eine angenehme Überraschung: Das Polizeipräsidium hatte mir eine unbefristete Aufenthaltserlaubnis ausgestellt *(bis auf Weiteres)* und mich somit von der Last befreit, jährlich erneut um dieses Recht nachzusuchen.

Der wunderbare Frühling begann. Wie einst in Odessa verband ich meine täglichen Spaziergänge mit der geliebten Arbeit. In meinen Notizen findet sich dazu folgender Eintrag (vom 25. April): »Der Frühling steht in voller Blüte, aber auch die Arbeit. Es zieht mich in den Wald, in den Park, der Schreibtisch mit dem Berg an Manuskripten und Büchern läßt mich aber nicht fort. Im Juni muß ja ein weiterer Band fertig sein. Mitunter verbinde ich das eine mit dem anderen, laufe für ein, zwei Stunden mit den Büchern in den Park, lese dort und mache mir Notizen beim Gesang der Vögel und dem Lärmen der Kinder, die neben mir im Sandkasten spielen. Die Bücher erscheinen schnell, Band für Band und vielen Stimmen zufolge bewirken sie ein Umdenken. Ich kehre zurück zu Gabirol und der Renaissance des elften Jahrhunderts in Spanien[30]. Dort halte ich augenblicklich.«

Die fortlaufend erscheinenden Bände der *Geschichte* wurden lobend besprochen, oft von angesehenen deutschen Wissenschaftlern (Rudolf Kittel, Greßmann, Löhr u. a.). Der jüdische Orientalist Felix Perles aus Königsberg schrieb mir mehrmals. Aufmerksam studierte er jeden Band sofort nach Erscheinen und sandte mir seine Anmerkungen, insbesondere hinsichtlich der Transkription der orientalischen Bezeichnungen, worin er sehr pedantisch war. Diese Briefe waren sehr berührend, aus ihnen sprach große Aufmerksamkeit für jedes noch so kleine Detail meiner Arbeit. Auch im Ausland interessierte man sich für das Buch. Ich gestattete dem großen Verlag *Payot* in Paris[31], die drei Bände meiner *Neuesten Geschichte* in französischer Übersetzung zu veröffentlichen, die Arbeit an der Übersetzung zog sich jedoch in die Länge, und auch andere Gründe (über die im folgenden zu reden sein wird) behinderten das Erscheinen des Buches bis 1933. Damals schloß ich einen Vertrag mit einer Leipziger Firma über die Publikation einer englischen Übersetzung sämtlicher zehn Bände meines Werkes, diesem Unternehmen jedoch war ein derart trauriges ›Fatum‹ beschieden, daß ich mich ihm in einem der folgenden Kapitel widmen werde.

Während der intensiven wissenschaftlichen Arbeit war ich natürlich noch stärker gezwungen, mich von öffentlichen Aktivitäten und weniger wichtigen literarischen Arbeiten fernzuhalten. Dennoch versäumte ich es nie, die allgemeine und die jüdische Presse zu verfolgen. Telegramme der Jüdischen Telegrafenagentur (J. T. A. in Berlin)[32] brachten mir jeden Morgen Nachrichten aus allen Enden der Diaspora, und ich mußte mich oft sehr beherrschen, nicht auf dieses oder jenes Ereignis zu reagieren. Lediglich in Ausnahmefällen beteiligte ich mich an politischen Zusammenkünften. Ende Mai 1926 wühlte mich der Schuß von Schwarzbard auf, der in Paris Petljura, den Hauptschuldigen am ukrainischen Massaker, getötet hatte.[33] Am 2. Juni notierte ich: »Laut ertönte die nationale Rache für das ukrainische Massaker von 1918–1919 ... Derartige Schüsse sollten direkt nach dem Verbrechen fallen, doch auch jetzt hat der heroische Akt Schwarzbards die Menschen erschüttert, die bereits das vergossene Blut, Proskurow, Schitomir und andere ›Städte des Massakers‹ vergessen hatten. Wir beratschlagten kürzlich, wie unser Pogromarchiv die Verteidigung im bevorstehenden Prozeß unterstützen könnte. Schrieben nach Paris.« Einer der Hauptinitiatoren in dieser Angelegenheit in Berlin war der Historiker der ukrainischen Pogrome I. M. Tscherikower, der gemeinsam mit seiner Frau Rewekka Naumowna das gesamte aus der Ukraine herausgebrachte Archiv geordnet hatte. Es wurde eine Kommission gebildet, der außer uns Personen angehörten, die die ukrainische Tragödie überlebt hatten: Ja. Lestschinsky, N. Gergel und J. Klinow. Leiter der Arbeit unserer Kommission war der unermüdliche Politiker Leo Motzkin, der dem Komitee der jüdischen Delegationen in Paris vorstand und häufig seine Familie in Berlin besuchte. In Paris wurde ein Komitee zur Verteidigung Schwarzbards[34] eingerichtet, für das berühmte Advokaten gewonnen wurden (Torrès u. a.), wir in Berlin dagegen bildeten eine Expertenkommission, die Material zur Verteidigung zusammenstellte. Ich entsinne mich dieser Zusammenkünfte, die vom Herbst 1926 bis zum Herbst 1927, dem Zeitpunkt des Prozesses gegen Schwarzbard, in meiner Wohnung stattfanden. Motzkin berichtete uns über den Verlauf der Untersuchung und der Organisation der Verteidigung in Paris, über die Gegenorganisation der Kläger – dortiger ukrainischer Politiker –, über die Publikation unserer Materialien in französischer und englischer Sprache und über die Propaganda in der Presse. Ein gewisses unterschwelliges Pathos schwang in unseren Gesprächen mit, das Bewußtsein, daß wir uns für jemanden einsetzten, der die Ehre unserer Märtyrer und ihr Andenken vor einer gleichgültigen Welt verteidigte.

Hier lernte ich Motzkin zu schätzen, seine selbstlose Hingabe für die jüdische

Sache. Als äußerst aktives Mitglied und späterer Vorsitzender des Exekutivkomitees der Zionistischen Organisation hatte er bereits seit den Tagen der Pariser Friedenskonferenz einen Kampf für die Rechte nationaler Minderheiten geführt und sich später, als diese Rechte in internationalen Dokumenten garantiert waren, mit Hilfe des erwähnten Komitees dafür eingesetzt, daß die Garantien auch verwirklicht wurden. Als Vertreter des Komitees trat er dem *Weltverband nationaler Minderheiten* bei, der jährlich seine Kongresse in Genf abhielt[35]. Im August 1926 hielt Motzkin auf diesem Kongreß eine wunderbare Rede, die mit den Worten begann: »Ich wende mich an Sie als Vertreter der ältesten nationalen Minderheit – des jüdischen Volkes.« Dieses Aufgreifen meines Gedankens von der »ältesten Internationale« flößte mir Sympathie gegenüber Motzkin ein, und als wir uns trafen, dankte ich ihm aus tiefstem Herzen für seine würdige Repräsentanz in der internationalen Arena. Diese Tätigkeit führte ein Jahr darauf zur Einberufung einer jüdischen Konferenz der Minderheiten in Zürich, wovon im weiteren noch die Rede sein wird.

Den Juli 1926 verbrachte ich im Seebad Ahlbeck[36], vier Fahrtstunden von Berlin entfernt. Das Baden im Meer wechselte hier mit Korrekturlesen der deutschen und jiddischen Ausgabe ab (die jiddischen Bände wurden in Warschau gedruckt). Nach meiner Rückkehr nach Berlin begann ich die Textdurchsicht des fünften Bandes. Mit Beginn des Herbstes wurde es lauter in unserer ruhigen Klause: Aus Warschau kam meine Tochter Sofija mit den beiden Enkeln, um den Winter über bei uns zu bleiben.[37] Die Jungen halfen der Großmutter bei der Schreibmaschinenabschrift meiner Manuskripte und waren meine ständigen Begleiter bei Spaziergängen durch den Grunewald. Es war beinahe wie einst in Petersburg.

Doch zu jener Zeit trat ein Mann von der Bühne ab, mit dem sich für mich die Erinnerung an das Petersburger öffentliche Leben verband: Im Oktober starb M. M. Winawer in Südfrankreich. Dieser Tod traf mich völlig unerwartet. Wir hatten in den letzten Jahren korrespondiert und in dieser Korrespondenz zwischen Berlin und Paris schwang viel Wehmut über die Vergangenheit. Noch im Sommer 1926 hatte er mir die neue Ausgabe seines Buchs der ›Erinnerungen und Charakteristika‹ geschickt, die unter dem Titel *Unlängst Vergangenes*[38] erschienen waren. Das Buch trug die warmherzige Widmung: »In Erinnerung an unseren gemeinsamen Kampf für Emanzipation«. Er teilte mir mit, er beabsichtige in Kürze seine Erinnerungen an unseren *Verband für Bürgerrechte*[39] zu schreiben, dem er in den Jahren 1905 bis 1906 vorstand, und fragte mich, ob ich nicht Materialien zu diesem Thema besäße, da sein umfangreiches Archiv in Petersburg zurückgeblieben sei. Ich sandte ihm sogleich all das, was ich an Protokollen und Akten des *Verbandes* besaß und war überzeugt, die Erinnerungen Winawers würden glänzend werden, da er ein begnadeter Stilist war, insbesondere auf dem Gebiet der Memoirenliteratur. Ich wartete auf Briefe von ihm, auf Fragen zu unseren gemeinsamen Erlebnissen, und plötzlich brachten die Zeitungen die Nachricht vom Tod des Freundes in seiner Villa an der Riviera. Bald darauf sandte mir seine Witwe ein Paket mit meinen Materialien zur Geschichte des *Verbandes*, die der Verstorbene offenbar nicht mehr zur Kenntnis genommen hatte. Betrübt dachte ich daran, welch gänzlich anderen Lauf das Schicksal Rußlands und der russischen Judenheit genommen hätte, wenn die Februarrevolution von 1917 das Ideal einer demokratischen Republik hätte verwirklichen und der starke politische Verstand Winawers gemeinsam mit allen Führern der russischen Demokratie die Geschicke des großen Landes hätte lenken können.

Bald nach dem Tod meines politischen Freundes verlor ich den mir noch näher stehenden geistigen Freund Achad Haam. Beide stellten die *esprits forts* unserer Generation dar, jeder auf seine Weise, doch leider war der klare Verstand Achad Haams gegen Ende seines Lebens infolge einer schweren Nervenerkrankung bereits im Erlöschen gewesen. Die stillen Jahre in Palästina hatten seinen Gesundheitszustand nicht verbessern können. Zunächst fand er Ruhe bei der Publikation seines umfangreichen Briefwechsels, der sein früheres pulsierendes Leben vor ihm abrollen ließ, doch als auch dies beendet war, spürte er erneut die Leere, da er bereits nicht mehr schreiben konnte, und der Kräfteverfall sich mit jedem Tag verstärkte. Selbst seine Briefe mußte er zuletzt diktieren.

Im Juni 1926 erhielt ich einen Brief von ihm, der folgende traurige Zeilen enthielt: »In einem Monat werde ich siebzig Jahre alt, folglich ist mein Leben beendet, denn was noch kommt, fällt nicht ins Gewicht, selbst wenn ich weiterlebe. Es schmerzt mich besonders, daß ich keine Hoffnung mehr habe, Sie in nächster Zukunft wiederzusehen, da Sie Ihre Reise nach Palästina auf das Jahr 1928 verschoben haben. Ich bezweifle, ob ich dann noch am Leben sein werde.« Tieftraurig sandte ich ihm aus Ahlbeck ein Glückwunschschreiben zum Jubiläum. »Ich schrieb ihm Positives, meine Seele aber weinte über dem Grab dreißigjähriger Erlebnisse, über das Schicksal des Hiob, über die Qualen der Gerechten« (Eintrag vom 18. Juli 1926). Drei Monate darauf erhielt ich eine beängstigende Antwort: einen eigenhändigen Brief von Achad Haam, doch die Art, wie er geschrieben war, schmerzte mich. Schiefe Zeilen, eine kaum lesbare, zittrige Handschrift, aus denen der nahe Tod bereits zu spüren war. Der Arzt hatte ihm geraten, nicht mehr als eine Viertelstunde pro Tag zu schreiben. Er widmete mir seine ersten Zeilen und fügte einige Tage lang ein wenig hinzu. Zwei Monate darauf ging die Nachricht vom Tod Achad Haams in Tel Aviv um die Welt. Ich erhielt diese Nachricht durch ein *Bulletin* der J. T. A., am frühen Morgen des 4. Januar 1927. Einige Tage darauf veranstalteten wir eine Gedenkveranstaltung im großen Saal des Berliner Logenhauses.[40] Es sprachen Martin Buber, ich, Professor Ju. Guttmann und Ja. Klatzkin. Ich sprach hebräisch und las meine Worte aus dem Manuskript ab. Ich erinnerte an die schöne talmudische Legende, der zufolge tagsüber am Himmel eine Gestalt mit dem Zeichen der Wahrheit auf der Stirn erscheine, des Nachts aber mit dem Zeichen des Glaubens. Der Verstorbene habe das Banner der Wahrheit in einer der finstersten Nächte unserer Geschichte erhoben, als das gequälte Volk nach Glauben und Selbstvergessenheit dürstete. Er sei in seiner Jugend aus dem Umfeld der Schüler des Bescht hervorgegangen und ins Umfeld der Schüler des Maimonides gelangt und habe die ›Macht des Verstandes‹ verkündet. Er sei gestorben, ohne sein Hauptwerk zur Ethik und nationalen Idee des Judaismus geschrieben zu haben, deren Entwürfe er mir vor unserem letzten Abschied 1908 gezeigt hatte.

Ich spürte, daß es allmählich leer um mich wurde, daß die besten Vertreter meiner Generation von uns gingen und ihr Andenken verewigt werden mußte. Schon lange trug ich mich mit dem Gedanken an eine ›Nekropole‹ – eine Sammlung von Porträts meiner verstorbenen Freunde. Später mußte ich von diesem Gedanken Abschied nehmen und mich auf einige kurze Auszüge beschränken, die dem Gedenken meiner Freunde im vorliegenden *Buch des Lebens* gewidmet sind.

Der Tod meiner Altersgefährten erinnerte mich daran, daß es auch für mich an der Zeit ist, mein Lebenswerk zu vollenden, bevor mich der unausweichliche Ruf ›von dort‹ ereilt. Noch im Januar verfaßte ich einen Arbeitsplan für die kommenden vier Jahre – bis zu meinem siebzigsten Geburtstag. Ich nahm mir vor, bis dahin die allgemeine Geschichte, die Geschichte des Chassidismus, meine Autobiographie und anderes zu beenden. Das tat ich auch, allerdings in einem längeren Zeitraum.

1927 lenkten mich neue gesellschaftliche Wogen von der wissenschaftlichen Arbeit ab. Es galt, die Idee einer Umbildung des Pariser Komitees der jüdischen Delegationen zu verwirklichen, um dessen Tätigkeit zur Verteidigung der in internationalen Dokumenten garantierten jüdischen nationalen Minderheitenrechte zu verstärken. Zwischen dem Pariser Komitee in Gestalt von Motzkin und dem *Amerikanischen Jüdischen Kongreß* in Gestalt seines Präsidenten Stephen Wise bestand Übereinstimmung über die Einberufung einer Konferenz in Genf zur Schaffung eines derartigen aktiven Organs. Im Frühjahr begannen die Vorbereitungen zur Konferenz, doch sogleich erfolgten Attacken von Seiten der Assimilatoren, die darin ein Vorhaben der Zionisten und Nationalisten sahen. Wises Gegner in der amerikanischen Judenheit, der Präsident des *Jüdischen Komitees* in New York Louis Marshall, äußerte sich in einem Presseinterview gegen die Einberufung der Konferenz. Auch der Oberrabbiner von Frankreich, Israël Lévi, lehnte eine Teilnahme der Pariser *Alliance Israelite* an der Konferenz ab, ebenso der Londoner Gemeindeverband und die *Anglo-Jewish Association*; auch das schwarze klerikale Nest der *Agudas Israel* in Frankfurt reagierte mit einer naiven Erklärung, daß sich die Juden in jedem Land mit der Regierung über ihre religiösen Belange verständigen könnten und es keine Notwendigkeit gebe, eine internationale Organisation zur Verteidigung irgendwelcher ›nationaler Rechte‹ zu schaffen. Diese gesamte Opposition der toten westlichen Judenheit empörte mich, und ich bezog in einem ausführlichen Interview dazu Stellung, das ich der Jüdischen Telegrafenagentur in Berlin gab (*Bulletin* vom 6. Juli, nachgedruckt in der gesamten jüdischen Presse).[41] Ich äußerte mich dahingehend, daß wir verpflichtet seien, die Verteidigung der jüdischen Minderheitenrechte in Polen, Rumänien, dem Baltikum und den Balkanstaaten auf der Grundlage jener Garantien zu organisieren, die im Versailler Vertrag und anderen Friedensverträgen verankert seien, und daß wir durch den Völkerbund nicht nur die national-kulturelle Autonomie, sondern auch die bürgerliche Gleichberechtigung der Juden verteidigen müßten, die in diesen Ländern oft mißachtet werde. Um das Recht müsse in der internationalen Arena gekämpft werden, nicht aber auf dem Wege von Gesuchen in den ministeriellen Vorzimmern. Selbst die westlichen Assimilatoren könnten doch das Vorhandensein wenn nicht nationaler, so doch religiöser Minderheiten anerkennen. Natürlich gelang es mir nicht, meine Gegner zu überzeugen. Deshalb beschlossen wir, aus eigenen Kräften eine Konferenz einzuberufen, allerdings nicht in Genf, sondern in Zürich.

Ich konnte mich der Teilnahme an der Konferenz, die aufgerufen war, Grundlagen für eine neue jüdische Politik im internationalen Maßstab zu schaffen, nicht entziehen. Während meines Sommerurlaubs in Oberhof[42] schrieb ich den Vortrag für die Konferenz, er trug den Titel: »Alte und neue Wege des Kampfes für Emanzipation«. Mitte August war ich bereits in Zürich und stieg im Hotel *Savoy* ab, wo sich die führenden Köpfe der Konferenz einquartiert hatten – Motzkin, Wise, Nachum Sokolow, Ussyschkin und viele amerikanische Delegierte. Es trafen jüdische Parlamentarier aus Polen, Lettland, Litauen, der Tschechoslowakei und anderen Ländern ein, auch viele Delegierte der Zionisten, *Folkisten* und weiterer gemäßigter Parteien. Ich möchte hier meine flüchtigen Notizen aus den Tagen der Konferenz anführen:

> **17. August (11 Uhr abends), Zürich.** Verbrachte einen wunderbaren Sonnentag mit Zuhören und Sprechen auf der Konferenz, in der Lobby, bei Begegnungen mit zahlreichen Bekannten, in Restaurants und Cafés. Vom Morgen bis zum Mittag der offizielle Teil – Eröffnung der Konferenz, Reden der Vorsitzenden Motzkin, Sokolow, Wise. Darauf Grußworte. Gegen Ende werde ich überraschend zu einem Grußwort nach vorn gebeten. Ich sagte exprompto: ›Von keiner Organisation beauftragt, kann ich die Anwesenden lediglich im Namen der jüdischen Geschichte begrüßen, die uns lehrt, daß das Judentum die älteste Internationale der Welt darstellt und ihr Problem allein auf internationalem Wege gelöst werden kann.‹ In der Nachmittagssitzung hielt ich meinen Vortrag: ›Der Kampf für Emanzipation – früher und heute.‹ Darauf folgte eine Reihe englischer Reden (der Amerikaner) und ein langer Vortrag Motzkins, über die Situation der Minderheiten. Wir endeten am Abend, ich bin erst vor kurzem aus dem Café heimgekehrt, wo ich in Gesellschaft alter und neuer Bekannter zu Abend aß. Traf Sokolow (den ich zuletzt vor dem Krieg gesehen hatte), Tjomkin, Jefroikin, Ussyschkin (den ich seit 1917 nicht wiedergesehen hatte) und viele andere – an nur einem Tag. Machte die Bekanntschaft vieler Menschen von beiden Erdhalbkugeln ... Jetzt sitze ich (im Hotel) vor dem offenen Balkon, es ist warm, die Straßenbahnen und Autos lärmen und angesichts der neuen Begegnungen ziehen vor meinem Inneren die Schatten der Vergangenheit, die Schatten Rußlands vorüber.

20. August (morgens). Noch zwei Tage auf der Konferenz. Reden im Plenum, Arbeit in den Kommissionen, Brodeln der Leidenschaften. Die Leidenschaften entflammten nicht über die Hauptfrage der Schaffung eines internationalen Organs zur Verteidigung der Rechte der Juden, sondern über Zweitrangiges: den Sprachenstreit in der Schule. Extreme Hebraisten wie Ussyschkin und Jiddischisten (Tschernichow, Nomberg) trugen diese fanatische Note herein. Tschernichow entfesselte wie immer diverse Skandale. Die Resolutionen wurden gestern verabschiedet, in der Atmosphäre einer *behole*, unter Lärmen und Schreien. Die Amerikaner mit ihren vierundzwanzig Stimmen verhalfen den Hebraisten zur Mehrheit, obgleich sie in den Ländern der jüdischen Minderheiten mit Schulfragen wenig vertraut sind. Sie siegten auch in der Hauptfrage über das Organ und erreichten seine Umbenennung und einen neuen Standort: *Council for protection of the rights of Jewish Minorities* statt *Comité des Délégations Juives* und Genf anstelle von Paris ... Wegen des beginnenden Sabbat gelang es nicht mehr, die letzten Resolutionen abzustimmen, so daß wir heute abend schließen müssen. Heute (am Sabbat) bin ich zu Dr. Hirschkopf zum Essen eingeladen, einem Idealisten und Träumer, Autor des Buches *Worin besteht der Lebenssinn*[43], der mich 1923 in Berlin besuchte und mir dann aus Paris schrieb.

22. August (im Zug Zürich-Schaffhausen). Wieder im Zug, wir eilen schnell dahin, nach Hause – nach Berlin. Am Sonnabend fand eine Sondersitzung der Schwarzbard-Kommission mit den Amerikanern statt. Gestern die Schlußsitzung der Konferenz. Gegen Ende besserte sich die Stimmung entscheidend. Das neue Organ ist gebildet. Ich wurde nicht nur in den Rat (Council) gewählt, sondern auch ins Präsidium, dem ebenfalls Motzkin, Wise, Sokolow, Grinbaum u. a. angehören. In den letzten Reden schwang Hoffnung. Ich sprach von der Vereinigung der Juden beider Erdhalbkugeln und der Beteiligung des kleinen Landes mit der großen Zukunft – Erez Israel; rief auf zur Synthese Zion – *Golus*, die nach Überwindung der ›Kinderkrankheit‹ der Negation der *Golus* nun verwirklicht werde, denn hier sei Zion zur *Golus* gekommen. Ussyschkin weigerte sich natürlich in seiner Rede, letzteres anzuerkennen, sprach aber beschwichtigend. Wir nahmen um zwei Uhr nachts voneinander Abschied, der sehr berührend war.

So wurde eine Organisation ins Leben gerufen, die unter normalen Umständen in der jüdischen Politik eine sehr wichtige Rolle hätte spielen und die alte und wenig ehrenvolle jüdische Diplomatie hätte ersetzen können. Die dominierende Atmosphäre der Feindschaft oder Gleichgültigkeit bot dem Neuanfang aber keine Luft zum Atmen. Vor allem rechtfertigten die amerikanischen Freunde unsere in sie gesetzten Hoffnungen nicht. Sie deckten lediglich einen kleinen Teil des ihnen auferlegten Budgets und unterhielten das Informationsbüro unseres Rats in Genf unter der Leitung von Z. Aberson, ließen das Hauptkomitee in Paris unter der Leitung von Motzkin aber ohne Mittel. Die Diplomaten und ›Bittsteller‹ der alten Einrichtungen fürchteten die Gesellschaft unserer offen nationalen Politik wie eh und je, und der Ober-Diplomat Lucien Wolf, ›Außenminister‹ des »Verbandes jüdischer Gemeinden in London« *(Foreign office of the Board of Deputies)*, polemisierte auf den Seiten seines *Jewish Guardian* gegen meinen Vortrag auf der Züricher Konferenz[44] über alte und neue Politik. (»The new diplomacy«, nach seiner Formulierung). Auch die Pariser Assimilatoren hinderten Motzkin bei seiner selbstlosen Tätigkeit.

Im Herbst stand die Verhandlung des Falles Schwarzbard in einem Pariser Gericht bevor. Unser Verteidigungskomitee verdoppelte seine Anstrengungen. Motzkin und Tscherikower arbeiteten angestrengt in Paris. Ich veröffentlichte am Tag von Rosch ha-Schana über J. T. A. einen Aufruf[45], der mit den Worten des Gebets endet: »Erde, bedecke nicht mein Blut, und kein Raum sei meiner Wehklage …«[46] und erläuterte: »Nicht Rache fordern wir, sondern die Offenlegung der schrecklichen Wahrheit (über die drei Jahre des Massakers an den Juden in der Ukraine durch Petljuras Banden). Das ganze jüdische Volk soll unserem Verteidigungskomitee zur Hilfe eilen.« Tatsächlich kamen beim Prozeß die schrecklichen Bilder der jüdischen Leiden und der haidamakischen Brutalität ans Licht und die Verhandlung schloß mit einer eindeutigen Rechtfertigung der Tat Schwarzbards. Sieben Jahre nach dem historischen Verbrechen verurteilte das Gericht des Weltgewissens die Verbrecher und drückte den Opfern ihr Mitgefühl aus.

Ich arbeitete damals an der Redaktion des siebenten Bandes der *Geschichte*. Ganze Abschnitte schrieb ich neu, insbesondere in den Kapiteln über Österreich und Deutschland im siebzehnten und achtzehnten Jahrhundert. Das polnische Zentrum stand in diesem Band im Mittelpunkt der Betrachtung. Klarer herausgearbeitet wurde auch die Beziehung zwischen der ukrainischen Katastrophe von 1648 und der messianischen Bewegung des Sabbatai Zewi[47]. Das gesamte komplizierte Drama der Epoche, beginnend mit der Märtyrergeschichte des siebzehnten und endend mit der Aufklärungsbewegung des achtzehnten Jahrhunderts, schrieb ich nicht nur um, sondern durchlebte es auch erneut. Die Durchsicht des siebenten Bandes war erst im Februar 1928 abgeschlossen.

Zur Illustration der Dynamik jener beiden Jahre mögen einige Auszüge aus meinen Tagebüchern dienen.

1926

1. Januar. Die Friedensaussichten sind nach wie vor düster, ungeachtet des ›Geistes von Locarno‹. Innerlich, moralisch haben die Völker noch nicht abgerüstet. Der Faschismus von rechts und der Bolschewismus von links verheißen ungezählte Leiden. Die antisemitische Meute treibt ihr Unwesen, vor allem die studentische Jugend in Deutschland, Ungarn, Rumänien und Polen … Im Zentrum Berlins schlugen ›Hakenkreuzler‹ kürzlich den hochbetagten jüdischen Gelehrten Itelson[48] (meinen einstigen Opponenten in den Debatten über die Entstehung des Christentums). Und in Rußland herrscht die Inquisition der roten Dominikaner und vernichtet jeden, ohne Unterschied der Glaubensrichtung. Dort wächst eine versklavte Generation heran – mit dem Begriff von der Freiheit der Persönlichkeit und des Kollektivs wird sie nichts mehr anfangen können. Gigantische Anstrengungen werden nötig sein, das Ungeheuer im Menschen nach der Verrohung der Welt in den Kriegsjahren zu besiegen. Es braucht kämpferische Märtyrer für die heilige Sache der Vermenschlichung des Nationalismus, der Vereinigung von Humanem und Nationalem.

15. Januar. Kürzlich war der Warschauer Rabbiner Prof. Schorr bei mir. Er brachte einige Artikel über mich mit, die er 1920 in einer Krakauer Zeitung publiziert hatte, als ich noch in Rußland eingesperrt war ...[49] Er bat mich, nach Warschau zu kommen und dort Vorlesungen im jüdischen wissenschaftlichen Institut[50] zu halten, das demnächst eröffnet wird. Ich aber mußte ihm vorrechnen, daß mir die Lebenszeit für die Beendigung selbst der nötigsten Arbeit fehlt.

22. Januar. Ich lebe wie ein Eremit: arbeite und gehe nirgendwo hin. Obwohl meine Freunde mich drängten, ging ich gestern nicht zum Jubiläum von Schitlowski, sondern sandte ihm einen Brief, in dem ich die Tätigkeit des Jubilars würdigte ...

5. Februar. Eine übermäßige Flut von Besuchern stört mein Eremitendasein. Es besuchten mich Gelehrte (Blau aus Ungarn, der hiesige Elbogen und Dr. Bernfeld), Politiker und Journalisten. Zwei jiddischsprachige Zeitungen in Riga konkurrieren um meine Mitarbeit, und als ich der einen (*Frimorgen*) meine letztjährigen Artikel aus amerikanischen Zeitungen zum Nachdruck anbot (»Vom Jargon zum Jiddischen«) erhob die andere dagegen Einspruch. Telegramme, Briefe, Polemik ...

Las gerade Korrektur – den Abschnitt über die historische Bedeutung des Talmud. Welche Gedankenkette zieht sich doch von meinen stürmischen jugendlichen Artikeln der Jahre 1881 und 1883 über die zahlreichen Ausgaben meiner *Geschichte* bis zu dieser letzten Durchsicht der Bewertung des Talmud! Und dennoch spürt man unter dem kühlen Mantel der historischen Synthese, die ich vor fünfundvierzig Jahren erdachte, das Beben der Gedanken des jungen Revolutionärs ... Der Kern der Idee ist erhalten geblieben. Das ist die Nagelprobe für jede Idee.

11. Mai ... Erhielt aus Rußland (brieflich und per Telegramm) das Angebot, für die in Charkow erscheinende ›parteilose‹ Zeitschrift *Jewrejski mir*, in der einige meiner Bekannten publizieren, einen Artikel zu schreiben. Ich entgegnete, Parteilosigkeit bedeute in Sowjetrußland nicht Unabhängigkeit. Ich könne nicht eher schreiben, als bis es dort Pressefreiheit gebe oder zumindest die Möglichkeit, für sie zu kämpfen. Ich sandte die Antwort mit einem Gefühl der Bewegung ab, denn dies ist eine Reaktion auf den Ruf der Heimat, die mir für immer verschlossen bleibt.

16. Mai. Die Woche der ›Kreuzzüge‹. Sah dieses Kapitel durch und korrigierte es. Wurde während der Arbeit wieder von tiefer Trauer erfaßt, verlor aber nicht den philosophisch-historischen Faden. In dieser Woche »erhob sich Warschau erneut«: Militärputsch von Piłsudski in Polen[51], Fall der reaktionären Regierung und neues Regime in spe. Vorerst ging es ohne jüdische Pogrome ab ...

Heute sind Wahlen in der Berliner Jüdischen Gemeinde.[52] Ich habe meinen Namen für die nationale Liste (*Folkspartej*[53]) hergegeben, um ein Gegengewicht gegen die liberalen Assimilatoren zu schaffen, die die Losung ausgegeben haben: »Keine Volksgemeinde, nur *Religionsgemeinde*«.

1. Juni. Gestern war ein merkwürdiger Tag: ein Tag des Gedenkens. Begann am Morgen das Material über Frug durchzusehen – für die Lesung zum Gedenken an den Dichter im Klub des *Verbandes russischer Juden*[54] am Abend. War gefangen von Erinnerungen und las erneut die traurigen Gedichte von Frug. Am Abend trug ich in der großen Versammlung Auszüge aus meinen Erinnerungen vor, die ich vor zehn Jahren in der *Historischen Gesellschaft* in Petersburg nach Frugs Tod gelesen hatte.[55] Fügte einiges hinzu, das seine Rolle als Sänger von Zorn und Trauer deutlich werden ließ. Anschließend sprach Eichenwald (eine künstlerische Bewertung von Frug), seine Gedichte wurden in drei Sprachen deklamiert und gesungen ... Die Versammlung zog sich bis nach Mitternacht ...

14. Juli, Ahlbeck. Las gestern in der Zeitung die Nachricht vom Tod Wolynski-Fleksers in Petersburg. Erinnerungen längst vergangener Zeiten kamen an die Oberfläche. Die Begegnungen mit dem jungen ›Spinozisten‹ bei Frug, in unserer gemeinsamen Wohnung 1883–1884. Dann das gemeinsame Jurastudium im Winter und Frühjahr 1886, während meiner Augenkrankheit ... Der Herbst 1886 in der Wohnung der Emanuils auf dem Litejny, gemeinsames Wohnen und Studium der *Logik* von Mill, die Sorgen um das Wohnrecht. Meine unfreiwillige Abreise und unsere Korrespondenz 1887.[56] Und plötzlich rissen die Kontakte ab ... Wir lebten in verschiedenen Welten, einander fremd geworden und weit entfernt ... Und erst in den Tagen des Schreckens 1920 begegneten wir uns in der Kanzlei eines bolschewistischen Unterkommissars, wo die Frage über irgendeine wissenschaftliche Kommission diskutiert wurde.[57] Die Begegnung entsprach weder den Erinnerungen der Vergangenheit noch der Tragik des Augenblicks ...

4. November ... Korrekturlesen der Bibliographie meiner gesamten Artikel und Bücher, zusammengestellt von Dr. Meisl für den hiesigen Sammelband der *Soncino-Gesellschaft*[58]. Der gewissenhafte Bibliograph nahm sogar sämtliche meiner kleinen Rezensionen auf, die im Manuskript meiner Autobibliographie gestrichen sind ... Ich ging die Korrekturen durch und 46 Jahre ununterbrochener Arbeit zogen an mir vorüber.

An die Vergangenheit erinnerte mich auch das Buch von M. Kagan (Mardochai ben Hillel Hakohen) – seine Autobiographie *Olami*.[59] Dort gibt es ein Kapitel vom »ersten Erscheinen Dubnows« 1880–1881 in Petersburg. Ich entsinne mich an das Narvaer Tor, die Straße der 6. Rotte, die Tairow-Gasse, die Redaktion des *Russki jewrej* und des *Rasswet*.[60]

Wenn ich mein Leben überdenke, gelange ich zu der Erkenntnis, daß sein wesentlicher Zug darin besteht, daß ich immer, von frühester Jugend an, meinen Weg ging, ohne nach rechts oder links abzuweichen. Ich hatte stets ein bestimmtes Ideal oder einen Plan vor Augen, dem ich konsequent folgte. Mitunter unterliefen mir Fehler, die ich später korrigierte, nie jedoch unter fremdem Einfluß. In frühester Jugend betrat ich den Weg eines Selfmademan und bin heute auf ihm geblieben ... Das gleiche gilt für meine wissenschaftlichen Arbeiten, denen ich Hunderte verlockender Angebote opferte: Non possumus. Ich habe mein Leben selbst gestaltet. Und ich könnte meinem Schöpfer von der üblichen Formel abweichend sagen: »Gott, die Seele, die Du mir gegeben hast, ich habe sie geschaffen, ich habe sie geformt ...«[61]

1927

20. Januar. Ich denke daran, meine Autobiographie unter dem Titel »Geschichte einer Seele« zu schreiben, mit der Einführung »Integration der Seele«. Es wird die Geschichte des Anwachsens von Seelenschichten sein – von den ersten Bewußtseinsaugenblicken bis zum Ende – Material für eine Psychogenese ...

27. Januar, Dresden. Spazierte heute Vormittag durch die Straßen von Dresden. Ging am Historischen Museum vorbei, las den Hinweis »*Gewehre, Porzellan*« und ging nicht hinein. An einer Geschichte, die zwischen Mars und Bacchus angesiedelt ist, habe ich kein Interesse.

29. Januar, Dresden. Habe unter Willensanstrengung meinen Kopf leer geräumt, die schöpferische Geistesarbeit eingestellt, die Seele gleichsam eingefroren ... Beginne jedoch eine ›Angst vor der Leere‹ zu empfinden. In diesen seltenen Momenten beginnt man jene zu verstehen, die vor sich selbst weglaufen, vor der inneren Leere – zu Spektakeln, Versammlungen oder zu Besuch. Lediglich bei einer intakten Seele und tätiger Arbeit entfaltet sich der Mensch und bleibt ganzheitlicher Mikrokosmos. In diesem Mikrokosmos findet sich der Mensch, im Makrokosmos aber, dem Kosmos als solchem, verliert er sich und wird zum unsichtbaren Atom. Die kosmische Kälte dringt ins Vakuum der Seele.

26. Februar. Brandes ist tot, mein Liebling der achtziger Jahre, zu Zeiten meines Kosmopolitismus[62]. Er geriet spät aus meinem Blickfeld und ist mir jetzt irgendwie näher gerückt. Heute würde ich derartige Spitzen gegen ihn wie im »Brief von der nationalen Erziehung« von 1902 nicht mehr wiederholen.[63] Er war ein Kind seiner Zeit, in der es Titanen und Pygmäen gab, und ist den Titanen zuzurechnen. Brandes starb bei klarem Verstand im Alter von fünfundachtzig Jahren. Er verfaßte noch in seinen letzten Lebensjahren große Werke (über Cäsar und Christus). Für uns, die wir am Rande des Lebens stehen, ist das ein großer Trost. Mein Gott, wieviel würde ich schaffen, wenn ich bei völliger Arbeitsfähigkeit noch weitere achtzehn Jahre leben würde!...

10. April. Ach, diese ständige, fieberhafte Arbeit, dieses hastige ›Sachenpacken‹ vor Abfahrt des Zuges ins Jenseits, wie ich die Arbeit an der Bewältigung meines Lebenswerks nenne! ... Möge der Zug nicht abfahren, bevor die Sachen gepackt sind – darum bete ich insgeheim ...

17. April (erster Pessach-Tag). Vor kurzem war ein seltener Gast bei uns: Robert Saitschik, den ich seit 1897 in der Schweiz, seine Tante Ida sogar seit 1885 in Mstislawl nicht wiedergesehen hatte.[64] Er ist schon lange ›katholisch‹ in seinem Herzen, wenn nicht offiziell, und zwischen uns gibt es keine gemeinsame Sprache. Dennoch unterhielten wir uns einige Stunden lang angeregt, berührten leichthin große Fragen, ohne sie jedoch zu diskutieren ... Zum Abschied gab ich ihm einige

Bände der *Neuesten Geschichte*, damit er meine Position versteht. Seine Position dagegen bleibt mir unverständlich, die Vermutungen darüber aber sind alles andere als amüsant.

15. Juli, Oberhof. Las soeben das Drama von I. Steinberg aus den Zeiten der bolschewistischen Revolution 1917–1918 zu Ende.[65] Ein durch und durch idealistisches Drama: der Kampf der individuellen Ethik mit dem Revolutionskult. Der Autor, der zeitweilig Kommissar für Justiz in der Leninschen Regierung war, hat das selbst erlebt. Heute trägt er seine Schuld durch einen leidenschaftlichen Kampf gegen das Sowjetregime ab, hat den Revolutionskult aber noch immer nicht überwunden. Ich erinnerte ihn an einen Vers von Hugo:

Les Révolutions, qui viennent tout venger.
Font un bien éternel dans leur mal passager,[66]

fügte aber hinzu, er sei nicht auf die bolschewistische permanente Revolution anzuwenden, die bereits nicht mehr als ›vorübergehendes Übel‹ bezeichnet werden könne.

21. Juli ... Muß eine Notiz über Schitlowski für seinen Jubiläumsalmanach verfassen ... Sah drei Bände seiner Publizistik durch und erfuhr vieles über seinen ›Autonomismus‹, verstand auch die subjektiven wie objektiven Gründe für seine Polemik mit mir 1907.[67] Strenge all meine Kraft an, um objektiv zu sein, seine Verdienste zu würdigen und das unangenehme Gefühl wegen seines polemischen Ansatzes zu überwinden.

22. August, Zürich ... Fuhr gestern gemeinsam mit der Familie Hirschkopf zum Üetliberg (bei Zürich), in deren Wohnung ich den Tag und die Nacht vor meiner Abreise verbrachte. War in der Pension ›Annaburg‹, in der ich 1897 wohnte.[68] Als ich einer Angestellten auf dem Hof erzählte, ich hätte hier bereits vor dreißig Jahren einmal gewohnt, war sie gerührt.

27. August. Ein weiterer Freund aus dem Petersburger Kreis ist tot – L. Ja. Sternberg. Vor drei Jahren war er auf der Durchreise hier, und wir sprachen über das traurige Schicksal all jener, die in Sowjetrußland zurückgeblieben sind. Einst verband uns die Arbeit im Komitee der *Jüdischen Historisch-Ethnographischen Gesellschaft* und vor meiner Abreise aus Rußland 1922 übertrug ich ihm den Vorsitz im Komitee und die Redaktion der *Starina*. Er gab einen Band der *Starina* heraus, bereitete einen weiteren vor, konnte ihn jedoch nicht mehr zu Ende bringen ...

31. August. Verbrachte zwei Abende in interessantem wissenschaftlichem Gespräch mit Bałaban aus Warschau. In den Zeitungen Reaktionen auf die Züricher Konferenz; die polnischen *Folkisten* und *Bundisten* kritisieren sie. Im *J. T. A.-Bulletin* von heute erschien auf Nachfrage mein Kommentar zu den Ergebnissen der Konferenz.[69]

28. September (zweiter Tag von Rosch ha-Schana). Siebenundsechzig Lebensjahre. Das Leben neigt sich dem Ende zu, doch auch die Lebensarbeit geht voran. Das ist mein Trost. Mein Traum und Gebet – mögen beide zusammen enden.

23. Oktober. Regen und starker Blätterfall. Ich laufe über die feuchten Blätterleichen auf den Straßen und Alleen. Viele hängen noch an den Ästen, mit dem gelben Stempel des Todes. Welches ist als nächstes an der Reihe? Der Kreislauf ihres Lebens – vom Frühling bis zum Herbst. Unser Leben, der Menschen des Geistes und des Wortes, ist länger und vergleichbar dem Leben eines Astes, das Leben Auserwählter aber dem Leben eines Stammes. Beide Leben aber, das irdische wie jenes nach dem Tod, leben im Gedächtnis der Menschen fort. Das eben ist ›Ewigkeit‹, und für sie schreiben wir über die ›historische Ewigkeit‹, die in tausend Jahren vielleicht von der Erdoberfläche getilgt sein könnte! ... Einmal habe ich mir die Devise: Scripta manent! notiert.[70] Heute notiere ich: Scripta manent? Unserem Ameisenleben entspricht das Ausrufezeichen, der Ewigkeit das Fragezeichen. Gott ist das Ergebnis dessen, daß sich der Mensch an die Ewigkeit klammert. »Der Mensch – wie Gras sind seine Tage ... Aber die Huld des Ewigen ist von Ewigkeit zu Ewigkeit.«[71] Diese Antithese liegt der Religion zugrunde.

27. Dezember. Nachricht vom Tod W. Tjomkins in Paris. Noch im August haben wir uns in Zürich auf der Konferenz getroffen und gemeinsam im Hotel ›Savoy‹ gewohnt, sind am Ufer des Zürichsees entlang spaziert und haben uns der Vergangenheit erinnert. Er klagte über Schlaflosigkeit, ein schwaches Herz, Sorge um den Sohn, der bei den Bolschewiken zurückgeblieben war. Jetzt ist er tot, mein Altersgefährte. Ich entsinne mich eines Abends im Odessaer Klub ›Besseda‹[72] (Ende 1902 oder Anfang 1903), als er mich in einer Rede als »Nestor der jüdischen Geschichte« bezeichnete (ein Nestor von zweiundvierzig Jahren!) ... In unserem Wald liegen die Bäume. Eine Generation stirbt ...

Kapitel 73

Endredaktion der *Neuesten Geschichte* (1928–1929)

Die besten Jahre meines Berliner Lebens. Überarbeitung der drei Bände der *Neuesten Geschichte*, um sie in die zehnbändige Ausgabe meines Werks aufnehmen zu können. – Vorwort zum achten Band. Neues für den zehnten Band. Epilog, 1914–1928. – Pogrom in Palästina (1929) und ›*Galut-arab*‹. – Reaktionen aus Sowjetrußland. Antwort auf eine Einladung aus Kiew: es gibt keine freie Wissenschaft ohne Gedanken- und Gewissensfreiheit. Antwort an den Präsidenten des Weißrussischen Republiksowjets: »Geht es den Juden in Rußland besser als in anderen Ländern?« – Artikel für die *Jewrejskaja starina* und die Denunziation eines literarisch bewanderten *Tschekisten*. Schließung der *Gesellschaft für Aufklärung* und der *Historischen Gesellschaft* in Petersburg. – Das Schicksal des *Rats zur Verteidigung der Rechte nationaler Minderheiten*; der unermüdliche Motzkin. – Auszüge aus den Tagebüchern.

Zu Beginn des Jahres 1928 konnte ich befriedigt feststellen, daß sieben Zehntel meiner großen Arbeit beendet waren. Es blieben lediglich die letzten drei Bände, die zuvor in Form der Monographie *Neueste Geschichte des jüdischen Volkes* erschienen waren. Nun stand mir bevor, diese drei Bände, eine Periode von einhundertfünfundzwanzig Jahren, beginnend mit der Französischen Revolution bis zum Weltkrieg, in die Geschichte von drei Jahrtausenden zu integrieren und diesen Ausbau in vergrößertem Maßstab in die Architektur des gesamten Gebäudes einzupassen. Mein Hang zum Perfektionismus, das Bedürfnis zur Vervollkommnung soufflierte mir, daß es notwendig sei, in der erst kürzlich durchgesehenen Monographie einige Verbesserungen anzubringen, an einigen Stellen zu kürzen, an anderen beträchtliche Teile hinzuzufügen und das gesamte historische Drama schließlich durch einen Epilog zu krönen, der es bis in unsere Tage fortführte. Die anderthalb Jahre, die über dieser Arbeit vergingen, zählen zu den glücklichsten meines Berliner Lebens.

Die Einführung zum achten Band erfolgte an dem Übergang, der von der neuen Geschichte zur neuesten geleitete. Jene Kapitel, die den Kampf um Emanzipation in Deutschland und Österreich behandelten, unterzog ich einer gründlichen Überarbeitung. Der Abschnitt über die Epoche des ›Berliner Salons‹ wurde durch neue Quellen ergänzt und in das Bild einer ›Frühjahrsflut‹ gekleidet, die das israelitische Lager überschwemmte. Gegen Ende (§ 33) fügte ich eine Bewertung hinzu, die meine frühere scharfe Verurteilung dieser Epoche der Antithese entscheidend milderte, in der die Synthese von ›Mensch‹ und ›Jude‹ noch nicht herangereift war. Das österreichische Kapitel konnte ich anhand der neu publizierten Dokumente im großen Sammelband vom Pribram ergänzen. Für den assimilierten westlichen Leser schrieb ich ein Vorwort vor Erscheinen des achten Bandes ad usum delphini. Darin gab ich meiner Befürchtung Ausdruck, daß viele Leser, die mir bei der Darstellung der Geschichte des jüdischen Volkes bis zur Schwelle des 19. Jahrhunderts gefolgt seien, dem Historiker, der die nationale Evolution der Judenheit in jenem Jahrhundert erforschte, in dem es bereits aufgehört hatte, ein ganzheitliches Volk zu sein, und sich emanzipatorische Elemente von ihm abspalteten, die sich für organische Bestandteile der herrschenden Nationen hielten, nun nicht weiter folgen würde. Diesen Lesern legte ich nahe, sich in Geduld zu fassen und sich in meinem Buch darüber zu informieren, wie es geschehen konnte, daß eine alte Nation, die dreißig Jahrhunderte existiert hatte, plötzlich im einunddreißigsten Jahrhundert zur ›einstigen Nation‹ erklärt werden konnte, dann aber doch zu neuem nationalen Leben auferstand.

In gleicher Weise ging die Korrektur des neunten Bandes vonstatten, der »Epoche der ersten Reaktion und der zweiten Emanzipation«. Wieder entwickelte ich die ›westlichen‹ Kapitel ausführlicher, während die ›östlichen‹ (über Rußland), die zuvor zu ausführlich dargelegt waren, etwas gekürzt wurden. Den zehnten Band, die Epoche von 1880–1914, unterzog ich einer besonders sorgfältigen Überarbeitung. Parallel zur Geschichte des westlichen Antisemitismus stellte ich das ›nationale Marranentum‹ der assimilierten Kreise dar, das sich vom mittelalterlichen religiösen Marranentum durch seine innere Selbstbeschränkung unterschied. Die gesamte Epoche war in zwei Teile untergliedert: »Die antisemitische Bewegung und die große Wanderung« (1880–1900) und »Die nationale und revolutionäre Bewegung« (1900–1914). In der zweiten Hälfte wurde der Ideenkampf innerhalb der nationalen Judenheit deutlicher herausgearbeitet. Viel Kraft verwandte ich auf den Epilog, in dem die Ereignisse seit Ausbruch des Weltkrieges (1914–1928) in konzentrierter Form dargestellt und beleuchtet werden. Hierbei kam mir die Methode des Tacitus sehr zustatten, die Gegenwart in kurzem, lapidarem Stil zu beschreiben. Ich arbeitete den Epilog mehrere Male um, bemüht, bei der Beschreibung des selbst Erlebten so objektiv wie möglich zu sein. Schwer war es beispielsweise, die Abschnitte über den »Bürgerkrieg und das Gemetzel in der Ukraine« oder »Die rote Autokratie in Rußland und der Untergang des russischen Zentrums« niederzuschreiben. Ich kam mir vor wie Jeremia auf den Ruinen Jerusalems, doch niemand kann sagen, daß meine Beschreibung eine ›Jeremiade‹ ist ... Lediglich am Schluß des Epilogs gestattete ich mir, die gesamte zehnbändige *Geschichte* mit einer kleinen Prognose zu beschließen. Ich stellte die Frage: Quo vadis, Israel? Und antwortete darauf mit einer Apotheose des Humanismus.

Noch vor Erscheinen des zehnten Bandes erschien der Epilog in englischer Sprache in einem amerikanischen Sammelband, der dem Andenken Herzls gewidmet war, anläßlich seines 25. Todestages (*Herzls Memorial Book*, New York 1929).

Während ich die Korrekturen der letzten Bögen des zehnten Bandes las, traf die Nachricht von den arabischen Pogromen in Palästina ein (August 1929)[73], so daß ich auf diese Vorkommnisse lediglich in den Anmerkungen zum Epilog eingehen konnte. Ich verwies auf die tragische Tatsache, daß die Judenheit außer der *Galut-Edom* in der christlichen Welt auch eine *Galut-arab* in der muslimischen Welt, seiner historischen Heimat, habe. In der Presse reagierte ich auf den arabischen Pogrom mit einem Appell an das jüdische Volk, darauf mit verstärkter Einwanderung nach Palästina zu antworten.

Ich entsinne mich jener Tage rastloser Arbeit im damals noch ruhigen Berlin, bevor die nazistischen Banden in Erscheinung traten. Ich arbeitete nach wie vor in meinem großen Arbeitszimmer in der Charlottenbrunner Straße, unternahm nun aber ausgedehntere Spaziergänge, während derer ich meine Pläne überdachte. In der Nähe befanden sich die Anlagen des Johannisplatzes im Grunewald und des Kissinger Platzes in Schmargendorf, wohin mich meine kurzen, einstündigen Spaziergänge führten. Mitunter aber ging ich auch in den großen Grunewalder Park und noch weiter, ins Innere Dahlems, wo ich einige Lieblingsplätze hatte, an denen ich Erholung fand und nachdenken konnte (die Gärten und Alleen von Im Dol, Cecilienallee, Kronprinzenallee u. a.). Die stillen, beinahe menschenleeren Straßen Dahlems verzauberten mich, mit ihren schönen, von Gärten umgebenen Villen; die göttliche Stille am Rande der großen Stadt begeisterte mich, gerade einmal zwanzig Minuten mit der Bahn vom Zentrum entfernt, vom Lärm des Kurfürstendammes, des Potsdamer Platzes oder der Friedrichstraße, über die ein Meer von Menschen und Autos wogte. Für den Sommerurlaub fand ich einen herrlichen Kurort in Mittelschlesien, das alte Reinerz[74], dessen Mineralquellen seit den Zeiten Friedrichs des Großen berühmt waren. Ein schönes Bergplateau auf 600 Metern Höhe, von dem ein wunderbarer, terrassierter Weg im Zickzack durch einen dichten Wald weitere 200 m hoch auf einen Berg führte – dieser Ort war ideal zur Erholung. Wir reisten jedes Jahr gegen Ende des Sommers dorthin. Meist wohnten wir in einer am Saum des Berges gelegenen Pension, die den biblischen Namen ›Ebeneser‹ trug (auf deutsch wurde es wie ›Eben-ezer‹ ausgesprochen). Die Gründer hatten wohl eine Verbindung zum Kloster im Ort, daher der symbolische Name – ›Stein der Hilfe‹.[75]

Hin und wieder reagierte ich auf die politischen Tagesereignisse. Die Nachrichten aus Sowjetrußland über die Lage der deklassierten jüdischen Massen zerrissen mir das Herz. Es schmerzte mich, an das physische Sterben Tausender jüdischer Städte und Stetl und den geistigen Verfall der Jugend zu denken, die nun im Geiste des Bolschewismus erzogen wurde. Aus Rußland erhielt ich nur sehr wenig Post – man fürchtete den Zorn der *Tschekisten*. Deshalb erstaunte mich eine Einladung sehr, die ich im Januar 1928 von der Ukrainischen Akademie der Wissenschaften in Kiew erhielt. Ich wurde darin gebeten, der feierlichen Eröffnung einer Abteilung für Judaistik beizuwohnen.[76] Die Einladung war von N. Stif unterzeichnet, der einige Jahre zuvor in der Hoffnung, Arbeit zu finden, aus Berlin nach Kiew übergesiedelt war, sowie von zwei weiteren, mir unbekannten Personen, dem Leiter und dem Sekretär dieser Abteilung. In meinem Antwortschreiben dankte ich für die Einladung und wünschte der neuen wissenschaftlichen Einrichtung »nur das eine: Freiheit, das heißt reine, frische Luft für die wissenschaftliche Arbeit«. »Ohne Gewissens- und Gedankenfreiheit«, schrieb ich, »ist objektive Forschung unmöglich, ohne politische Freiheit aber können weder Gewissen noch Gedanken frei sein. Es wäre schön, wenn sich mein Wunsch als nicht vergebens erwiese.« Mein Brief rief in der sowjetischen jüdischen Presse und in den Kreisen der *Jewsekzija* Empörung hervor. Den Kiewer ›Akademikern‹ wurde wegen der Einladung eines ›Konterrevolutionärs‹ ein strenger Verweis ausgesprochen; in der Moskauer Zeitung *Emes* erschien ein donnernder Artikel, in dem von den sündigen Kiewern Reue gefordert und ihnen eingeimpft wurde, daß die gesamte Arbeit der jüdischen Akademiker »von der wissenschaftlichen Methode geleitet sein müsse, die in unserem Land der Diktatur des Proletariats herrsche, der marxistisch-lenistischen Methode«. Die geprügelten Kiewer erschraken und veröffentlichten im *Emes* einen reumütigen Brief, in dem sie versicherten, künftig »fromm zu sein, wie Gott Marx es gebot und Väterchen Lenin es verlangt« (so mein ironischer Kommentar in der daran anschließenden Polemik).

Bald kam es zu einem neuen Wortwechsel. Der Präsident des Weißrussischen Republiksowjet, ein gewisser Tscherwjakow, hatte meinen Vortrag auf der Züricher Konferenz gelesen und dort folgenden Satz gefunden: »Aus dem bolschewistischen Sodom konnten sich drei Millionen Juden jener Länder des einstigen Imperiums retten, die sich von ihm losgelöst haben: Polen, Lettland und Litauen.«[77] Der in jüdischen Angelegenheiten wenig bewanderte weißrussische Präsident trat nach Beratung mit seinen Genossen von der jüdischen Sektion der kommunistischen Partei auf einem Kongreß jüdischer Bauern in Minsk (im Januar 1928) mit einer Rede gegen mich auf, in der er die üblichen Argumente anführte, besonders in den bürgerlichen Staaten Westeuropas seien die Juden in ihren Bürgerrechten eingeschränkt und häufig Verfolgungen ausgesetzt. Nur in Sowjetrußland seien sie Herren und Erbauer des neuen Lebens, gleichberechtigt mit allen Werktätigen. Nachdem ich das Stenogramm dieser Rede in der Minsker Zeitung *Oktober* erhalten hatte, verfaßte ich unter der Überschrift: »Leben die Juden in Rußland besser als in anderen Ländern?« eine Entgegnung (abgedruckt in der amerikanischen Zeitung *Tog*, am 7. April 1928). Mein Freund, der Ökonom Ja. Lestschinsky, besorgte mir statistisches Material aus sowjetischen Quellen, auf dessen Grundlage ich argumentierte, daß in einem typischen westrussischen jüdischen Stetl etwa die Hälfte der Bevölkerung, ehemalige Händler, ›deklassiert‹ seien und schnell ausstürben, Handwerker und Arbeiter der Heimindustrie hungerten und lediglich 15 Prozent (Arbeiter, Angestellte, Landarbeiter) mehr oder weniger ihr Auskommen fänden. Natürlich sei die wirtschaftliche Lage der breiten Massen auch in Polen und anderen Teilen des einstigen Rußland sehr schlecht, dort gäbe es jedoch die Möglichkeit eines Existenzkampfes, was in Sowjetrußland nicht der Fall sei, wo die Mittelschicht und die nicht kommunistische Intelligenzija einfach ausgelöscht werde. Hier nutzte ich die Gelegenheit, der *Jewsekzija* auf ihre Zurechtweisung der Kiewer Gelehrten, »die gesamte Wissenschaft sei mit der marxistisch-leninistischen Methode zu erfüllen«, zu antworten. Ich erinnerte daran, daß die Inquisitoren, die Giordano Bruno und Galilei verurteilt hatten, ebenfalls von hinlänglich bekannten Dogmen erfüllt waren und sich dennoch Galileis mutigen Ausruf »Und sie bewegt sich doch!« anhören mußten. Die geistige Welt bewege sich ständig, und es werde die Zeit kommen, da die Menschen im versklavten Land erkennen würden, daß ihnen die Luft zum freien Atmen fehle. Dann würden sie sich erheben, um die neue Bastille zu zerstören. Mein Artikel provozierte eine neue Rede Tscherwjakows auf der Sitzung des Präsidiums des weißrussischen Exekutivkomitees, wo die Frage der Ansiedlung von Juden in Birobidschan[78] diskutiert wurde. Mit langen polemischen Artikeln bezog auch ein Mitarbeiter der New Yorker kommunistischen Zeitung *Freiheit* (Juni 1928) gegen mich Stellung, doch ich hielt es nicht mehr für nötig, die Polemik fortzusetzen.

Im Herbst 1928 teilte mir die Redaktion der *Jewrejskaja starina* in Petersburg (Leningrad) mit, sie bereiteten eine neue Ausgabe der Zeitschrift vor, die eine Jubiläumsausgabe sein werde, da sie zum zwanzigsten Jahrestag der Gründung der *Historisch-Ethnographischen Gesellschaft* und der *Starina* unter meiner Redaktion erscheine. Sie baten mich, aus diesem Anlaß einen wissenschaftlichen Artikel und einige Seiten meiner Erinnerungen beizusteuern. Ich sandte ein Kapitel aus dem siebenten Band meiner großen *Geschichte* (über die Wiedergeburt der polnischen Judenheit nach den Pogromen des 17. Jahrhunderts) und schrieb später Erinnerungen über die *Jüdische Historische Gesellschaft*, beginnend mit meinem Projekt 1891.[79] Aus Petersburg erhielt ich die Antwort, beide Artikel seien bei der Zensur eingereicht, der erste auch schon genehmigt und an die Druckerei gegangen, der zweite müsse jedoch geändert werden. Ich vermutete, daß jene Stellen meiner Erinnerungen, in denen ich auf Winawer und andere ›Konterrevolutionäre‹ einging, bei der Zensur Anstoß erregt haben könnten. Nach langem Schweigen erhielt ich im Herbst 1929 die Typoskripte beider Artikel aus Petersburg zurück, mit Anmerkungen der Druckerei, die davon zeugten, daß sie bereits gesetzt worden waren. In den Erinnerungen waren viele Stellen aus Angst vor der Zensur gestrichen. Es war offensichtlich, daß die Machthaber in letzter Minute vor Erscheinen des Bandes eingriffen und beide Artikel wegen des Namens des Autors verboten.

Bald kamen Gründe für dieses Verbot ans Licht. Im sowjetischen Blatt *Tribuna* war der denunziatorische Artikel eines gewissen literarisch bewanderten *Tschekisten*, Nepomnjaschtschi, erschienen,[80] in dem es hieß, in Leningrad seien noch zwei alte jüdische Gesellschaften aktiv: die *Gesellschaft für Aufklärung* und die *Historisch-Ethnographische Gesellschaft.* Sie veranstalteten wissenschaftliche Vorträge und gäben Sammelbände heraus, die dem sowjetischen Geist nicht entsprächen. Der »weiße Emigrant(?) Dubnow, der in der Presse gegen die Sowjetmacht auftrete«, sende aus dem Ausland gar Artikel für die Sammelbände der *Jewrejskaja starina.* Dubnow sei »ein Symbol des idealistischen und natürlich antimarxistischen Herangehens an die jüdische Geschichte; seine aus den Archiven ausgegrabenen trockenen Materialien werden wir natürlich benutzen, aber seine gesamte Methode und seine Konstruktionen müssen wir aus der Welt schaffen und auf den Müllhaufen des unwissenschaftlichen Idealismus werfen«. Das Fazit dieser übel riechenden Suada lautete, man müsse beide Gesellschaften schließen und die Feinde der Sowjetmacht aus der Wissenschaft entfernen. Die Presseverleumdung tat ihre Wirkung. Ende Dezember sandte mir die Jüdische Telegraphenagentur J. T. A. in Berlin den Wortlaut eines gerade aus Moskau eingetroffenen Telegramms, in dem es hieß, eine Konferenz der *Jewsekzija* in Leningrad habe beschlossen, eine »marxistische wissenschaftliche Gesellschaft« zu gründen, in deren Hände die Bibliotheken und Archive der liquidierten *Gesellschaft für Aufklärung* und der *Historisch-Ethnographischen Gesellschaft* übergehen sollten. Der Korrespondent fügte hinzu, der »rote Professor Tomsinski (vor meiner Abreise aus Rußland hatte ich dieses halbgebildete Subjekt zufällig gesehen) hielt eine Rede, in der er Dubnow und Graetz stark kritisierte und sich über die Historiker der *Historisch-Ethnographischen Gesellschaft* lustig machte«. So erfuhr ich, daß zwei der ältesten kulturellen Einrichtungen geschlossen worden waren. Einige Tage darauf (am 29. Dezember) wurde im *J. T. A.-Bulletin* ein weiteres Telegramm aus Moskau über diesen Fakt veröffentlicht,[81] das folgende offizielle Motive anführte: 1. Die Ideologie beider geschlossener Gesellschaften sei der Sowjetmacht fremd; 2. sie hielten weiter Kontakt zum weißgardistischen (?) Emigranten Dubnow; 3. viele der im jüdischen Museum (gemeint ist die *Historisch-Ethnographische Gesellschaft*) gesammelten Gegenstände könnten für die antireligiöse Propaganda genutzt werden. Diese Nachricht vom neuen Vandalismus ging damals durch sämtliche Zeitungen. Ich glaube, auch meine Briefpartner aus Rußland haben im Umfeld dieser Zerschlagung gelitten. Seitdem erhielt ich von ihnen keinen einzigen Brief mehr.

Meine damalige Beteiligung an der Arbeit des in Zürich gegründeten *Rates zur Verteidigung der Rechte jüdischer Minderheiten* (des Pariser Comité des Délégations Juives) beschränkte sich auf einen sachbezogenen Briefwechsel mit L. Motzkin. Er trug die gesamte Last der Arbeit und Sorgen dieser Organisation, mühte sich, in Paris ein internationales Komitee zusammenzustellen und selbst Gegner unserer Idee dafür zu gewinnen.

Vor mir liegt ein ausführlicher Brief Motzkins vom November 1928. Er beschreibt darin die leidenschaftlichen Debatten während zweier Versammlungen in Paris, in denen einzig G. Sliosberg als unversöhnlicher Gegner unserer Positionen auftrat. In einer der Versammlungen wurde mein programmatischer

Brief an den Vorsitzenden M. L. Goldstejn verlesen, einen bekannten Petersburger Rechtsanwalt, der sich unserer Sache angeschlossen hatte. Sämtliche Argumente meiner Freunde konnten unseren *stadlan* nicht überzeugen, der vorgeschlagen hatte, anstelle des *Rates der Minderheiten* eine Gesellschaft zum Kampf gegen den Antisemitismus zu gründen. Bei der Abstimmung votierte lediglich Sliosberg gegen unser Programm, was Motzkin mir feierlich mitteilte. Ich erinnere mich gut, wie Motzkin mir jedesmal, wenn er aus Paris nach Berlin kam, einen Besuch abstattete. Ich sitze bei der Arbeit, das Telefon klingelt und eine bekannte, leise Stimme fragt: »Kann ich heute zu Ihnen kommen?« Ich antworte: »Herzlich willkommen in Berlin, Lew Jefimowitsch! Natürlich können Sie, nach fünf Uhr.« Und zur vereinbarten Stunde tritt Motzkin ein, nimmt Platz und beginnt über alles zu berichten, was in der Zwischenzeit in unserer Angelegenheit erreicht wurde – über die letzte Sitzung des Weltkongresses der Minderheiten[82], an dem er als Präsidiumsmitglied teilgenommen hatte, über die letzten Sitzungen unseres Pariser Komitees, über die Gleichgültigkeit der amerikanischen Freunde, von den Sorgen über die Sicherung des Budgets unseres Büros und schließlich über seine Hauptarbeit als Präsident des zionistischen Exekutivkomitees und beinahe ständigem Vorsitzenden der großen zionistischen Kongresse. Zwischen den Konferenzen, zwischen seinen Reisen nach Paris, London, Genf, Basel besuchte er mich immer wieder. Es kam oft vor, daß er seinen ›Rechenschaftsbericht‹ beendete, meine Bemerkungen anhörte, sich dann erhob, um zu gehen, und sagte: »Ach, wie schön ist es hier bei Ihnen! Wie still und doch dringen in diese Stille sämtliche Geräusche des Lebens!« Die große Sehnsucht eines unbehausten Wanderers und ewigen Teilnehmers von Komitees und Kongressen sprach aus seinen Worten.

Viele Einzelheiten über Ereignisse und Stimmungen der Jahre 1928–1929 möchte ich in Form kurzer Auszüge aus meinen Tagebüchern anführen.

1928

24. Februar … Sorgen um die literarische Kontrolle der Übersetzungen der *Geschichte* ins Hebräische und Jiddische, ins Englische, Französische und in andere Sprachen. Dafür habe ich weder Zeit noch Kraft …

27. Februar. Gestern war I. Goldberg aus Palästina bei mir. Erzählte von den dortigen Freunden. Vom anderen Ende der Welt, dem ›einstigen‹ Rußland, treffen traurige Nachrichten ein: erneute Terrorisierung der Bauern (Kolchosen),[83] wachsende Verelendung der jüdischen Stadt. In Piter ist Rosa Emanuil gestorben. Wie viele Erinnerungen …

5. März. Schrieb heute für *Ha-Tekufa* ein Vorwort zu unserem Aufruf von 1903 über die Selbstverteidigung, der von Achad Haam verfaßt worden war.[84] Las diesen stilistisch glänzenden Aufruf erneut und versetzte mich gedanklich zurück in jenen schicksalhaften Frühling in Odessa.

16. März. Schrieb für Lestschinskys Sammelband *Ekonomische schriften*[85] einen kleinen Artikel (auf jiddisch) unter der Überschrift: »Was fehlt uns in der Wirtschaftsgeschichte?«

23. März. Schob eine weitere Arbeit ein: eine Besprechung von Newmans Buch *Jewish influence on Christian reform movements*[86]. Sandte sie heute an die *Zukunft*, deren Redakteur ich sie schon lange versprochen hatte. Dies ist die letzte literarische Verpflichtung, die ich in diesem Zwischenraum einlöse. Noch einige Tage und ich widme mich dem achten Band.

13. April. Habe einen großen Teil der Einführung (in die neueste Geschichte) umgeschrieben und sie gestern während unseres traditionellen Abends am letzten Pessachtag Steinberg übergeben. Es waren die Lestschinskys da, die Steinbergs, die Koigens und andere. In der Überarbeitung ist viel Neues, insbesondere in der Architektur des achten Bandes, den ich in den Hauptkorpus der *Geschichte* eingefügt habe. Steinberg nannte diese Errungenschaft *Wolkenkratzer* unserer Historiographie.

23. April. Bin gestern und heute ›aus meinem Winkel herausgekommen‹: nahm an der Tagung der Exekutive des *Rates zur Verteidigung der Minderheitenrechte* teil – mit Motzkin, dem Warschauer Abgeordneten Grinbaum, A. Klee und anderen. Die Hoffnungen unserer Züricher Konferenz haben sich nicht erfüllt – die amerikanischen Mitglieder des Rates arbeiten nicht ... Seltsam mutet den *Nasiräer* die Rückkehr zur früheren ›weltlichen Hast‹ an: Fahrten ins Stadtzentrum, Sitzungen und Debatten im Tabaksqualm, Aufregungen, Streitgespräche ... Mir war bewußt, wie wichtig all diese Angelegenheiten sind, die auch meine Ideologie verwirklichen, vom Atem der Jahrhunderte umweht, spüre ich jedoch, daß es Wichtigeres und Notwendigeres gibt ...

2. Mai. Heute lege ich das Fundament für ein neues Projekt: Ich werde die ersten Teile der *Alten Geschichte* in hebräischer Übersetzung nach Tel Aviv senden und verpflichte mich dadurch, auch die Übersetzung aller sieben weiteren Bände bis hin zur kürzlich erschienenen *Neuesten Geschichte* zu senden. Habe die Einführung und einiges am Text redigiert. Wie schön, in der biblischen Sprache über die biblische Periode zu lesen. Das ist eine wahre Renaissance.

Auf dem Balkan gab es ein Erdbeben, Philippopel ist zerstört, das alte Korinth.[87] Welchen Stellenwert hat unsere ganze Geschichte auf dem schwankenden Planeten, welchen Stellenwert hat die Geschichte im Angesicht der Geologie, die Menschheit angesichts des Kosmos? ...

19. Mai ... Deklamierte beim Spazierengehen die alte *Maimoniana* von Wolff: über Salomon Maimon, der vor hundertfünfzig Jahren als litauischer Emigrant nach Berlin kam.[88] Auch ich bin ja ein litauischer Emigrant, bereits in fünfter Generation und schreibe jetzt die Geschichte dieser fünf Generationen nieder ...

25. Mai (erster Tag von Schowuos) Heute morgen meine *Andachts-Stunden* im Park. Las die Biographie der Henriette Herz.[89] Spazierte über die herrliche Cäcilienallee und die neue Thielallee bis Dahlem Dorf. Besser kann man Schowuos nicht feiern ...

31. Mai ... Ich habe mich vom Getöse der Jahrhunderte am Schreibtisch losgerissen und spaziere durch das grüne Reich von Grunewald und Dahlem, über mir lärmt der Chor der Vögel. Himmelspsalmen. In diese ›Himmelstöne‹ dringen häufig die ›öden Erdenlieder‹, ich versuche sie aber zu vertreiben, denn meine Seele ist mehr dort als hier. Dort? Ich weiß nicht, doch ich bete still zum Ewig Unerklärlichen, dem unerreichbaren ewigen Geheimnis, bevor ich mich selbst in diesem Weltenraum auflöse. Auch meine Stimme wird ersterben, doch es klang nicht nur das ›Erdenlied‹ darin, sondern auch ein guter Teil an ›Himmelstönen‹...

25. Juni. Wie schön das lautlose Morgengebet während der Spaziergänge durch die erwachenden Straßen ist, entlang an den in üppigen Gärten schlummernden Villen! Habe heute meine morgendliche Arbeit unterbrochen, um einen Gast zu begleiten, meine Nichte aus Piter. Sie ist Dozentin ...

30. Juni. Beendete die Durchsicht des achten Bandes. Ging in den Park. Berauschend ist der Duft der Kiefern am ersten heißen Tag des *Traumes*[90]. Wie gern ich zwischen diesen Kiefernreihen hindurchgehen und still mit ihnen plaudern, ihnen eine Lebensbeichte ablegen und ihrer Beichte lauschen würde. Dabei könnte ich für eine Zeit vergessen, daß ich am Rande des Lebens stehe ... Unverbesserlicher Romantiker, Träumer? Doch wie schrecklich wäre das nackte Leben ohne den Mantel der Romantik! Mein Pantheismus, mein Naturkult leiten sich daraus ab.

23. Juli. I. Goldberg war hier, danach Dizengoff. Letzteren habe ich seit 1903 nicht gesehen, als ich Odessa verließ (traf ihn nur einmal flüchtig im Frühjahr 1905 in Wilna, auf dem ersten Kongreß des *Verbands für Bürgerrechte*). Er hat Rußland verlassen und ist nach Palästina ausgewandert, hat Tel Aviv gebaut und war dort Bürgermeister ... Die Odessaer Jahre standen wieder auf, unsere Nachbarschaft in der Basarnaja, das Komitee für Nationalisierung, der Klub *Besseda* und unser Kampf für eine nationale Schule.[91]

Erhielt einen Gemeinschaftsbrief von einer Lesergruppe meiner *Weltgeschichte*, die bei Wien Urlaub macht. Sie gehören zur deutsch-jüdischen intellektuellen Oberschicht, darunter einige bekannte Namen. Sie schreiben über ihre Gefühle, die sie beim Lesen einer Reihe von Bänden empfanden: »Wir sind alle beeindruckt von ihrer spannend und außergewöhnlich fesselnd geschriebenen Arbeit.« An der Neige meines Lebens ist mir jegliche leere Eitelkeit fremd, doch ich segne das Schicksal, das es mir ermöglichte, beinahe ein halbes Jahrhundert lang für zwei Generationen der Intelligenzija in Rußland Lehrer der jüdischen Geschichte zu sein, und das mich befähigte, diese Lehrtätigkeit auch unter der westjüdischen Intelligenz fortzusetzen. Mein einstiges Auditorium in der unglücklichen Heimat stirbt aus, doch im Westen wächst ein neues heran, sensibel und hochintelligent ...

8. September, Reinerz. Saß im Park und las die Reden der Sitzung des Völkerbundes. Abrüstungsaufrufe mit Hinweis auf den unlängst in Paris unterzeichneten Kellogg-Pakt[92] über die Verurteilung von Kriegen als Mittel zur Lösung internationaler Konflikte. Unter großen Schwierigkeiten bahnt sich die Idee des Pazifismus ihren Weg unter Politikern, die von Kriegspsychologie erfüllt sind.

19. Oktober, Berlin. Kürzlich war M. S. Abramowitsch (der Sohn von Mendele) bei mir, den ich etwa dreißig Jahre nicht gesehen habe. Er erzählte von seiner Flucht aus Rußland, seinem Herumirren durch Westeuropa (jetzt lebt er in Brüssel) ... Er hat sich von unseren Interessen abgewandt, entfremdet ... Heute weitere Besucher: der Organisator des jüdischen wissenschaftlichen Instituts[93] aus Wilna Dr. Weinreich und die hiesigen Lestsch[insky] und Tscherik[ower]. Berieten über Angelegenheiten des Instituts. Für den Bau eines Gebäudes und die Organisation der sich stetig entwickelnden Aktivitäten muß Geld gesammelt werden ...

1. November. Kürzlich Abschiedsabend von Krejnin im Schalom-Alejchem-Klub.[94] Erinnerte mich unserer gemeinsamen Arbeit, der Abende in Petersburg 1906–1917.[95] Bramson, der dem Bankett vorsaß, lenkte meine Gedanken ebenfalls ins alte Petersburg ...

6. November. Sah gestern und vorgestern meine Erinnerungen an Frug durch und schrieb auf Jiddisch ein weiteres Kapitel über seine Gedichte für das in Warschau erscheinende Bändchen *Fun jargon zu iddisch*. Während des Schreibens schmerzte mir das Herz ...

In jüdischen Zeitungen häufen sich Artikel meiner Besucher über mich, in denen ich keine Interviewer vermutete. Manches ist einfältig, mitunter aber findet sich auch Anständiges ...

15. November. Beendete heute die Endredaktion der »Epoche der ersten Reaktion« für den neunten Band. Vergewisserte mich im alten Tagebuch: in erster Redaktion hatte ich es in Piter beendet, am 5. Januar 1913, inmitten der üblichen russischen Aufregungen.[96] Jetzt sitze ich in meinem geräumigen Berliner Arbeitszimmer, von unten dringen sachte Geräusche der über den Asphalt rollenden Autos zu mir herauf; ebenso glatt und eben rollt mein Arbeitsleben seiner letzten Schranke entgegen, erfüllt sich meine Aufgabe, wenn nicht vollständig, so doch beinahe. Was also fehlt? Eines: Es gibt kein Rußland mehr und nicht jene russische Judenheit, für die ich fast ein halbes Jahrhundert gearbeitet habe ... Ich schreibe für die Juden der ganzen Welt, außer für jene, die eingesperrt sind im Sowjetischen Reich, meine Werke werden in verschiedenen Sprachen gedruckt, nicht aber in jener, in der ich vor allem schrieb ...

18. November. Unruhen in Palästina, Zusammenstöße an der Westmauer (in Jerusalem), deutlich gestiegene arabische Gefahr im Hort der Hoffnungen ... Steigender Antisemitismus in Berlin: Armee der ›Nationalsozialisten‹, die die demokratische Freiheit in Deutschland für verbale Pogrome und die Zerstörung jüdischer Friedhöfe nutzen, um dann zu tatsächlichen Pogromen und der Vernichtung der Menschen überzugehen.

1929

23. Februar. Abwechselnd Umarbeitung des ersten Kapitels des zehnten Bandes und Korrekturlesen des neunten Bandes. Habe in diesem Kapitel vieles ergänzt (insbesondere § 2: »Die Lossagung vom Nationaljudentum«[97]) ... Tagsüber, bei

Tauwetter, im Park. Holte den neuen Band der französisch-jüdischen Zeitschrift mit der Übersetzung meiner »Geschichte eines Soldaten«[98] aus der Tasche. Gedachte der schrecklichen Tage, als sie entstand, es war wohl zu Beginn des Jahres 1916, unter dem Alpdruck des Krieges. Es ist ein originelles Poem, rhythmisch im Stil, leidenschaftlich und voller Tränen …

5. März. Über die jüdischen Leiden auf der ganzen Welt bin ich genau informiert, denn ich lese täglich die J. T. A.-Telegramme und Zeitungen. Doch alles verblaßt vor dem physischen und moralischen Aussterben von drei Millionen Juden in Sowjetrußland. Zorn steigt in meiner Seele hoch … Im Epilog zum zehnten Band habe ich eine Charakteristik des Regimes gegeben …

19. März. Gestern war ein *Schicksalstag*, der die Weichen für meine Arbeiten in den nächsten Jahren stellte. Den ganzen Abend bei Besprechungen mit Dr. Kazen. vom Jüdischen Verlag und A. Steinb[erg]. Schließe einen Vertrag mit dem Verlag über drei neue Ausgaben in deutscher Sprache: 1. *Briefe vom Judentum* – Herbst 1929, nach Erscheinen des zehnten Bandes der *Weltgeschichte**; 2. *Geschichte des Chassidismus* 1930; 3. Kurzfassung der *Weltgeschichte* in drei Bänden, die Steinberg zusammenstellt.**

Saß heute besonders selig in den Anlagen des Kissinger Platzes, badete in den Sonnenwogen und blätterte in alten Aufzeichnungen. Jetzt sitze ich über der Arbeit, und die Musik Dutzender Frühlinge ertönt in meiner Seele, die in traurige Refrains mündet. Welch wunderbares Poem – ein langes Leben, reich an Ereignissen einer ganzen historischen Epoche und von zwei, drei Generationen! Ich bin jetzt beim Paragraphen »Innere Krise der achtziger Jahre in Rußland«. Werde den Text mit der gleichen inneren Bewegung durchsehen, wie ich ihn in jenem schrecklichen Herbst 1915 niederschrieb. Es ist ja auch meine Krise, die Krise meiner Generation …

10. April. Habe beschlossen, die Durchsicht weiterer Kapitel zu unterbrechen und außer der Reihe einen Epilog zu den Ereignissen von 1914–1928 zu schreiben. Die durch meinen Kopf schwirrenden Gedanken und Pläne geben keine Ruhe, und ich möchte nun den Epilog in Angriff nehmen, um so mehr, als ich versprochen habe, eine Kopie davon an eine zionistische Zeitschrift in Amerika zu geben.

13. Mai. Einen ganzen Monat lang schrieb ich am Epilog und arbeitete ihn um. Er ist umfangreicher geworden als ich gedacht hatte – mehr als zwei Druckbogen.

16. Juli. Beendete soeben die letzte Durchsicht der letzten Seite (des Textes) vom zehnten Band … Jetzt muß nur noch der kürzlich geschriebene Epilog durchgesehen und Korrekturen gelesen werden.

20. Juli. Die Zeit vergeht mit kleineren Arbeiten. Mein zweites Bändchen *Fun jargon zu iddisch* ist erschienen, insgesamt ganz anständig, in der zweiten Hälfte jedoch, wo nicht mein jiddischer Text abgedruckt ist, sondern eine Übersetzung aus dem Russischen, unterliefen skandalöse Fehler.

* wurde nicht realisiert
** Erst 1937–1938 veröffentlicht

Gestern und heute sitze ich an den Korrekturen des Textes der *Briefe vom Judentum* für die hebräische und deutsche Ausgabe. Ich kürze stark, streiche Veraltetes, obwohl ich beschlossen habe, das Zeitkolorit beizubehalten, in dem die *Briefe* entstanden. Eine schwierige Aufgabe.

Gestern die Nachricht aus Amerika über das Erscheinen meines Epilogs in englischer Sprache in *Herzl's Memorial Book*, Auflage 100.000 Ex.

30. Juli ... Überarbeite den Text für die gekürzte Ausgabe der *Briefe vom Judentum*. Nach dem Sieben ist jetzt das reine Mehl übrig geblieben: ein kleiner Band, Denkmal für den einstigen Ideenkampf und Material für die Geschichte, das allerdings noch immer die Geister aufrütteln kann, insbesondere im Westen, im Sinne einer Verdeutlichung der nationalen Ideologie.

Der Ansturm der Besucher reißt nicht ab: aus Palästina, Amerikaner, Hiesige. Gestern tauchte überraschend Belkind auf, den ich seit 1902 in Odessa nicht mehr gesehen habe. Einer der ersten *biluizen* hat er sich jetzt zu einem palästinischen *meschulach* gewandelt, der in Europa und Amerika auf Geldsuche für seine Schule für ukrainische Waisen unterwegs ist. Wir gedachten der früheren Zeiten und Menschen. Auch M. Saks war hier, wir erinnerten uns des alten Piter. Auch Jefroikin aus Paris, Latzky aus Riga u. a. haben mich besucht.

4. August. Beendete soeben die Durchsicht des Epilogs zum letzten Band der *Geschichte*. Schrieb mit großer Bewegung die Schlußapotheose über das prophetische ›Ende aller Tage‹.

10. August, Reinerz. Kamen vorgestern an. Wurden auf dem Bahnhof von Lestsch[insky] erwartet, der uns in die Pension ›Eben-eser‹ brachte. Zimmer mit Balkon in einem Haus, das am Saum der Berge steht, mit herrlichem Blick auf den Wald und die grünen Hänge ... Viele Menschen ringsum, konnte noch keine Ruhe finden.

18. August. Las über den zionistischen Kongreß und über die Konferenz der *Jüdischen Agentur* in Zürich.[99] Eine neue Ära für den Zionismus? ... Motzkin lädt mich telegraphisch nach Zürich ein – zur Teilnahme an einer Sitzung unseres *Rates der nationalen Minderheiten*. Antwortete, daß ich nicht käme. Es ist schade, denn es stehen wichtige Fragen auf der Tagesordnung ...

4. September. Schrieb einen Artikel über die aktuellen Pogrome in Palästina für die Telegraphenagentur (J. T. A.).

8. September (morgens) ... Morgen früh Abreise. Fahre nach Berlin zu neuen literarischen Ufern. In schlaflosen Nächten plane ich die Ausgabe des *Chassidismus* und weiterer Arbeiten. Die fatale Ziffer ›70‹ nähert sich und obgleich ich mich mit jedem Jahr ›verjünge‹, fürchte ich noch immer, mein unabgeschlossenes beträchtliches Lebenswerk nicht bewältigen zu können.

10. September, Berlin. Nahm Abschied von den Wald- und Berggeistern, dem Getriebe der Pensionen und trat ein ins Reich der heimischen Penaten. Jedes Jahr spüre ich an der Grenze von Sommer und Herbst diesen besonderen Reiz der

Heimkehr zu den Penaten, ins heimische Arbeitszimmer, an den Schreibtisch, in dem ›Leben und Werk‹ bewahrt sind – Manuskripte, Tagebücher, der Briefwechsel eines halben Jahrhunderts, Notizen. Man freut sich, daß diese Spuren des Lebens nicht durch eine zufällige Katastrophe vernichtet wurden, während man weg war ... Und wieder beginnt das Stadtleben – Stille und Arbeit am Schreibtisch, die hereindringenden Geräusche der Welt, Gedanken auf den Straßen und in den Parks von Grunewald und Dahlem, eine neue Etappe der Bewältigung des Lebenswerks, eine der letzten Etappen eines langen Weges.

Vierzehntes Buch

Die letzten Jahre in Berlin

(1930–1933)

Kapitel 74

Überarbeitung der *Geschichte des Chassidismus* und Bewältigung meines Lebenswerks (1929–1931)

Die Arbeit des Dreißigjährigen, vollendet mit siebzig Jahren. Schreibe von ›rechts nach links‹: vollständige Überarbeitung der hebräischen Fassung der *Geschichte des Chassidismus.* Verschmelzen von Morgendämmerung und Abendröte meines Lebens. – Neue Wohnung im Grunewald, vermeintliche ›letzte Zuflucht‹ auf dem Weg des Wanderers. – Der Traum von einem ruhigen Lebensabend zerrinnt angesichts der wachsenden Gefahr des Hitlerismus. – Mein Jubiläum und der erste Sieg der Nationalsozialisten bei den Reichstagswahlen. – Das unruhige Jahr 1931: Wirtschaftskrise und Arbeitslosigkeit. Terror der Nationalsozialisten. Pogrom auf dem Kurfürstendamm. – Jüdische Geschichte, für Kinder erzählt. – Französische und englische Übersetzungen der großen *Geschichte.* – Aus den Tagebüchern.

Mein Jugendwerk, die *Geschichte des Chassidismus*[1], mußte siebenunddreißig Jahre warten, bis es zur endgültigen Überarbeitung an die Reihe kam. Nach Errichtung des Gebäudes der Weltgeschichte kehrte ich mit jenem zärtlichen Gefühl zum *Chassidismus* zurück, mit dem man sich seiner ersten Liebe wieder zuwendet, die von den Strahlen der Abendsonne des Lebens beschienen wird. Ein weiterer Aspekt wärmte mir bei dieser Arbeit das Herz – statt wie ursprünglich auf russisch, schrieb ich jetzt in jener alten Sprache unseres Volkes, die mich in der Kindheit zuerst in die Welt der Bücher eingeführt hatte. Ich hielt es für meine Pflicht, meine originellste Arbeit, die auf Forschungen von der Öffentlichkeit unzugänglichen handschriftlichen Quellen basierte, in dieser Sprache zu verfassen. Das Versprechen, das ich einst Achad Haam gegeben hatte, dieses Buch auf hebräisch neu zu schreiben, war mir dabei ein weiterer Stimulus. Es war mir jetzt möglich, sämtliche Quellen aus der chassidischen Literatur sowie alle Dokumente meiner umfangreichen Handschriftensammlung im hebräischen Original zu zitieren und ein vollständiges Bild nicht nur der chassidischen, sondern auch der misnagdischen Bewegung vor dem Hintergrund der allgemeinen jüdischen Geschichte zu zeichnen. In diese Arbeit konnten meine gesamten, in vielen Jahren gesammelten wissenschaftlichen Erfahrungen einfließen – die Analyse der Quellen, Überlieferungen und ›frommen Erfindungen‹ fiel jetzt strenger aus; leider mußte ich aus dem ursprünglichen russischen Text auch immer wieder lyrische Stellen streichen, die allgemeine Struktur blieb jedoch erhalten.

Diese Arbeit nahm ich im September 1929 in Angriff, nach der Rückkehr aus Reinerz, dem Ort unserer Sommerurlaube. Sie beanspruchte mich das ganze Jahr 1930 über, das letzte ruhige Jahr in Berlin. Damals glaubte ich noch an einen lichten Lebensabend, befaßt mit einer Arbeit, die ich im Morgendämmer begonnen hatte. Ich wollte meinen geliebten Erstling unterbringen und mich dann an das *Buch des Lebens* setzen, die ›Beichte eines Sohnes des Jahrhunderts‹, zu der es mich besonders zog. Mein siebzigster Geburtstag näherte sich, Gerüchte über Vorbereitungen zu großen Feierlichkeiten in verschiedenen Ländern drangen an mein Ohr, ich aber träumte davon, diesen Tag in stillen Gedanken über den zurückgelegten Weg zu verbringen und mich auf die ›Rechenschaft der Seele‹[2] vor mir selbst und meinen Zeitgenossen vorzubereiten. Um mir für diese Arbeit einen gemütlichen Platz zu schaffen, beschloß ich, näher zum Grunewald zu ziehen und mietete eine Wohnung mit drei ›eleganten‹ Zimmern in einem neu errichteten Haus zwischen Schmargendorf und Dahlem, in der stillen Ruhlaer Straße, an der ich während meiner Spaziergänge schon lange Gefallen gefunden hatte. Ich hielt diesen Winkel für die letzte Zuflucht meines Wanderlebens und geizte nicht mit der Miete und der Anschaffung von Möbeln – wenn ich nur der Natur näher war und eine eigene Wohnung besaß, ohne deutsche Wirtin.

Die Realität zerstörte diese Träume aber schnell. In Deutschland gewann eine Bewegung an Stärke und nahm von der Straße Besitz, die zuvor nur im Untergrund existiert hatte. Sie hielt das Land zwei Jahre lang durch Straßenterror in Atem und führte im dritten Jahr zur Machtergreifung Hitlers und seiner Anhänger. Anfang August 1930 zogen wir in die neue idyllische Wohnung und reisten zwei Wochen darauf in den Sommerurlaub nach Reinerz. Als wir aber im September nach Berlin zurückkehrten, erlebten wir den ersten parlamentarischen Sieg der Nationalsozialisten: Bei den Reichstagswahlen stellten sie 107 Abgeordnete statt der früheren kläglichen 12. Einen Monat darauf, bei Eröffnung des Reichstags, feierten die Sieger ihren Triumph mit dem Zerschlagen der Scheiben ›jüdischer‹ Kaufhäuser (am 13. Oktober)[3]. Zwischen diesen beiden Daten wurde in Berlin öffentlich mein Jubiläum begangen – übrigens ohne Anwesenheit des Jubilars. Mir war nicht nach *Jubeln* zumute. Seit diesem Herbst wich allmählich das Gefühl der Sicherheit aus Deutschland. 1931 waren bereits die Weltwirtschaftskrise und die Arbeitslosigkeit von Millionen Menschen zu spüren und diese verzweifelte Situation der Massen nährte den politischen Terror von rechts und links, von seiten der Nationalsozialisten und der Kommunisten. Blutige Zusammenstöße zwischen beiden Parteien auf den Straßen waren an der Tagesordnung. Auf dem Kurfürstendamm, im Zentrum Berlins, bedrohten Hitleranhänger im September 1931 Juden, die aus den Synagogen kamen und anläßlich des Feiertags Rosch ha-Schana spazieren gingen.[4]

In dieser beunruhigenden Atmosphäre mußte ich die Arbeit am *Chassidismus* in drei Ausgaben fertigstellen – in hebräisch, jiddisch und deutsch. Außerdem stand eine weitere Arbeit an. Schon seit langem trug ich mich mit der Absicht, eine kurze jüdische Geschichte für Kinder in jiddischer Sprache zu schreiben und beschloß nun, dies in der Pause zwischen dem *Chassidismus* und dem *Buch des Lebens* zu tun. Im Sommer und Herbst 1931 stellte ich dieses Büchlein zusammen.

Die allgemeine Wirtschaftskrise wirkte sich auch auf meine Verlage aus. Der Berliner Jüdische Verlag hielt sich zwar noch und war in der Lage, die deutsche Übersetzung des *Chassidismus* in zwei Bänden zu veröffentlichen (Steinberg hatte sie gut aus dem Hebräischen übertragen), die anderen Verlage litten aber beträchtlich. Der Verlag *Dwir* in Palästina druckte sehr langsam und in kleiner Auflage das Original des *Chassidismus* und weitere Bände der großen *Geschichte.* Die Warschauer Verleger der jiddischen Ausgabe standen kurz vor dem Bankrott. Von der *Geschichte des Chassidismus* erschien auf jiddisch lediglich der erste Teil in der Ausgabe unseres Wilnaer *Wissenschaftlichen Instituts* (YIVO), dem ich mein Autorenhonorar erließ. Auch bei der Ausgabe der französischen Übersetzung der *Neuesten Geschichte*, die bereits 1926 begonnen worden war, gab es eine Verzögerung. Als die assimilierten Kreise in Paris erfuhren, der große Verleger Payot wolle mein Buch herausbringen, gaben sie ihm zu verstehen, daß diese Ausgabe beim französisch-jüdischen Publikum, das vom nationalen Verständnis seiner Geschichte weit entfernt sei, wohl kaum Erfolg haben werde. Vertraulich erfuhr ich, diese Agitation gehe von Kreisen der *Alliance Israélite* und des Pariser Rabbinats aus. Als dann die überarbeitete Ausgabe der *Neuesten Geschichte* in den letzten drei Bänden der *Weltgeschichte* auf deutsch erschien, forderte Payot vom Übersetzer, er solle die Veränderungen und Ergänzungen des neuen Textes in die bereits gedruckten Bogen aufnehmen. Dies verzögerte das Erscheinen des Buches um einige Jahre und es konnte erst 1933 erscheinen, als das Hitlerregime in Deutschland in der ganzen Welt ein verstärktes Interesse am Schicksal der Judenheit hervorrief.

Hier soll auch auf das seltsame Schicksal der erwähnten englischen Ausgabe der zehnbändigen *Geschichte* eingegangen werden, die für das jüdische Zentrum in Amerika von besonders großer Bedeutung hätte sein können. Im Frühjahr 1926 erschien ein Emigrant mit zweifelhaftem Ruf bei mir, ein bankrott gegangener Wilnaer Verleger, in Begleitung zweier Deutscher, Vertreter einer Leipziger Firma, die ihre Bereitschaft erklärten, mein Werk in englischer Sprache herauszubringen. Ich willigte ein und behielt mir lediglich das Recht vor, kompetente Übersetzer auszuwählen sowie die Übersetzung zu überprüfen. Bald kamen dieselben Personen wieder, mit einem Vertragsentwurf von einem extra zu diesem Zwecke gegründeten Verlag (*Penina*-Verlag). Sowohl der jüdische Name der neuen Firma als auch die Unterschrift des zweifelhaften Wilnaer

Vermittlers neben jener der Deutschen kam mir verdächtig vor, dennoch unterschrieb ich, da die Verleger das Honorar für die Übersetzung garantieren. Unter großer Mühe fand ich in London einen Übersetzer, der im Verlaufe zweier Jahre die ersten beiden Bände übersetzte und mir die Manuskripte sandte. Als es aber ans Drucken gehen sollte, tauchten juristische und finanzielle Hindernisse auf. Dem amerikanischen *Copyright*-Gesetz zufolge durften nur jene in Europa gedruckten englischsprachigen Bücher eingeführt werden, die in einer angloamerikanischen Firma hergestellt waren. Haupthindernis war, daß die Verleger nach Bezahlung der Arbeit des Übersetzers kein Geld für den Druck mehr bereitstellen konnten. Daraufhin reiste der durchtriebene Vermittler nach Amerika. Der große New Yorker Verlag *Macmillan*[5], der auch in London eine Filiale besaß, erklärte sich einverstanden, 25.000 Dollar in das Unternehmen zu investieren – unter der Bedingung, daß amerikanisch-jüdische Mäzene eine ebenso große Summe investierten. Außer dem Millionär Rosenwald jedoch, der lediglich 5.000 Dollar zeichnete, fanden sich keine weiteren Mäzene und die Angelegenheit schien sich zerschlagen zu haben. Nach langer Suche jedoch kehrte der Vermittler nach Berlin zurück und bat mich im Namen eines unbemittelten amerikanischen Verlages um das Manuskript, das nun doch in Amerika gedruckt werden sollte, denn er hätte angeblich Kredit in den Druckereien und wolle persönlich den Vertrieb der Bücher übernehmen. Ich hatte jedoch bereits von den Machenschaften dieses Mannes in Europa und Amerika gehört – er verleitete die Verleger zu unterschiedlichsten Plänen, ging dann mit den gedruckten Büchern bei reichen Leuten hausieren und bat sie, die Bücher zur Unterstützung der jüdischen Wissenschaft zu kaufen. Deshalb weigerte ich mich entschieden, das Manuskript herauszugeben, das von diesem Makler zum Instrument der Bettelei gemacht werden sollte. In der Folge erpreßten mich sowohl er als auch die von ihm übertölpelten ›Verleger‹; sie verwiesen dabei auf unseren Vertrag, bis ich mich an einen Anwalt wandte, der diesen Vertrag wegen der offensichtlichen Zahlungsunfähigkeit der Verleger als juristisch nicht wirksam erkannte. So ist es mir bis jetzt nicht gelungen, die neue historische Arbeit unter den englischsprachigen Juden Amerikas und Großbritanniens zu verbreiten.

Auszüge aus den Tagebüchern von 1929–1931.

1929

12. September, Berlin. Neue Dekoration auf meinem Schreibtisch, oder genauer gesagt, eine ganz alte: Bücher und Manuskripte, Materialien für die *Geschichte des Chassidismus*. Der Traum langer Jahre beginnt, Gestalt anzunehmen: die Ausgabe dieser Arbeit in Buchform. Vor genau sechsunddreißig Jahren, im August und September 1893, habe ich in Odessa nach Beendigung der letzten Kapitel des *Chassidismus* im *Woschod* fieberhaft an der Durchsicht des Textes für eine Einzelausgabe gearbeitet. Doch ich war gezwungen, sie zu unterbrechen. Einen weiteren Versuch unternahm ich im Herbst 1898, schaffte es aber lediglich, die Einführung und einen Teil des wissenschaftlichen Apparats zu überarbeiten ... Jetzt befinde ich mich fern der Heimat und werde den *Chassidismus* nicht in ihrer Sprache, sondern in der alten Sprache meiner Nation zu Papier bringen und ihn in zwei weiteren Sprachen redigieren – in deutsch und jiddisch ... Ja, ein seltener Fall – am Lebensabend eine Arbeit zu vollenden, die im Morgendämmer begonnen wurde. Von nun an werde ich ein ganzes Jahr lang von diesem Gedanken beseelt arbeiten.

6. Oktober (zweiter Tag von Rosch ha-Schana). Die Lebensuhr hat geschlagen: 69. Bis zum Ende ist es nun schon sehr nah ... Heute würde ich gern in völliger Abgeschiedenheit sein und mich meinen Gedanken hingeben, doch am Abend erwarten wir Gäste und in die Stille meiner Klause wird Lärm dringen. Auch gestern schon konnte ich mein übliches Rosch ha-Schana-Gebet im Wald nicht halten: Ich fand mich in lautstarker Runde im Botanischen Garten wieder, wo wir über die Tragödie in Palästina debattierten.

7. Oktober. Nur eine stille Stunde war mir gestern Mittag im Park Im Dol vergönnt. Die Abendstunden vergingen im Lärm der Gäste (etwa fünfzehn Personen). Auch Bialik war da, wieder Gespräche über die schmerzliche Palästina-Frage und allerlei Debatten über Tagesereignisse.

11. Oktober. Habe meine Erinnerungen an die *Historische Gesellschaft* und an meine Rückkehr in die Redaktion der *Jewrejskaja starina** in Kurzform ins Jiddische übersetzt und an den New Yorker *Tog* gesandt, dessen Redaktion mich telegraphisch um einen Artikel gebeten hatte. Im Vorwort erzählte ich, weshalb man diesen Artikel nicht in Rußland habe veröffentlichen können und nannte ihn »Verbotene Erinnerungen«.

4. November. Schrieb den Artikel »Chassidismus« für die *Encyclopaedia Judaica*[6], wie ich ihn 1902 für das russische Lexikon von Brockhaus-Efron geschrieben habe.

11. November. Beendete vor kurzen die letzten Korrekturen des letzten Bandes der *Weltgeschichte*. Genau fünf Jahre dauerte die Herausgabe des monumentalen Werks, und parallel lief die Überarbeitung des russischen Originals ... Allem Anschein nach wird es dieser deutschen Ausgabe beschieden sein, die Hauptausgabe zu sein, denn ich werde eine vollständige Veröffentlichung des russischen Originals wohl kaum erleben ...** ... Erneut vertiefe ich mich ganz in den *Chassidismus*.

21. November. Beendete die Einführung in die *Geschichte des Chassidismus*. Schreibe von rechts nach links, als hätte ich seit frühester Jugend nie aufgehört, hebräisch zu schreiben.

* siehe oben, Kap. 73.
** 1936–1939 kam es in Riga heraus.

Das mittelalterliche Faustrecht erlebt eine Wiedergeburt. Kommunisten und Nationalsozialisten schlagen sich auf den Straßen und in Versammlungen bis aufs Blut. Faschistische Studenten entfesseln Pogrome gegen Juden und Sozialisten in Wien, Budapest, Prag, Berlin, Warschau.[7] Welch eine Generation da heranwächst! Wie werden diese Radaubrüder in zehn oder zwanzig Jahren einen Staat erbauen? Schrecklich, auch nur daran zu denken …

25. November. Gestern Abend bescheidenes Abendessen mit den Mitarbeitern der Ausgabe meiner *Geschichte* in der Villa des Verlegers Dr. Kazen[elson]. Dank meiner Einwände weitete es sich nicht in eine laute *sijum*-Feierlichkeit aus, wie es die anderen wollten. Es waren nur Steinberg, Meisl und noch drei Verlagsmitarbeiter anwesend …

13. Dezember. Beendete das Kapitel über den Bescht, drei Wochen angestrengter Arbeit. Dieses Kapitel – »Die Anfänge des Chassidismus« – schrieb ich (auf russisch) zwischen dem 5. und 28. März 1888 in Mstislawl. Einundvierzig Jahre! … Ich entsinne mich noch immer jenes Frühjahrs und meiner Versunkenheit in den Sog der Legende.

Ein Brief, den ich kürzlich von dem mir unbekannten Arzt R. aus Wiesbaden erhielt, versetzte mich in noch frühere Jugendzeiten zurück. Der Briefschreiber hatte als kleiner Junge in Mogiljow gelebt, als ich mich dort auf das Abitur vorbereitete (1878), und erinnerte sich, wie seine Eltern davor zurückgescheut seien, mich, den *apikoires*, als Lehrer für ihn zu engagieren.

1930

1. Januar. Jahresbeginn, den ich seit jeher für eine Wegmarke in meinem Leben halte. Ich aber lebe nicht nur, sondern arbeite auch angespannt. In den letzten Tagen arbeitete ich an der komplizierten biographischen Überblicksdarstellung der *Chassidiana* weiter.

27. Januar. Arbeite angestrengt am Kapitel »Der Maggid aus Meseritsch« – früher »Entstehung des Zaddikismus«, das ich im Sommer 1889 schrieb. Halte augenblicklich beim Paragraphen über Jakob-Jossif und muß daran denken, mit welchen Qualen ich dies damals vor vierzig Jahren während meiner Augenkrankheit[8] niederschrieb und unzählige Bände von Materialien in kleiner Schrift studierte …

Abends liest I. mir Trotzkis Autobiographie[9] vor. Alles schreit hier vom vermeintlichen ›Übermenschen‹, während Trotzki doch den Typ eines denkenden Menschen mit äußerst beschränktem Horizont darstellt, der abgesehen von der ›permanenten Revolution‹ keinerlei höhere Ansprüche stellt. Sein Bekenntnis, das »Bedürfnis nach anderen Welten« sei ihm in seiner Jugend psychologisch fremd und er stets Materialist gewesen[10], ist sehr charakteristisch.

11. Februar. Habe Trotzkis Autobiographie zu Ende gelesen. In den letzten Teilen ist es eine Apologie und Polemik gegen die Gruppe um Stalin. Die Diktatur an sich aber schreckt Trotzki nicht: ›den großen Raubzug‹ findet er notwendig.[11]

Abstoßend sein Spott über die Demokratie, den europäischen Sozialismus und den Parlamentarismus. Und in Deutschland wächst die schwarze Reaktion der Nationalsozialisten, der Partei des Faustrechts. Wirtschaftskrise überall in Europa, schreckliche Arbeitslosigkeit.

16. März. Der erste Band des *Chassidismus* (bis 1781) ist fast vollendet. Das Buch wird in Palästina gedruckt, im Verlag *Dwir*. Der Kampf zweier Verlage um dieses Buch endete mit einem Sieg von *Dwir*: Bialik und Rawnizki schreiben, daß sie bereits für diese Ausgabe annoncieren ...

13. April. Morituri te salutant. Erhielt kürzlich den rührenden Brief einer neunzigjährigen Frau aus Königsberg, R. Perles, der Witwe des Historikers und Mutter des Orientalisten. Sie liest meine *Weltgeschichte*, ist gerade beim dritten Band und fürchtet, sie werde ›abberufen‹, bevor sie den letzten Band erreicht habe und könne mir nicht mehr zu meinem siebzigsten Geburtstag gratulieren; deshalb beeilt sie sich, mich jetzt schon zu beglückwünschen.

18. Mai. Meine *Weltgeschichte* findet immer weitere Verbreitung. Es heißt, sie habe größeren Erfolg, als seinerzeit der ›große Graetz‹. In den Köpfen der deutschen Juden müßte ein beträchtlicher Wandel einsetzen ...

In Berlin tagt augenblicklich der Pan-Europa-Kongreß[12], aus Paris und Genf ergehen Aufrufe Briands über eine Union der europäischen Staaten. »*Mir, mir a net mira*«[13] ... Ich lese ziemlich viele Presseerzeugnisse (fünf, sechs Tageszeitungen, nicht gerechnet das Dutzend Wochen-und Monatszeitungen und so weiter). Die Perspektive, die ich sehe, ist vorerst trostlos ...

31. Mai. Unterschrieb gestern einen fünfjährigen Mietvertrag für eine Wohnung in einem im Bau befindlichen Haus.[14] Merkwürdig, sich im siebzigsten Lebensjahr in einer neuen Wohnung einzurichten, Möbel zu kaufen, sich für fünf Jahre festzulegen, wo wir doch nicht nur im fremden Land, sondern auch auf der Erde Gäste sind. Dennoch möchte ich die letzten Lebensjahre in meinem Winkel verbringen, still arbeiten, still die alten Melodien summen, in der Nähe meines Gotteshauses, des Waldes, leben, meine »Erinnerungen und Gedanken« niederschreiben und vom Leben Abschied nehmen.

5. August, Ruhlaer Straße 8. Umzugswoche, Ein- und Auspacken der Bibliothek und des Archivs, Aufregungen und Sorgen bei der Einrichtung des neuen Nestes, inmitten des Wirrwarrs des noch nicht zu Ende gebauten Hauses ... Ein schöner Winkel an der Grenze zwischen lärmender Stadt und schweigendem Wald. Das Ende meiner Straße mündet in die Friedentalstraße[15], eine Villenstraße, die in den Park führt.

Bin äußerst erschöpft und urlaubsreif, doch die Druckerei und die Übersetzer, die mit dem *Chassidismus* befaßt sind, müssen mit Material versorgt werden.

Schwermütig habe ich am 1. August die alte Wohnung in der Charlottenbrunner Straße verlassen, in der ich genau fünf Jahre wohnte und die letzte Redaktion der Bände der *Geschichte* und des größten Teiles des *Chassidismus* besorgte. Die tätigste Zeit der Bewältigung meines Lebenswerks ...

17. August, Reinerz. Vorgestern habe ich an einem grauen Morgen, bei Platzregen, Berlin verlassen, und auch hier schon den zweiten Tag bleierner Himmel, der abwechselnd kleine und große Tränen weint ... Morgen beginnt der Kurbetrieb mit seinen Bädern und Wasserkuren, trostloses Spazieren durch den Kurpark, ohne Sonne, ohne das Lächeln des Waldes, der jetzt als dunkle Wand mit hohem Kamm vor unserem Fenster steht ...

30. August ... Bezaubernde Tage. Morgens Aufstieg auf den Friedrichsberg[16], Übergang von den dunklen, gewundenen Waldwegen zur Weite der Felder auf der Höhe; gegen Abend Spaziergänge durchs Tal der Schmelze, über die Badeallee und durch die krummen Gassen der Altstadt ...

1. September. Tage des Abschieds. In vier Tagen verlassen wir Reinerz. Es war ein kurzer Urlaub, doch mit Willenskraft gelang es, die Stadtnerven zu beruhigen und die Sorgen beiseite zu schieben ... Ich würde gern nach Berlin zurückkehren und dort in den stillen, sonnigen Gassen meditieren, im Park und im Wald ... Wie unangenehm mir die Aussicht auf das ›Jubiläum‹ ist: man plant offenbar, meinen siebzigsten Geburtstag zu Rosch ha-Schana oder später zu feiern. Ich werde keiner öffentlichen Feier unter meiner Teilnahme zustimmen.

7. September, Berlin, Schmargendorf ... Frohes Gefühl des Heimkehrers, der seine teueren Reliquien unversehrt vorfindet: die Manuskripte der noch nicht gedruckten Kapitel des *Chassidismus*, Kopien der *Geschichte*, die Korrespondenz, Material für die künftige Autobiographie ...

9. September. Der Wahlkampf in Deutschland[17] steht unter dem Vorzeichen des Wütens der antisemitischen Partei der Nationalsozialisten, die auf Versammlungen mit schlagenden Argumenten auftreten.

15. September. Sieg der Partei der Nationalsozialisten bei den Reichstagswahlen[18] – sie errangen 107 Sitze. Ihre Losung: Haß auf Frankreich, Revanche, Antisemitismus, Diktatur, Faschismus, Faustrecht. Zusammen mit den Rechten aus der Partei der Deutschnationalen sind mehr als ein Drittel des Reichstags brutale Antisemiten. Und auch hier wird das Schicksal des Landes nicht vom Volk entschieden, sondern von der Straße, nicht Demokratie herrscht, sondern Ochlokratie. Die Rettung liegt jetzt in der großen Koalition von Sozialdemokraten und *Zentrum*. Auch die Kommunisten haben mehr Mandate erhalten. Gemeinsam mit den Faschisten von rechts werden sie durch Obstruktion die Tätigkeit des Parlaments bremsen. Im Zusammenhang mit der wachsenden Arbeitslosigkeit brechen für Deutschland traurige Zeiten an. Der bösartige Antisemitismus der Besiegten von 1918 ist schrecklicher als der Antisemitismus der Sieger von 1871.

23. September (erster Tag von Rosch ha-Schana). Neujahr, Geburtstag (morgen) und Jubiläumslärm anläßlich meines Siebzigsten.[19] Wie sehr ich mich auch bemüht habe, das Getöse hinauszuzögern, es ist mir nicht gelungen. Habe lediglich erreicht, den Empfang einer Abordnung der Berliner Gemeinde und anderer Organisationen abzuwenden, die mich mit Glückwünschen hätte überraschen können. Dafür ohne Ende schriftliche Glückwünsche per Post und Telegramm. Morgen Abend trifft sich ein enger Freundeskreis (etwa zwanzig Personen)[20] in unserer Wohnung, ohne Pomp und Getöse. Es wird eine *Festschrift* erscheinen, auch sind Jubiläumsalmanache in Vorbereitung. Artikel in den Zeitungen, bevorstehende Zusammenkünfte in verschiedenen Städten. Dieser ganze Lärm aber kommt mir ungelegen: bin beschäftigt mit der Lektüre des zweiten Teils des *Chassidismus* im hebräischen Original und den Korrekturen der beiden hebräischen Bände, und alles eilt. Bin ganz und gar nicht festlich gestimmt.

25. September. Der gestrige Jubiläumstag verlief dennoch geräuschvoll. Außer dem Strom der Telegramme und Briefe von Persönlichkeiten und Einrichtungen aus aller Welt (einschließlich Kanada und Brasilien) trafen ununterbrochen Besucher ein, die mein Verbot dadurch umgingen, daß sie ohne telefonische Ankündigung erschienen. Eine Gruppe einstiger Petersburger Hörer der ›Akademie‹[21], K., T., W. und andere. Sie brachten zwei Exemplare einer luxuriös gebundenen *Festschrift*[22] – eines von der Berliner Gemeinde, das andere vom Jüdischen Verlag. Viele wertvolle Artikel gelehrter Kollegen verschiedener Länder. Gute Briefe von Einstein und dem alten Ed. Bernstein, der den Wunsch äußerte, mich zu besuchen. Den Abend verbrachte ich bis in die späte Nacht im engen Kreis meiner Berliner Freunde ... Das Berliner Jubiläum fand einen Widerhall in der ganzen Welt[23], außer in Rußland, wie das Jubiläum in *Piter* 1922[24] im abgeschotteten Rußland ohne die übrige Welt ... Doch ich betrachte all dies mit philosophischer Gelassenheit. Einzige Schlußfolgerung: Ich habe ein halbes Jahrhundert lang nicht umsonst gearbeitet, habe Osten und Westen zu einem Gefühl vereint. Bald kann ich sagen: My work is done (wie Mill es formulierte)[25].

6. Oktober. Gestern fand eine große Jubiläumssitzung[26] statt – unter Teilnahme vieler Vertreter der Berliner Intelligenz, doch ohne den Jubilar ... Es wurden Reden gehalten, Grußbotschaften verschiedener Einrichtungen verlesen ... Viele wunderten sich darüber, daß ich nicht anwesend war ... Im Saal ging mein geflügeltes Wort um, erst anläßlich meines neunzigsten Geburtstages würde ich dabei sein, wenn ich kindisch genug wäre.

16. Oktober. ... Es herrscht eine Atmosphäre der Unruhe. Anläßlich der Eröffnung des Reichstags wurden in der Berliner Innenstadt durch nationalsozialistische Banden Schaufenster zerschlagen ... Lese einige der Jubiläumspublikationen, die in großer Zahl in allen Teilen der Welt erschienen sind.[27] Bald wird in der Presse meine allgemeine Antwort auf die Grußbotschaften[28] abgedruckt – Dank den Stimmen aus dem Westen und Gruß an die Schweigenden in Rußland.

29. Oktober. Habe das Schreiben am *Chassidismus* wieder aufgenommen, das Ende Juli durch den ›großen Umzug‹ und dann durch das Jubiläumsgetöse unterbrochen wurde ... Die Unruhe in Deutschland hat sich etwas gelegt, nach parlamentarischen Voten für die Politik einer ›Regierung der Mitte‹[29].

16. November. Wie seltsam sich doch mitunter Lebensenden verknüpfen. Vor anderthalb Monaten, zum Jubiläum, erhielt ich ein Glückwunschschreiben vom Bakteriologen Chawkin aus Paris, der mir in Erinnerung rief, daß wir uns 1892 in Odessa bei Ben Ami begegnet seien. Ich wollte ihm antworten, erhielt aber kürzlich die Nachricht, daß er unerwartet in Lausanne gestorben sei.

20. November. Verbrachte gestern einen Abend bei Eduard Bernstein, dem Nestor der Sozialdemokratie ... Der Achtzigjährige war weniger gesprächig als sonst und sah erschöpft aus, das Gespräch war aber dennoch angeregt (die Koigens u. a. waren ebenfalls anwesend). War dort gemeinsam mit Alja.[30] Ich äußerte die Befürchtung, das zwanzigste Jahrhundert werde ein Jahrhundert des Antidemokratismus werden, eine Antithese zum neunzehnten Jahrhundert.

In Polen haben jetzt die Faschisten aus dem Lager Piłsudskis die Wahlen zum *Sejm* gewonnen.[31] In Rußland wächst der rote Terror – ein neuer Prozeß gegen ›Schädlinge‹ und bevorstehende Hinrichtungen.[32]

31. Dezember. Schloß heute morgen das letzte Kapitel des *Chassidismus* in der neuen hebräischen Fassung ab (hebräisch: »Alltag und Sitten der Chassidim«)[33]. Vor beinahe achtunddreißig Jahren, am 11. Januar 1893, beendete ich in Odessa eben dieses Kapitel in seiner ursprünglichen russischen Fassung (abgedruckt im *Woschod* jenes Jahres).

1931

7. Januar. ... Viele Vorzeichen kündigen einen neuen Sturm an. Das Land, in dem es mir bestimmt ist, den Rest des Lebens zu verbringen, steht am Scheideweg, zwischen Faschismus und Kommunismus. Wird die Mitte siegen oder das Extrem?

12. Januar. Zwei Tage des Unpäßlichseins – und heute erneut an die deutsche Korrektur des *Chassidismus*. Das Unwohlsein bewahrte mich vor dem Vorsitz der gestrigen Versammlung anläßlich des achtzigsten Geburtstages von Tejtel. Sandte dem Jubilar und der Versammlung ein Grußschreiben, in dem ich auf das Symbol der neuerlichen historischen Begegnung östlicher und westlicher Aschkenasim hinwies: aus Deutschland floh man im vierzehnten Jahrhundert nach Polen vor dem Schwarzen Tod, heute flieht man aus Rußland nach Deutschland vor dem Roten Tod und durch Deutschland selbst rollt eine schwarz-rote Welle von Nazis und Kommunisten ...

24. Januar. Beendete heute die Niederschrift des Vorworts zur *Geschichte des Chassidismus* auf hebräisch. Ich spreche darin von meinem Erstling, der der letzte wurde, über das Werk, das in der stillen Stadt, inmitten russischer Wälder geschrieben und jetzt in Berlin, nahe beim Grunewald, beendet wurde ...

7. Februar. ... Berlin ist kein ruhiger Winkel mehr: täglich Terrorakte der Nazis und Kommunisten, Widerhall vulkanischer Erschütterungen in den Menschenmassen. Jeden Augenblick kann der Vulkan ausbrechen.

15. Februar. Gestern auf der Konferenz über die Herausgabe der Enzyklopädie auf jiddisch[34]. Bramson hatte den Vorsitz, neben ihm saßen alte und neue Freunde. Der Vorsitzende verwies darauf, daß die Enzyklopädie mit dem *Dubnow-Fond*[35] verbunden sei und konnte sich der Glückwünsche zum Jubiläum nicht enthalten. Ich sagte, ich hielte die Entscheidung, meinen Namen mit der Enzyklopädie zu verbinden, für eine große Ehre, und leitete die Konferenz mit einem

›historischen Vorwort‹ ein, in dem ich von den ersten Versuchen einer Enzyklopädie 1891 berichtete, bis zu den vorbereitenden Arbeiten 1919 in Petersburg, zu denen man auch Abramowitsch-Rejn eingeladen hatte (er saß ebenfalls in der Konferenz) ...

6. März. Kürzlich erschien der erste Band des *Chassidismus* auf deutsch in der wunderbaren Übersetzung von Steinberg. Sandte ein Exemplar an M. Buber und dachte daran, daß auch er mir Ende 1906 sein erstes ›chassidisches‹ Buch geschickt hatte.[36] Im Brief ging ich auf den Unterschied unserer Anschauungen ein – Historismus und Dogmatismus.

In Moskau – Prozeß gegen die Menschewiken[37], denen das Geständnis abgepreßt wurde, mit der Berliner Delegation der Partei, Abramowitsch u. anderen, ›verbrecherischen‹ Umgang gehabt zu haben.

13. März. Las gestern und heute das mir vom Autor Dr. Lieblich (aus Stuttgart) gewidmete Buch *Wir jungen Juden – die internationale Nation*[38]. In letzter Zeit stehen wir in Korrespondenz anläßlich des von ihm gegründeten Zirkels *Bund für neues Judentum.* In diesem Buch wird die Ideologie der nationalen Idee, wie sie ein deutsch akkulturierter Jude auffaßt, der von der Welle des Antisemitismus ans jüdische Ufer geworfen wurde, gut dargelegt. Es findet sich hier vieles aus meinem System, jedoch ohne seine konkrete Form, noch im Bereich des Abstrakten ... Will dem Autor heute schreiben. Ja, der Geist verbreitet sich, wo er will – meine Ideen schlagen auch hier und da im Westen Wurzeln ...

19. März. ... Epidemie des Parteienterrors. Die Nazis schießen nach rechts und links; die grenzenlose Freiheit der Propaganda hat die Köpfe der Masse und der jungen Männer entflammt. Entfesselter Antisemitismus. Die politische Atmosphäre in Deutschland ist vergiftet ... In Berlin starb W. S. Mandel, mein Mitarbeiter bei der Gründung der *Folkspartej*, Inhaber jenes Hauses, in dem ich während der letzten zehn Jahre in Petersburg wohnte, und Mitstreiter bei politischen Versammlungen 1907–1918. In der Berliner Emigration geriet er unter die Monarchisten und schuf mit Bikerman den *Vaterländischen Bund.* In den letzten Jahren haben wir uns nicht wiedergesehen.

27. März. Brachte mein chassidisches Archiv in Ordnung und warf unnötige Notizen zum ursprünglichen russischen Text von 1887–1893 weg. Hob lediglich zwei Reliquien auf: mein russisches Manuskript des *Chassidismus*, die Druckvorlage für den *Woschod,* und die letzte hebräische Fassung. Mögen beide bewahrt bleiben – in Erinnerung an Anfang und Ende meines Weges in der wissenschaftlichen Literatur.

28. März. In letzter Zeit machten zwei Pläne einander Konkurrenz – 1. Das *Buch des Lebens – Erinnerungen und Gedanken* und 2. ein kleineres Buch zur jüdischen Geschichte für Kinder anstelle meines veralteten Lehrbuchs, das ich wegen der Vernichtung der jüdischen Schule in Rußland nicht mehr überarbeiten konnte. Beschloß, mich zunächst mit dem Kinderbuch zu befassen, das in einem halben Jahr geschrieben sein kann. Es wird ein Bändchen von zwanzig Druckbogen, auf jiddisch – die Geschichte einer Volksfamilie im Laufe der Jahrtausende. Ich möchte künftigen Generationen von Kindern ein Buch hinterlassen, das sie veranlaßt, ihr Volk zu lieben, und ihnen gleichzeitig Ideale der Menschlichkeit vermittelt. Ohne dies hielte ich meine Verpflichtung gegenüber meinem Volk für nicht erfüllt.

3. April. Zweiter Pessach-Tag. Erster Sejder bei Lestschinsky, zweiter bei Landman in Zehlendorf. Es ging geräuschvoll zu, die übliche frühlingshafte Freude aber fehlte. Die jüdischen Zeitungen sind voll von Klagen über die Not in ganz Osteuropa. Wir schicken den Verwandten in Rußland[39] ununterbrochen Lebensmittelpakete ...

In Palästina starb Doktor A. W. Salkind, der von 1907 bis 1916 in der *Folkspartej* mit mir zusammenarbeitete und sich nach der *Balfour*-Deklaration[40] dem Zionismus zuwandte. Vor zwei Jahren besuchte er mich auf der Durchreise in Berlin. Die Anzahl der Dahingegangenen wächst ...

18. April. Wolken am politischen Horizont. Der einzige Lichtblick – die unblutige Revolution in Spanien, der Wandel der Monarchie zur Republik.[41] Rückschlag für die faschistische Epidemie ... Die Krise des Zionismus spitzt sich zu.[42] Beim arabisch-jüdischen Konflikt ist kein Ende abzusehen.

15. Juli. Unruhige Tage in Deutschland: Finanzkrise, große Bankhäuser gehen bankrott, Panik an der Börse, Gespenst der Inflation.[43] All dies ist Ergebnis des politischen Alptraums, der das Land seit den Parlamentswahlen im letzten Jahr im Griff hält, als die Partei der Nazis sieben Millionen Stimmen erhielt. Der rechte Terror stößt Deutschland in den Abgrund, denn er provoziert in Frankreich die Gefahr einer Revanche. Die Regierung Brüning kämpft nicht energisch genug gegen den Terror der Nazis und der Junker des *Stahlhelm*, die offen zum Sturz der Republik aufrufen ... Besucher, Begegnungen – amerikanische Pioniere der Emigration von 1882 (der Redakteur Ab. Cahan und der Lexikograph A. Harkavy), junge Dozenten der Judaistik, die auf der Suche nach Arbeit umherirren.

2. August. Familiengetöse – Sonja und ihre Söhne sind hier. Verbrachten gestern einen Tag in Birkenwerder[44]. Bald werden wir zu einem kurzen Erholungsaufenthalt dorthin fahren ... Ein Plebiszit über die Auflösung des Preußischen Landtags[45] steht bevor. Wenn die Rechten siegen, könnte in Deutschland Chaos ausbrechen.

13. August, Birkenwerder. Vor der Abreise (aus der Stadt) politische Unruhe, die glücklicherweise gut ausging: der *Volksentscheid*, das Plebiszit über die Auflösung des preußischen Landtags, das bezweckte, die linke Regierung Braun zu stürzen und die schwarze Reaktion an die Macht zu bringen, ist gescheitert. Es hat den Nazis nichts genützt, daß sich ihnen die Kommunisten anschlossen. Zur Durchsetzung des teuflischen Planes fehlten drei Millionen Stimmen. Deutschland ist dem Chaos und den Schrecken eines Bürgerkrieges entronnen, der durch einen internationalen Krieg nur noch verschlimmert worden wäre. Die Wirtschaftskrise aber hält an ...

13. September (zweiter Tag von Rosch ha-Schana), Berlin. Stand heute früh mit dem Gedanken auf, diesen neuen Tagebuchband an meinem einundsiebzigsten Geburtstag mit dem üblichen Selbstgespräch zu eröffnen. Schlug das *Berliner*

Tageblatt auf und erfuhr, daß es gestern auf dem Kurfürstendamm, dem bestgelegenen Boulevard der Stadt, einen antisemitischen Pogrom gegeben hat. Organisierte Nazis überfielen jüdische Passanten, schlugen sie, traten auf die zu Boden Gefallenen ein, ein Café wurde verwüstet und all das unter den Schreien *»Jude verrecke, Deutschland erwache!«* Vor genau einem Jahr, am Tag der Eröffnung des Reichstages, zerschlugen Rowdies Fensterscheiben jüdischer Kaufhäuser, jetzt haben sie Mut gefaßt und schlagen auf menschliche Köpfe ein. Berlin ist zum Zentrum politischen Banditentums avanciert – täglich schlagen Nazis und Kommunisten aufeinander ein, täglich werden in Zeitungen und Reden die animalischen Instinkte der Masse durch Aufrufe zur Ausrottung der Juden angeheizt, werden bewaffnete Banden aus den Kasernen der Nazis zu Mord und Totschlag ausgesandt, die Regierung aber ist machtlos, die Polizei trifft zu spät ein und verhaftet lediglich Mitläufer der marodierenden Banden ... Neun Jahre lebe ich nun in Berlin, Derartiges aber habe ich noch nicht erlebt. Seit dem Herbst 1923, nach dem mißglückten Hitlerputsch, ist seine Armee um ein Vielfaches angewachsen und herrscht jetzt auf der Straße oder teilt sich die Macht mit den Kommunisten. Ein trauriges Rosch ha-Schana, ein trauriger Geburtstag ... Heute Abend wollen Freunde kommen, meine Stimmung aber ist eher eine Trauerstimmung denn die eines ›Geburtstagskindes‹.

23. September. Die düstere Stimmung hält an, ein Widerhall der weltweiten Depression. Die Finanzkrise erreichte auch England, und selbst das stabile britische Pfund ist erschüttert. Überall Zusammenbrüche, Bankrotte, Unternehmensliquidierungen, die Arbeitslosigkeit steigt ins Unermeßliche. Heute wurde das Urteil wegen des Pogroms auf dem Kurfürstendamm veröffentlicht: strenge Strafen (lange Gefängnishaft) für die Mehrzahl der Rowdies. Die Helden der Straße haben sich vor Gericht als Feiglinge erwiesen und sich sogar von ihrer Partei losgesagt.

10. Oktober. Die Lage wird immer unruhiger. Hindenburg ist bereit, das Kabinett Brüning durch rechte Minister zu erneuern und empfängt heute Hitler zu einer Audienz.[46] Eine größere Ohrfeige für die Republik, Frankreich und den Pazifismus ist kaum vorstellbar. Morgen findet ein Kongreß der Rechten in [Bad] Harzburg[47] statt mit einem pronunciamento gegen den Liberalismus, dann die Eröffnung des Reichstages, es könnte ein Ministerium der Rechten geben, zu einem Abbruch der bestehenden internationalen Beziehungen kommen. Begegnungen, Besucher (Motzkin u. a.), Gespräche auf dem Vulkan über alltägliche Probleme. Gemeinsam vertreiben wir die Sorge, die jeden einzelnen beunruhigt und niederdrückt ...

15. Oktober. Beendete gestern die kurze *Jüdische Geschichte für Kinder*, die ich im April zu schreiben begonnen hatte. Viertausend Jahre Geschichte in einem kleinen Bändchen – das war nicht einfach. Ich weiß nicht, ob ich den Weg zum Verstand und zu den Herzen der Kinder gefunden habe. Früher einmal hatte ich einen anderen Plan – ich wollte dieses Bändchen in Form inniger Gespräche zwischen Großvater und Enkel schreiben, später in Form biographischer Episoden oder Heldengeschichten. Doch weder das eine noch das andere ist herausgekommen, sondern ein kurzes Lehrbuch. Held der Geschichte bleibt das gesamte Volk, das historische Schema schimmert durch die elementare Form der Erzählung.

Jetzt muß ich Illustrationen zusammenstellen und Verleger in Europa und Amerika finden, was in unserer heutigen krisenhaften Zeit nicht leicht ist.

17. Oktober. Das Kabinett Brüning ist durch eine geringe Mehrheit gerettet.[48] Für diesmal ist das Chaos abgewendet. Die Verschwörung der schwarzen Reaktion ist gescheitert, die unreine Macht aber treibt noch immer ihr Unwesen …

… War gestern bei der Versammlung der Wohnungsmieter anläßlich des Gerichtsprozesses gegen unsere Hausverwaltung. Auch hier Bankrott, unsere Mietsicherheiten gehen verloren, beträchtliche Summen.

5. November. Letzte Korrekturen an der *Geschichte des Chassidismus* (in der hebräischen Fassung), Index u. a. Sandte gestern alles nach Tel Aviv. Nun ist mir leichter zumute … Beendete gestern auch die alltägliche Arbeit – Geschäftskorrespondenz, Wohnungsabrechnungen, Einkäufe für die notleidenden Angehörigen in Rußland – nachdem ich die Last der Sorgen abgeschüttelt habe, werde ich heute die Arbeit an der »Integration der Seele« in Angriff nehmen: Vorbereitungen zum *Buch des Lebens*.

9. November. Beendete die Autobibliographie über den langen Zeitraum von 1880 bis 1931 …

19. November. In Polen eine Epidemie studentischer Pogrome[49] … In Deutschland siegt die Reaktion: Wahlen in Hessen ergaben eine überwältigende Mehrheit für die Nazis.[50] Dieser Irrsinn der Millionen kann im Frühjahr, bei den Wahlen zum Preußischen Landtag, zum Sturz der republikanischen Regierung und zum Triumph der Hitler-Anhänger mit ihrer Losung vom ›Rollen der Köpfe‹ führen.

Gestern starb überraschend N. Gergel, der kürzlich nach Amerika reiste, um für den Fonds der Enzyklopädie, der meinen Namen trägt, Geld zu sammeln. Er brannte, der Ärmste, in der Glut der Öffentlichkeit und verbrannte.

Vor all diesen Schrecken flüchte ich mich in die Katalogisierung und Ordnung meines Archivs.

27. November. Ich lebe in zwei Welten – in der heutigen Welt der Krisen und in jener der Vergangenheit, inmitten des Getöses der sich vorbereitenden gesellschaftlichen Explosionen und inmitten der Ruinen einstiger Tempel, zerstört von lange zurückliegenden Explosionen. Morgens, noch bei Lampenlicht, aufregende Lektüre des *Berliner Tageblatts* über einen bevorstehenden Umsturz der Nazis. In Hessen wurde der Plan einer Diktatur aufgedeckt – mit Hinrichtungen, Erschießungen und einem Regime der Vernichtung der Juden durch Hunger.[51] Später ein erstes Frühstück und Post mit Aufschreien von allen Enden der Welt, danach Ordnen des Archivs alter Briefe aus den siebziger und achtziger Jahren des vergangenen Jahrhunderts … Das gleiche nach der Abendzeitung. Lediglich während der Stunden völliger Vertiefung in die Vergangenheit umgibt mich ein heiliger Geist …

7. Dezember. Lebte wochenlang dieses Doppelleben – einige Stunden in der Gegenwart, die übrige Zeit des Tages und abends aber über dem Ordnen alter Korrespondenzen aus mehreren Jahrzehnten. Wundervoll meine Stimmung beim raschen Vorüberhuschen Hunderter alter Briefe, deren Autoren schon längst die irdische Welt verlassen haben. Tote erwachten zum Leben, oft war mir schwer uns Herz ... Während dieser Stunden vergaß ich die heutige Welt, die am Vorabend einer neuen barbarischen Sintflut steht. In Deutschland wird das Unmögliche möglich – Hitler und seine Anhänger treten offen als Kandidaten für die neue Führung Deutschlands in Erscheinung, die Regierung Brüning aber schweigt angesichts ihrer Hilflosigkeit. Eine neue Mussoliniade steht Deutschland bevor – in Italien die Schwarzhemden, hier die Braunhemden.

Kapitel 75

Buch des Lebens inmitten des deutschen Chaos (1932)

Jahr des Übergangs von der Demokratie zur Diktatur in Deutschland. Erinnerungen an die Vergangenheit als Fluchtpunkt vor den Aufregungen der Gegenwart. – Politisches Chaos – Studentenexzesse, Lied der Nazi-Gosse. Neuwahlen des Präsidenten der Republik, Hoffnung auf eine ›Rettung‹ vor Hindenburg und einen Mißerfolg Hitlers. – Wahlen zum Preußischen Landtag, Sieg der Nazis, Gefahr für die Demokratie. Der Verrat Hindenburgs, Rücktritt Brünings und der Regierung Papen. – Staatsstreich in Preußen: Sturz der Regierung Braun und Einsetzung eines Reichskommissars. Tage des Terrors in Königsberg. Verhandlungen Papens mit Hitler. – Jüdische Weltkonferenz in Genf zur Schaffung einer Vertretung beim Völkerrat. – Letzter Sommerurlaub in Reinerz. – Die Regierung Schleicher. – Tod Ed. Bernsteins.

Viele Jahrzehnte lang, während mein historisches Werk Gestalt annahm, träumte ich von einem ruhigen Lebensende, gewidmet der Betrachtung, der Rechenschaft über Geleistetes und Erlebtes. Ich hoffte auf ruhige Verhältnisse, einen stillen Lebensabend, an dem der Ackersmann von seinem Arbeitstag ausruht und sich seinen Gedanken hingibt. Doch es war mir nicht vergönnt, mein *Buch des Lebens* unter vergleichbaren Bedingungen zu schreiben. Wie der erste Entwurf meiner Erinnerungen unter dem Vorzeichen des Terrors in Sowjetrußland entstand, ein Jahr, bevor ich das Land verließ,[52] so begann auch die endgültige Überarbeitung im Jahr des politischen Chaos in Deutschland, das zu meinem Auszug aus dem neuen Ägypten führte. 1921 und 1922 entfloh ich in meinen Erinnerungen vor der schrecklichen russischen Gegenwart in die Vergangenheit, 1932 und 1933 jedoch vor dem ebenso schrecklichen politischen Alptraum in Deutschland.

1932 war das Jahr, das Hitler an die Macht brachte, die Machtübernahme vollzog sich dann zu Beginn des Jahres 1933. In dieser Zeitspanne wirbelte das kopflose Deutschland im Strudel der Umstürze.[53] Die Reichsregierung des *Zentrums* (Brüning) wurde zunächst von der rechten Regierung Papens und dann Schleichers abgelöst, die linke preußische Regierung Brauns gewaltsam gestürzt; der hinfällige Präsident Hindenburg, seinen Eid auf die Verfassung mißachtend, rutschte die abfallende Ebene Papen-Schleicher-Hitler hinab; die Reichstagswahlen bescherten den Nationalsozialisten einen neuen Sieg, zum Reichstagspräsidenten wurde dessen Zerstörer, Göring, gewählt.[54] Die entfesselte Armee der SA-Leute beherrscht die Straße, bereit die Köpfe der Demokraten ›rollen zu lassen‹ und die Juden zu vernichten. Die Republik rollte in den Abgrund. Das deutsche Judentum stand zwischen dem Terror der Straße und dem in Vorbereitung befindlichen Schlag des Diktators. Wir faßten den Plan, einen *Jüdischen Weltkongreß* zur Verteidigung gegen einen neuen Kreuzzug des Hakenkreuzes zu organisieren. Statt des Kongresses wurde gegen Ende des Sommers in Genf eine große Konferenz einberufen.[55] Die Katastrophe jedoch näherte sich: wenn das demokratische Deutschland dagegen hilflos war, was konnte dann eine Handvoll Juden tun?

Unter diesen Bedingungen wurde das Niederschreiben der Memoiren für mich zur Zuflucht vor dem ringsum tobenden Sturm. Ich flüchtete mich in diese Arbeit vor den täglichen schmerzhaften Eindrücken. Schnell schrieb ich Kapitel für Kapitel und las sie im engen Freundeskreis vor, der sich wöchentlich bei uns oder in einer anderen Wohnung zusammenfand. Die ersten Teile des *Buches des Lebens* wurden vom russischen Original ins Jiddische übersetzt und in amerikanischen Zeitschriften und Zeitungen abgedruckt (der monatlich erscheinenden *Zukunft* und der Tageszeitung *Tog*) und später in Warschauer Zeitungen nachgedruckt.

Die Ereignisse des Jahres 1932, des Vorabends der Hitler-Diktatur, möchte ich gern in kurzen Auszügen aus meinen Tagebüchern wiedergeben. Es sind authentische Zeitzeugnisse.

1. Januar. Ein minimaler Wunsch für das Neue Jahr – möge es nicht noch schlechter werden, als das alte, damit wir Berlin nicht verlassen müssen, das ich für die letzte Etappe meines Wanderlebens hielt ... Ein trauriges Neujahr. Ging gerade durch den menschenleeren, froststarren Park. Ich schreibe diese Zeilen und blättere in meinen Notizen für die Erinnerungen, die in verschiedenen Jahren entstanden, vor allem in Finnland.[56] Diese Kommunikation mit dem Ganzen mildert die Mutlosigkeit der Gegenwart.

7. Januar. ... Ich muß zur Ruhe kommen und die Toten auferstehen lassen – eine heilige Arbeit. Die Unruhe aber dauert an. Die *Notverordnung*[57] hat alles durcheinandergebracht. Der Bankrott der neuen Hausbesitzer, *Zwangsverwalter*, Rechtsanwalt, Prozeß – all dies vergiftet mir das Leben. Und der Bankrott sämtlicher Verlage, mit Ausnahme des deutschen, verheißt nichts Gutes für die Zukunft.

Schreibe gerade den Artikel »Jüdische Autonomie« für die amerikanische *Enzyklopädie der Sozialwissenschaften* (in englischer Sprache)[58].

14. Januar. Vorgestern Abend Wiedersehen mit Bialik in Motzkins Wohnung.*

* Es war dies meine letzte Begegnung mit dem Dichter, der 1934 starb.

Bialik reist bereits einige Monate lang durch Europa und hält Vorträge darüber, wie wichtig es im Zusammenhang mit dem Bankrott von *Dwir* und anderen Verlagen in Palästina ist, das hebräische Buch zu retten. Es war ein betrüblicher Abend im Gespräch über die traurige Lage in Palästina und andere Angelegenheiten. Es kam keine Herzlichkeit im Gespräch auf. Alle bedrückt die Angst vor dem morgigen Tag – »es kann noch schlimmer werden«.

8. Februar. Woche der »Integration der Seele«: Unter dieser Überschrift schrieb ich das erste Kapitel vom *Buch des Lebens* ...* Im politischen Leben herrscht Chaos. Während in Genf die Abrüstungskonferenz eröffnet wurde, brach der japanisch-chinesische Krieg aus.[59] Deutschland steht am Vorabend der fatalen Wahlen des Präsidenten (der Republik) und des Preußischen Landtags. Entfesselter Antisemitismus; in der Berliner Universität erneut rowdyhafte Überfälle der Nazis auf jüdische Studenten.[60] Die Wirtschaftskrise hat die ganze Welt erfaßt.[61] Im Verlagswesen herrscht völlige Depression und sämtliche Ausgaben meiner Bücher wurden eingestellt. Ich weiß noch nicht, wo die Autobiographie gedruckt werden wird, die ich jetzt schreibe ... Ich schreibe sie russisch, sie wird aber auch in jiddischer Übersetzung gedruckt werden müssen, in einer der großen amerikanischen Zeitungen.

15. Februar. Schrieb bereits das zweite Kapitel vom *Buch des Lebens* über Jossif Dubno und das *Jesod Josef.*[62] Las gestern beide Kapitel in unserem Kreis, in unserer Wohnung ... In diese Beichte dringt jedoch der Lärm der Straße: der Wohnungsprozeß, der Prozeß um die englische Ausgabe – alles Ergebnisse meiner Unerfahrenheit in Alltagsdingen ...

In Palästina starb Ben Ami, im Alter von achtundsiebzig Jahren. Die Odessaer Jahre erstanden in meinem Gedächtnis, unsere Nachbarschaft in der Basarnaja, das Leben in Lustdorf im Sommer 1891. Doch diesmal wühlten mich die Erinnerungen nicht derart stark auf.[63] Ich hatte keine seelische Bindung an Ben Ami, der für mich das *schefoch chamoscho* und den ›chassidischen‹ Fanatismus verkörperte.[64]

26. Februar. Hörte gestern im Radio die Rede Reichskanzler Brünings im Reichstag und die Schreie der Nazis, die ihn nicht zu Wort kommen ließen. Eine wilde Horde, die bereit ist, die zivilisierte Menschheit in Stücke zu reißen. Kannibalen, die darauf hoffen, morgen Deutschland zu regieren! Heute wurde (in der Rede eines Republikaners) von der Tribüne des Reichstags ihr Gossenlied zitiert: »*Wenn's Judenblut vom Messer spritzt, dann geht's noch mal so gut* ...« Diese Luft muß man heute in Deutschland atmen! ...

15. März. Stand vorgestern bis nach Mitternacht an unserem Radioapparat und hörte mir die Verlautbarungen über die Ergebnisse der Präsidentenwahlen an. Gestern morgen wurde das endgültige Resultat verkündet: Hindenburg fehlt ein weniges an der Mehrheit, Hitler hat eine Niederlage erlitten. Eine zweite Runde steht bevor, in der Hindenburg alle Chancen auf eine relative Mehrheit besitzt.

* In der vorliegenden Ausgabe ist es ans Ende dieses Bandes gestellt, in die Abteilung »Gedanken«, Erster Abschnitt.

Deutschland ist vor Chaos und Schande bewahrt. Wie stark die Panik doch am Vorabend der Wahlen gewesen ist, insbesondere unter den Juden, von denen die Hitleristen sagten, daß sie sie vernichten wollen!

24. März. Befinde mich in einer Arbeitsphase, in der die Beschreibung des Erlebten dazu führt, daß man es noch einmal erlebt, insbesondere dann, wenn ich alte Briefe und Aufzeichnungen lese ... Bin heute in Smolensk 1879 angelangt ...[65]

4. April. Bin nun 1881 angelangt, der Zeit der ersten Antithese in meinem Schaffen. Schreibe mit ungeheurer Begeisterung, die Umstände und Sorgen stören allerdings ... Der Frühling ist direkt in den Sommer übergegangen – wunderbar warme Tage, einsame Spaziergänge in Grunewald und Dahlem, wenn man gedanklich die Höhepunkte des Lebens durchmißt, Bilanz zieht, Pläne für die Autobiographie schmiedet, das Leben in Epochen gliedert. Ach, wenn diese wahrhaft religiöse Stimmung doch nur nicht von außen gestört würde!

13. April. Erneut ist Hitler bei den Präsidentenwahlen gescheitert, das entscheidende Wort aber haben die Wahlen zum Preußischen Landtag am 24. April: Wird Deutschland ein Land des Rechts oder der Faust? In jedem Falle werden wir die Phase der wirtschaftlichen Katastrophen noch lange nicht überwinden, selbst wenn wir uns von den politischen befreien.

Es laufen Verhandlungen über den Abdruck meiner Erinnerungen auf jiddisch in der amerikanischen Presse ...

22. April. Bei den Erinnerungen bin ich beim Jahreswechsel 1882/1883. Jetzt dämmert es im sonnigen Berlin, meine Gedanken aber sind in *Piter*, vor fünfzig Jahren. Wie groß das Geheimnis des Lebens an seiner Neige doch ist! Wie lang dieser ein halbes Jahrhundert währende Weg, der durchwoben ist von den Aufregungen und Umschwüngen zweier Generationen! Las gerade die Briefe an Ida vom Winter 1882/83[66], sie selbst aber ist jetzt hier, sie ist beim Arzt mit einem krankem Arm, erschöpft von der Bürde des Lebens ...

26. April. Von der Not wurde der deutsche Verstand getrübt. Die preußischen Wahlen ergaben einen Sieg der Nazis, Sozialdemokraten und Demokraten verloren ihre einstigen Positionen. Das *Zentrum* hielt sich, nunmehr ein Perpendikel zwischen den Rechten und Linken. Den Ausschlag werden die Kommunisten geben, die mit den Hitleristen stimmen, wenn ihnen das zur Erzeugung von Chaos und Bürgerkrieg nötig erscheinen sollte. Preußen steht jetzt, nach zwölf Jahren Demokratie, eine Zeit der Unruhe bevor.

28. Mai. Wie lange ich hier nichts mehr geschrieben habe! Die Beschreibung eines ganzen Lebens verdrängt die Notizen des Tages. Instinktiv wendet man sich von den Ereignissen der heutigen schrecklichen Zeit ab und einstigen, nicht ganz so hoffnungslosen Zeiten zu. Es gibt auch ›heilige Augenblicke‹ beim Schreiben des *Buches des Lebens*. Für jedes Kapitel lese ich erneut den Entwurf, meine Korrespondenz, mein Tagebuch und sitze dabei entweder an der Schreibmaschine oder auf dem *Dachgarten* unseres Hauses oder auch auf einer Bank im Grunewald und durchlebe alles noch einmal. Häufig treibt mir die Bewegung Tränen in die Augen, wie beispielsweise kürzlich, als ich das letzte Gespräch mit Vater beschrieb, am Vorabend vor Rosch ha-Schana, und seinen Tod zwei Wochen darauf …

31. Mai. Ein Tag des Grauens. Erfuhr am Morgen vom Selbstmord unseres Neffen Benzion und seiner Frau. Ihre Leichen wurden in der Havel gefunden, wo sie sich vor einigen Tagen ertränkt haben. Ich hatte dies seit langem befürchtet. Der Melancholiker hatte bereits in Palästina einen Selbstmordversuch unternommen und des öfteren auch uns oder Bekannten gesagt, er sehe darin die einfachste Lösung der Schwierigkeiten des Lebens. Als er jetzt, nach drei Semestern, die Universität hätte verlassen und nach Palästina zurückkehren sollen, nahm er zu dieser Lösung Zuflucht und trieb auch seine junge Frau mit in den Tod …

4. Juni. Gestern war die Beerdigung. »Ausgehoben mit dem Spaten eine Grube tief«[67], und nicht nur eine, sondern zwei … Auch in Deutschland herrscht das Grauen. Hindenburg hat die Verfassung mit seinem Soldatenstiefel zertreten, extreme Reaktionäre an die Macht gebracht, Feudale und Junker, den (neuen) Reichstag aufgelöst, ohne ihn überhaupt zusammengerufen zu haben, denn die neue schwarze Regierung fürchtete sich, vor dem Reichstag zu erscheinen. Nun ist ein Manifest der neuen Regierung (Papen) herausgekommen, das gegen sämtliche Errungenschaften der demokratischen Republik von 1918 gerichtet ist.

20. Juni. Noch immer schwebt die Gefahr eines Bürgerkriegs über Deutschland. Die militärischen Formationen der SA mit eigener Uniform sind wieder zugelassen. Sie marschieren durch die Straßen, schlagen immer wieder zu und zerstören …

29. Juni. Ich sitze hier und schreibe über die russische Epidemie der Judophobie 1891[68] – im Deutschland des Jahres 1932, das von einer noch bösartigeren Epidemie befallen ist. Vor einigen Tagen haben die Hitleranhänger im Preußischen Landtag eine Entschließung über die Konfiszierung des Eigentums aller *Ostjuden* eingebracht. (P. S. Dieses demonstrative Votum erlangte aber keine Gesetzeskraft.)

23. Juli. Der erste Schritt in Richtung Diktatur ist getan. Hindenburg hat einen Reichskommissar für Preußen ernannt, preußische Minister und den Polizeipräsidenten abgesetzt und den ›Ausnahmezustand‹ verkündet. Vorgestern hörte ich im Radio, wie Reichskanzler Papen diesen Staatsstreich rechtfertigte. Er schob alles auf die Kommunisten, führt aber sämtliche Wünsche der Nazis aus. Die Vorbereitungen zu den Reichstagswahlen am 31. Juli laufen. Von ihrem Ausgang wird abhängen, ob es eine deutsche Demokratie geben wird oder ob das *Dritte Reich* bevorsteht.

1. August. Stand gestern bis spät in der Nacht am Radio und notierte die Ergebnisse der Wahlen. Die Hitleranhänger haben keine Mehrheit erreicht, sind mit 229 Abgeordneten aber dennoch in den Reichstag eingezogen … Sie werden Druck auf die jetzige reaktionäre Regierung Papen ausüben, um sie noch mehr nach rechts zu rücken …

10. August. Zehn Tage Naziterror in Königsberg und anderen Städten. Sie werfen Bomben in Einrichtungen der Sozialdemokraten, des *Reichsbanners* und der

Kommunisten, in Synagogen und jüdische Geschäfte. Unzählige Explosionen, viele Tote und Verletzte. Goebbels *Angriff* erklärt, daß der Terror nicht aufhören wird, bis Hitler völlige Machtbefugnis in Deutschland erhält.

Lehnte die Einladung zur jüdischen Weltkonferenz in Genf ab und sandte heute ein Grußwort von programmatischem Charakter. Ich verwies darauf, daß eine neue Ära der Kreuzzüge unter dem Zeichen des Hakenkreuzes angebrochen sei, die es notwendig mache, einen organisierten Kampf gegen den Antisemitismus zu führen und einen jüdischen *Weltkongreß* ins Leben zu rufen, der als ständiges Organ beim Völkerbund tätig sein müsse.* Welche Resultate wird die Konferenz bringen? Von rechts und links wird sie angegriffen – von Orthodoxen, Assimilatoren und den *klassowiki*, den Anhängern der Klassentheorie.

Korrekturen, jiddisch und hebräisch, Besucher, vor allem amerikanische Reisende (D. Pinski, Redakteur des *Tog* u. a.), stille Spaziergänge im Park und im Wald, beunruhigende Gedanken und Reflexionen über die Vergangenheit – alles geht durcheinander.

31. August, Reinerz. I. und ich kamen gestern abend an, in der alten Klause von Reinerz, der Pension ›Eben-Ezer‹, wo wir 1930 zum letzten Mal logiert hatten. Die Sonne schien die ganze Fahrt über von Berlin bis Glatz[69], wo sie zwischen den herrlichen Falten der bewaldeten Berge in großartigem Schauspiel unterging. Nacht in der entvölkerten Pension, die noch kürzlich mit Gästen überfüllt war, langer, tiefer Schlaf, strahlender Morgen nach erfrischendem nächtlichen Regen. Es zog mich hinaus, auf die wunderbaren Alleen, die Bergpfade, zu den Denkmalen ... Um die Mittagszeit Spaziergang über die Lindenallee, hindurch zwischen den beiden Reihen der ›Patriarchen der Wälder‹ ... Kaufte unterwegs das *Berliner Tageblatt.* Die erste Reichstagssitzung verlief unerwartet ruhig. Selbst die zügellosesten Nazis hörten sich die Rede der alten Kommunistin Clara Zetkin an, der ›Alterspräsidentin‹, die zu diesem Zwecke aus Moskau angereist war. Göring wurde zum Reichstagspräsidenten gewählt. Einige Tage Pause, dann wird sich das Schicksal des neugeborenen Reichstags entscheiden ...

6. September. Reinerz ist wunderschön in diesen sonnig-frischen Tagen, angehaucht von der zarten Trauer des entschwindenden Sommers ... Heute jährt sich zum zehnten Mal der Tag unserer Übersiedlung nach Berlin. Vieles haben wir in diesen Jahren erleben müssen. Zuerst die Schrecken von Inflation und Ruin, dann eine Zeit des Wohlergehens und brodelnder Arbeit, und jetzt die Rückkehr politischen, kollektiven Irrsinns.

21. September, Berlin. Reinerz verabschiedete mich mit einem wundervollen Sonnenuntergang auf der Badeallee, inmitten grüner Wiesen und grüner Berge. Es lächelte mir gestern frühmorgens bei der Abreise mit der aufgehenden Sonne über den zarten Wölbungen der Täler und Hügel zu. Bis zum Görlitzer Bahnhof in Berlin geleitete uns die schlesische Sonne. Dort wurden wir von L[estschinsky]

* Abgedruckt im *Protokoll der Jüdischen Weltkonferenz*, S. 20 (Berlin 1932).

mit dem Auto abgeholt und nach Hause gefahren ... Abends kamen Tscher[ikowers] und berichteten, was sich inzwischen in der Stadt zugetragen hat ...

1. Oktober (zweiter Tag von Rosch ha-Schana). Heute wurde ich zweiundsiebzig Jahre. Trete in ein Jahr ein, das unter dem Zeichen der Mnemosyne stehen soll. Die ersten Kapitel der Erinnerungen sind bereits in *Zukunft* und *Moment* erschienen; augenblicklich werden die Kapitel ab 1881 im amerikanischen *Tog* gedruckt. Ich aber werde weiterschreiben, von den neunziger Jahren an ...

8. Oktober. Erneut Reichstagswahlen. Die Nazis verloren 35 Sitze, sie sind aber nach wie vor stärkste Fraktion im Reichstag (195 Sitze). Kommunisten und Deutschnationale haben hinzugewonnen, Sozialdemokraten und die Parteien der Mitte waren die Leidtragenden. Die politische Psychose dauert an. Die extrem Rechten und extrem Linken haben von den Köpfen der Verzweifelten Besitz ergriffen. Das Parlament ist nicht arbeitsfähig, der Weg zur Diktatur geebnet ... Inmitten der politischen Stürme nahm ich zwei Wochen lang Zuflucht zur Vergangenheit. Schrieb einige weitere Kapitel der Erinnerungen. Halte jetzt an der Schwelle zu 1894 ...

26. November. Früher Morgen, es ist noch dunkel, die Zeitung (*Voss*[70]) aber schon ausgetragen. Man reißt sich los von der Epopöe der Vergangenheit zugunsten der Tragödie der Gegenwart. Hitler war kürzlich lediglich einen Schritt von der Macht – der Diktatur über Deutschland – entfernt. Der alte Hindenburg hat im letzten Augenblick einen Schreck bekommen und ihn nicht zum Reichskanzler ernannt. Deutschland ist der Diktatur entronnen, kann aber auch keine rechtmäßige Regierung bekommen: Das verhindert die zweihundert Mann starke Fraktion der Nazis im Reichstag, bei hundert Kommunisten. Vermutlich wird wieder Papen oder ein ihm ähnlicher Reaktionär eingesetzt.

8. Dezember. Die Zeiten des Chaos in Deutschland sind noch immer nicht überwunden. Augenblicklich herrscht ein neuer Kanzler, General Schleicher. Die Wirtschaftskrise hält weiter an: sechs bis sieben Millionen Arbeitslose, schreiende Not.

26. Dezember. Halte bei den Memoiren im Jahr 1900 ... War kürzlich im Krematorium, am Sarg von Eduard Bernstein. Vor zwei Jahren habe ich ihn besucht, und er versprach mir einen Gegenbesuch, doch er war immerzu krank und ist fast nie ausgegangen. Nun habe ich Abschied von ihm genommen. In den Reden der Mitglieder der s.-d. Partei ist niemand darauf eingegangen, daß er Jude war ...*

* Ich erinnere mich gut dieses Frosttages in den überfüllten Räumen des Wilmersdorfer Krematoriums, nahe dem Ferbelliner Platz, der Reden der Abgeordneten Wels und Stampfer, Redakteur des *Vorwärts* u. a. Mir schien, man trage eine heldenhafte Periode der deutschen Sozialdemokratie zu Grabe, die sich gegen Ende leider als nicht heldenhaft erwies ... Einen Monat darauf gelangte jener Mann an die Macht, der nicht nur die Sozialdemokratie in Deutschland beerdigte, sondern die gesamte Demokratie.

31. Dezember. In Petersburg starb Fanny, meine Altersgenossin, Mitglied unserer Mstislawler Familie. Erinnerungen schwirren mir durch den Kopf, reihen sich auf zu einer langen Kette von Jahren ... Wollte ihr gerade meine Erinnerungen an Kindheit und Jugend schicken. Ein weiterer Faden ist aus dem Stoff gerissen, ein Glied aus einer langen Kette gefallen ...

Kapitel 76

Das Ende des demokratischen Deutschland (1933)

Zwei Ereignisse: Oktober 1917 und Januar 1933 – Hitlers Machtübernahme (am 30. Januar). Auflösung des Reichstags und Neuwahlen im Zeichen des Terrors. – Radioansprache des Führers über die Zerschlagung der Republik der ›Novemberverbrecher‹. – Reichstagsbrand und die ›Stimme des Volkes‹. – Terror des Sturmbanns. – Bartholomäusnächte. – Koigens Tod; vertrauliche Information auf dem Friedhof. – Verabschiedung des Ermächtigungsgesetzes im Reichstag, Legalisierung der Diktatur. – Proteste aus aller Welt und grausame Abrechnung mit den Juden wegen dieser Proteste. – 1. April: Boykott gegen Juden auf Befehl der Regierung. – ›Nationale Revolution‹. – Flucht aus Deutschland. – Bücherverbrennung in Berlin, Autodafé des freien Gedankens. Degradierung meiner *Geschichte*. – Meine Homöopathie: Ich heile das neue Leid mit Erinnerungen an das alte. – Heilsame Wirkung meiner Bücher auf die enttäuschten Assimilatoren. – ›Churban Aschkenas‹ – Hindernisse bei meinem Auszug aus Deutschland. Ihre Überwindung und die Abreise aus Berlin (am 23. August).

Im Oktober 1917 war es mir beschieden, am Grab der neugeborenen Demokratie in Rußland zu stehen; im Januar 1933 sah ich, wie das demokratische Deutschland zu Grabe getragen wurde. Am 30. Januar 1933 brach Hindenburg seinen Eid auf die Verfassung und verriet die Demokratie an ihre Gegner, indem er deren Führer zum Reichskanzler ernannte. Das Land geriet unter die Macht der Sturmkolonnen der Nazis. Es folgten Bartholomäusnächte, Verhaftungen, Folterungen, Konzentrationslager, ›legalisierter Terror‹. In Rußland lebte ich viereinhalb Jahre unter der Macht der Bolschewiki; in Hitlerdeutschland konnte ich es nicht länger als sieben Monate aushalten. Ende August verließ ich das Land, in dem ich meine wissenschaftliche Arbeit zu Ende gebracht und gehofft hatte, den noch verbleibenden Rest meines Lebens verbringen zu können. Mögen die folgenden, sehr verkürzten Aufzeichnungen aus meinen Tagebüchern einen Eindruck des in jenen sieben Monaten Erlebten vermitteln.

30. Januar. Eben brachte man die Abendausgabe der *Voss*. Die schlimmsten Befürchtungen der letzten Tage haben sich bewahrheitet: Das Kabinett Hitler-Papen-Hugenberg ist ernannt. Hindenburg, der noch kürzlich seine Treue gegenüber Eid und Republik beteuerte, hat eine Regierung aus erbitterten Feinden der demokratischen Republik eingesetzt. Die kommenden Tage verheißen das Allerschlimmste: einen coup d'état, Diktatur von rechts, Aufstand von links, Panik, Pogrome. Ich fahre mit den Erinnerungen fort (halte beim Pogrom von Kischinjow 1903).

6. Februar. Beendete vor kurzem den ersten Band vom *Buch des Lebens*, bis zur Abreise aus Odessa im Sommer 1903. Erledige inzwischen kleinere Arbeiten ... Vor fast elf Jahren verließ ich das Land der roten Diktatur in Richtung eines freien Deutschland. Jetzt steht Deutschland eine schwarze Diktatur bevor. Der bisherige Reichstag ist aufgelöst, der Wahlkampf hat begonnen, linke Zeitungen und Versammlungen aber werden verboten. Heute wird vermutlich auch der Preußische Landtag aufgelöst. Hitler proklamierte einen ›Vierjahresplan‹ zur Gesundung Deutschlands – eine eindeutige Kopie des sowjetischen Fünfjahrplans.

13. Februar. Hörte kürzlich im Radio die Reden der neuen Machthaber – Hitler, Hugenberg und anderer. Alles ausrotten, was während der republikanischen Zeit seit 1918 geschaffen wurde, ›die Marxisten‹ und ihre Anhänger ›vernichten‹, d. h. sämtliche demokratischen Republikaner – dies ist die Losung jener Menschen ... Am 8. März wird es Parlamentswahlen geben. Sollten die herrschenden Parteien die Mehrheit erringen, werden sie die Weimarer Verfassung auf legalem Wege beseitigen, im gegenteiligen Fall aber den Reichstag zerstören.

Las gestern in unserem Zirkel die letzten Kapitel aus dem *Buch des Lebens*.

2. März. Reichstagsbrand, den die Regierung den Kommunisten zuschreibt, die Stimme des Volkes aber der Regierung selbst.[71] Terror der Machthaber, Verhaftung sämtlicher kommunistischen Abgeordneten, vieler Sozialdemokraten, ›Ausnahmedekrete‹, die die Freiheit der Persönlichkeit, des Wortes und die Versammlungsfreiheit aufheben, Verbot der gesamten kommunistischen und selbst sozialdemokratischen Presse und der Wahlplakate. Ganz Berlin befindet sich in den Händen der Sturmkolonnen der Nazis, die Hausdurchsuchungen durchführen und auf Linke schießen. Kein Tag vergeht, ohne daß Dutzende Menschen ermordet oder verletzt werden ... Übermorgen sind Wahlen, man erwartet ein Votum des Volkes. Gestern sprach Hitler im Radio erneut davon, die Republik der ›Novemberverbrecher‹ zu vernichten.

4. März. Der preußische Minister Göring erklärt bei seinen öffentlichen Auftritten: »Es ist nicht an mir, eine Rechtsprechung zu schaffen, sondern sie zu vernichten und auszurotten.« Dies ist die Antwort auf die Forderung nach Gerechtigkeit und Gleichbehandlung aller Bürger.

6. März. Resultat der gestrigen Reichstagswahlen: vierundvierzig Prozent Nazis plus acht Prozent Deutschnationale.[72] Folglich besitzen beide Regierungsparteien zusammen zweiundfünfzig Prozent und somit die Mehrheit. Die Reaktion in Deutschland ist gesichert. Nun kann sie alles ›legal‹ tun ...

10. März. Die Verfassungen in Bayern und ganz Süddeutschland sind bereits außer Kraft gesetzt, nachdem Preußen ›unterworfen‹ ist.[73] Durch das ganze Land ziehen Sturmbannabteilungen, reißen die Fahne der Republik herunter und hissen ihr Hakenkreuz oder die Kriegsflagge. Die bisherigen Amtsinhaber werden gewaltsam abgesetzt – republikanische Minister, Polizeipräsidenten, Bürgermeister – und durch Kommissare der Nazis ersetzt. Durchsuchungen, Verhaftungen und Ermordungen nicht nur von Kommunisten, sondern auch von Sozialdemokraten. Überfälle auf jüdische Geschäfte, jüdische Passanten usw. ... Kein Ausweg, lediglich in der Flucht aus Deutschland, doch wohin?

War heute auf dem Friedhof. Wir beerdigten den überraschend verstorbenen D. M. Koigen. Hat sich auf den Diwan gelegt und ist an einem Herzschlag gestorben. Ich denke zurück an unsere zufälligen Begegnungen in *Piter* in den Jahren des Krieges, dann an unsere Berliner Begegnungen seit 1923, an die Nachbarschaft in Schmargendorf, unsere Gespräche, die gemeinsamen Treffen mit Ed. Bernstein. Er hatte es schwer, der Metaphysiker in der realen Wissenschaft der Soziologie, ohne publizistisches und akademisches Einkommen; die neuen antisemitischen Machthaber nahmen ihm die letzte Universitätsbeihilfe. Heute auf dem Friedhof kam unser ganzer Kreis zusammen. Alle waren aufgeregt, sprachen über die Tagesereignisse – den Terror*.

12. März. Purim. Erfuhr gestern von der Verhaftung Ja. Lestschinskys[74], den ich auf Koigens Beerdigung traf. Er wurde verhaftet, weil er als Journalist Telegramme an den New Yorker *Forwerts* gesandt hatte. Ein Tag voller Aufregung. Jeden von uns kann Hausdurchsuchung und Verhaftung treffen. Viele verlassen Berlin.

16. März. Lestschinsky ist freigekommen und wird aus Deutschland ausgewiesen. Er war gestern bei uns, zusammen mit engen Freunden (auch die Witwe von Schalom Alejchem aus Amerika war da). Eine Atmosphäre der Panik: Alle reden von Flucht. Vorgestern verabschiedete sich der Führer der Menschewiki Abramowitsch telefonisch von mir, der mit seiner gesamten Gruppe nach Paris geht. Wenn sich heute Freunde treffen, fragt man einander: Wohin wollen Sie gehen? Unser Berliner Zentrum wird zerstört, das zehn Jahre bestanden hat. Ich will dennoch abwarten ... Wie richtig doch meine Prognose im Epilog der *Geschichte* ist: Die Welt schwankt zwischen Bolschewismus und Faschismus!

25. März. Finis Germaniae! Ende der demokratischen Republik, in die ich vor elf Jahren so gern übersiedelte. Der neue Reichstag ist zusammengetreten und hat Hitlers *Ermächtigungsgesetz* für vier Jahre angenommen, d. h., er hat die Führer der Nazis zur Diktatur ermächtigt. Die Diktatur ist gesetzlich verankert, der Massenterror aber geht weiter. Die Gelbhemden[75] dringen in die Häuser ein und schlagen ›Marxisten‹, Pazifisten und Juden. In der Provinz dringen sie in Krankenhäuser, Gerichtsgebäude und andere städtische Einrichtungen ein und werfen jüdi-

* Ich entsinne mich, wie mir der Sekretär der jüdischen Gemeindeverwaltung M. flüsternd erzählte, tags zuvor hätten die Nazis zahlreiche jüdische Leichname auf den Friedhof geworfen, Opfer der Bartholomäusnächte, und angeordnet, sie schnellstmöglich zu beerdigen und zu niemandem über die geheimnisvollen Toten zu sprechen. In jenen Nächten drangen die Nazis häufig in jüdische Wohnungen ein, verhafteten die Menschen und verschleppten sie in ihre Kasernen, wo sie sie zu Tode quälten.

sche Ärzte, Anwälte, Richter, Beamte hinaus. Häufig entziehen die Führungskräfte Juden direkt die Anstellung und setzen Nazis an ihre Stelle. Überhaupt werden Zehntausende Beamte der verbotenen drei Kategorien ihrer Ämter enthoben, von den Kommunisten ganz zu schweigen, für die Konzentrationslager eingerichtet wurden. Wenn die Sturmtrupps überfallen und prügeln, verhaftet die Polizei nicht etwa die Schläger, sondern die Geschlagenen und nimmt sie in *Schutzhaft*, als müsse man sie vor der wild gewordenen Menge schützen.

In England, Amerika und anderen Ländern hat sich eine gewaltige Bewegung gegen diese ›teutonische Raserei‹ formiert;[76] in der ausländischen Presse stellt man die Schrecken der ›germanischen Grausamkeiten‹ sogar übertrieben dar. Auf Meetings werden Protestnoten an die Regierungen verfaßt, Diplomaten sprechen bei der deutschen Regierung vor. Letztere heuchelt Entrüstung über die ›Greuelnachrichten‹, die im Ausland verbreitet würden, hindert ihre offiziösen Organe *Völkischer Beobachter* und *Angriff* jedoch nicht daran, zu Pogromen aufzuhetzen. Und ringsum herrscht Panik. Auch aus unserem Kreis fliehen die Leute oder bereiten sich auf die Emigration vor.

30. März. Auf die antideutschen Manifestationen, die am 27. März in New York, London, Warschau und in vielen anderen Städten stattfanden[77], antwortete die Regierung Hitler mit einem Boykott jüdischer Handelsfirmen und Büros freier Berufe im ganzen Land. Für den 1. April ist zum allgemeinen Boykott aufgerufen worden.[78] Die erzwungenen Proteste loyaler deutsch-jüdischer Organisationen gegen die Manifestationen im Ausland haben nichts geholfen. Die Machthaber erklärten offen, daß sie sich an allen deutschen Juden für die Demonstrationen ihrer Brüder im Ausland rächen wollen.

2. April (Sonntag). Der gestrige Tag war ein Tag der Schande für Deutschland. Berlin und das ganze Land haben den Boykottaufruf gegen die Juden minuziös befolgt. Die Gelbhemden mit den Hakenkreuzen standen mit Transparenten »Deutsche, wehrt euch! Kauft nicht bei Juden!« vor sämtlichen jüdischen Geschäften und ließen niemanden in die Läden hinein. Auch zu jüdischen Ärzten und Rechtsanwälten wurde niemand durchgelassen, Juden wurden aus Behörden hinausgeworfen, auch aus der Staatsbibliothek. In der Provinz kam es zu blutigen Zusammenstößen. Sämtliche jüdische Geschäfte und Büros wurden mit Boykottplakaten beklebt, teilweise in gelber Farbe. Auf den Litfaßsäulen: »Das Weltjudentum will Deutschland vernichten!« und dergleichen mehr. Die Welt protestiert hilflos. Die panische Flucht hält an. Propagandaminister Goebbels verlautbarte, die neue ›nationale Revolution‹ sei aufgerufen, den Liberalismus des 19. Jahrhunderts und die Prinzipien der Französischen Revolution von 1789 auszurotten.

8. April. Wie viele befinde auch ich mich in diesem quälenden Zustand, im Aufbruch ... Noch immer klammere ich mich an den Gedanken: Sollte ich nicht dennoch bleiben, mich in diesen stillen Grunewalder Winkel zurückziehen? Doch wie soll man in einem stillen Waldwinkel leben, wenn ringsum die Wölfe heulen? ... Und wohin gehen? Ins laute Paris, in die stille Schweiz, in die Tschechoslowakei, nach Lettland oder Litauen? Aus Deutschland fortzukommen ist jetzt nicht leichter, als vor elf Jahren aus Sowjetrußland. Ich bin selbst über mich erstaunt, wie ich noch in den letzten Tagen unter diesen Bedingungen das *Buch des Lebens* fortführen konnte. Schreibe über 1905.

17. April (7. Tag von Pessach). Täglich Begegnungen, Visiten, Empfang von Besuchern. Gespräche über die Tagesereignisse in unserem auseinanderlaufenden Ameisenhaufen. Wann und wohin fahren Sie? – dies ist die Frage, die man einander stellt. Aus den Gesprächen erfährt man noch vieles über Pogrome der Nazis in den Wohnungen: Im Gegensatz zu den einstigen russischen *Schwarzhundertern*, veranstalten sie keine Straßenpogrome, sondern leise Pogrome in den Häusern, in ihren Kasernen, wohin sie die jüdischen Ärzte, Anwälte und Kaufleute verschleppen, sie schlagen und mißhandeln. Man hört sich diese Berichte an und geht gebrochen nach Hause. In den letzten Tagen findet man Trost im englischen Parlamentsprotest[79], dem Aufschrei an die Adresse Deutschlands: Der Völkerbund steht niemandem offen, der blutbefleckte Hände besitzt! Hitler hat Deutschland bereits isoliert und seine Außenpolitik zugrunde gerichtet. Der weltweite jüdische Boykott fügt dem Land ökonomischen Schaden zu.

19. April. In Kiew starb N. Stif. In verschiedenen Lebensabschnitten sind wir uns begegnet.[80] In *Piter* 1909–1917, wo er in Versammlungen zur Verteidigung des Jiddischen auftrat, insbesondere auf der stürmischen Konferenz des OPJE 1916 – im Widerstreit mit Bialik und anderen Hebraisten. 1917 schloß er sich unserer *Folkspartej* an, ging dann nach Kiew, wo er meine *Neueste Geschichte* ins Jiddische übersetzte. 1922 unsere Begegnung in Kowno, wo er in der Zeitung *Najs* arbeitete. Danach Berlin, die gemeinsame Arbeit an der Übersetzung, häufige Begegnungen, das Projekt des jüdischen wissenschaftlichen Instituts (YIVO). Schließlich die Abreise nach Rußland, unter das Joch des Bolschewismus und die Selbstgeißelung des Reumütigen. Philologie in ›sozialem Auftrag‹ in Kiew, unfreiwillige Lossagung von der Emigration. Er versündigte sich um eines Stückes Brot willen, aber hat er wenigstens Brot gefunden im Land des Hungers? ...

27. April. Jeden Tag um 7 Uhr morgens und um 5 Uhr nachmittags nimmt man aus der Presse das Nachrichtengift über die Ausrottung der ›Nichtarier‹ auf. Augenblicklich jagt man die jüdischen Professoren aus sämtlichen Universitäten[81] ... Unsere Berliner Kolonie leert sich immer mehr. Gestern ist das lebhafteste Mitglied unserer Kolonie Tsch-r[82] mit seiner Frau nach Paris abgereist ... Der Frühling steht in voller Blüte. Lese im Park oder auf dem Dachgarten die Entwürfe (der Memoiren) oder meine Tagebücher. Diese Entwürfe schrieb ich 1921–1922 in *Piter*, bereit, Rußland zu verlassen, so wie ich mich jetzt darauf vorbereite, Deutschland zu verlassen.

6. Mai. Teile meine Zeit zwischen dem Zeitungsgift, dem Schreiben der Memoiren und der Korrektur der hebräischen Übersetzung des fünften Bandes der *Geschichte* für die Ausgabe in Palästina ein. Ich ersticke im Reich des Bösen, im Reich von Haß und Gewalt. Habe keine Kraft mehr, diese vergiftete Luft zu atmen, den Wanderstab mit zweiundsiebzig Jahren zu ergreifen, ist aber alles andere als leicht. Sämtliche freie Arbeitervereine mit ihren drei Millionen Mitgliedern sind geschlossen und in die Hände der Nazis übergegangen. Niemand hat einen Mucks von sich gegeben. In den nächsten Tagen werden auf den Straßen öffentlich ›jüdische und marxistische‹ Bücher verbrannt werden – eine nie dagewesene Barbarei. Die protestierende Welt aber hat sich bereits an die Barbarei gewöhnt und die Proteste klingen allmählich ab. Unsere Flüchtlinge aus Deutschland sind auf der ganzen Welt verstreut. Die Hilfskomitees können der Sache nicht Herr werden. Der Mai jedoch strahlt in ›schamloser Schönheit‹ über diesem Sodom – zum Gebrüll der Triumphierenden und den Schreien ihrer Opfer.

10. Mai. Eine Änderung meiner Pläne. Statt des teuren und fremden Zürich habe ich mich für Riga entschieden. Vertrautere Umgebung, näher bei den Kindern in Polen und Rußland, billigeres Leben, Sommer am Meer. I. und ich schmieden neue Pläne …

11. Mai. Gestern Abend wurden in Berlin (auf einem Platz nahe der Universität) und in anderen deutschen Städten Bücher *undeutscher Literatur* auf Scheiterhaufen verbrannt – Bücher von Sozialisten, Liberalen, Pazifisten, meist Juden. Es war ein Werk der Studenten – mit dem Segen der ›Führer‹. Ein schändliches Bild, das Deutschland auf der ganzen Welt noch mehr Haß einbringen wird. Man hat mir mitgeteilt, daß meine zehnbändige *Weltgeschichte,* die im Lesesaal der Staatsbibliothek unter den am meisten gelesenen Büchern stand, gemeinsam mit der Geschichte von Graetz von dort entfernt wurde.

29. Mai. Erfuhr aus ausländischen Zeitungen (die deutsche Zensur verschweigt es), daß meine *Weltgeschichte* in Deutschland in den öffentlichen Bibliotheken und Buchhandlungen verboten wurde.

Die Bände wurden aus dem Verkehr gezogen, wird das auch dem Autor geschehen? Ich bin ruhig – als Ausländer wird man mich nicht antasten, wenngleich ich auch Bücher schreibe, die »dem deutschen Geist widersprechen« (dies der Grund für das Verbot). Ich rüste für die Reise, die Hindernisse für die Abreise sind aber noch nicht aus dem Weg geräumt: der Mietvertrag, die Rettung der Ersparnisse … Alle fliehen. Verabschiedete mich gestern von der Familie I. Steinberg, die nach London geht …

1. Juni (Morgen von Schowuos). Ich sitze im Park und begehe den Tag von Schowuos, wie ich dies in Finnland tat, in jenen Jahren, über die ich gerade in den Erinnerungen schreibe. Noch ein bis anderthalb Monate, und ich werde Abschied nehmen von diesen Orten, an denen ich meine Gedanken sammeln und mich meiner Sehnsucht hingeben konnte. Heute abend wird sich bei uns der Rest unseres Kreises treffen.

10. Juni. Man muß sich retten, wie aus einem brennenden Haus … Tägliche Laufereien, Verhandlungen, Sorgen. Ich bemühe mich, spätestens am 15. Juli herauszukommen. Ob es wohl gelingt?

26. Juni (Im Dol, Finkenstraße). Bin hierher gekommen, wie früher in den Arbeitspausen, um eine andere Art von Pause zu begehen: beendete heute die Periode 1910–1914 in den Memoiren und halte nun bei der Rückkehr aus Nodendal nach *Piter* in den ersten Kriegstagen. Ein wundervoller Tag nach vielen Regentagen. Der Wald summt ohne Unterlaß, er singt einen feierlichen Psalm. Ich werde diese heiligen Orte in Sodoms Nähe jedoch bald verlassen müssen.

1. Juli. Die gleichen Aufregungen wie in *Piter* 1921. Dort wurde die Ausreise wegen der Pässe aufgehalten – hier wegen des Wohnungsprozesses. Ich kann den Mietvertrag erst zum August kündigen ... »Das Herz zieht sich zusammen in quälenden Gedanken«[83], wenn ich bedenke, daß ich den stillen Winkel verlassen muß, von dem ich doch annahm, er werde die letzte Zuflucht in meinem Wanderleben sein. So schön ließ es sich träumen in diesen Parks von Grunewald und Dahlem, in den verzauberten menschenleeren Gassen, inmitten der romantischen Villen ...

Schrieb das Kapitel über das erste halbe Jahr des Krieges (1914).

13. Juli. Änderte die Methode der Darstellung: zitiere nun vor allem aus den Tagebüchern, die ein genaues Bild der damaligen Erlebnisse zeichnen. So will ich auch weiter verfahren ... Wieder peinigen die Tagesereignisse meine Seele. Der alte Sozialist Scheidemann, der nach Prag geflohen ist, bezeichnete Deutschland als »Tollhaus«.[84] Der Wahnsinn ist ansteckend, und die Epidemie breitet sich aus. In vielen Ländern gibt es bereits Herde dieser Seuche.

17. Juli. Das Prinzip der Geiselhaft wurde eingeführt: wegen Scheidemanns Protest im Ausland wurden hier dessen Verwandte inhaftiert und ins Konzentrationslager geworfen.[85] Das gleiche droht den übrigen politischen Emigranten. Sämtlichen Flüchtlingen droht zudem die Konfiszierung ihres Eigentums in Deutschland. Den zwischen 1918 und 1933 eingebürgerten ausländischen Juden wird die deutsche Staatsbürgerschaft entzogen, und Tausende leben in Furcht und Schrecken vor dem Verlust ihrer Rechte und des Lebensunterhalts ...

22. Juli. Similia similibus curantur. Ich heile das neue Leid mit altem. Schreibe über das Jahr 1915. Bereits seit zwei Tagen erhalte ich keine Bulletins der Berliner Filiale der *Jüdischen Telegrafenagentur* mehr. Die Machthaber verboten dieses einzige Informationsorgan, nachdem sie es seiner Freiheit beraubt hatten. Seit vielen Jahren erhielt ich jeden Morgen dieses kollektive Telegramm von meiner Volksfamilie auf dem gesamten Erdball, das ich sorgfältig las ...

27. Juli. Der ›legalisierte Terror‹ wütet, wie die *Times* das derzeitige Regime in Deutschland bezeichnete. Jeden kann eine Haussuchung treffen, eine Straßenkontrolle oder die Verhaftung. Jeder ist von Tausenden ›Gesetzen‹ gefesselt, die aus jeglichem freien Schritt ein Verbrechen machen.

31. Juli. ... Eine Atmosphäre der Flucht. Besuch von jenen, die abreisen und sich für immer verabschieden oder jenen, die verzweifelt sind, weil sie nicht abreisen können. Gestern war die Witwe von Koigen hier, die Raw-czs[86], Meisl. Palästina ist das Hauptziel der Fliehenden ... Schrecklich anzusehen, wie das historische Zentrum zerfällt. Es ist ein *Churban Aschkenas* im Gange. Eine jahrhundertelange Periode von Emanzipation und Assimilation endet und eine neue Ära beginnt inmitten des Sturzes alter Ideale. Werden sie durch neue ersetzt werden? Ich habe in den letzten Bänden der *Weltgeschichte* dazu aufgerufen. Jetzt lesen auch jene Intellektuelle – ihrer Arbeit beraubte Anwälte, Ärzte usw. – in ihrer unfreiwilligen Freizeit dieses Buch, die sich früher in unsere nationale Problematik nicht hineindenken konnten. Traf einen von ihnen vor kurzem auf unserem Dachgarten, einen ehemaligen Richter. Er liest meine zehn Bände systematisch und beginnt, das Mittelalter zu verstehen. Und davon gibt es viele, wie mir berichtet wurde. Ich verlasse Deutschland mit dem Gedanken, daß ich hier nicht umsonst gelebt und gearbeitet habe und jenen Menschen, die von der Katastrophe erschüttert und aus der Bahn geworfenen wurden, eine Stütze hinterlasse. Heute ist der Abend von Tische be-Aw, und ich sitze über den alten *Kinot* und lese meine geliebte Elegie: »In dieser Nacht weinen und schluchzen meine Kinder, in dieser Nacht wurden mein Tempel zerstört und meine Paläste verbrannt . . .«[87] Ich hätte in eine der Berliner Synagogen gehen, mich auf den Boden setzen und die Zerstörung der deutschen Judenheit beweinen sollen, die gerade erst beginnt und noch Jahre fortdauern wird.

18. August. Die aufregenden Tage sind vorüber, es bleiben lediglich die Mühen der Reisevorbereitung. Traurigkeit über den Abschied von einem Ort, der mit den Erlebnissen von elf Jahren meines Lebens verbunden ist, vielleicht den fruchtbarsten. Wir reisen am 23. August, nachdem die Sachen in Anwesenheit eines Zollbeamten gepackt sind . . . Ging heute auf dem Weg zum Zollamt durch die zentralen Straßen Charlottenburgs. Trostlosigkeit und völlige Verödung.

19. August. Steter Wechsel von Ruhe und Aufregung. Des Nachts beängstigende Grübeleien und lichte Gedanken in den sonnigen Morgenstunden. Banale Sorgen, die jedoch beträchtliche Konsequenzen haben können (Angst um die kostbare Fracht der Manuskripte und so weiter) . . .

26. August, Riga, Mežaparks. Am Abend des 23. August verließen wir Berlin. Schwere, aufregende Tage der neuerlichen Emigration sind überstanden. In den Tagen vor unserer Abreise besuchten uns Freunde und Bekannte, die letzten der ›einstigen Größe‹ unseres Kreises. Die Abschiedsworte der Nachbarn und Bekannten waren rührend.

Schlußbemerkung

Mit diesem für die europäische wie jüdische Geschichte so fatalen Jahr 1933 beschließe ich den Bericht über mein Leben. Darüber zu erzählen, was in den dreißiger Jahren des zwanzigsten Jahrhunderts weiter geschah, Jahren einer bösartigen antisemitischen Epidemie, die von Deutschland ausgehend, weitere jüdische Zentren Europas infizierte, ist es noch zu früh. Nach meinem Auszug aus dem deutschen Ägypten ließ ich mich in einem stillen Waldflecken des Baltikums nieder (Lesnoj Park bei Riga) und verfolgte von dort jene grauenvollen Ereignisse, die in Kurzfassung in meinem Epilog zum letzten Band meiner *Geschichte* beschrieben sind, und deren Fortsetzung bis zum heutigen Tag – den neuen europäischen Krieg. Ich mußte die allmähliche Vernichtung der jüdischen Zentren in Deutschland, Österreich und der Tschechoslowakei mit ansehen, das weitere Verdorren des abgeschnittenen jüdischen Zweiges in Sowjetrußland, und schließlich erlebte ich die völlige Vernichtung unseres größten geistigen Zentrums in Polen, das von deutschen Bomben zerstört wurde. Von Zeit zu Zeit reagierte ich auf den Zickzackkurs der lebendigen jüdischen Geschichte, meine Hauptarbeit aber lag außerhalb der Gegenwart – im Bereich der Vergangenheit. Hinsichtlich der wissenschaftlichen und literarischen Arbeit waren die letzten sechs Jahre, die ich im Baltikum verbrachte, nicht weniger produktiv als die vorausgegangene Berliner Periode. In Berlin überarbeitete ich den gesamten Text der zehnbändigen *Weltgeschichte des jüdischen Volkes* für die deutsche Ausgabe, und in Riga konnte ich das durchgesehene russische Original zur Gänze herausbringen (1936–1939) und außerdem die beiden ersten Bände vom vorliegenden *Buch des Lebens* (1934–1935), die ebenfalls als Geschichtsmaterial zu verstehen sind.

Wenn ich nun am Ende meines Lebens den dritten Band dieses Buches beende und »beim Schicksal einreihe«[88], würde ich von diesem langen Leben gern auf meine Weise Abschied nehmen, more historico, muß mir aber eingestehen, daß dies unter den heutigen Bedingungen ein unerfüllbarer Traum ist, die Phantasie eines Historikers. So bleibt mir lediglich, hier den Plan jener imaginierten Reise zu skizzieren, mit der ich mein Wanderleben gern hätte beenden wollen, wenn die Grenzziehungen zwischen den Ländern des neuen Europa dies nicht völlig unmöglich gemacht hätten.

Vor allem hätte ich gern meine Heimatstadt Mstislawl besucht, die ich seit achtunddreißig Jahren nicht mehr gesehen habe. Dort würde ich mich vor den

Gräbern meiner Vorfahren verneigen. Andächtig würde ich am Grab meines Großvaters stehen, des großen Talmudgelehrten Rabbi Benzion und ihm flüsternd sagen: »Ich bin es, dein Enkel, der nun fast ebenso alt ist wie du, als du aus der Welt gingst. Erinnerst du dich meiner Rebellion gegen die dir heilige Tradition, deiner Beunruhigung und der traurigen Prophezeiung, ich würde eines Tages zum Ursprung zurückkehren, von dem ich mich abgewendet hatte? Deine Prophezeiung hat sich erfüllt, wenn auch in anderer Form. Wir sind zwei Wegzeichen am Scheideweg der Jahrhunderte, die beide den Pfad zu den Quellen des Judentums weisen.« Dann wollte ich »weinen am Grab, dem entfernten, in dem liegt meine arme Mutter«[89] und daneben mein vor der Zeit verstorbener Vater, von dem ich eines traurigen Herbsttages mit dem Kaddischgebet Abschied nahm. Darauf würde ich vom Friedhof der Toten zum Friedhof der Lebenden gehen, in die Stadt, in der einst meine Kindheit und Jugend blühte. Was hätte ich dort gesehen, am heimischen Herd? »Einen jungen, unbekannten Stamm«[90] von Sowjetbürgern ohne bürgerliche Freiheiten, Komsomolzen und Pioniere, die sich vor den Namen neuer Götter verneigen. Ich wäre ihnen unbekannt, fremd, ein Abkömmling aus einer anderen Welt, die längst in den Wogen des Bolschewismus untergegangen ist. Doch in jener Welt, in der es Aufregungen und Kummer gab, blühten auch Hoffnungen, war ein Kampf gegen die Selbstherrschaft im Gange, ein Kampf für Freiheit und Gleichheit, für neue Ideale gegen veraltete Traditionen, es gab die unterschiedlichsten ideellen Strömungen, das Leben brodelte, und dieses Brodeln fand auch in der Provinzstadt am Zufluß des Dnjepr einen Widerhall. Heute aber ist es ein verkümmertes Städtchen, in dem sowohl die Traditionen als auch die Gedankenfreiheit gewaltsam ausgerottet wurden und Gedanken und Worte, selbst das Gewissen durch ein eisernes Dogma gefesselt sind, das keinerlei Abweichung zuläßt – wie die Dogmen der katholischen Kirche zu Zeiten der Inquisition. Würde heute hier statt meiner ein neuer Acher[91] auftauchen und gegen die neuen Dogmen rebellieren, man ließe ihn nicht in Ruhe, wie mich vor einem halben Jahrhundert – er würde »beseitigt werden«. Für mich wäre dies eine Kulturwüste, besiedelt von einem Stamm, der von seinen historischen Wurzeln losgerissen und zum Aussterben verurteilt ist.

Darauf würde ich mich gen Süden wenden und Odessa besuchen, das von der Mittagssonne meines Lebens überstrahlt ist. Ich würde am Grab meines alten Freundes Abramowitsch-Mendele stehen, unter den Lebenden aber träfe ich keinen einzigen meiner einstigen Freunde mehr an: »Die einen sind nicht mehr, die anderen fern.«[92] Wo ist es, das geistige Brodeln der neunziger Jahre und der folgenden Jahrzehnte, wo sind die Versammlungen, Zirkel, Parteien, wo die Menschen, die wenigstens ein wenig an Achad Haam oder Bialik erinnern? Auch hier geistige Einöde …

Schließlich würde ich zu meiner literarischen Wiege zurückkehren, nach Petersburg, das dann in Petrograd und Leningrad umbenannt wurde. »Ich liebte diese Stadt der Nebel, die Stadt der Kälte und der Schwermut«[93], denn hier knüpfte ich die Bande zur Literatur, die zum Sinn meines Lebens werden sollte. Wo ist es, das Petersburg meiner Jugend, wo wir sogar unter der Zensur des Zaren verbotene Gedanken aussprechen konnten, wo eine russisch-jüdische Literatur in europäischem Maßstab entstand, wo sich die junge Generation unserer Intelligenzija für den Kampf mit dem zaristischen Regime rüstete und sich auf die Erringung von Freiheit und Emanzipation vorbereitete. Wo sind diese Kämpfer geblieben? Wir gingen Seit an Seit, wenn auch in verschiedenen Gruppierungen, im neuen Petersburg nach der Revolution von 1905, die uns nicht alles gab, wofür wir gekämpft hatten, aber immerhin gab sie uns neue Werkzeuge für den Kampf: teilweise Pressefreiheit, freie Verbände und Versammlungen. Wo sind diese Zeitschriften, diese Sitzungen und Zusammenkünfte mit ihren leidenschaftlichen Debatten bis spät in die Nacht, diese Kämpfe idealistischer Armeen, diese Erfülltheit von Freiheit- und Gerechtigkeitsidealen? Viele solcher Kämpfer gab es in Petersburg und in Petrograd, im heutigen Leningrad gibt es sie nicht mehr. Und ich würde diesen Friedhof des einstigen geistigen Zentrums in dem bitteren Bewußtsein verlassen, daß alle großen Ideale, für die wir kämpften, hier nicht erreicht wurden ...

Vor diesem bedrückenden Abschiednehmen von der Vergangenheit bewahrt mich eines: Man ließe mich heute gar nicht mehr zu jenen Stätten, von denen ich mich hätte verabschieden wollen, und wenn man mich ließe, dann käme ich nicht mehr zurück. Der jüdische Historiker hat keinen Zugang mehr zum einst großartigen Zentrum der Judenheit, nicht einmal mehr, um auf seinen Ruinen zu weinen ...

Gedanken

Gedanken

I. Integration der Seele
(Zur Psychologie der Erinnerung)

Schon von jeher war ich bestrebt, jenen besonderen Seelenzustand zu begreifen, der durch die Erinnerung entsteht, die Wendung der Aufmerksamkeit vom Gegenwärtigen zum Vergangenen, vom Erlebnis zum Erlebten, und suchte in das Geheimnis der antiken Göttin der Erinnerung Mnemosyne einzudringen, der Mutter der neun Musen. Meine Selbstbeobachtungen führten mich zu Schlüssen, die der Erforschung dieses Zweiges der Psychologie zusätzliches Material liefern könnten.

Seit frühester Jugend hielt ich immer wieder Rückschau auf den durchschrittenen Lebensabschnitt. Als vierzehnjähriger Junge schrieb ich meine ›Autobiographie‹[1], die natürlich sehr naiv war. Später dann zog ich in Abständen immer wieder Bilanz über die zurückgelegten Etappen. Auf dem Titelblatt meines ersten Tagebuchs prangte die Überschrift *Mnemosyne* mit zweifachem Motto: die griechische Inschrift des Orakels von Delphi »Erkenne dich selbst« und die Vergil-Zeile »Forsan et haec olim meminisse iuvabit« (»Vielleicht wird es uns dereinst freuen, daran zurückzudenken.«) Je mehr ich mich dem Zenit meines Lebens näherte und später seinem Abenddämmern, desto deutlicher beobachtete ich folgende Erscheinung: Jedesmal, wenn ich mich inmitten von Arbeit und Alltagssorgen an ein tiefgreifendes Ereignis der Vergangenheit erinnerte, das im Gedächtnis die Assoziation weiterer Vorstellungen über einen ganzen Lebensabschnitt hervorrief, verspürte ich einen Stimmungsaufschwung, erlangte mein seelisches Gleichgewicht zurück und fand Abstand zu den drängenden Problemen der Gegenwart, als hätte sich die Seele durch Berührung mit dem längst Erlebten von den Alltagsnöten des Augenblicks befreit. Ich bin überzeugt, daß ein vergleichbarer Seelenzustand in ähnlichen Fällen bei jedem zur Reflexion fähigen Menschen eintritt, der mit der Selbstanalyse vertraut und in der Lage ist, in der Unrast des Lebens von Zeit zu Zeit innezuhalten, den zurückgelegten Weg zu überschauen und das Erlebnis mit dem Erlebten zu einer Kette zu verknüpfen, die den Komplex der Seele bildet.

Es wäre von großem Nutzen, folgenden Fragebogen zu verbreiten:

»Wenn Alltagsarbeit oder alltägliche Sorgen Sie in Anspruch nehmen und in Ihrem Gedächtnis plötzlich Bilder der Vergangenheit aufsteigen oder Gestalten von Menschen, Gefährten unterschiedlicher Perioden Ihres Lebens – was fühlen Sie in diesem Augenblick? Meinen Sie nicht, daß sich Ihre Stimmung hebt, scheinen Ihnen die lastenden Sorgen nicht weniger drängend, weniger wichtig zu sein im Vergleich mit dem, was gerade in Ihrer Seele vor sich geht? Spüren Sie, daß Sie sich über die Alltagsprobleme erheben und sich etwas Ganzheitlichem annähern? Welche Gefühle entstehen in Ihrer Seele, wenn Sie nach langer Abwesenheit Ihre Heimatstadt besuchen, in Häuser eintreten, in denen Sie Ihre Kindheit und Jugend verbrachten, in den Tempel blicken, in dem Sie einst so innig beteten? Was fühlen Sie, wenn sie sich in alte Briefe vertiefen, lange zurückliegende Tagebucheintragungen wieder lesen, sich in vergangene Zeiten zurückversetzen – überkommen Sie dann nicht aus sämtlichen Etappen des Lebens einstige Freuden und einstiger Kummer, klare Sonnenauf- und traurige Sonnenuntergänge und mündet dies alles nicht in ein harmonisches Ganzes, eine psychologische Einheit, in der Sie sich finden, Ihre gesamte innere Welt, Ihren Mikrokosmos? Und erkennen Sie heute im Zusammenspiel von Vergangenem und Gegenwärtigem nicht etwas Neues, Ganzheitliches, Gesetzmäßiges, spüren Sie nicht, welcher Seelenzustand aus dieser Vereinigung sämtlicher Lebensfäden zu einem Knoten Ihres Ich entsteht?«

Ich bezeichne diesen Zustand als Integration der Seele, als Wiederherstellung ihrer Ganzheitlichkeit. Das Gedächtnis ist jenes Depot, das die Spuren von Eindrücken über den gesamten Zeitraum der Existenz der Persönlichkeit bewahrt, und die Erinnerung jener Akt, der diese Eindrücke aus dem Depot hervorholt, die Gegenwart mit der Vergangenheit zu einem seelischen Ganzen vereint und damit die Persönlichkeit schafft. Gewöhnlich ist die Seele vielschichtig, von Gedanken und Sorgen des jeweiligen Tages erfüllt; die unteren Schichten einstiger Eindrücke sind von einer Schicht laufender Wahrnehmungen überlagert. Wenn nun kraft der Erinnerung auch die unteren, tieferen Schichten des Gedächtnisses in Bewegung geraten und sich das einst Durchlebte mit dem augenblicklich Erlebten vereint, so integriert sich die Seele, wird ganzheitlich und stabil. Dies eben ist das ›seelische Gleichgewicht‹. Daher rührt auch jener seelische Aufschwung, von dem soeben die Rede war. In der jüdischen Mystik unterscheidet man zwei Bewußtseinszustände: ›Verkleinerung des Verstandes‹ (katnut ha-mochin) und Vergrößerung des Verstandes‹ (gadlut ha-mochin), Korrelative von Kleinmut und Großmut. Gewöhnlich ist die ›kleine Seele‹, die mit dem Lebensalltag befaßt ist, aktiv (»In die Sorgen der Alltagswelt ist er kleinmütig verstrickt« – heißt es bei Puschkin[2]); die ›große Seele‹ dagegen, Quelle des ganzheitlichen Bewußtseins, zeigt sich lediglich in gewissen glücklichen Momenten der seelischen Integration, also der Wiederherstellung ihrer Ganzheit.

Nachdem ich die Rolle der Erinnerung für die Integration der Seele erkannt hatte, überprüfte ich diese Erkenntnis immer wieder mit einem besonderen Experiment. In schweren Stunden des Lebens, wenn sich die Seele unter dem Druck persönlicher oder allgemeiner Sorgen ›verkleinert‹ hatte, in Momenten der Depression, verband ich diese mit einer Kette längst vergangener Eindrücke wie mit einer Batterie, geladen von seelischer Energie: Ich begab mich gedanklich in die Vergangenheit zurück, las in alten Aufzeichnungen oder wählte jene Augenblicke aus dem Gedächtnis, die den aktuellen ähnelten. An denkwürdigen Tagen, Geburtstagen oder zu Neujahr, an Fest- oder Trauertagen, wenn ich die Nachricht vom Tod eines fernen Freundes erhielt, ließ ich all das vor meinem inneren Auge vorüberziehen, was mit dem jeweiligen Datum oder dem konkreten Menschen verbunden war, und verknüpfte auf diese Weise die Glieder einer langen Kette von Erlebnissen und verspürte eine wahre »Erhebung des Geistes«. Die Alltagssorgen verblaßten angesichts der Heimsuchungen der Vergangenheit, die ›verkleinerte Seele‹ erweiterte sich und die Depression wurde entweder von einem seelischen Aufschwung oder von stiller Resignation abgelöst. Diese psychische Wirkung milderte die Schärfe des realen Schmerzes, löste ihn in der Masse des Erlebten auf und füllte die sich in der Seele bildende Leere ...

In der Weltliteratur fand ich Bestätigung für meine Schlüsse. Victor Hugo hatte das Gefühl der Erinnerung immer wieder beschrieben:

O souvenirs! Trésor dans l'ombre accu!
Sombre horizon des anciennes pensées!
Chère lueur des choses éclipsées!
Rayonnement du passé disparu!
Comme du seuil et du dehors d'un temple
L'oeil de l'esprit en revant vous contemple.[3]

Alfred de Musset charakterisierte die Wirkung der Erinnerung komprimiert in zwei Zeilen:

Un souvenir neureux, peut-être, sur terre
Plus réel que le bonheur.[4]

Der bekannten Puschkin-Zeile »Und das, was war, das wird uns lieb«[5] entspricht bei Victor Hugo die Zeile:

Se tourner presque en pleurs vers
le malheur passé.[6]

Diese Sehnsucht nach dem Erlebten erklärt sich daraus, daß in dunklen Stunden des Lebens ein glücklicher Augenblick der Vergangenheit im Gedächtnis aufscheint – wie ein sonniger Sommertag an einem düsteren Herbsttag – und überstandenes Leid in der Seele das positive Gefühl erweckt, eine Gefahr überwunden zu haben. Diese Schatten der Vergangenheit können kraft der Erinnerung heraufbeschworen werden.

Die bewußte Integration der Seele ist all jenen möglich, die einen Sinn des Lebens kennen und im Alltagstrubel nicht vergessen, in ihr Inneres zu schauen und zu überprüfen, inwieweit dieser Sinn des Lebens unbeirrt Wirklichkeit wird. Bedauerlicherweise bringt unsere seelisch kranke Zeit immer weniger solcher nachdenklichen Menschen hervor. Der ungewöhnliche Eifer der politischen Leidenschaften und des parteigebundenen Fanatismus auf der einen Seite und die unersättliche Gier nach neuen Eindrücken im gesellschaftlichen Leben (Versammlungen, Theater, Kino, Sport und andere Zerstreuungen) auf der anderen betäuben im Menschen die Stimmen aus seiner inneren Welt, hindern ihn daran, sich zu konzentrieren und berauben ihn seiner Individualität. Der Herdentrieb, entsprechendes Denken und Fühlen, Parteischablonen und häufig soziale Psychosen bilden das Hauptgebrechen unserer Gegenwart. Ideen werden aus der Luft gegriffen, Überzeugungen leicht übergestreift, wie ein Kleid von der Stange, ohne die Geburtswehen der Gedanken. Selbst die Mehrheit der intelligenten Menschen teilt ihre Zeit zwischen Beruf und öffentlichen Versammlungen oder Zerstreuungen, ohne sich die geringste Muße für die Reflexion und das Überdenken ihrer Erlebnisse zu nehmen. Die pathologische Gier nach neuen Eindrücken treibt den Menschen zur Masse; er hat keine Zeit mehr, alle aufgenommenen Eindrücke im Geiste zu verarbeiten, so daß sie sich ihm wie ein Stein auf die Seele legen, vergleichbar der unverdauten Nahrung im Magen. Diese Hypertrophie von Eindrücken verstopft den Geist und behindert seine Selbständigkeit. Die zwischen unzähligen Eindrücken zerrissene Seele kann sich nicht konzentrieren, nicht integrieren, nicht selbstbestimmen. Im lautstarken Jahrmarkt des Lebens wird die Individualität ausgelöscht. Geistige Individualität kann allein in konzentrierter Gedankenarbeit an von außen einströmenden Eindrücken erstarken. Das alte Gebot »Erkenne dich selbst!« könnte deutlicher formuliert lauten: »Mensch, halte im Lauf des Lebens eine Zeitlang inne, überschaue den zurückgelegten Weg, füge deine einstigen und heutigen Erlebnisse zusammen, integriere deine differenzierte Seele – dann wirst du dich erkennen!«

Ich beabsichtige keineswegs, die Rückkehr zu einem extremen Individualismus zu predigen, meine im Gegenteil, man sollte den Prozeß der seelischen Integration als Mittel der Selbsterkenntnis auch auf kollektive Individuen ausdehnen.[7] Was die Erinnerung nämlich der einzelnen Persönlichkeit gibt, gibt die Geschichte einem Volk. Je öfter sich ein Volk seine Vergangenheit vergegenwärtigt und je klarer seine nationale Selbsterkenntnis ist, desto besser kann es sich einerseits vor nationaler Selbstaufgabe und andererseits vor einer Pervertierung des Nationalgefühls oder des Chauvinismus schützen. Wer die Geschichte seines Volkes im Kontext der Menschheitsgeschichte in sämtlichen Entwicklungsstadien studiert hat, ist immun gegen einseitige Schlußfolgerungen, die einzelnen historischen Momenten mit all ihrem Feuer und ihrer Leidenschaft entspringen. Das ist der Kern jener Weltanschauung des Historismus, die sich blinder Dogmatik, der Quelle vieler Übel im Leben der Menschheit, entgegenstellt. Die individuelle Seele ist das Produkt der Erlebnisse der Persönlichkeit während der gesamten Spanne seines Seins; die kollektive Seele ist das Produkt der Gesamtheit der historischen Ereignisse. In beiden Fällen ist der aktive Gedächtnisprozeß – die Erinnerung – unerläßliche Voraussetzung der Selbsterkenntnis. Während man noch zweifeln könnte, ob Mnemosyne die Mutter aller neun Musen war, so ist doch Klio, die Muse der Geschichte, zweifellos ihre leibliche Tochter. Weder das einzelne, noch das kollektive Individuum kann ohne den Zement der Erinnerung ganzheitlich sein. Während das Prinzip der Zweckmäßigkeit den Menschen veranlaßt, nach vorn zu blicken, so veranlaßt ihn das Prinzip der Gesetzmäßigkeit der Phänomene darüber hinaus zurückzuschauen, auf die Erfahrung der Vergangenheit, denn auch für zweckmäßiges Handeln in der Gegenwart ist die gesammelte Erfahrung der Vergangenheit und der sich daraus ergebenden Lebensgesetze eine unerläßliche Hilfe.

Basierend auf diesen Beobachtungen, könnte der Vielzahl psychologischer Hypothesen eine weitere hinzugefügt werden – die über die Natur der Seele. Ist die Seele eine gesonderte Substanz oder Energie, ein Substrat oder eine Organfunktion, gibt es einen Dualismus von Körper und Seele oder einen Monismus? Diese Fragen könnten, wenn nicht gelöst, so doch mit Hilfe jenes psychischen Prozesses, der während der Erinnerung in Gang kommt, teilweise beantwortet werden. Die abstrakte Theorie, die die Seele als Gesamtheit der Bewußtseinszustände betrachtet, könnte durch eine konkrete Theorie der Seele als Gesamtheit der Spuren der Wahrnehmungen oder Erlebnisse im Laufe des gesamten Lebens des Individuums ersetzt werden. Die Seele ist nicht von vornherein geschaffen, sie bildet sich vielmehr ununterbrochen aus dem Material der Eindrücke, das sich vom ersten Aufblitzen des Bewußtseins bis zum Ende des Lebens ansammelt. Die Philosophen stellten sich die Seele eines Neugeborenen als tabula rasa oder glatte Tafel vor, auf der sich später die Erlebnisse der Persönlichkeit abzeichnen.[8] Diese mechanistische Vorstellung muß dahingehend korrigiert werden, als die »glatte« Tafel eine Art Fotoplatte darstellt, die – empfindlich für jeden Gegenstand – dessen exakte Aufnahme liefert. Aus der Gesamtheit derartiger Aufnahmen formt sich im Laufe des Lebens ein vollständiges Bild der individuellen Seele. Wie der Körper aus Gewebe, Nerven, Muskeln und Blut entsteht, setzt sich die Seele, der geistige Teil des menschlichen Organismus, aus Eindrücken und Erlebnissen zusammen. Und je bewußter die Eindrücke aufgenommen werden, desto klarer ist jener geistige Komplex, den wir als Seele bezeichnen.

Das Gedächtnis oder die Erinnerung spielt in der seelischen Struktur die Rolle des Zements, der sämtliche Erlebnisse zu einer Bewußtseinskette verbindet. Der Verlust des Gedächtnisses oder der Fähigkeit zur Erinnerung zerstört diese Kette und bringt Chaos in die seelische Verfassung. Ein Mensch, der das Gedächtnis verloren und seine Vergangenheit vergessen hat, verliert seine Individualität und kann als geschädigt bezeichnet werden. Auch jene, die nicht fähig sind, sich Erinnerungen hinzugeben und immer wieder den Prozeß des Überganges von der Differenzierung zur Integration der Seele zu durchlaufen, sind in gewisser Weise geschädigt, denn sie besitzen keine ganzheitliche seelische Struktur, keine geistige Physiognomie.

II. Höchstes Kriterium der Ethik

In der allgemeinen Einführung in die *Weltgeschichte des jüdischen Volkes* verwies ich bereits kurz auf die Notwendigkeit, das Primat des ethischen Kriteriums bei der Bewertung historischer Phänomene als höchster Instanz für unterschiedliche und oft gegensätzliche ideologische Kriterien anzuerkennen. Hier nun möchte ich diese These auf die Bewertung von Phänomenen des persönlichen und gesellschaftlichen Lebens der Gegenwart anwenden.

Für die Bewertung von Phänomenen gibt es eine Vielzahl von Kriterien: religiöse, psychologische, nationale, politische, sozialökonomische, intellektuelle, ästhetische. Über all diesen partikularen Kriterien jedoch steht ein allgemeines, von allen anerkanntes: das ethische. Wie stark das religiöse Gefühl in der Seele der Gläubigen auch sein mag, in der Antike gab es dennoch den großen Gerechten[9] Hiob, der gegen Gott selbst an die Instanz eines höchsten sittlichen Gesetzes appellierte – ein Nachhall dieses Protestes klingt nun seit dreißig Jahrhunderten in Millionen menschlicher Seelen. Mit ihrem Beispiel beweisen die Hiobs aller Zeiten, daß der menschlichen Seele (wenn sie nicht verdorben ist) in noch stärkerem Maße als ein religiöses ein sittliches Bewußtsein eigen ist, daß das Bedürfnis des Rechts und der Gerechtigkeit stärker ausgeprägt ist als das Bedürfnis des Glaubens. Letzterer kann in verschiedenen Formen auftreten, von der niedrigsten Stufe des Heidentums bis zu Monotheismus und philosophischem Deismus, das sittliche Bedürfnis dagegen ist unteilbar: Recht und Gerechtigkeit fungieren als Regulatoren des Miteinanders.

Natürlich gibt es zahllose Abweichungen vom höchsten sittlichen Gesetz, doch auch jene, die das Gesetz übertreten, sind sich häufig bewußt, daß sie schlecht handeln. Dieses der geistigen Natur des Menschen eigene Bewußtsein, das die Philosophen als ›kategorischen Imperativ‹ bezeichnen und einfache Menschen ›Gewissen‹ nennen, straft innerlich die Abtrünnigen, in denen dieses Bewußtsein noch nicht gänzlich erstorben ist. Die Strafe kennt man als ›Gewissensbisse‹. »Ich kann nicht gegen mein Gewissen handeln«, »das ist gewissenlos« – so formuliert der gewöhnliche Mensch das Abweichen vom sittlichen Gesetz.

Eine Verneinung dieser Tatsache hörte ich lediglich aus dem Munde eines Bolschewiken, der auf meinen Hinweis auf die Unterdrückung der Gewissensfreiheit im Reich des Bolschewismus entgegnete: »Das Gewissen ist nichts als eine Erfindung der Intellektuellen.« Mein Opponent selbst war Intellektueller, und wenn das Gewissen für ihn eine Erfindung geworden war, so war das nichts als eine Selbsteinschätzung, die davon zeugte, daß es Doktrinen gibt, die das Gewissen abtöten.

Rationale Bewertungen von Meinungen mag es viele geben, die sittliche Bewertung einer Handlung aber ist einzig. Es gibt viele ›wahrhaftige Wahrheiten‹, aber nur eine ›gerechte Wahrheit‹, die höchstes Kriterium sein muß. Eine Meinung oder tiefe Überzeugung kann auch selbst zu einer Gewissensangelegenheit werden, und ihre Unterdrückung durch despotische Machthaber stellt einen Verstoß gegen das sittliche Gesetz dar.

Es genügt, einige Beispiele anzuführen, um zu verstehen, daß wir ohne höchsten Schiedsspruch der Ethik, dem ›Gericht des Gewissens‹, der Möglichkeit beraubt sind, herausragende historische oder aktuelle Erscheinungen allgemein zu bewerten. Nehmen wir beispielsweise den Märtyrertod von Christus als typischen Fall der Strafe für eine Überzeugung. Die christliche Welt verurteilte das Jerusalemer Synhedrion und den römischen Statthalter Pilatus wegen dieser Strafe, jüdische Historiker aber verweisen auf die politischen Bedingungen jener Zeit – darauf, daß die individualistische Lehre des Jesus die Judäer vom Befreiungskampf gegen die römische Herrschaft ablenkte. Doch nach dem allgemeinen Urteil des Gewissens gibt es für diese Hinrichtung keine Rechtfertigung, denn die innere Überzeugung muß frei sein. Ein anderes Beispiel ist die spanische Inquisition. Ferdinand und Isabella waren gemeinsam mit dem Inquisitor Torquemada der Ansicht, ihr Land könne erst dann erblühen, wenn in ihm ein einheitlicher christlicher Glaube herrsche, weshalb all jene gewaltsam getauften Marranen auf den Scheiterhaufen brannten, die heimlich die einstigen Riten befolgten. Später dann vertrieb man sämtliche Juden und Muslime aus dem Land. Vor dem Gericht des menschlichen Gewissens erhob sich die Frage: Ist es legitim, Menschen physisch und geistig zu vernichten, um religiöse Einheit zu erreichen? Dieses Gericht verurteilte die Inquisition und sämtliche mittelalterliche Judenverfolger. Bedarf es noch der Beispiele aus unseren Tagen, da die Parteidiktatur in gewissen Ländern eine politische Inquisition für all jene eingeführt hat, die die Dogmen der herrschenden Partei nicht anerkennen? Diese Verhöhnung des Prinzips der Gewissensfreiheit, das in der jüngsten Geschichte Raum greift, schlägt eine Brücke von unserer Gegenwart zum lange schon verurteilten Regime des Mittelalters.

Gegen diese Rückkehr zur Barbarei oder zum Mittelalter erhebt sich seit kurzem das aufgerüttelte Gewissen der Menschen in den freien Staaten. Der moralisch betrachtet gesündere Teil der Menschheit hat begriffen, welche Gefahr ihr droht, wenn das allgemeingültige ethische Kriterium in den zwischenmenschlichen Beziehungen und im Verhältnis der Völker zueinander verlorengeht. Diese alte Wahrheit bleibt im Kreislauf der Weltgeschichte ewig neu.

Es sei hier angemerkt, daß das lateinische Wort ›religio‹ ursprünglich Gewissenhaftigkeit bedeutet, so daß das sittliche Gesetz oder das Gewissen bereits in antiken Vorstellungen mit jenen erhabenen Gefühlen gleichgesetzt wurde, die der Religion zugrunde liegen. Das heutige Freidenkertum strebt ebenfalls danach, die dogmatische Religion in eine ethische zu verwandeln.

III. Evolutionäre Triade
Drei Phasen des Denkens: These, Antithese und Synthese

Durch Selbstbeobachtung und historische Betrachtungen auf dem Gebiet der Ideenentwicklung gelangte ich schon vor langer Zeit zu einer neuen psychologischen Formulierung des Gesetzes von den drei Phasen des Denkens, die die Hegelsche logische Formel ersetzt. Der Kreislauf des Denkens verläuft von der These der Überlieferung über die Antithese der Kritik oder Negation zur Synthese oder Auswahl brauchbarer Elemente von diesem oder jenem. In einer Anmerkung zu einem der *Briefe vom alten und neuen Judentum* (Petersburg, 1907, S. 74 f.)[10] formulierte ich diesen evolutionären Prozeß folgendermaßen:

»Die evolutionäre Triade ist der Hegelschen dialektischen Triade lediglich entfernt verwandt. Für mich ist dies keine formallogische Methode, sondern ein tiefgreifender psychologischer Prozeß, die zersplitterten Teile der Wahrheit zusammenzuführen, die in den verschiedenen Stadien des Denkens zerstreut sind. Drei Stadien bilden den gesamten Entwicklungskreis und jedem von ihnen entsprechen nicht Abstraktionen, sondern ideelle Lebenskräfte. Der These entspricht die von früheren Generationen kritiklos überlieferte althergebrachte Tradition, die eingebürgerte und verfestigte Meinung oder der Glaube, das positive Dogma. Die Antithese beinhaltet das Bestreben, sich von der Macht der dogmatischen oder traditionellen These zu befreien und sie gänzlich zu zerstören, ohne auch nur jenes Gran historischer Wahrheit zuzulassen, dem sie ihre Entstehung verdankt. Es ist absolute Kritik, Negation der Vergangenheit, Ideal des Widerspruchs. Die Synthese nun ist keine ›Negation der Negation‹ (wie in Hegels Dialektik), sondern der Prozeß der Schaffung einer umfassenderen Ideenlehre, zu der auch die von Extremen befreiten Teile der Wahrheit gehören, die sowohl in der These als auch der Antithese enthalten sind, in Kombination mit neuen Lebenselementen. Dies ist die Grundlage für eine umfassendere Weltanschauung, die nicht nur eine, sondern mehrere Bedürfnisse der menschlichen Seele befriedigt, intellektuell wie emotional und auch die Bedürfnisse eines Volkes in der entsprechenden historischen Epoche. An der These hält die nicht urteilsfähige patriarchalische Masse fest, die alte Orthodoxie. Die intelligente Masse, insbesondere die Jugend, wechselt in Zeiten des Zusammenbruchs alter Ideale und Überzeugungen ins Lager der Antithese über; lediglich einseitige oder beschränkte Menschen verharren in diesem Stadium der Negation; jene, die tiefer in die Zusammenhänge eindringen, gehen zur Synthese über und vollziehen somit einen ganzheitlichen Entwicklungszyklus. Doch auch die Synthese, die ins Bewußtsein der Massen Eingang gefunden hat, wandelt sich mit der Zeit zum Dogma, zur Tradition, zur These, in der das Wesentliche von nebensächlichen Beimischungen und späteren Schichten überlagert ist; dagegen erhebt sich dann eine neue Antithese, worauf eine erneute Synthese entsteht, die noch vielseitiger ist, als die vorausgegangene. In diesem Sinne bewegt sich der Lauf der Geschichte und erarbeitet mit jeder Phase immer verläßlichere Ideen, gereinigt durch Erfahrung und Kritik mehrerer Generationen. Darin liegt des Gesetz des geistigen Fortschritts begründet. Ich hoffe, dieses wissenschaftliche Gesetz der Evolution der Ideen in seinen psychologischen und soziologischen Erscheinungen in einer gesonderten Studie ausführlich entwickeln zu können.«

Diese Absicht blieb unverwirklicht und die vorliegende Anmerkung erhebt nicht den Anspruch, den Gegenstand erschöpfend zu behandeln. Den oben angeführten Bestimmungen möchte ich hier lediglich einige jener Erkenntnisse hinzufügen, die mir im Laufe der Jahrzehnte kamen und die meine ursprünglichen Gedanken bestätigten. Ich will meine Triade aufgliedern und versuchen, die Natur jedes ihrer Bestandteile im einzelnen zu erläutern.

Zur Natur der These

Die ein für allemal verankerte Tradition oder das Dogma, das wir »These« nennen, beherrscht die Köpfe großer Menschenmassen und ist durch geistige Autorität geheiligt oder kraft weltlicher Mächte gestützt. Nicht jeder ist berufen, eine eigene Weltanschauung zu erarbeiten – die Mehrheit übernimmt sie bereits fertig von den Vorfahren und zweifelt nicht an ihrem Wahrheitsgehalt, solange eine persönliche oder gesellschaftliche Erschütterung den Menschen oder die Menschenmasse nicht aus dem Zustand des passiven Denkens herausführt. Wir kennen zahlreiche Jahrhunderte, in denen die religiösen, politischen oder sozialen Gegebenheiten ebenso unumstößlich schienen wie Naturgesetze. Dutzende von Generationen bekannten sich zu den gleichen ›unumstößlichen Wahrheiten‹ und hielten all jene für dumm oder verbrecherisch, die daran zu zweifeln wagten. In Zeiten des Stillstands arbeitete der Gedanke lediglich an der Festigung der ›These‹, die Ideen und Religion bestimmte und ohne die die Menschen wohl den Boden unter den Füßen verloren und eine Weltanschauung eingebüßt hätten, die ihnen sowohl eine Erklärung der Welträtsel, als auch einen religiös-sittlichen Verhaltenskodex lieferte. Man klammerte sich an die These wie an einen Rettungsanker und die religiösen Dogmen hielten sich in den Massen selbst dann noch, als viele geistige und soziale Prinzipien früherer Epochen bereits zusammengebrochen waren. Das Wesen jeder These ist konservativ und statisch und hält an der bestehenden Ordnung fest, die das menschliche Zusammenleben reguliert und vor dem Chaos bewahrt. Auf Epochen der Statik allerdings folgen Epochen der Dynamik, starker intellektueller und gesellschaftlicher Bewegungen. Und hier tritt die Antithese in ihr Recht.

Zur Natur der Antithese

Mit Beendigung des geistigen Stillstands wird bei intellektuell begabten Naturen und in fortschrittlichen Bevölkerungsschichten das Bedürfnis nach Überprüfung der alten Weltanschauung in Gang gesetzt. In der neuesten europäischen Geschichte begann eine solche Dynamik im 18. Jahrhundert und verbreitete sich in großem Maße im 19. Jahrhundert. Die Epoche des Kampfes der »Väter und Söhne« setzte ein. In den Jahren der Reife des selbständigen Denkens streben wißbegierige Köpfe danach, neue Erklärungen für die Erscheinungsformen des Lebens zu finden, die dem neuesten Wissensstand und der freien Kritik besser entsprechen. Diese Suche führt unter Zuhilfenahme von Büchern oder neuen Lehrern, zur völligen oder teilweisen Negation der alten These und somit zur Antithese. Frühere Dogmen und eingebürgerte Meinungen und selbst kluge Schlüsse aus dem jahrhundertealten Erfahrungsschatz werden zu Gunsten einer Weltanschauung zerstört, in der die negativen Elemente stärker sind als sie positiven. Natürlich hat die negative Seite der Antithese, die den Verstand von der Bürde der blinden Tradition befreit, in vielem recht, doch das ist nur insofern von Wert, als der befreite Verstand neue positive Antworten auf Fragen geben kann, die von der alten These bereits als gelöst angesehen wurden. Indessen kann die Antithese ihrer Natur nach komplizierte Fragen lediglich mehr oder weniger einseitig beantworten. Gewöhnliche Köpfe geben sich mit diesen einseitigen Ansichten zufrieden – viele allein deshalb, weil die Ansichten neu und modern sind. Gegenüber komplizierteren Problemen, die starke Emotionen und Intuition in der Arbeit des kritischen Verstandes voraussetzen, bleiben sie gleichgültig. Diese Menschen verharren im schmalen Übergangsstadium der Antithese. Geistig aktivere Naturen jedoch können sich mit der Selbstbeschränkung des einseitigen Kritizismus nicht abfinden und schreiten im Denkprozeß weiter voran. Sie gelangen zur höchsten Stufe des Prozesses – zur Synthese.

Die Synthese

Sie ist ihrer Natur nach das höchste Schiedsgericht im Streit zwischen These und Antithese und geht von zwei Voraussetzungen aus: Wenn die Menschheit im Laufe der Jahrhunderte ein bestimmtes System von Anschauungen oder Verhaltensregeln erarbeitet hat, das die geistigen Ansprüche der Massen befriedigte, so bedeutet das, in der menschlichen Natur oder der Erfahrung vieler Generationen gab es etwas, das dieses System rechtfertigte. Andererseits – wenn die neuesten Erfolge des menschlichen Verstandes und der gesammelte reiche Erfahrungsschatz zu der Überzeugung führten, viele Bereiche des alten Systems seien unhaltbar, so bedeutet das nicht, daß die Ursachen verschwunden sind, die jahrhundertelang ihre Existenz aufrechterhielten. Es beweist lediglich, daß man daran mehr oder weniger wesentliche Korrekturen anbringen, die materiellen und geistigen Bedürfnisse der Menschen in neuer Form befriedigen muß, so daß sie den Idealen von Wahrheit und Gerechtigkeit, von Gewissens- und Gedankenfreiheit besser entsprechen. Dies ist weder ein Kompromiß noch Eklektizismus, vielmehr ein schöpferischer Akt der Auswahl lebensfähiger Elemente, die sich in These und Antithese verbergen, Resultat des ganzheitlichen Denkkreises in seinen drei Phasen. Dies ist die Auferstehung des sich entwickelnden Gedankens in seiner höchsten Phase, seine Reinigung vom blinden Dogmatismus der Gläubigen und vom (auf einem Auge) sehenden Dogmatismus der Neinsager. Anstelle des Dogmatismus tritt hier der Historismus in sein Recht.

Lange erwog ich eine philosophische Studie über den »Historismus« als Weltanschauung und als Methode, weiß aber nicht, ob es mir noch möglich sein wird, diesen Plan umzusetzen. Hier möchte ich einige Grundzüge dieser Doktrin skizzieren. Dem Historismus in der Soziologie entspricht der Evolutionismus in der Biologie und der Relativismus in der Philosophie. Wenn die menschliche Erkenntnis in ihrer Basis relativ ist, so können die daraus gezogenen Schlüsse und die darauf aufbauenden Systeme nicht absolut sein. Wenn unsere Vorstellungen über die Dinge durch die Grenzen unserer fünf Sinne beschränkt sind, so sind unsere ideellen Vorstellungen durch unseren historischen Horizont beschränkt. Es gibt keine absoluten Wahrheiten, außer dem der menschlichen Seele innewohnenden ethischen Gesetz. Seiner Kontrolle sollten alle unsere relativen Wahrheiten untergeordnet sein, die auch der Überprüfung im Sinne der historischen Dynamik unterliegen. Historisches Denken aber ist notwendigerweise synthetisches Denken. Abgeschlossenes Denken führt von der blinden Harmonie der These über die Disharmonie der Antithese zur bewußten Harmonie der Synthese. Die Mehrheit der Menschen verharrt entweder im ersten oder zweiten Denkstadium und lediglich einige erreichen selbständig das höchste Stadium: die historische oder evolutionäre Synthese.

IV. Religion, Philosophie, Ethik

1. Für die einen ist Religion der Ausgangspunkt ihrer Weltanschauung – für die anderen deren Endpunkt. Den einen erklärt sie alles, selbst das, wofür sie nicht zuständig ist; anderen eröffnet sie lediglich dorthin eine Tür, wohin wissenschaftliches Denken nicht vordringt – in das Gebiet des Nichterkennbaren.

2. Für die einen ist Religion die absolute Antwort auf die Welträtsel, für andere eine Hypothese (Deismus im Voltaireschen Sinne), für dritte Kontemplation (Pantheismus); für die Mehrheit allerdings ist sie ein Herzensbedürfnis. Als Voltaire sagte, wenn es Gott nicht gäbe, würde man ihn erfinden müssen, meinte er damit das Bedürfnis des Verstandes, den Ursprung der Dinge zu erkennen, die Quelle der Gesetzmäßigkeiten in den Naturerscheinungen; noch wichtiger aber ist es, sich Gott aus Gründen der Bedürfnisse des menschlichen Herzens ›zu erfinden‹: Damit die schmerzerfüllte Seele jemanden besitzt, an den sie ihr Gebet richten und auf den sie sich stützen kann, wenn alle Stützen im Leben schwanken. Dies sind zwei unterschiedliche Arten des Göttlichen; die erste ist ein abstrahiertes Gesetz des Seins. Er ist unzugänglich und reagiert nicht auf menschliches Leid; die zweite ist der inneren Welt des Menschen zugänglich, hört dessen Klagen und lenkt das Schicksal.

3. Nicht jener ist schlecht, der seinen naiven Kinderglauben verloren hat, sondern jener, der nach dem Verlust keinen Glauben in vollkommenerer Form sucht, sei es eine Religion, bar allen Aberglaubens und aller Rituale, sei es einen philosophischen, ethischen oder sozialen Glauben – überhaupt einen Glauben an bestimmte Ideale, die dem Leben einen Sinn geben. Es kommt einzig darauf an, daß diese Ideale dem Menschen jenen Komplex geistiger Bestrebungen und übergeordneter Emotionen ersetzen können, die Religion hervorbringen und sich in einem Höchsten Wesen manifestieren. Selbst der ›Materialist‹, der sein Leben in den Dienst des Humanismus und höherer Prinzipien der Ethik, der Wahrheit und Gerechtigkeit stellt, ist ein gläubiger Mensch, denn er glaubt an die Verwirklichung seiner Bestrebungen, das heißt, seiner Ideale, und ist folglich

in seiner materialistischen Weltanschauung unfreiwilliger Idealist. Lediglich Ideologen, die weder ein höheres ethisches Kriterium, noch humanistische Prinzipien anerkennen, sind Vertreter eines völligen Unglaubens.

4. Gott ist unsere geistige Vorstellung von Gott, so wie ein Gegenstand unsere sinnliche Vorstellung von dem Gegenstand ist. Auf geistigem Wege erreichen wir Gott außerhalb von uns vermittels des Gottes in uns: in unserem Gewissen, den höchsten Idealen der Wahrheit und des Guten. In diesem Sinne kann man sagen: »Gottes Reich ist in uns.« Andererseits verbinden Menschen, die alles andere als religiös sind, mit Gott antiethische Vorstellungen: Sprach doch Wilhelm II. vom ›deutschen Gott‹ als Verkörperung der Kriegsmacht und selbst Hitler verweist nicht selten auf Gott. In diesem Sinne ist die Interpretation eines Denkers des 18. Jahrhunderts richtig (Volney): »Nicht Gott schuf den Menschen nach seinem Bilde, sondern der Mensch schuf Gott nach seinem Bilde.«[11] Der alte Atheist hatte dabei den Anthropomorphismus in der Religion im Sinn, ich aber meine hier den ethischen Gott: Jeder stellt ihn sich seinen sittlichen Idealen gemäß vor. In diesen Vorstellungen widerspiegelt sich die geistige Persönlichkeit des Menschen.

5. Wer nicht das ›Reich Gottes‹ im Sinne des Strebens nach höheren geistigen Idealen in sich trägt, ist kein religiöser Mensch, selbst wenn er sich zu einer der offiziellen Religionen bekennt. Am allerwenigsten religiös sind jene, die mit der Religion oder Frömmigkeit handeln, sie jenen, die nach einem Wunder lechzen, in Portionen verkaufen, gleichsam als Makler zwischen Gott und dem Menschen – Kleriker und Kirchenfanatiker aller Religionen. Im Gegenteil: auch ohne Religion kann es tiefempfundene Religiosität geben.

6. Der Mensch ist ein endliches Wesen mit einem Gespür für die Unendlichkeit oder dem Bedürfnis danach. Hierin liegt sowohl seine Größe als auch seine Ohnmacht begründet. Wie kann die Endlichkeit des menschlichen Seins mit der Unendlichkeit seines Geistes versöhnt werden? Was bedeutet das Murren des »denkenden Schilfrohrs«[12] angesichts der Unermeßlichkeit des Kosmos? Die Religion gab eine Antwort auf diese Frage, doch bereits der biblische Hiob und Kohelet waren damit nicht zufrieden. Eine Antwort zu geben ist riskant, sie zu suchen aber wichtig, denn in der Suche selbst liegt bereits etwas Unendliches.

7. Positivismus oder Relativismus liefern eine Lösung des ewigen Problems, solange der Geist sich damit zufriedengibt. Der Relativismus sagt: Laß dich nicht verwirren von der Relativität deiner Erkenntnis, die Ameise kann ja den Menschen nicht erkennen, und der Mensch nicht das über dem Menschen Stehende. Deine Wahrheit gilt für dich, eine fremde Wahrheit für niedere oder höhere Wesen. Die Tragödie besteht nun darin, daß der Geist höher strebt als die dem Menschen zu Gebote stehende Erkenntnis.

8. Es gibt zwei Weltbetrachtungen: die kosmische und die historische. Kosmisch betrachtet bin ich ein winziges Atom im Strom des Weltgebäudes, das Millionen von Jahren existiert, alle meine Wahrheiten jedoch, alle Ideale, Angelegenheiten und Erfolge sind nichts, ein flüchtiger Schatten. Historisch be-

trachtet, stelle ich, wie auch meine Generation, mein Volk, bereits etwas in der kleinen Welt, dem Mikrokosmos der Menschheit, dar. Hier spielen unsere relativen Wahrheiten eine Rolle, auch hinterläßt unser Wirken eine gewisse Spur. Der Kosmismus an sich ist schrecklich, nicht von ungefähr haben die Alten den Rat erteilt: »Forsche nicht nach dem, was oben und was unten, grüble nicht nach dem, was deinem Verstand nicht zugänglich ist.«[13] Der Historismus dagegen schützt die Seele, indem er ihr ein Gleichgewicht gibt und sie vor dem Erfrieren im eisigen Element des Kosmismus bewahrt (›ha-kerach ha-nora‹ in der Vision des Propheten Jecheskel[14]). Einzig eine traditionelle Religion vermag den Kosmismus mit dem Historismus zu versöhnen, dafür aber bedarf es des blinden Glaubens und der ist nicht jedem gegeben, der eine wissenschaftliche Vorstellung vom Kosmos besitzt.

9. Der Kult der Wahrhaftigkeit ist kennzeichnend für hochentwickelte geistige Naturen, der Kult des Guten ist kennzeichnend für emotionale Naturen, der Kult der Schönheit ist kennzeichnend für ästhetische Naturen. Lediglich die Einheit dieser drei Kulte kann eine ganzheitliche harmonische Natur schaffen.

10. Es gibt Sucher nach Wahrhaftigkeit und es gibt Gerechtigkeitssucher. Die biblischen Propheten werden ›Künder von Wahrhaftigkeit und Gerechtigkeit‹ genannt. Der russische Denker Michailowski hat die Beziehung zwischen ›wahrhaftiger Wahrheit‹ und ›gerechter Wahrheit‹ gut umrissen.[15] In früheren Generationen gab es mehr Individualisten, Wahrheitssucher mittels der Religion, Philosophie oder der Wissenschaften; in neuester Zeit hat sich die Anzahl der Sucher nach Gerechtigkeit mittels des Kampfes für Demokratie und Sozialismus vergrößert. Früher strebte man vor allem danach, den allgemeinen Sinn des Lebens zu erkennen, die ewigen Fragen und Welträtsel zu lösen, die sozialen Probleme aber wurde vernachlässigt. Heute gelingt die Umgestaltung der sozialen Welt auf der Grundlage der Gerechtigkeit, die komplexeren Bedürfnisse der Persönlichkeit werden dabei aber häufig außer acht gelassen. Ob wohl bald eine Generation nachwächst, die das Streben nach wahrhaftiger Wahrheit und gerechter Wahrheit harmonisch vereint?

11. Die geistige Persönlichkeit wird entweder an einer bestimmten Weltanschauung gemessen oder an ihrem Streben danach. Der einfache, gläubige Mensch (der wahrhaft religiös ist und nicht nur Dogmen anerkennt und Rituale ausführt) steht höher als der Intellektuelle, der kein Bedürfnis nach einer bestimmten Weltanschauung verspürt. Es ist an der Zeit, die Unterscheidung zwischen ›Intellektuellen‹ und Volk aufzuheben und sie durch die Unterscheidung in geistige und ungeistige Naturen zu ersetzen, also jene Menschen mit einem höheren Sinn des Lebens und solche, die keine weitere Bedürfnisse besitzen als jene nach ›Brot und Spielen‹.

12. Wie viele Philosophen und Liebhaber der Weisheit es doch gibt, die die Weisheit nicht liebt.

13. Es ist schwer, ohne Glauben zu leben. Entweder man glaubt an Gott und daran, daß er weise die Welt lenkt, obwohl sich das in der Wirklichkeit

nicht immer bemerkbar macht, oder man glaubt an den sittlichen Fortschritt der Menschheit, obgleich auch dieser in der Geschichte nicht immer erkennbar ist.

14. In unserer freidenkerischen Jugend lachten wir viel über das hebräische Gebet, das nach einem gewissen physiologischen Vorgang gesprochen wird: »Gelobet seist du Ewiger, unser Gott, König der Welt, der den Menschen gebildet mit Weisheit und an ihm erschaffen viele Öffnungen, viele Höhlungen [...], daß, wenn eine von ihnen offen oder eine von ihnen verschlossen bliebe, es nicht möglich wäre zu bestehen und vor dich hinzutreten.«[16] Dabei wissen wir doch aus Anatomie und Physiologie, daß die Beschädigung einer einzigen Schraube in der komplizierten Maschine des menschlichen Organismus tatsächlich zu seiner vollständigen Zerstörung führen kann. Ein Arzt sagte einst zu mir: »Am Aufbau des menschlichen Organismus erkenne ich den genialen Schöpfer.« In der Bibel ist das einfacher ausgedrückt: »Und los meines Fleisches, werde ich Gott schauen.« (Hiob 19: 26) Diejenigen, die dem Glauben zuneigen, mögen Befriedigung in dieser Hypothese finden, andere, die sich vom wissenschaftlichen Denken leiten lassen, in Darwins Hypothese von der ›Entstehung der Arten‹.

15. Es gibt zwei Spielarten der Ethik. Die Ethik des Kampfes für Gerechtigkeit, die bei den biblischen Propheten zum Ausdruck kommt, setzt eine ›heilige Unzufriedenheit‹ mit der Ungerechtigkeit der Welt voraus, den Widerstand gegen das Böse. Die Ethik der Evangelien von Demut und Allesverzeihen verzichtet auf den gewaltsamen Kampf, denn für sie ist die irdische Welt lediglich die Vorstufe zu einem anderen, himmlischen Leben. Nietzsche bezeichnete sowohl die Ethik der Bibel als auch jene der Evangelien als Sklavenmoral im Gegensatz zu der von ihm proklamierten ›Herrenmoral‹, für die das Recht der Gewalt gilt. Was der seltsame Philosoph abstrakt formulierte, setzen die deutschen Nazis heute in allerprimitivster Form in die Tat um: Bestialität versus Humanismus, die Moral der ›blonden Bestie‹. Die Ethik des Judaismus sagte: »Wer ist ein Held? Jener, der seine Leidenschaften beherrscht.«[17] Auch die Sokratische Ethik verfocht das Prinzip des »Widerstehens« als Seelenhygiene. Es entstand der negative Begriff ›Sklave seiner Leidenschaften‹. Und dieser Sklave proklamiert sich heute als Anhänger der ›Herrenmoral‹!

16. Doch auch die Vorstellung von Demut entspricht nicht der Vorstellung von einer streng sozialen Gerechtigkeit. Tolstoi, der diese Vorstellung in der Form des ›Dem-Bösen-nicht-Widerstehen‹ dem Evangelium entlehnte, konnte sie mit Müh und Not in seinem persönlichen Leben umsetzen, im sozialen Leben jedoch hielt er dies nicht durch und schrie den Gewalttätern schließlich zornig entgegen: »Ich kann nicht schweigen!«

17. »Stets gehöre ein Mensch zu den Verfolgten und nicht zu den Verfolgern!«[18] – dieser Talmud-Spruch ähnelt sehr jenem der Bergpredigt im Evangelium: »Selig sind, die um der Gerechtigkeit willen verfolgt werden, denn ihrer ist das Himmelreich.« In diesen einander ähnelnden Äußerungen von Menschen einer Epoche und verschiedener Lager kommt allerdings auch jener Unterschied

zum Ausdruck, der zwischen der Ethik des Kampfes um das Recht und der Ethik der Demut besteht. Das jüdische Vermächtnis besagt: Wirst du vor die Wahl gestellt, Verfolger oder Verfolgter zu sein, so wähle letzteres, wenn es unmöglich ist, sich der Gewalt zu widersetzen, nicht aber um der Demut willen und der »großen Belohnung im Himmel«. Es ist dies das Verbot, um sich vor Verfolgungen zu schützen, ins Lager der Verfolger überzugehen, ins Lager der Triumphierenden zu wechseln. So schrieb auch der Philosoph und Girondist Condorcet während der Französischen Revolution, als ihn die Agenten der Jakobiner verfolgten:

> »Ils m'ont dit: choisis d'être oppresseur ou victime.
> J'embrassai le malheur et leur laissai le crime.«[19]

Auch der russische Dichter Nekrassow äußerte sich ähnlich:

> »Von den Triumphierenden, eitel Schwadronierenden, deren Hände rot sind von Blut,
> Führe mich ins Lager der Sterbenden für die hehre Sache der Liebe.«[20]

18. »Begeistere dich nicht für griechische Weisheit, denn sie trägt nur Blüten, keine Früchte.« Diese Worte Jehuda Halevis, die den hellenischen Ästhetismus im Gegensatz zur jüdischen Ethik recht harsch charakterisieren, enthalten jedoch ein Gran Wahrheit. Der Hellenismus war natürlich keine taube Blüte, da in ihm jedoch der Kult der Schönheit vorherrschte, glich er der Frühjahrsblüte am Baum, die dem Auge schmeichelt und rasch zu Boden fällt, während der Kult der sittlichen Pflicht einer bescheiden verborgenen Frucht im Gezweig vergleichbar ist, die hängen bleibt und die Seele des Menschen nährt.

V. Staat, Nation, Klasse

1. Staat, Nation, Klasse – im Namen der Herrschaft jedes einzelnen dieser Prinzipien werden Bürgerkriege geführt, Parteien- und Klassenkämpfe, die den Staat von innen zerstören und nicht selten zu internationalen Konflikten führen. Die vordringlichste Aufgabe der Menschheit muß darin bestehen, diese feindseligen Prinzipien zu versöhnen und zu erreichen, daß ihre Machtsphären im sozialen Organismus voneinander abgegrenzt werden. Es gilt, eine gerechte Welt zwischen den Klassen innerhalb der Nationen zu schaffen, zwischen den Nationalitäten innerhalb eines Staates und zwischen den Staaten innerhalb der Staatengemeinschaft, in Form der Vereinigten Staaten Europas und der anderen Teile der Welt. Innerer Pazifismus ist ebenso wichtig wie äußerer.

2. In jeder der genannten Sphären ist die Hypertrophie der Macht ein zerstörerisches Element. Eine Staatsmacht, die sämtliche Lebensäußerungen der Bürger bevormundet, ihnen die politische Doktrin einer Partei aufzwingt und gleichzeitig sämtliche andere Parteien unterdrückt, bewirkt eine extreme An-

spannung der Staatsmaschinerie, die Unterdrückung der persönlichen Initiative in der Wirtschaft und der persönlichen Freiheit im kulturellen Bereich, was früher oder später unweigerlich zu einer revolutionären Entladung führt. Dies ist das unausweichliche Schicksal jeglicher Diktatur. Die demokratischen Kräfte können auf lange Zeit, doch nicht für immer unterdrückt werden. Dies ahnten auch die Machthaber des alten Absolutismus, als sie in Erwartung der revolutionären Flutwelle sagten »Nach uns die Sintflut.«[21] Auch die heutigen Vertreter von Faschismus, Nazismus und Bolschewismus sollten dies beherzigen.

3. Zum Trost für die Opfer von Despotie oder Diktatur sollte daran erinnert werden, daß die Despotie ein Eishaus ist, das lediglich bis zur Wiederkehr der von den Gesetzen der Geschichte regulierten Frühjahrssonne stabil bleibt. Der erste ›politische Frühling‹ – und das Eishaus taut. Dann werden die eingefrorenen Völker (man erinnere sich daran, daß Pobedonoszew einst dem Zaren riet, ›Rußland einzufrieren‹[22]) vom Strom der Frühjahrsfluten erfaßt, der sämtliche Hindernisse auf ihrem Weg zur politischen Freiheit mit sich reißt.

4. Die Idee einer Einheitsreligion oder Kirche im Staat führte zur mittelalterlichen Inquisition. Die Idee einer Einheitsnation oder eines staatlichen Nationalismus führte in unserer Zeit zum Terror der antisemitischen Nazis in Deutschland und anderen Ländern, wohin sich diese Epidemie ausbreitete (Polen u. a.). Die Idee einer einheitlichen Klasse führte in Sowjetrußland zum Bolschewismus. Die Idee einer politischen Einheitspartei wird in unterschiedlichen Ausprägungen von den Bolschewiken in Rußland, den Faschisten in Italien und den Nationalsozialisten in Deutschland verwirklicht, die Methoden der Umsetzung aber sind bei allen gleich.

5. Zwischen der politischen Reaktion des 19. und jener des 20. Jahrhunderts in Europa besteht ein erheblicher Unterschied, der dem 20. Jahrhundert nicht zur Ehre gereicht. Die lange Periode der Reaktion von 1815 bis 1848 bescherte uns zahlreiche Despoten und Unterdrücker der Freiheit – den Österreicher Metternich, Dutzende kleiner Tyrannen im zersplitterten Deutschland, den russischen ›Gendarmen Europas‹ Nikolaus I., – aber diese Periode brachte auch Freiheitskämpfer wie die Gruppe des ›Jungen Deutschland‹ hervor (Börne, Heine u. a.), des ›Jungen Italien‹ (Mazzini), des jungen Rußland (Belinski, Herzen, die Petraschewzen), die ihre oppositionellen oder revolutionären Gedanken in den eigenen Ländern oder außerhalb ihrer Grenzen ins Bewußtsein der versklavten Völker tragen konnten. Während der Zeit von Reaktion und Konterrevolution in der zweiten Hälfte des 19. Jahrhunderts erlangte die europäische Presse derartige Macht (die ›sechste Gewalt‹[23]), daß keine einzige Zensur imstande war, die oppositionelle Propaganda zu verhindern. Aus dem Ausland gelangte verbotene Literatur in jedes Land. Und auch im eigenen Land vermochten die Autoren die Zensur mit äsopischer Sprache, Andeutungen und verschlüsselten Ausdrücken zu umgehen, mit denen die klugen Leser ausgezeichnet zurechtkamen. Damals schien es, als gäbe es für den freien Gedanken keine Hindernisse, und man meinte, ganze Staaten könnten niemals isoliert und vom »Geist, der weht, wo er

Ein Brief S. Dubnows

An die Redaktion der „Jüdischen Rundschau",

Berlin.

Seitdem ich nach Berlin gekommen bin, erhalte ich von verschiedener Seite Einladungen, an wissenschaftlich-literarischen Publikationen teilzunehmen, Vorlesungen zu halten, in öffentlichen Organisationen mitzuarbeiten, Versammlungen zu besuchen usw. Zu meinem Bedauern bin ich gezwungen, alle diese oft sehr sympathischen Vorschläge abzulehnen, indem ich in jeder Antwort ein und denselben Grund angebe. Um solche Wiederholungen zu vermeiden, entschloß ich mich dazu, diesen Grund hier öffentlich bekanntzugeben.

Ich habe mich in Berlin niedergelassen, da hier meine vielbändige „Geschichte des jüdischen Volkes" in mehreren Sprachen gedruckt wird, um hier mein Lebenswerk zu vollenden. Diese komplizierte Arbeit, die die Kräfte eines einzelnen Menschen fast übersteigt, absorbiert meine ganze Energie in der Gegenwart und für die nächsten Jahre. Solange ich dieses Werk und eine Reihe Monographien (Geschichte des Chassidismus, u. a.) nicht zu Ende geführt habe, kann ich mich durch keine anderen Arbeiten, selbst solchen, die meinem Arbeitsfelde naheliegen, ablenken lassen. In meinen Jahren, bei unvollendeten Arbeiten, zwingt sich die Warnung auf: „Respice finem".

Ich hoffe, daß dieser Grund als entscheidend anerkannt wird und daß man mir keinen Vorwurf daraus macht, daß ich mehrere Arbeiten ablehne, um die eine, die Lebensarbeit, zu vollenden.

Ich würde den Redaktionen von Zeitungen und Zeitschriften dankbar sein, die den Inhalt dieser meiner Mitteilung veröffentlichen würden.

Berlin, den 26. November 1922. S. Dubnow.

Offener Brief Simon Dubnows in der *Jüdischen Rundschau*, Herbst 1922.

Eduard Bernstein auf dem Weg in den Reichstag, Berlin 1920.
Bildarchiv Preußischer Kulturbesitz.

Ismar Elbogen unterrichtet in der *Hochschule für die Wissenschaft des Judentums* in Berlin. Bildarchiv Preußischer Kulturbesitz, Foto: Abraham Pisarek (1935).

Andrang vor der Reichsbank, Berlin 1923. Bildarchiv Preußischer Kulturbesitz.

Berlin, Scheunenviertel. Beth Hatefutsoth, Tel Aviv, Foto: Walter Gircke (1928).

Berlin, Scheunenviertel. Beth Hatefutsoth, Tel Aviv, Foto: Walter Gircke (1928).

Der Weltverband der Völkerbund-Ligen eröffnet im Plenarsaal
des Deutschen Reichstags seine Sitzung, Berlin 1927.
Bildarchiv Preußischer Kulturbesitz, Foto: Carl Weinrother (1927).

Postkarte (Vorderseite) von Simon und Ida Dubnow an den Sohn Jakow in Moskau mit Glückwünschen zum vierzigsten Geburtstag, Berlin-Schmargendorf am 27. November 1927. Privatbesitz Viktorija Dubnowa, Moskau.

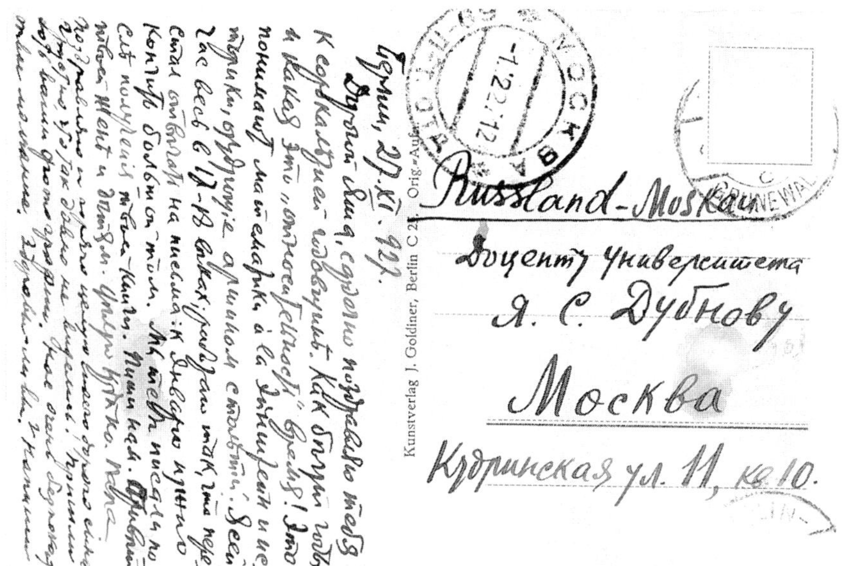

(Rückseite der Postkarte) »Lieber Jascha, ich gratuliere Dir herzlich zu Deinem vierzigsten Geburtstag. Wie die Jahre dahineilen und was ist das für eine ›Relativität‹ – die Zeit! Das verstehen Mathematiker à la Einstein und Historiker, die mit dem Arschin [Maßstab] der Jahrhunderte hantieren. Ich bin jetzt ganz im 17. und 18. Jahrhundert; ich arbeite so viel, daß ich aufgehört habe, Briefe zu beantworten: bis Januar muß ich einen großen Band zu Ende bringen. Wir haben Dir nach dem Erhalt Deiner Bücher geschrieben. Schreib uns. Grüße Deine Frau und die Kinder. Ich küsse Dich vielmals. Papa. Ich gratuliere und küsse meinen lieben Sohn inniglich. Traurig, daß wir uns so lange nicht gesehen haben! Doch Eure Photographien sind angekommen. Uns beunruhigt Dein Schweigen sehr. Schreib unverzüglich, dann schreiben wir ausführlicher. Grüße und Glückwünsche für Basja und die Mädchen. Ich küsse Euch alle inniglich. Mama«

Simon und Ida Dubnow (vorn Mitte), Ilja Tscherikower (zweite Reihe, zweiter von rechts) und seine Ehefrau Rewekka, Jakob Lestschinsky mit Ehefrau und Tochter und Freunde, Berlin o. J. YIVO Archives, New York.

Simon Dubnow, Berlin 1929. Privatbesitz.

»... Auf dieser Karte findest Du die Ansicht unserer Straße (rechts) ...«
Postkarte (Vorderseite) von Simon und Ida Dubnow an den Sohn Jakow in Moskau mit Glückwünschen zum Geburtstag, Berlin-Schmargendorf am 27. November 1929. Privatbesitz Viktorija Dubnowa, Moskau.

S. M. DUBNOW

Weltgeschichte des jüdischen Volkes

In zehn Bänden

Autorisierte Übersetzung aus dem Russischen
unter Mitwirkung des Verfassers

ANLAGE DES WERKES:

Erster Zyklus: Orientalische Periode

Band I: Die älteste Geschichte bis zur Epoche Alexanders des Großen
Band II: Die alte Geschichte bis zur Entstehung des Christentums
Band III: Der römische und arabische Orient bis zu den Kreuzzügen

Zweiter Zyklus: Westliche Periode

Band IV: Das frühe Mittelalter im Westen
Band V: Das späte Mittelalter
Band VI und VII: Die neuere Zeit (XVI.—XVIII. Jahrhundert)

Dritter Zyklus: Die neueste Geschichte

Band VIII: Die erste Emanzipation (1789—1815)
Band IX: Die erste Reaktion und die zweite Emanzipation (1815—1881)
Band X: Die zweite Reaktion (1881—1914)

JÜDISCHER VERLAG / BERLIN NW. 7

Simon Dubnow, *Weltgeschichte des jüdischen Volkes*. Prospekt des Jüdischen Verlages, Berlin. Privatarchiv Anatol Schenker, Basel.

Unentbehrlich für die Leser des Buches von Prof. Klausner ist

SIMON DUBNOW

Weltgeschichte des jüdischen Volkes

In zehn Bänden

Übersetzung aus dem russischen Manuskript von *Dr. A. Steinberg.* — 8. Tausend. — Umfang jedes Bandes 500 bis 600 Seiten Groß-Oktav, Gesamtumfang des Werkes 5500 Seiten. Jedem Bande sind Exkurse, Bibliographie sowie Namen- und Sachregister beigefügt. Landkarten und Illustrationen enthält der Illustrations-Ergänzungsband *„Die Welt der Bibel"* (Herausgeber *Dr. Max Soloweitschik;* in Leinen RM. 18.—, in Halbleder RM. 24.—. Für Käufer der Dubnowschen „Geschichte" Ermäßigung).

Preis in Leinen RM. 140.—, in Halbleder RM. 170.—

Prof. Hugo Greßmann in der „Zeitschrift für alttest. Wissenschaft": Seit Graetz wieder die *erste große Zusammenfassung.* Das Unternehmen ist unterdessen noch *gigantischer* geworden, und wir können unsere *Bewunderung* dem Forscher nicht versagen, der es durchzuführen wagt. Es ist erstaunlich zu sehen, daß Dubnow die Quellen *selbständig durchgearbeitet,* ja noch mehr, daß er sich durch seine *schöpferische Kraft* eine eigene Position errungen hat.

Prof. G. Beer in der „Theologischen Literaturzeitung": Ein Beispiel *erstaunlichen jüdischen Fleißes* und beachtenswerter Gelehrsamkeit.

Prof. Rud. Kittel in der „Neuen Leipziger Zeitung": Unzweifelhaft ein *großzügiges* Unternehmen.

Prof. Max Löhr in der „Orientalischen Literaturzeitung": Der Verfasser *verfügt souverän über das gesamte jüdische und außerjüdische Quellenmaterial,* ebenso über die einschlägige wissenschaftliche Literatur. Überall ein *wohlbegründetes sachliches Urteil.*

Prof. Ismar Elbogen in der „Monatsschrift f. Geschichte u. Wissenschaft des Judentums": Wenn irgendeiner, ist Simon Dubnow dazu berufen, eine neue Geschichte zu schreiben; in seinen weitverbreiteten Werken hat er sich als ein *Meister der Synthese,* ein *Künstler des architektonischen Aufbaues,* als *lebendiger, geistvoller Darsteller* bewährt und einen zahlreichen Leserkreis für sich gewonnen. Man muß seiner Gelehrsamkeit und seiner Arbeitskraft *die höchste Bewunderung* zollen.

Jüdischer Verlag / Berlin W 50

Mänicke & Jahn A.-G., Rudolstadt

Simon Dubnow, *Weltgeschichte des jüdischen Volkes.* Prospekt des Jüdischen Verlages, Berlin. Privatarchiv Anatol Schenker, Basel.

Die *Handlungsreihen*, -Richtungen und -Weisen. Das Übereinander-, Gegeneinander-, Nebeneinander- und Miteinander-Handeln. Die Darstellung der *Handlung unter dem Aspekt des Universalisierungs-, Generalisierungs-, Pluralisierungs- und Singularisierungsprinzips.* Der Aufbau der entsprechenden ontologischen, nomologischen, phänomenologischen und heterologischen *Handlungs-Strukturen.* Die *Kategorien* des Wesens-, Seins-, Besitz- (Haben) und Entgegenwirkungs-Zusammenhanges. Die Kategorien, 1. *inhaltlich* gesehen: Theo- oder sozionomer Wille, autonomer, heteronomer und anomer Wille. Ferner, 2. der *sinnmäßige Minimumgehalt der Kategorien als ihr Existenzialgehalt:* Ontischer Sinn, Gesetzessinn, Natur-(Beherrschungs-)Sinn und Einzigartigkeitssinn. Gattungsmäßiger-, artmäßiger-, individuell- und einzigartigmäßiger Aufbau und entsprechende Deutung derselben. 3. Die immanenten *Entwicklungs-Strukturen* der Grundkategorien: Evolution, Involution, Devolution, Revolution. Ihr ideal-typischer Zusammenhang: von der Evolution (Soziogene) zur De- und Revolution (soziologische Epigenese) und von hier aus zur Involution (Inhärenz) in die Evolutionsverfassung, was sein-geartetes (soziologische Artungen), gesetzhaftes Dasein zur Folge hat.

Strukturmodell des sozialen Handelns nach David Koigen, *Der Aufbau der sozialen Welt im Zeitalter der Wissenschaft*, Berlin 1929.

Simon und Ida Dubnow, Reinerz 1930. YIVO Archives, New York.

Mein Kampf 5

347 сл.) Евр. капитализм и социализм. Марксизм. – Сионизм хочет создать госуд-во мошенников (356).

357) „Der Judenjunge lauert auf das ahnungslose Mädchen, das er mit seinem Blute schändet". Bastardierung des Volkes.

360) В России евреи создали большевизм... Евреи виноваты в гибели Германии. Нужно создать „einen germanischen Staat deutscher Nation".

372) „Die Rassenfrage gibt nicht nur den Schlüssel zur Weltgeschichte, sondern auch zur menschlichen Kultur überhaupt".

379) Germanische Führerschaft: гений, (безграничн) абсолютная, гениальная личность

431) Госуд-во средство, раса – цель. Если вымрет арийская раса, не будет культуры на земле.

438) Победоносный меч (Herrenvolkes), слезливый пацифизм обезоруживает мир (пацифизм)

444) Священнейшее человеческое право – das Blut rein erhalten.

И часто выражение: „Reine Parasiten"

Simon Dubnow liest Adolf Hitlers *Mein Kampf*, München 1930.
Central Archives for the History of the Jewish People, Jerusalem.

Heppenheim 3.IV.31

Sehr verehrter Herr Dubnow —

Ich danke Ihnen sehr für die freundliche Zusendung des I. Bandes Ihrer „Geschichte des Chassidismus". Es ist für mich eine grosse Freude, dass nunmehr endlich eine umfassende historische Darstellung dieser nicht bloss für das Judentum bedeutsamen Bewegung vorliegt, und zwar eine von geradezu vorbildlicher Genauigkeit und Zuverlässigkeit. Was Sie in Ihrem Brief sagen: dass wir einander in der Arbeit am Chassidismus ergänzen, das habe ich beim Lesen des Bandes immer wieder und mit tiefer Genugtuung empfunden. Bisher hatten wir an geschichtlicher Behandlung des Chassidismus nur Episodisches, Monographisches, Isoliertes; nun zum erstenmal wird uns der Zusammenhang der Begebenheiten und Entwicklungen geboten, und jedes Moment darin ist lebendig und unmittelbar anschaulich. Das ist eine Gabe von unvergleichlichem Wert.

In der Bibliographie vermisse ich unter I die wichtige und offenbar authentische Briefsammlung (45 Briefe von R. Menachem Mendel

Brief von Martin Buber an Simon Dubnow vom 3. April 1931.
YIVO Archives, New York.

von Witebsk, R. Abraham Kalisker u. a.), die im II. Band des Buches לק' אמרים, Lemberg 1911, enthalten ist.

Mit den besten Grüssen

Ihr Ihnen herzlich ergebener

Martin Buber

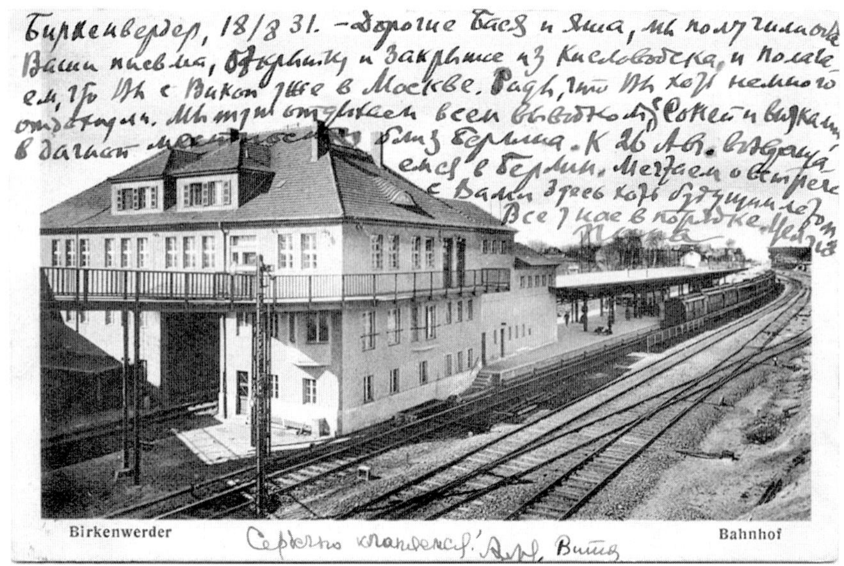

Birkenwerder am 18. August 1931: »Liebe Basja, lieber Jascha, wir haben Eure beiden Briefe, die Postkarte und die Einlage aus Kislowodsk erhalten und nehmen an, daß Ihr mit Vika [Viktorija] schon in Moskau seid. Wir sind froh, daß Ihr Euch wenigstens etwas erholt habt. Wir erholen uns hier mit dem ganzen Familiennest, mit Sonja und den Enkeln in einer Sommerhauskolonie bei Berlin. Zum 26. August kehren wir nach Berlin zurück. Wir träumen von einem Treffen mit Euch hier, wenigstens im kommenden Sommer. Bei uns ist alles in Ordnung. Ich küsse Euch. Papa.«
Postkarte (Vorderseite) von Simon und Ida Dubnow an die Familie des Sohnes Jakow in Moskau. Am unteren Rand schrieben die Enkel: »Wir grüßen herzlich. Alja und Vitja.« Privatbesitz Viktorija Dubnowa, Moskau.

Die Jubiläumskonferenz des YIVO zum zehnjährigen Bestehen des Instituts in Wilna. Sommer 1935. Simon Dubnow und Mitarbeiter der Historischen Abteilung des YIVO. YIVO Archives, New York.

Besucher des Sommercamps der polnisch-jüdischen *Gesellschaft für Gesundheitsfürsorge* TOZ (Schwesterorganisation der OSE) bei Wilna im Jahre 1935, darunter Simon Dubnow, Marc Chagall und seine Frau Bella (Mitte). YIVO Archives, New York.

Simon Dubnow (Mitte), Marc Chagall (zweiter von rechts) und seine Frau Bella zusammen mit anderen Besuchern und Kindern im TOZ-Sommercamp bei Wilna im Jahre 1935. YIVO Archives, New York.

Festgesellschaft an Simon Dubnows fünfundsiebzigstem Geburtstag in Riga 1935.
Privatarchiv Viktorija Dubnowa, Moskau.

will«[24], von der freien Luft der kultivierten Welt abgeschnitten werden. Doch dann kam die politische Reaktion des 20. Jahrhunderts (teils unter dem Pseudonym der ›Revolution‹) und zeigte, daß dies sehr wohl möglich ist. In den heutigen diktatorischen Staaten ist es ausgeschlossen, sich in der legalen oppositionellen Presse die Umgehung der Zensur auch nur vorzustellen, denn selbst eine gemäßigte Opposition gilt bereits als Staatsverbrechen. Die Diktatoren haben die oppositionelle Presse vollständig vernichtet und lediglich die Regierungspresse übriggelassen, in der nicht die leiseste Kritik am herrschenden Regime geübt werden kann. Kein einziges Buch kann dort erscheinen, keine Rede oder auch nur eine Erklärung von Personen, die mit ihm nicht konform sind. Die Schulen erziehen eine ganze Generation im Geist des herrschenden Regimes, und da keine einzige Stimme aus dem Ausland in das abgeriegelte Reich dringen kann, weiß die Jugend nicht einmal, daß es in der Welt politisch freie Länder gibt, und glaubt ihren Führern, daß allein ihr Land frei sei, die anderen aber versklavt. Kann eine derartige geistige Blockade ewig währen? Die Geschichte aller Zeiten hat darauf mehr als einmal die Antwort geliefert.

6. Was früher Absolutismus, Monarchismus, Selbstherrschaft genannt wurde, heißt heute Totalitarismus, das heißt: »Der Staat – das ist alles.« Nicht der Staat ist für das Volk da, wie die Demokratie es sagt, sondern das Volk für den Staat, für die Staatsmacht, die in der Persönlichkeit eines ›Duce‹ oder ›Führers‹ verkörpert wird. Es ist dies der direkte Weg zur alten Losung des absolutistischen Monarchen: »Der Staat, das bin ich.« Erstaunlich, daß ausgerechnet nach dem Weltkrieg, als zahlreiche Monarchen ihre Kronen verloren, in einer Reihe von Ländern ein neuer Absolutismus triumphierte. Das gesamte 19. Jahrhundert stand unter dem Zeichen des Kampfes für einen ›gerechten Staat‹ gegen den Polizeistaat, das 20. dagegen liefert uns das Beispiel der Rückkehr zum Polizeistaat.

7. Unter den politischen Theorien des 19. Jahrhunderts findet sich keine einzige, die nicht durch die Politiker der vergangenen Jahrzehnte entstellt oder verfälscht worden wäre. Wir kennen Länder, in denen der Sozialismus in Staatskapitalismus und Agrarleibeigenschaft umgeschlagen ist, so daß die Arbeiter und Bauern nicht weniger ausgebeutet werden, als in den alten kapitalistischen Ländern. Wir kennen Länder, in denen der Nationalismus in einen ungezügelten Chauvinismus oder primitiven Rassismus ausartete, und solche, in denen unter der Losung der Demokratie extreme Autokratie herrscht.

8. Die Demokratie lebt, solange sie nicht von der Demagogie vernichtet wird, die demokratische Freiheiten nutzt, um sie zu beseitigen. Der Nazismus, der die Weimarer Verfassung vernichtet hat, indem er deren grenzenlose Freiheit nutzte, liefert ein Beispiel dafür.

9. Die Wissenschaft stellt sich in den Dienst der Zerstörung. Die Flugtechnik dient dem Abwurf von Bomben über feindlichen Städten und dem Massenmord der Zivilbevölkerung, die Chemie der Vernichtung von Menschen durch tödliche Gase, der Rundfunk der Verführung des Geistes und der Ver-

dummung der Massen durch Falschmeldungen der despotischen Regierungen, die das Ziel verfolgen, die jeweilige Innen- und Außenpolitik zu rechtfertigen. Wieviel Gutes könnten all diese Werkzeuge doch geben, nutzte man sie positiv, um aufzubauen!

10. Victor Hugo konnte 1846 im Hinblick auf die erste Französische Revolution von 1789 noch überzeugt davon sprechen, daß »jegliche Revolution, die für einstiges Unrecht Rache nimmt, das ewige Wohl mit sich bringt, wenngleich sie auch von zeitweiligem Bösen begleitet wird«[25]. Dies gilt für alle Revolutionen, die das ›Menschen- und Bürgerrecht‹ proklamieren, nicht aber für jene, die unter der Scheinlosung der Befreiung faktisch zur Unterdrückung der Freiheit und zur Ungleichheit der Bürger führten. Derartigen staatlichen Umstürzen gebührt die Bezeichnung ›Revolution‹ nicht. Zum Typ der wahren Revolutionen können die französischen der Jahre 1789 und 1848 gerechnet werden, die deutsche, österreichische und italienische von 1848 und die Novemberrevolution von 1918 in Deutschland, die Revolution von 1905 und die Februar-März-Revolution von 1917 in Rußland. Zum Typ der ›Staatstreiche‹ zählen der coup d'état 1851 in Frankreich, die Oktoberrevolution 1917 in Rußland, der Marsch der Faschisten auf Rom 1923[26] und schließlich die Installierung der Diktatur in Deutschland 1933, obgleich sich einige dieser Umstürze als ›Revolutionen‹ bezeichnen. Hier kann natürlich vom ›Wohl‹ keine Rede sein.

11. Nur jene Revolution ist stabil, die auf evolutionärem Weg in der Seele des Volkes oder seiner besten Vertreter herangereift ist. Eine künstlich hervorgerufene Revolution vor der Zeit zeitigt gewöhnlich das gleiche Resultat, wie eine Frühgeburt – ein schwaches Kind.

12. Es gibt Kinderkrankheiten neugeborener Staaten, die nach langem Kampf mit Imperien, deren Teil sie waren, ihre Unabhängigkeit erlangten. Eine einst unterdrückte Nation, die selbst die Rechte einer nationalen Minderheit errungen hat und zu einer nationalen Mehrheit im eigenen Staat wurde, beginnt all jene Methoden der herrschenden Nation anzuwenden, von deren Joch sie sich gerade eben befreit hat, und unterdrückt die ihr unterstellten nationalen Minderheiten nun ihrerseits. Ein erschreckendes Beispiel hierfür ist Polen. Der Weltkrieg bescherte dem Land nach hundertfünfzig Jahren Versklavung durch drei Imperien die völlige Unabhängigkeit. Als sein Ideal jedoch realisiert war, begann es ›Großmacht‹ zu spielen und verwandelte sich in den chauvinistischsten Staat in Europa, der seine Minderheiten – Ukrainer, Russen und besonders Juden – unterdrückt. Liegt nicht hier eine der Ursachen der letzten Katastrophe begründet, die zu einer erneuten Teilung Polens zwischen zwei Mächten führte (1939)?

13. Wenn die Gesellschaft die Gesamtheit der Menschen der jeweiligen Generation darstellt, so stellt die Nation die Gesamtheit der Generationen dar, ein Kollektiv in einem bestimmten geschichtlichen Zeitraum. Und je größer dieser Zeitraum bei ununterbrochener kultureller Dynamik ist, desto wichtiger ist die Rolle der Nation im Kollektiv der Völker – der Menschheit.

VI. Wissenschaft und Literatur

1. Alle Wissenschaften liefern Wissen, die Geschichte liefert darüber hinaus Weisheit als gesammelte Erfahrung der Jahrhunderte. Die Rede ist hier von einer streng wissenschaftlichen und objektiven, wahrheitsgetreuen Historiographie, die dem höchsten Kriterium der Ethik und Humanität untergeordnet ist, nicht aber von Geschichtsbüchern, die der einen oder anderen Parteipropaganda als Werkzeug dienen. Leider überwiegen die Bücher letzterer Kategorie. Am meisten verfälscht wird die Geschichte in Schulbüchern, die der Erziehung der Jugend im Geiste der herrschenden politischen Partei oder des jeweiligen Führungssystems dienen sollen.

2. Die Historiographie als einer der wichtigsten Zweige der Soziologie unterscheidet sich von den übrigen verwandten Wissenschaften dadurch, daß sie die Entwicklungsgesetze der Menschheit nicht nur aufstellt, sondern die Handlungen historischer Persönlichkeiten und Kollektive auch beurteilt. Aus diesem Grund muß sie in ihren Ansichten und Urteilen besonders vorsichtig sein und sie nicht durch einzelne Dogmen oder Doktrinen begründen, sondern durch die allgemeinen Gesetze des Fortschritts und der allgemeinmenschlichen Prinzipien der Ethik.

3. Das Wort, das Werkzeug sein soll, einen Gedanken in die Tat umzusetzen, kann bei falschem Gebrauch zum Werkzeug der Entstellung eines Gedankens werden. Sehr oft tritt es an die Stelle des Gedankens und wird zur Form ohne Inhalt. Viele Autoren schreiben nicht, weil sie viele Gedanken, sondern, weil sie viele Wörter haben. Sie kombinieren diese Unzahl von angelesenen Wörtern, Termini und Modephrasen, und heraus kommt ein Artikel oder ein Buch. Heraus kommen leere Werke, die nichts als Kostüme darstellen, den Mannequins ihrer toten Gedanken übergestreift. Es ist dies keine Literatur, sondern ›Wortgeklingel‹. Der Gedanke muß das Wort hervorbringen und nicht umgekehrt.

4. Viele Werke der deutschen Philosophie sind nichts als Ergebnisse dieses ›Wortgeklingels‹: unendliche Wortkombinationen mit imaginären Begriffen. Ein gedankliches Spinnennetz, das jeder frische Wind realen Denkens hinwegfegen kann.

5. Das organische Gebrechen des Symbolismus und der Dekadenz in der Poesie besteht darin, daß die Sprache hier weit über den Gedanken oder das Bild hinausgeht und das Wort weitergeht als das Gefühl. Der Verweis auf vage Ahnungen ist hier nicht am Platze, denn wahre Kunst macht alles Vage klar. Die Kunst eröffnet Perspektiven, sie maskiert nicht die Leere.

6. Nehmt euch in acht vor verbaler Ausschweifung! In der russischen Lyrik des 19. Jahrhunderts, die von der Sonne Puschkins und Lermontows beschienen war, gab es dies Laster nicht. Erst zu Beginn des 20. Jahrhunderts griff es um sich. ›Dichter‹ wie Majakowski oder Andrej Bely haben sowohl der Poesie als auch der Prosa Gewalt angetan. Wer Puschkin und Turgenjew liebt, kann die Schreibereien dieser Wortjongleure und Dekadenten nicht ertragen.

7. »Wie der Stil, so der Mensch« – dieser Aphorismus Buffons[27] ist bei weitem

nicht so oberflächlich, wie man meint. Es gibt Menschen ohne Stil, wie es auch Autoren ohne Stil gibt, genauer gesagt mit schablonenhaftem Stil, gängigen Gedanken und Sätzen, aber es gibt auch solche, die selbständig denken und für ihre Gedanken und Bilder durchaus passende Formen und Äquivalente ihres Seelenzustandes finden. Dies eben ist der Stil. Einem Autor mit Stil in der Literatur entspricht ein Mensch mit Charakter und persönlich entwickeltem Lebensstil.

8. Einen Autor, der seine Abhandlung mit Sorgfalt verfaßt und darauf bedacht ist, daß das Wort dem Gedanken oder Bild entspricht, betrübt es, wenn sein Werk ohne Verständnis für die feinen Nuancen seines Denkens gelesen wird, die in den Schattierungen des Stils verborgen sind. Ebenso betrübt es den Dichter, wenn seine Gedichte wie Prosa deklamiert werden – ohne Gefühl für den Rhythmus. Auch in der in Augenblicken der Inspiration entstandenen Prosa gibt es einen gewissen Rhythmus, doch die Mehrzahl der Leser spürt diesen Rhythmus nicht. David Friedrich Strauß sagte einmal treffend über das lesende Publikum, wie eine Kuh verschlinge es wohlschmeckende Blumen und Unkraut ohne Unterschied.* Ein Vergleich Abramowitschs (Mendele) fällt mit dazu ein: Eine gute Hausfrau und vortreffliche Köchin bereitet voller Liebe und Können für ihre Gäste ein Mahl, die Gäste aber kommen, stürzen sich auf die Speisen und verschlingen sie in Windeseile unter lautstarken Gesprächen, ohne im geringsten die Erlesenheit der zubereiteten Gerichte zu erfassen. Und die Hausfrau fragt sich: Hat es sich gelohnt, daß ich mir für sie Mühe gegeben habe? So fragt sich auch der Autor: Für wen all diese Sorgen über die Feinheiten des Stils, die der Durchschnittsleser doch nicht bemerkt?

9. »Ich singe, wie der Vogel singt« – sagte Goethe über seine Lyrik.[29] Viele singen in ihrer Jugend oder schreiben lyrische Gedichte, solange der Frühling der Jugend leuchtet oder der Eros in der Seele blüht, wie eine Nachtigall in Mainächten singt. Ein wahrer Dichter aber singt auch dann noch, wenn der Lebensfrühling vorüber ist (Goethe, Victor Hugo, Heine).

10. Tolstoi sagte richtig, die Autobiographie (natürlich eine authentische, keine tendenziöse) sei die beste literarische Form. In der Literatur sind jene die besten Werke, bei denen das autobiographische Element überwiegt (Tolstois *Kindheit und Jugend*, *Krieg und Frieden* u. a.). Ich bin überzeugt von der starken erzieherischen Wirkung ehrlich und authentisch geschriebener Autobiographien oder Erinnerungen.

11. Eine feierliche Jubiläumsversammlung, an der der Jubilar selbst teilnimmt, ist wie ein Zurschaustellen seiner Verdienste. Ein Autor mit Selbstachtung sollte an einer derartigen Veranstaltung nicht persönlich mitwirken – möge man ihn in Abwesenheit ehren (und auch freimütig kritisieren).

12. Einst sagte Abramowitsch-Mendele zu mir, ein neuer Omar sei vonnöten, der befehle, sämtliche überflüssigen Bücher zu vernichten und die Welt vor der

* »Kommt eine Blum' ihr vor die Nas', Die nimmt sie mit und fragt nicht was? / Ist ihr wie andres Futter auch, Beschäftigt das Maul und füllt den Bauch.«[28]

Bücherflut zu bewahren. Ich entgegnete, daß Omar, der (einer zweifelhaften Überlieferung zufolge) in seinem Wahn die Bibliothek von Alexandria in Brand gesteckt haben soll[30], die Literatur lediglich aus Sicht des Korans schätzte und deshalb zahlreiche klassische Werke vernichtete. Wer aber verbürge sich uns gegenüber für die Objektivität und Kompetenz eines neuen Omar? Allerdings ist der Gedanke von der Bücherflut selbst richtig und jener vollbrächte eine große Tat, der in der Lage wäre, neunzig Prozent Wasser aus der Weltliteratur abzulassen. Da dies aber unmöglich ist, muß man darauf bauen, daß das Leben selbst jene literarischen Werke, die das Andenken in nachfolgenden Generationen nicht verdienen, der Vergessenheit anheimgibt.

13. Die Stilisten unten den Autoren sind oft schlechte Redner, wenn sie ihre Rede nicht vom Blatt ablesen, sondern improvisieren. Menschen, die während des Schreibens jedes einzelne Wort abwägen oder nur in Augenblicken der Inspiration schreiben, fühlen sich unbehaglich, wenn sie improvisieren müssen oder reden, was ihnen gerade einfällt, wenn es nur effektvoll ist. Doch auch das Gegenteil ist der Fall: Gute Redner, glänzende Anwälte sind oft hilflos in ihren literarischen Werken, in denen es auf Gedankenklarheit ankommt, nicht aber auf effektvolle Worte. Viele schöne Reden, die in der Presse stenographisch verkürzt wiedergegeben werden, hinterlassen einen wesentlich schwächeren Eindruck als beim Hören. Schlechte Reden erscheinen in der Presse dagegen ungelenk und schwer lesbar. Ich würde Autoren mit ausgefeiltem Stil, die nicht daran gewöhnt sind, Vorträge zu halten, deshalb raten, ihre großen Reden (Referate, öffentliche Vorlesungen) vom Blatt zu lesen; den freien Rednern aber sei nahegelegt, ihre Texte vor der Drucklegung einer sorgfältigen stilistischen Bearbeitung zu unterziehen.

14. In den letzten Jahrzehnten hat sich auch in der jüdischen Presse die Sitte eingebürgert, lange Romane berühmter Autoren in den Feuilletons abzudrucken. Ich habe festgestellt, daß die Autoren, seit sie ihre Werke dort zu veröffentlichen beginnen, von der Form kurzer Novellen abgerückt sind, mit denen sie früher ihrem Namen so viel Ehre machten. Statt dessen beginnen sie ihre Romane endlos auszudehnen, sehr zum Nachteil ihres Talents, dafür mit erheblichem Zuwachs an Honorar. Diesen Romanen ist anzumerken, daß der Autor sie von Woche zu Woche fortschreibt, Kapitel für Kapitel aneinanderreiht und dabei oft von seiner ursprünglichen künstlerischen Intention abweicht. Dies ist in gewisser Weise Auftragsarbeit, die für Schriftsteller ohne feste literarische Pläne eine große Versuchung darstellt. Nomina sunt odiosa …

VII. Gedanken über das ewige Volk

1. Die biblische Vorstellung von der Unsterblichkeit eines Menschen in seinen Nachkommen und später in seinem Volk ersetzte im Altertum den Gedanken von der persönlichen Unsterblichkeit. Die Fortsetzung des Lebens eines Individuums in der Nachkommenschaft als biologische Metamorphose steigerte sich

bei den biblischen Propheten zu Vorstellungen von der historischen Ewigkeit eines ganzen Volkes. Dieser Gedanke konnte für die späteren Denker (von Jehuda Halevi bis zu den neuesten Ideologen) zum nationalen Kult werden, weil damit der Glaube an die Ewigkeit und Universalität jener geistigen Werte verbunden war, die von der jüdischen Nation geschaffen worden waren. Für den modernen Juden, der den religiösen Glauben an ein Leben nach dem Tode oder die philosophische Vorstellung von der Unsterblichkeit der Seele eingebüßt hat, kann dieser Glaube an die kollektive Unsterblichkeit der Judenheit an deren Stelle treten. Ein Volk, das der Welt in seiner dreitausendjährigen Geschichte große Denker geschenkt hat, kann nicht spurlos verschwinden und sich in den Völkern späterer Kulturen auflösen.*

2. Das jüdische Volk, das sowohl die alten Monarchien Assyriens, Babyloniens und Ägyptens als auch die antike griechisch-römische Welt überlebte, könnte sich den heute mächtigen Völkern gegenüber wie folgt äußern: Ihr habt euch Raum genommen, ich aber nahm mir Zeit. Ihr besitzt riesige Territorien in verschiedenen Teilen der Welt, ich aber habe mich in den Jahrhunderten eingerichtet – im gesamten Zeitraum der Weltgeschichte. Doch auch räumlich bestimmte das jüdische Volk in gewisser Weise andere Völker, obgleich das eine erzwungene Expansion war. Groß ist das Leid der Zerstreuung des jüdischen Volkes, groß aber auch das Gute an dieser Zerstreuung. Bereits im Talmud heißt es: »Der Heilige, gepriesen sei er, erwies Israel eine Wohltat, indem er es unter die Völker zerstreut hat.«[31] Wird es in einem Land verfolgt, so kann es sich in andere retten. Wäre das jüdische Volk, wie andere Völker, an ein Land gebunden, es wäre bei den politischen Katastrophen der drei Jahrtausende samt seinem Territorium vernichtet worden.

3. Unser großes Leid besteht darin, daß wir zu allen Zeiten verfolgt wurden. Unsere Größe besteht darin, daß wir sowohl die Verfolgungen als auch die Verfolger überlebten – sämtliche Hamans unserer Geschichte.

4. Der Prozeß der Assimilation führt dazu, daß gewisse Gesellschaftsschichten ihre geistige Stütze nicht in ihrem Volk finden, sondern außerhalb. Da sich die Stütze nicht innerhalb, sondern außerhalb der eigenen Kultur befindet, entsteht ein Ungleichgewicht, ein Wanken. Allerdings gilt es zwischen äußerer und innerer Assimilation zu unterscheiden. Wer von fremder Kultur umgeben ist, nimmt notgedrungen viele ihrer Elemente wie Sprache und äußere Formen des Alltagslebens an: trocken kommt man aus dem Wasser nicht heraus. Wichtig ist allein, daß man nicht ertrinkt. Die Geschichte hat die Juden gelehrt, selbst bei äußerst stürmischem Wetter über fremde Meere zu schwimmen. Dabei haben sie Formen der sie umgebenden Kultur angenommen und doch das eigene Wesen bewahrt.

5. Zwei Prozesse durchziehen die gesamte jüdische Geschichte – der der Hu-

* Dieses Thema habe ich ausführlich im ersten Artikel der unvollendet gebliebenen Serie »Gedanken über das ewige Volk« behandelt (*Jewrejski mir*, 1909, Bd. 2).

manisierung und jener der Nationsbildung. Nach Epochen extremer nationaler Abgeschlossenheit entstehen in den führenden Gesellschaftskreisen Bestrebungen zum Allgemeinmenschlichen, zum Umgang mit den sie umgebenden Kulturvölkern, wenn dies aber gewisse Grenzen überschreitet und die Auflösung der Juden in der sie umgebenden Welt droht, erwacht der Instinkt des nationalen Selbstschutzes, und ein Prozeß der Rückkehr, der Nationsbildung der assimilierten Teile wird eingeleitet. Dies ist die natürliche Abfolge von Zentrifugal- und Zentripetalkräften. Das Problem besteht darin, die Wirkung beider Prozesse auszubalancieren.*

6. In der alten Geschichte des Judaismus unterscheiden wir zwei Perioden: a) die vorprophetische, als sich das Volk einen göttlichen Patron schuf, einen Beschützer des Stammes, neben den göttlichen Patronen der anderen Stämme; b) die Periode der Propheten, als die Vorstellung von einem Gott der gesamten Menschheit entstand und das Bestreben, die Judenheit in eine Nation von Gottes-Trägern zu verwandeln, berufen, der Welt den Gedanken dieses universalen Gottes nahezubringen, der Quelle von Wahrheit und Gerechtigkeit. Im Namen dieses ethischen Gottes entlarvten die biblischen Propheten das Unrecht in ihrem Volk und in anderen Völkern. So meldete sich der Schöpfer des Buches *Hiob* zu Wort und erhob Protest gegen Gott selbst, der in der von ihm gelenkten Welt Unwahrheit und Ungerechtigkeit zuließ. In den Psalmen und der mittelalterlichen religiösen Lyrik hören wir die Klagen eines kollektiven Hiob, einer verfolgten Nation, über den Gott, der sie ›erwählte‹.

7. Wenn die Religion eine Errungenschaft der Wahrhaftigkeit ist und die Philosophie die Suche danach, so findet sich in der Bibel sowohl das eine als auch das andere. Denn hier sind die wichtigsten Probleme aufgeworfen, die die denkende Menschheit bis heute bewegen. Dasselbe Buch, das uns eine positive Religion schenkte, bescherte uns auch deren negative Kritik. Es bescherte uns sowohl These als auch Antithese und überließ es uns, die Synthese auszuführen. Die Bibel ist nicht nur ein Buch des Glaubens, sondern auch des Zweifels am Glauben. Darin unterscheiden sich Altes und Neues Testament, denn letzteres basiert gänzlich auf einem dogmatischen Glauben. Nicht zufällig wollten die späteren Talmudisten einige biblische Bücher ›geheimhalten‹, beließen sie dann aber im letzten Teil der »Schriftwerke«, das heißt in der freien Literatur, die ihrem Rang nach niedriger steht als die Heiligen Schriften.

8. Der *Kohelet* ist das erste Buch, das die absolute Wahrheit im Namen einer relativen negiert, und auch das mit dem traurigen Vorbehalt: »Alles ist eitel.« In den Psalmen und im Buch *Hiob* streitet der Mensch noch mit Gott, im *Kohelet* ignoriert er Gott. Zwei Pole: der Pol des Feuers und der leidenschaftlichen Eindringlichkeit in den Psalmen und der Pol der skeptischen Kälte im *Kohelet*, zwischen ihnen aber der Weltschmerz des Hiob.

* Dieses Problem ist in meinem Artikel »Prozesse der Humanisierung und Nationalisierung in der neuesten Geschichte der Juden« dargelegt (*Jewrejski mir*, 1909, Bd. 1).

9. Gottes Segen für den Stammvater Israels: »Ich werde deine Nachkommen zahlreich machen wie Sand am Meer«[32] erfüllte sich dahingehend, daß das jüdische Volk oft wie Sand in Parteien und gesellschaftliche Gruppen zerfällt, die schwer zu einer gemeinsamen Sache zu vereinen sind. Selbst der Apostel des Chassidismus sagte einst: »Ebenso wie es unmöglich ist, aus Sandkörnern auf natürliche Weise Fäden zu spinnen, widerspricht es der Naturordnung, daß zwischen einem Juden und dem andern Einigkeit bestehe.«[33]

10. Mit der Gründung eines jüdischen Staates in Palästina wird zweifellos das wichtigste geistige Zentrum der Nation geschaffen werden. Da es aber auch dann noch eine Diaspora geben wird, droht die Gefahr, daß das jüdische Volk erneut in zwei Teile zerfällt: Juda in Palästina und das Israel der zehn Stämme in der Zerstreuung, ein Stamm mit der alten nationalen Sprache und zehn Stämme, die teilweise Jiddisch sprechen, teilweise sämtliche Sprachen des Erdballs. Aufgabe wird es sein, zwischen diesen Teilen eine Wechselbeziehung herzustellen.

11. Juden sind nicht so sehr wegen ihrer Unzulänglichkeiten unbeliebt, als vielmehr wegen ihrer Qualitäten, jener Vorzüge, die in vielen Jahrhunderten geistiger Kultur weitergegeben wurden.

12. Es gibt Liebhaber des Judentums, die es als eine altertümliche Erscheinung verehren, gleichsam wie eine historische Rarität. Aus diesem Grund möchten sie es auch wie eine Mumie bewahren, nicht aber wie einen lebenden Organismus weiterentwickeln.

13. Der römische Historiker Tacitus, der die Juden selbst haßte, schrieb ihnen »Haß auf das Menschengeschlecht« zu (odium generis humani). Weshalb? Waren die römischen Gesetze und Sitten etwa humaner als die jüdischen? Die Antwort darauf ist simpel: Die Isoliertheit im religiösen wie im alltäglichen Leben ließ die Juden für die sie umgebenden Völker rätselhaft erscheinen, verschlossenen Menschen jedoch wird stets Feindseligkeit gegenüber den Nachbarn nachgesagt. Der Einsiedler, selbst der gutmütigste, gilt oft als Misanthrop. Das gleiche trifft für das Mittelalter zu. Man vergaß, daß die Isolation in sämtlichen historischen Epochen erzwungen war, bedingt durch das Bedürfnis nach Selbstbehauptung einer kleinen Nation inmitten einer fremden oder feindlichen Welt.

14. Das Wort Judophobie, das meist als Haß auf die Juden verstanden wird, bedeutet in Wahrheit Angst vor den Juden. Phobos ist das griechische Wort für Furcht, Angst, phobeo aber – ich erschrecke oder ich fürchte mich, ich habe Angst. Demzufolge bedeutet ›Judophobie‹ Furcht vor den Juden, wie Hydrophobie – Furcht vor dem Wasser, d. h. Tollwut – eine Krankheit, die man sich nach dem Biß eines tollwütigen Hundes zuzieht. Welch gewaltige Menschenmasse heute durch die Bisse tollwütiger Hunde mit Judophobie oder Antisemitismus infiziert ist! Es gibt Länder, in denen diese Epidemie erschreckende Ausmaße angenommen hat. Doch vorerst gibt es gegen die Krankheit der Judophobie kein Serum, wie es Pasteur zum Schutz vor der Krankheit der Hydrophobie entwickelte.

15. Eines Tages wird dieses Bacchanal der Judophobie enden, diese schreckliche Epidemie des Menschenhasses, die in diversen Ländern in der ersten Hälfte des 20. Jahrhunderts grassiert. Die Völker werden sich besinnen, die entfesselten Leidenschaften sich legen – welches Bild wird sich dann aber unseren Augen darbieten? Einerseits das jüdische Volk, gequält von den ihm zugefügten unzähligen Wunden, das seine Märtyrer beweint, im Feuer des Leidens aber ethisch gereinigt wurde; andererseits aber die Völker, die es quälten, mit einer Generation demoralisierter Jugend, der Pogrom-Meute, wie der ›eisernen Garde‹, dem ›Sturmbann‹, den *Narowzy*[34] den ›Phalangisten‹ und den ›Hakenkreuzlern‹, die das unschuldige jüdische Blut nie werden von ihren Händen abwaschen können. Das wird eine Generation mit besudeltem Gewissen und beschmutzter Seele sein, die in einer neuen europäischen Gesellschaft der Umerziehungshäuser für Verbrecher bedarf, wenn sie nicht selbst das ganze Grauen dessen begreift, was sie unter dem Zwang gewissenloser Führer in ihrer Jugend verbrochen hat. Erst nachdem diese sittlich verwahrloste Generation gesundet oder ausgestorben sein wird, kann in Europa eine neue Gesellschaft entstehen, die auf Menschenliebe, Brüderlichkeit und sozialer Gerechtigkeit basiert.

VIII. Vermischte Gedanken

1. Wir alle ähneln jenem Jungen, der seine Hand in einen enghalsigen, mit Nüssen gefüllten Krug steckte, eine Handvoll davon ergriff, aber fast alle Nüsse fallen lassen mußte, als er die Hand wieder herausziehen wollte. So geht es auch uns. Zu Beginn unseres Lebensweges schmieden wir unendlich viele Pläne und fassen grandiose Vorsätze, reduzieren sie jedoch in der Bedrängnis des Lebens allmählich so sehr, daß am Ende wenig übrig bleibt. Begabten Menschen allerdings dienen diese Lektionen des Lebens als Mittel der Wahl und Bestimmung ihrer wahren Berufung. Indem sie von verschwommenen Vorhaben Abstand nehmen, gewinnen sie jene Konzentration der Kräfte, ohne die wahres Schaffen unmöglich ist.

2. Übermäßiger Idealismus führt oft zu Pessimismus. Die Enttäuschung über die Unmöglichkeit, ein maximales Ideal zu erreichen, entzieht dem Menschen jene Energie, die zum Erreichen eines Minimums ausreichend wäre. Lediglich starke Naturen sind imstande, diese Gefahr zu überwinden und dem Maximalismus zu entsagen, um das zu erreichen, was unter den gegebenen Umständen möglich ist und was im Laufe der Zeit dem Maximalismus näherkommt. – Ein Pessimist, der vom Leben nichts Gutes erwartet, findet sich häufig mit allen Widerwärtigkeiten ab und büßt die einstigen Ideale gänzlich ein. Der wahre Idealist dagegen, der den Glauben an den Triumph des Guten nicht verliert, wird sich nie mit dem zeitweiligen Triumph des Bösen abfinden und sich jene ›heilige Unzufriedenheit‹ bewahren, jenes Gefühl der Empörung gegenüber jeglicher Ungerechtigkeit, ohne das moralischer Fortschritt undenkbar ist.

3. Als Adam aus dem Paradies vertrieben wurde, empfand Gott Mitleid mit

ihm, rief die Göttin des Gedächtnisses Mnemosyne herbei und sagte zu ihr: Folge ihm. Wenn das Leid seine Seele zu verdunkeln beginnt, so tröste ihn mit Erinnerungen an das einstige paradiesische Leben. Und Mnemosyne tat dies und wurde zur Trösterin des Menschengeschlechts. Denn die Vertreibung aus dem Paradies von Kindheit und Jugend wiederholt sich im Leben aller Kinder Adams. (Siehe auch »Integration der Seele«.)

4. Die Fähigkeiten zur Aneignung und zur schöpferischen Arbeit sind umgekehrt proportional. Einem selbständig denkenden Menschen fällt es schwerer, sich die Früchte eines fremden Geistes anzueignen, dem gewöhnlichen Verstand aber fällt es leichter, fremde Gedanken zu verinnerlichen. Wenn ein fremder Gedanke aber bereits von einem schöpferischen Verstand angeeignet und aufgenommen wurde, so gibt er, wie ein in fruchtbaren Boden gefallenes Korn, reiche Ernte, während der gewöhnliche Verstand ihn mechanisch aufnimmt und das Gedankenkorn an der Oberfläche des Bewußtseins verbleibt, ohne irgendeine Frucht hervorzubringen.

5. Die Mehrheit der Menschen, die menschliche Herde, verhält sich nach dem Muster der Nachahmung. Dieser Herdentrieb zeigt sich nicht allein im äußeren Lebensablauf, sondern auch in den Ideen, Überzeugungen und den Geschmackspräferenzen. Aus diesem Grunde sehen wir allerorts nicht nur modische Kleider, sondern auch modische Ideen und sogar modische (häufig gekünstelte) Vergnügungen. Im alltäglichen Leben mag dieser Herdentrieb harmlos sein, bei der massenhaften Begeisterung für offensichtlich schädliche Ideen kann er sich aber als gefährlich erweisen. Psychische Epidemien sind nicht weniger gefährlich als physische und schwache Köpfe sind dafür anfälliger – ebenso wie schwache Organismen für die Pestinfektion anfälliger sind als gesunde.

6. Man muß feststellen, daß die Nachahmung oder der Herdentrieb beim weiblichen Geschlecht besonders stark ausgeprägt ist. Es genügt, auf die despotische Macht der Mode über die Damen zu verweisen. Die weiblichen Toiletten wechseln nach Maßgabe der Pariser Modezaren, Konfektionäre und Schneider jedes Jahr und jede Saison, und zwar, was den Geschmack oder die Bequemlichkeit betrifft, häufig nicht zum Besten, sondern zum Schlechten. Dennoch befolgen die Damen diese Vorschriften blind, da es jede einzelne von ihnen für notwendig erachtet, den anderen ähnlich zu sehen, und fürchtet, lächerlich zu erscheinen, wenn sie sich im ›veralteten‹ Vorjahreskostüm präsentiert. Ich entsinne mich einer Zeit, als die Modegesetzgeber untersagten, Damenkleider oder -mäntel mit Taschen zu versehen, so daß die Damen gezwungen waren, Taschentücher, Geld oder Schlüssel in Handtäschchen zu verwahren, die sie manchmal verloren und so in verschiedene Schwierigkeiten gerieten. Ich sagte zu einer Dame: Stellen Sie sich vor, man hätte Ihnen vor Einführung dieser Mode zur Strafe für irgendeine Verfehlung das Recht aberkannt, Taschen für all die Kleinigkeiten an Ihrer Kleidung zu haben – Sie wären doch empört gewesen. Jetzt aber finden Sie sich gern mit diesem Mangel ab, nur um den anderen nicht nachzustehen. Dann kam die Mode des ›Bubikopfs‹ auf, und alle, vom

jungen Mädchen bis zur alten Frau, ließen sich die Haare schneiden, selbst jene, die dies entstellte. Beide ›Reformen‹ ließen zwei große Wirtschaftszweige erblühen – die Produktion von Damentaschen und den der Damenfriseure. Als der ›Befehl‹ ausgegeben wurde, schiefsitzende Mützen oder Hüte zu tragen, erschien die gesamte Frauenarmee auf den Straßen mit schiefsitzendem Kopfschmuck. Und erst die schreckliche Mode, sich die Lippen zu bemalen, die das weibliche Gesicht keineswegs verschönert und den ›Malerinnen‹ oft selbst zuwider ist! Rede da einer von individuellem Geschmack oder Originalität!

7. Freud führte den Gott Eros in die Psychologie ein, der unter dem Namen Amor in Dreigroschenromanen banalisiert wurde. Er hatte den Mut, nachzuweisen, daß der sexuelle Instinkt viel stärker mit der menschlichen Psyche (und Psychopathologie) verwoben ist, als dies früher angenommen wurde. Seine wichtigste Erkenntnis war die Theorie der ›Sublimierung‹, der Überwindung des Instinkts und der Umlenkung seiner Energie auf das geistige Schaffen.

8. Der Eros birgt nicht nur ein biologisches und psychologisches, sondern auch ein kosmisches Element. Nicht zufällig ist die Erschaffung der Frau im biblischen Buch Genesis mit der Kosmogonie verknüpft. Die Geschichte der Erschaffung Evas aus Adams Rippe sollte die gegenseitige Anziehung der Geschlechter verdeutlichen – als Anziehung einst verschmolzener Teile. Man denkt gemeinhin, die sexuelle Anziehung beruhe ausschließlich auf dem Instinkt der Vermehrung der Art. Schopenhauer in seiner »Metaphysik der Geschlechtsliebe«[35] und Hartmann in der *Philosophie des Unbewußten*[36] haben auf diese gewaltige Kraft des geschlechtlichen Genius hingewiesen. Das stimmt zwar insofern, als der Geschlechtstrieb dem Menschen ebenso eignen ist wie allen Tieren, doch der Bereich der tiefen Emotionen, die mit dem Eros verbunden sind, ist damit noch nicht berührt. Wodurch beispielsweise ist die Anziehung der Geschlechter auch in einem Alter zu erklären, in dem von der Fortsetzung der Art nicht mehr die Rede sein kann? Der Dichter Tjutschew, der sich im Alter verliebte, hielt die ›letzte Liebe‹ für noch tiefer und zarter als die jugendliche Leidenschaft: »Oh, wie zärtlich lieben wir, schicksalsgläubig an der Neige unserer Jahre!«[37] Auch diese mystische ›Schicksalsgläubigkeit‹ steht mit der erwähnten ›Sublimation‹ des biologischen Instinkts im Zusammenhang. Platon charakterisierte den Eros bekanntlich als das Streben nach den ›Ideen‹, den Prototypen der Dinge, als Anstoß zur Erkenntnis der Weltgeheimnisse. Wissen wir doch, daß wir diesem Gott die genialsten Werke der Weltliteratur verdanken. Wir wissen ebenfalls, wie viele Illusionen unter dem Einfluß des Eros entstehen, meist sind es erhabene und edle Illusionen, jener »uns beflügelnde Betrug«, von dem Puschkin sagte, er sei uns »teurer als ein Meer von niederen Wahrheiten«[38]. Darin eben liegt das mystische Element.

9. Bei Frauen beobachtet man in Zeiten von Verliebtheit im Geistigen eine ebensolche Erscheinung von Mimikry wie bei Tieren in analogen Zuständen im Physischen, wenn das Weibchen die Farbe des Männchens annimmt: Die verliebte Frau paßt sich den Gedanken, Gefühlen und Geschmackspräferenzen des

geliebten Mannes an, so daß die Illusion völliger Seelenharmonie entsteht. Der Mann, der durch die rosa Brille des Eros blickt, ist geneigt, sich dieser Illusion hinzugeben, bis ihn das Sinken der Liebestemperatur davon überzeugt, daß diese unbewußte Mimikry nur einen der Streiche der listigen Gottheit darstellt. Ist die Verliebtheit vorüber, wechselt die Assimilation der Frau zur Dissimilation und die Harmonie geht in Disharmonie über.

10. Im Buch Genesis wird über die Erschaffung der Frau gesagt: »Darum verläßt ein Mann seinen Vater und seine Mutter und hängt an seinem Weibe, und sie werden zu einem Leibe.«[39] Es heißt nicht »eine Seele«, denn das hätte nicht immer der Wirklichkeit entsprochen. Hierin besteht die Tragödie des Ehelebens in einer kulturell differenzierten Gesellschaft. Je vielfältiger das geistige Leben, desto häufiger die Anlässe für geistige Diskrepanzen zwischen den Ehegatten, was zu gegenseitiger Entfremdung führt. Menschen mit einer unterschiedlichen Einstellung zum Sinn des Lebens haben es schwer im gemeinsamen Leben, insbesondere in Fällen, wenn der eine einen bestimmten Lebenssinn kennt, der andere aber nicht oder einen entgegengesetzten. Meist ist die Frau nicht fähig, die höheren geistigen Bestrebungen ihres Mannes zu verstehen (ein Beispiel dafür ist die familiäre Tragödie Tolstois[40]). Doch auch der umgekehrte Fall kommt vor – wenn der Sinn des Lebens bei der Frau entwickelter ist oder ihr moralisches Niveau höher als beim Mann.

11. Zeichen einer rein altruistischen Liebe ist das Mitgefühl, die Liebe für den Leidenden, Schutzlosen, Schwachen. Die Liebe für den Starken und Mächtigen ist nicht immer frei von egoistischen Wünschen, während die mitleidige Liebe altruistisch ist. Sexuelle Liebe ohne Mitgefühl ist grausam und grob und kann manchmal in Haß umschlagen. Mitgefühl dagegen kann mitunter Haß in Liebe verwandeln. Sie haben sich zum Beispiel mit einem Freund oder Verwandten überworfen, dann aber erfahren, daß er ins Unglück geraten ist, teilweise verursacht durch Ihre Unstimmigkeit. In Ihrer Seele schmilzt das Eis, Sie sind bereit zu verzeihen, um Verzeihung zu bitten, die zerstörte Freundschaft wieder herzustellen.

12. Heutzutage wird der Kult des Patriarchats unserer Vorfahren häufig durch den Kult der Kinder ersetzt. Die Kinder werden zum Abgott erhoben, man gibt ihnen das Gefühl der Überlegenheit über die Älteren. Dies ist das andere Extrem gegenüber der einstigen allzu strengen elterlichen Autorität. Solche Kinder werden meist zu kleinen Familientyrannen. Und dieser kindliche Despotismus kann schlimmer sein als der elterliche.

13. Es ist üblich zu sagen – ich arbeite, solange ich lebe. Richtiger wäre es zu sagen – ich lebe, solange ich arbeite und mit einem geliebten Gegenstand beschäftigt bin. Denn ohne derartige Arbeit kann es kein sinnvolles Leben geben.

14. Gute Menschen passen ihre Handlungen ihren Überzeugungen an, schlechte ihre Überzeugungen den Handlungen, gegen ihr Gewissen und auf äußeren Druck. So paßt sich die Mehrheit der Menschen einem herrschenden System an, da dies Vorteile bringt.

15. Als klug bezeichnen wir Menschen, die in alltäglichen Dingen mit ihren kleinlichen Bedingtheiten erfahren sind. Als weise könnte man jene bezeichnen, die den Prozeß des Lebens in all seiner Tiefe und Komplexität verstehen. Kluge sind oft weit entfernt von Weisheit, Weise dagegen genügen mitunter nicht den Anforderungen des praktischen Verstandes, in dem häufig ein Element der Schläue vorherrscht. Hier liegt der Unterschied zwischen einem Verstand, der den Dingen auf den Grund geht, und jenem, der das alltägliche Leben meistert.

16. Wer sich nicht um den morgigen Tag sorgt, verschafft sich heute Ruhe, riskiert aber morgen Unruhe. Wer sich um den morgigen Tag sorgt, hat zwar heute keine Ruhe, kann sie aber für morgen gewährleisten.

17. Nicht mißachten, aber zutiefst bedauern muß man jene, deren innere Welt so arm ist, daß sie sich vor seelischer Leere langweilen, wenn sie allein sind, und dann loslaufen, um neue Eindrücke in Gesellschaft, bei Veranstaltungen, auf dem lärmenden Marktplatz des Lebens zu erhaschen. Der Mensch sollte ein derart reiches Innenleben besitzen, daß er nicht nur für andere, sondern auch für sich selbst einen guten Gesprächspartner abgibt. Ein kluger, nicht gerade bescheidener Mensch, der sich von Begegnungen mit oberflächlichen Menschen fernhielt, wurde einst gefragt, weshalb er so gern allein bleibe. Er entgegnete: Weil ich einen interessanten Gesprächspartner haben möchte.

18. Es gibt Menschen, die wie Stämme aus der Tiefe des Bodens emporwachsen, und andere, die sich wie Efeu um diese Stämme winden, um so an einem langen Leben teilzuhaben.

19. Es gibt Menschen, die auf einem klar umrissenen Weg festen Schrittes durchs Leben schreiten, und solche, die im Wirbel der Ereignisse taumeln, wie abgerissene Blätter.

20. Völlige Einsamkeit ist nicht so schrecklich wie Einsamkeit unter Menschen, insbesondere unter Angehörigen oder Nahestehenden, wenn sie sich geistig voneinander entfernt haben. Geistige Verwandtschaft ist oft stärker als Blutsverwandtschaft. Hierbei kommt es nicht so sehr auf die Gemeinsamkeit von Idealen an, als vielmehr auf die Gemeinsamkeit des Idealismus, des gleichen geistigen Strebens, selbst wenn es in unterschiedliche Richtungen geht.

21. Wie erklärt man, daß Epochen politischen Stillstands das geistige Schaffen mehr zum Erblühen bringen als revolutionäre Epochen? Damit, daß sich die Stärkung des Individualismus wohltuender auf das geistige Schaffen auswirkt als der verstärkte Kollektivismus. Der individuelle Verstand vertieft das Denken, der kollektive jedoch weitet es aus und verflacht es zugleich, nivelliert es entsprechend dem niedrigen Niveau der Massen.

22. Es kommt vor, daß die Jugend unglücklich ist, doch sie wird vom Strahl des Lebensmorgens beschienen. Es kommt vor, daß das Alter glücklich ist, doch der Schatten der nahen Nacht legt sich darüber. Alles hängt davon ab, wohin der Blick gerichtet ist: ins Licht des langen Tages oder in die Finsternis der ewigen Nacht.

23. Die Benebelung durch das Tabakrauchen sollte einmal ernsthaft psycho-

logisch untersucht werden. Der Raucher möchte Sorgen und beunruhigende Gedanken vertreiben, mitunter auch das Gewissen »betäuben« (einer Äußerung Tolstois zufolge) – und separiert sich von der Umgebung durch einen Rauchvorhang, durch den er die Dinge wie durch Nebel sieht. Ist dies nicht in gewisser Weise dem Opium vergleichbar? Wie viele klare Gedanken von einer gerauchten Zigarette vernebelt werden, die doch der »Erleuchtung« dienen soll! »Die Welt will betrogen werden« und nimmt Zuflucht zu Narkotika – in grober Form zu Bacchus, in gesitteterer zum Tabak.

24. Es liegt etwas Ewiges in einem langen bewußten und aktiven Leben über einige Generationen hinweg – natürlich nur, wenn man den Geist jung erhält und allen Erscheinungen des Tages gegenüber aufgeschlossen ist. Ein solcher Mensch sieht die Dynamik der Generationen, die lange Kette der historischen Evolution, in der er ein Glied bildet. Er durchläuft einen ganzen Abschnitt der Geschichte und verschmilzt mit einem Jahrhundert. Menschen, die nicht einmal die Lebensmitte erreichen, bleiben, wie genial sie auch gewesen sein mögen, in geistigem Sinne unvollendet. Wir wissen nicht, was sie uns in ihrer zweiten Lebenshälfte hätten geben können. Als vollendet gelten uns beispielsweise Goethe, Victor Hugo, Tolstoi. Wäre Tolstoi jedoch mit fünfzig Jahren gestorben, hätten wir lediglich den großen Künstler gekannt, nicht aber den originellen Denker. Wir wissen nicht, welche großen Werke Byron, Shelley, Puschkin, Lermontow oder Micha Lebenson noch hätten schaffen können, wären sie nicht so früh vom Tod hinweggerafft worden. Um den historischen Prozeß im Wechsel der Generationen selbst verfolgen zu können, muß der Mensch drei oder vier solcher Wechsel miterleben. So reicht es beispielsweise nicht aus, Schlüsse aus den Beobachtungen des Kampfes zwischen Vätern und Söhnen zu ziehen, man muß auch das Leben der nachfolgenden Generationen der Enkel und Urenkel berücksichtigen. Die natürliche Antithese der Kinder stellt sich häufig als gänzliche Zerstörung der Ideale der Väter dar, später aber kann es geschehen, daß die Enkel oder Urenkel an der Antithese Korrekturen anbringen und sich wieder der Synthese nähern. Nicht nur quantitativ, sondern auch qualitativ muß das Leben erfüllt sein, nicht nur durch innere Vollkommenheit, sondern auch durch äußere Vollendung.

IX. Ergänzungen zu den Erinnerungen

1. Im Herbst und Winter 1870/71 belauschte ich, ein zehnjähriger Knabe, im kleinen Nebenraum (im *Stibel*) unserer Synagoge die Gespräche der Gemeindemitglieder über den damaligen französisch-preußischen Krieg[41]. Die Männer diskutierten lebhaft die Kriegsereignisse, die ihnen aus zufällig gelesenen Zeitungen oder häufiger noch durch Gerüchte zu Ohren gekommen waren und debattierten darüber, wer besser sei – die Franzosen oder die Preußen und wem man den Sieg mehr wünschen solle. Ich erinnere mich, wie ein großes Tuch herumgezeigt wurde, das jemand aus dem Ausland mitgebracht hatte. Darauf

waren jüdische Soldaten abgebildet, die am Jom Kippur in der Synagoge von Metz während der Belagerung der Stadt durch die Preußen beteten. Dies war meine erste politische Lektion.

Im Frühjahr darauf, es war 1871, wurde bei uns im Cheder der aus Odessa eingetroffene lange Brief eines dort lebenden Landsmannes verlesen, in dem er von einem Oster-Pogrom berichtete, den Griechen und Russen in den jüdischen Vierteln entfesselt hatten.[42] Ein Detail hat sich mir besonders eingeprägt: Wie die Pogrom-Meute in den jüdischen Wohnungen Bettdecken und Kopfkissen aufrissen und die Daunen und Federn in den Wind streuten, die dann die Straßen wie Schnee bedeckten. Dies war das erste Bild eines Pogroms, das den Frieden meiner Kindheit verdüsterte, als Pogrome in Rußland noch nicht zum Alltag gehörten.

2. Zu Beginn meiner literarischen Tätigkeit (1881), notierte ich als zwanzigjähriger Jüngling folgenden Aphorismus des Dichters Alfred de Vigny: »Was verstehen wir unter einem bedeutenden Leben? Gedanken der Jugend, die in reifem Alter umgesetzt werden.«[43] Ich fügte damals folgenden Vorbehalt hinzu: »Doch unter der Bedingung, daß der Gedanke selbst reif ist.« Heute würde ich diese Maxime einfacher formulieren: »Ein ganzheitliches Leben ist jenes, in dem das Gelübde der Jugend in reifem Alter erfüllt wird.«

3. In früher Jugend lehrte mich Börne, politischen Despotismus zu verabscheuen.[44] Von John Stuart Mill lernte ich, daß man sich nicht der Despotie der öffentlichen Meinung und dem Einfluß ›allgemeingültiger Wahrheiten‹ unterordnen darf.[45] Er lehrte mich, richtig zu denken und zu argumentieren, sämtliche Argumente des Gegners abzuwägen und jenes Gran Wahrheit, das dort vorhanden ist, anzuerkennen. Meine Lehrer in Stil und Geschichte waren Renan und Taine, dennoch bog ich die historische Wahrheit nicht um eines schönen Aphorismus willen zurecht.

4. Eine 1882 in den *Otetschestwennyje sapiski* abgedruckte Besprechung des Buches *Fortschritt und Armut* von Henry George ließ mich eine Zeitlang Anhänger dieses originellen Sozialisten werden.[46] Damals notierte ich: »Die Alienation (Entfremdung) des Bodens der Großgrundbesitzer und seine Verteilung unter den Bauern sowie die Schaffung kollektiver Fabrikunternehmen auf *Artel*-Grundlage – dies sind zwei wesentliche Antriebe, die den Wohlstand des Volkes heben und das Böse vertreiben können, das auf der ungerechten Aufteilung des Reichtums beruht.« Ich kaufte sogleich das englische Original dieses Buches, um es gründlich zu studieren. Später erfuhr ich, daß Tolstoi von der Lehre Henry Georges stark beeinflußt war.

5. Bis heute ist mir unvergeßlich, welch erschütternden Eindruck Tolstois *Beichte* bei mir hinterließ.[47] Ich las sie 1888, in illegaler lithographierter Kopie, da die Zensur den Druck verboten hatte. Ich durchlitt damals eine eigene innere Krise und der erste Aufschrei der verletzten Seele Tolstois fand in meinem Inneren einen starken Widerhall. Der große Künstler entfaltete das Problem des Todes mit derartiger Klarheit, wie es der mir seit Kindertagen bekannte bibli-

sche *Kohelet* nicht vermocht hatte. Der Weise von Jasnaja Poljana war mir bis dahin als glücklichster Mann auf Erden erschienen, beherrschte der Autor von *Krieg und Frieden* und *Anna Karenina* doch die Gedanken unserer Generation, und seinem literarischen Ruhm kam niemand gleich. Plötzlich aber dieser verzweifelte Aufschrei, der Aufruf, die eigene Weltanschauung völlig zu überdenken! Dies verfestigte meine damalige Resignation noch mehr. Die anschließend gelesene Erzählung Tolstois *Der Tod des Iwan Iljitsch* war ein finsterer künstlerischer Kommentar zur philosophischen Beichte.[48]

6. Meine Resignation schwächte sich allerdings im darauffolgenden Jahr 1889 ab. Der hundertste Jahrestag der Französischen Revolution, der mich zu einem großen Artikel über den Kampf für die Emanzipation der Juden inspirierte, wendete mein Denken dahin, ›dem Bösen zu widerstehen‹, trotz der Lehre Tolstois. Keines der von mir gelesenen Bücher über die Geschichte der Französischen Revolution beeindruckte mich damals so sehr wie Lamartines *Geschichte der Girondisten*[49], ein Buch, das mir wegen meiner Augenschwäche vorgelesen wurde. Mit dem Autor durchlebte ich die aufregenden, grandiosen Ereignisse von einem Tag zum anderen. Seinem wunderbaren Stil zuliebe kann man Lamartine den wenig kritischen Umgang mit den Quellen verzeihen. Seine *Geschichte der Girondisten* ist die poetische Geschichte der Revolution, wie *Dreiundneunzig* von Victor Hugo ihr historisches Poem ist.[50]

7. Ende 1889 notierte ich mir eine Richtlinie: »Karamsin sagte einmal: Ich schreibe für mich und veröffentliche für Geld.[51] Ich dagegen sage: Ich schreibe aus dem Bedürfnis zu schreiben und in dem Bewußtsein des Nutzens meiner Arbeit, veröffentliche, um andere zu unterweisen, und nehme für meine Arbeit Geld, damit ich in Ruhe schreiben und meiner Berufung gerecht werden kann. Ein ehrenhafter Autor nimmt Geld, damit er schreiben kann, ein unehrenhafter aber schreibt nur, um Geld zu nehmen.« Später fand dieser Gedanke Ausdruck in meinem lakonischen Aphorismus: »Man muß leben, um zu schreiben, nicht aber schreiben, um zu leben‹« (›leben‹ im Sinne von ›Geld verdienen‹).

8. Ich bekenne eine ›Sünde‹: Ungeachtet der Tatsache, daß ich von Jugend an Zeitungen las und später mein ganzes Leben lang die Tagespresse verschiedener Länder verfolgte, hielt ich eine eigene Mitarbeit an Zeitungen viele Jahre lang für unzulässig. Ich zog eine strenge Grenze zwischen ›Literatur‹ und ›Presse‹, da ich letztere für eine niedere Form der Literatur hielt. Alle periodischen Publikationen sind literarisch, nicht aber die flüchtige Tagespresse – dies war mein Credo. Wie oft ich in Jahren schwerer materieller Not verlockende Angebote großer Zeitungen ablehnte, in den Feuilletons wissenschaftliche oder publizistische Artikel zu veröffentlichen, noch dazu zu guten Honoraren! Mich stieß die Vorstellung ab, mein Text könne für Einwickelpapier verwandt werden oder am nächsten Tag vergessen sein. Erst in späteren Jahren, als die Presse immer mehr in Bereiche der ernstzunehmenden Literatur vorstieß, gestattete ich mir hin und wieder, in Tageszeitungen auf verschiedene politische und kulturelle Fragen zu reagieren. Ich gebe zu, daß mein ursprünglicher Rigorismus allzu

einseitig war. Er erklärt sich aber aus jener Pietät, die ich von Kindheit an Büchern, nicht aber Zeitungen gegenüber empfand.

9. Meine Generation der Intelligenzija begann auf dem Gebiet der individuellen Probleme nach einer bestimmten Weltanschauung zu suchen: im Bereich der Religion, der Philosophie, der Ethik und stieß erst dann zu den sozialen Problemen vor. Die jüngste Generation geriet direkt in den Strudel der politischen, nationalen und sozialen Fragen und hatte keine Zeit, ihre Weltanschauung zu definieren. Die besten Vertreter dieser Generation werden eines Tages vor den ewigen Fragen innehalten, und dann müssen sie im Alter jenen Weg beschreiten, den wir in unserer Jugend zurückgelegt haben.

10. Die ersten Tage meines literarischen Schaffens fielen in die Zeit der ersten Pogromwelle in Rußland (1881), die letzten sind gekennzeichnet von der völligen Vernichtung des jüdischen Zentrums in Polen (1939). Mir ist offensichtlich beschieden, die Prophezeiung zu erfüllen: »*Im Sturme hast du angefangen, im Sturme sollst du enden.*« (D. F. Strauß)[52].

Autobibliographie (1922–1939)

Chronologisches Verzeichnis meiner Bücher und Aufsätze*

Die Titel der Bücher sind durch Großbuchstaben hervorgehoben. Aufsätze, zu denen keine Pseudonyme oder Initialen angegeben sind, wurden vom Autor mit vollem Namen unterzeichnet.**

1922

251. EVREI V CARSTVOVANIE NIKOLAJA II (1894–1914) [DIE JUDEN UNTER DER HERRSCHAFT NIKOLAUS' II. (1894–1914)]. Petrograd: Kadima, 85 S.
252. Izrail Fridlender. Pamjati rodnoj duši [Erinnerungen an eine verwandte Seele]. *Evrejskij vestnik* 1.
253. Nacional'noe ob"edinenie (Palestinskij mandat i Litovskaja avtonomija) [Nationale Vereinigung (Das Palästinische Mandat und die Litauische Autonomie)]. *Rassvet* (Berlin) 22.
254. Iz pis'ma k drugu (M. Vinaveru o perspektivach bol'ševistskoj Rossii) [Aus den Briefen an einen Freund (an M. Winawer über die Perspektiven des bolschewistischen Rußland)]. *Evrejskaja tribuna* 34.
255. Die Apotheose des Geistes in der Poesie Bialiks. *Jüdische Rundschau* Nr. 103.
256. ***Al tirgsu ba-derech! (wegn dem parteistreit in lite iber autonomie un sprach) [Zanket euch nicht auf dem Wege! (zum Parteienstreit in Litauen über Autonomie und Sprache)]. *Neis* Nr. 214 (Kowne) vom 20. Mai.

1923

257. Poėtičeskaja trilogija Bjalika [Poetische Trilogie Bialiks]. *Rassvet* (Berlin) 1.
258. EVREI V ROSSII I ZAPADNOJ EVROPE V ĖPOCHU ANTISEMITSKOJ REAKCII (1881–1914) (izvlečenie iz III. toma NOVEJŠEJ ISTORII, s primečanjami v russkom otdele) [DIE JUDEN IN RUSSLAND UND IN WESTEUROPA IN DER EPOCHE DER ANTISEMITISCHEN REAKTION (1881–1914) (Auszug aus dem dritten Band der NEUESTEN GESCHICHTE, mit Anmerkungen in der russischen Abteilung)]. Moskva/Petrograd: Frenkel, 128 S. + 100 S. + 148 S.

* In der vorliegenden Edition sind sämtliche Titel der Autobibliographie chronologisch aufgeführt. Vom Autor selbst hebräisch oder jiddisch verfaßte Texte wurden mit *** gekennzeichnet.

** Eine detaillierte Übersicht über die kleinen Rezensionen gibt die Bibliographie Josef Meisls, Dubnows Abhandlungen und Schriften, in: *Sonchino-Blätter*, Berlin 1925, S. 223–247; Überarbeitete Fassung in: *Festschrift zu Simon Dubnows siebzigstem Geburtstag*, herausgegeben von Ismar Elbogen, Josef Meisl und Mark Wischnitzer, Berlin 1930, S. 266–295.

259. NOVEJŠAJA ISTORIJA EVREJSKOGO NARODA [DIE NEUESTE GESCHICHTE DES JÜDISCHEN VOLKES]. Bd. 1 (1789–1815), 3. Auflage mit Ergänzungen; Bd. 2 (1815–1881), 3. Auflage mit Ergänzungen; Bd. 3 (1881–1914), 1. Auflage, Berlin: Grani, 308 S. + 475 S. + 538 S.
260. Tret'ja gajdamačina: vstuplenie k knige Čerikovera *Pogromy na Ukraine 1917–1918* [Die dritte Haidamatschina: Einführung zum Buch Tscherikowers *Pogrome in der Ukraine 1917–1918*, Berlin: Grani, S. 9–15.
261. DIE NEUESTE GESCHICHTE DES JÜDISCHEN VOLKES: Bd. 3 (1881–1914). Übersetzung von Elias Hurwicz . Berlin: Jüdischer Verlag, 586 S.
262. DWAREJ JAMEJ ISRAEL BE-DOROT ACHERONIM [DIE NEUESTE GESCHICHTE ISRAELS]. Aus dem Russischen von Baruch Krupnik, Bd. 1: Berlin: Moria, VIII; S. + 256 S. Bd. 2 und 3: Berlin/Tel Aviv: Dwir, VII S. + 358 S. und VII + 402 S. (bis 1924).
263. ***Kitwej hitnagdut al bet ha-chasidim [Berichte vom Widerstand über dem Haus der Chassidim] (Chasidiana), in: *Dwir* 1, S. 289–308.
264. ***Sch. i. isch hurwiz ktej sichronot u-mechaschwot [Schaul Israel, der Mann Gurwitsch. Erinnerungs- und Gedankensplitter]. *Rimon* 3.
265. DI NEISTE GESCHICHTE FUN JIDISCHN FOLK [DIE NEUESTE GESCHICHTE DES JÜDISCHEN VOLKES]. Aus dem Russischen von Nachum Stif, Bd. 1; Berlin: Jüdisch-literarischer Verlag, VIII + 276 S.; Bd. 2: Warsche: Kultur–lige, 1926, 427 S.; Bd. 3: Aus dem Russischen von Ch. S. Kaźdan, Warsche: Kultur-lige, 1928, 556 S.
266. ***Rewoluzies mit jidische programen in der welt-geschichte [Revolutionen mit jüdischen Programmen in der Weltgeschichte]. *Forwerts* vom 8. und 15. April.

1924

267. VSEMIRNAJA ISTORIJA EVREJSKOGO NARODA [WELTGESCHICHTE DES JÜDISCHEN VOLKES]. Bd. 1, 3. verbesserte Auflage Berlin: Gescher, XXXII + 452 S.
268. ***Schalosch madrigot be-le'umiot. Le-chag ha-jowel schel natan birnbaum [Drei Stufen des Nationalismus. Zum Jubiläumsfest von Nathan Birnbaum]. *Ha-Olam* 52.
269. JIDISCHE GESCHICHTE. ALE DREI BEND IN EIN BAND [JÜDISCHE GESCHICHTE. DREI BÄNDE IN EINEM BAND]. New York: Max Maisel, 260 S. + 276 S. + 288 S. (vergleiche Autobibliographie Bd. II, Nr. 209, 228, 243).
270. ***Troieriger sachhakel fun zehn jar jidische geschichte 1914–1924 [Traurige Bilanz von zehn Jahren jüdischer Geschichte 1914–1924]. *Der tog* vom 23. November.
271. Fun mein togbuch 1917–1918, in: *In unser tekufa* [In unserem Zeitalter]. Sammelband. Berlin, S. 145–156.

1925

272. VSEMIRNAJA ISTORIJA EVREJSKOGO NARODA [WELTGESCHICHTE DES JÜDISCHEN VOLKES]. Bd. 2, Berlin, 536 S. (nach der neuen Orthographie).
273. Partijnoe i narodnoe delo (o Evrejskom agenstve) [Eine parteigebundene und eine volksnahe Sache (über die Jewish Agency)], in: *Sveršenie* [Vollendung]. Sammel-

band, hrsg. von M. Hindes, M. Alejnikov und Victor Jacobson. Berlin: Jüdischer Verlag, S. 98–101.

274. ***Pinkas medinat lite. Kobez takanot u-poskim mi-schnat 5383 ad schnat 5521 [Pinkas des Landes Litauen. Sammlung der Takanot und Poskim aus den Jahren 1623–1761]. Vorwort und Anmerkungen. Berlin: Ajanot, XXXI S. + 358 S.

275. ***Teschuwa le-kanaim (riw leschonot) [Antwort an die Fanatiker (Sprachenstreit)]. *Ha-Olam* 6.

276. WELTGESCHICHTE DES JÜDISCHEN VOLKES. Autorisierte Übersetzung aus dem Russischen von Aaron Steinberg, 10 Bde., Berlin: Jüdischer Verlag, XXXI + 486 S. + 604 S. + 595 S. + 504 S.; + 527 S., + 499 S. + 547 S., + 444 S. + 528 S. + 574 S. (bis 1929).

277. Drei Stufen des Nationalismus. Sammelbuch zu Ehren Nathan Birnbaums *Vom Sinn des Judentums*, Frankfurt am Main: Hermon Verlag, S. 44–47.

278. Antwort an die Fanatiker (Sprachenstreit). *Jüdische Rundschau* 11.

279. AN OUTLINE OF JEWISH HISTORY. 3 Bde. Autorisierte Übersetzung aus dem Russischen. New York: Max Maisel, 313 S. + 228 S. + 324 S. (Übersetzung des UČEBNIK EVREJSKOJ ISTORII [Lehrbuchs der jüdischen Geschichte], Bde. 1–3; vergleiche Autobibliographie Bd. II, Nr. 135, Nr. 138, Nr. 210, Nr. 229, Nr. 244).

280. ***Fun jargon zu jidisch. Erinnerungen. 1. Dos jidische folksblat in peterburg. 2. Mordechai spektor un sein hoisfreind. 3.Der libherziger jakob dineson. 4. scholem alejchem, der lachendiker filosof. 5. mendele mojcher sforim. *Der tog* Nr. 3836, 3843, 3878, 3906, 3927.

281. HISTORIA CONTEMPORÁNEA DEL PUEBLO JUDÍO: Bd: 1: 1789–1815, Versión castellana de S. Resnick, Buenos Aires: Sociedad Hebraica Argentina, 280 S. (Übersetzung von Bd. 1 der jiddischen Ausgabe der NEUESTEN GESCHICHTE; vergleiche Autobibliographie Nr. 259).

282. ***Igerot ha-bescht u-talmidaw. Emet o sijuf? [Briefe vom Bescht und seinen Schülern. Echt oder Täuschung?]. *Kirjat sefer* (2. Jg.) 3, S. 204–211.

1926

283. ***Awtonomia be-toldot israel [Autonomie in der Geschichte Israels]. *Eschkol. enziklopedia israelit.* Kuntres le-dugma [Musterbroschüre], S. 16–20.

284. Das alte und das neue Judentum. (*Briefe vom alten und neuen Judentum* 1–3). Aus dem Russischen von Elias Hurwicz. *Der Jude*. Sonderheft: *Deutschtum und Judentum*, S. 32–57.

1927

285. ***Maskanot acheronot be-schaalot ha-cosrim [Letzte Schlußfolgerungen in den Fragen zu den Chasaren], in: *Livre d'Hommage à la Mémoire du Dr. Samuel Poznański*, hebräischer Teil, S. 1–4.

286. ***Isch ha-emet: Al mut achad-haam [Ein wahrer Mensch. Über den Tod Achad Haams]. *Ha-Olam* 1.

287. Sichronot wegn mendele abramowitsch [Erinnerungen an Mendel Abramowitsch]. *Literarische bleter* (Warsche) 44–50.

288. ***Der kampf far jidische recht amal un heint [Der Kampf um das jüdische Recht,

früher und heute]. (Referat auf der Züricher Konferenz der jüdisch–nationalen Minderheiten. August 1927). *Der tog* Nr. 4641 vom 27. August.

289. Autonomismus. *Jüdisches Lexikon*, Berlin: Jüdischer Verlag, Bd. I, Sp. 615–617.

1928

290. ***Megalat sterim schel achad-ha'am. Le-tekufa chaf"he schana mi-jom tewach kischinjow [Geheimschriften von Achad Haam. Zum 25. Jahrestag des Schlachtens von Kischinjow]. *Ha-Tekufa* 24, S. 416–420.
291. ***Wos fehlt uns in der ekonomische geschichte [Was fehlt uns in der Wirtschaftsgeschichte]. *Ekonomische schriftn fun YIVO*. Bd. 1 (Berlin), S. 180–183.
292. ***Leben jiden in rusland beser wi in andere lender? Enfer dem weisrusischen president [Leben die Juden in Rußland besser als in anderen Ländern? Antwort an den weißrussischen Präsidenten]. *Der tog* Nr. 4862 vom 7. April.
293. ***Frug als folk-dichter [Frug als Volksdichter]. *Literarische bleter* (Warsche) 52.
294. Jüdische Geschichtsschreibung. *Jüdisches Lexikon*, Berlin: Jüdischer Verlag, Bd. II, Sp. 1081–1085.
295. A Sociological Conception of Jewish History. *Menorah-journal* (New York) 3, S. 257–267 (Übersetzung eines Teils der Einleitung zur *Weltgeschichte des jüdischen Volkes*, Bd. 1).
296. HISTORIA CONTEMPORÁNEA DEL PUEBLO JUDÍO. Bd. 2: 1815–1880, Versión castellana de L. Dujovne, Buenos Aires: Sociedad Hebraica Argentina, 415 S. (Übersetzung von Bd. 2 der jiddischen Ausgabe der NEUESTEN GESCHICHTE; vergleiche Autobibliographie Nr. 259).

1929

297. DWAREJ JAMEJ AM OLAM. Toldot am israel jamej kedem ad ha-jom ha-se [GESCHICHTE EINES WELTVOLKES: Geschichte des Volkes Israel vom Altertum bis zur Neuzeit]. Autorisierte Übersetzung von Baruch Krupnik. 10 Bde., Tel Aviv: Dwir, 320 S. (bis 1939).
298. ***FUN ›JARGON‹ ZU JIDISCH un andere artikeln. Literarische sichronot [VOM ›JARGON‹ ZU JIDDISCH und andere Artikel. Literarische Erinnerungen]. Warsche: B. Klezkin, 177 S.
299. ***Der zweiter churben fun ukraine (1768). Drei tekstn fun »maase gedola min uman we-ukraina« [Die zweite Zerstörung in der Ukraine (1768). Drei Texte aus »Große Geschichte aus Uman und der Ukraine«]. *Historische schriftn fun YIVO* (Wilne), Bd. 1.
300. ***Di blutige geschehenischn in erez Israel [Die blutigen Geschehnisse im Land Israel]. Zirkular artikel in *J. T. A.-Bulletin*, September 1929 (abgedruckt in jiddischen Zeitungen).
301. ***Schitlowski's awtonomism [Schitlowskis Autonomismus]. *Schitlowski–samlbuch*. Warsche, S. 190–195.
302. ***Di historische badeitung fun jidische wisnschaftleche institut [Die historische Bedeutung des Jiddischen Wissenschaftlichen Instituts]. *Literarische bleter* (Warsche) 43 und *Frimorgn* Nr. 247 vom 20. Oktober.
303. ***Peterburger togbuch fun der milchama-zeit [Petersburger Tagebuch aus der Zeit

des Krieges]. *Der tog* Nr. 5241–5243 vom 26.–28. April; Nr. 5401 und 5403 vom 4. und 12. Oktober.

304. ***Farbotene sichroines. Wegen der historischer geselschaft in peterburg [Verbotene Erinnerungen. Zur historischen Gesellschaft in Petersburg]. *Der tog* Nr. 5435 vom 10. November.
305. Autonomie in der jüdischen Geschichte. *Encyclopaedia Judaica*, Berlin: Eschkol, Bd. III, Sp. 749–758.
306. World Jewry since 1914. *Herzls Memorial Book*. New York: New Palestine, S. 282–296 (Epilog zur NEUESTEN GESCHICHTE in der ersten Redaktion).
307. HISTOIRE D'UN SOLDAT JUIF. Paris, 66 S. (Übersetzung der GESCHICHTE EINES JÜDISCHEN SOLDATEN; vergleiche Autobibliographie Bd. II, Nr. 235).

1930

308. ***TOLDOT HA-CHASIDUT be-tekufat zemichata u-gidola [GESCHICHTE DES CHASSIDISMUS im Zeitalter seiner Entstehung und seiner Entwicklung]. 3 Bde., Tel Aviv: Dwir XVI S. + 494 S. (bis 1932).
309. ***A mazewe oifn kewer fun der historisch-etnografischer geselschaft in peterburg [Ein Gedenkstein auf dem Grab der Historisch-Ethnographischen Gesellschaft in Petersburg]. *Literarische bleter* 5 und 6.
310. DI URALTE GESCHICHTE FUN JIDISCHN FOLK [DIE ÄLTESTE GESCHICHTE DES JÜDISCHEN VOLKES]. Bd. 1 [der WELTGESCHICHTE] Aus dem Russischen von J. Rapoport. Warsche: Kultur-lige, 486 S.
311. GESCHICHTE FUN CHASIDISM: Aus dem Russischen von Selig Kalmanowitsch. 2 Bde., Wilne: YIVO, VII S. + 275 S. + 327 S. (Übersetzt aus dem Hebräischen, siehe Autobibliographie Nr. 308) (bis 1932).
312. Chassidismus. *Encyclopedia Judaica*. Bd. V, Berlin: Eschkol, Sp. 359–368.

1931

313. ***Talmidim jehudim be-uniwersita be-padowa ba-mea ha-jod"sajn we–ha-jod"chet [Die jüdischen Studenten an der Universität von Padua im 17. und 18. Jahrhundert]. Sefer ha-schana le-jehudi amerika. New York.
314. DI ALTE GESCHICHTE FUN JIDISCHN FOLK [DIE ALTE GESCHICHTE DES JÜDISCHEN VOLKES]. Bd. 2 [der WELTGESCHICHTE]. Aus dem Russischen von L. Hades, Warsche, 587 S.
315. ***Der erschter kamf fun haskole kegn chasidutn. Fun mein archiw [Der erste Kampf der Haskala gegen den Chassidismus. Aus meinem Archiv]. *YIVO-bleter* 1.
316. GESCHICHTE DES CHASSIDISMUS. 2 Bde. Aus dem Hebräischen von Aaron Steinberg. Berlin: Jüdischer Verlag, 340 S. + 336 S. (Vergleiche Autobibliographie Nr. 308).
317. Diaspora. *Encyclopedia of Social Sciences*, New York: Columbia University.

1932

318. ***Di »nowi–schilenies« in jor 1808 [Die »Neuen Siedlungen« im Jahr 1808]. *Ekonomische schriftn fun YIVO* Bd. 2, Berlin.
319. ***JIDISCHE GESCHICHTE DERZEJLT FAR KINDER [JIDDISCHE GESCHICHTE, ERZÄHLT FÜR KINDER]. Mit 70 Illustrationen. Berlin, 288 S.

320. Fun mein lebens-buch: Di kinder-jorn [Aus meinem *Buch des Lebens*. Die Kinderjahre]. Aus dem Russischen zumeist von Ilja Tscherikower. *Zukunft*, September–Dezember (Nachdruck in *Moment*, Warschau).
321. Meine sichroines (1881–1890) [Meine Erinnerungen (1881–1890)]. Erster Teil. Aus dem Russischen von Ilja Tscherikower. *Der tog*, Oktober–Dezember.
322. Graetz, Heinrich, Josephus Flavius, Jewish Autonomy. *Encyclopedia of Social Sciences*, New York: Columbia University.
323 MANUAL DE LA HISTORIA JUDÍA. Versión castellana de S. Resnick, 3 Bde., Buenos Aires: Judaica, 1932–35 (Übersetzung des UČEBNIK EVREJSKOJ ISTORII aus dem Jiddischen; vergleiche Autobibliographie Nr. 279).

1933

324. Fun mein lebens-buch: Di wander-jorn [Aus meinem *Buch des Lebens*. Die Wanderjahre]. Übersetzt zumeist von Ilja Tscherikower. *Zukunft*, Mai–August. (Nachdruck in *Moment*, Warschau).
325. Meine sichroines (1881–1890) [Meine Erinnerungen (1881–1890)]. Zweiter Teil. Aus dem Russischen von Ilja Tscherikower. *Der tog*, Januar–März.
326. Wegn dem goral fun deitsche jidn [Zum Schicksal der deutschen Juden]. *Frimorgn* vom 4. Oktober.
327. HISTOIRE MODERNE DU PEUPLE JUIF. Aus dem Russischen von S. Jankelewitch, 2 Bde., Paris: Payot S. 793 + 890 S. (Übersetzung der NEUESTEN GESCHICHTE; vergleiche Autobibliographie, Nr. 259).

1934

328. KNIGA ŽIZNI. Vospominanija i razmyšlenija. Materialy dlja istorii moego vremeni [BUCH DES LEBENS. Erinnerungen und Gedanken. Material zur Geschichte meiner Zeit]. 2 Bde., Riga: Jaunâtnes Grâmata, 428 S. + 376 S. (bis 1935).
329. ***JIDISCHE GESCHICHTE FAR SCHUL UN HEJM: Nachdruck der JIDISCHE GESCHICHTE DERZEJLT FAR KINDER. Teil I und II. (Mit Erzählungen im letzten Kapitel), Riga (bis 1939).
330. Fun mein lebens-buch: Di odeser zeit (1890–1897) [Aus meinem *Buch des Lebens*. Die Odessarer Zeit]. *Zukunft* 1–2, 4–8.
331. Zu wos a jidischer weltkongresn [Wozu ein jüdischer Weltkongreß]. *Der jidischer weltkongres* (Paris) 1–2.
332. ***Wet der 20ter jorhundert sein a kegnsaz zum 19ten? [Wird das 20. Jahrhundert ein Gegensatz zum 19. sein?]. *Dos freie wort* (London) 54 (nachgedruckt in anderen Zeitungen).
333. ***Awtonomie in der jidischer geschichte [Autonomie in der jüdischen Geschichte]. *Algemejne enziklopedie*. Dubnow–Fond Bd. I. Paris, S. 236–239

1935

334. HA-HISTORIA HA-JEHUDIT LE-JELADIM [JÜDISCHE GESCHICHTE FÜR KINDER]. Aus dem Russischen von J. L. Baruch. 2 Bde., Tel Aviv: Dwir, 170 S. + 190 S. (bis 1938).

335. ***A monografie wegen kremie [Eine Monographie zu Isaac Adolphe Crémieux]. *YIVO–bleter* 8, S. 68–70.
336. ***Der ram"bam in der jidischer geschichte. A rede gehalten in riga [Der Rambam in der jüdischen Geschichte. Eine Rede, gehalten in Riga]. *YIVO–bleter* 8, S. 195–201.
337. ***Der iztiker zustand fun der jidischer historiografie. Referat oifn zusamenfor fun jiwo [Der jetzige Zustand der jüdischen Historiographie. Referat auf der Konferenz des YIVO]. *YIVO–bleter* 8, S. 280–294.
338. ***Wuhin gehen mir? (20ter jorhundert gegen 19ten; bestialism gegen humanism, etischer kriterium) [Wohin gehen wir? (Das 20. Jahrhundert gegen das 19., die Barbarei gegen den Humanismus, Ethisches Kriterium]. *Zukunft* Juli, S. 393–298 (Nachgedruckt in anderen Zeitungen).
339. Le livre da ma vie. Auszüge, aus dem Russischen von N. Gorfinkel. *Cahiers juifs* 13 (Paris), S. 45–52.
340. A ZSIDÓSÁG TÖRTÉNETE AZ ÓKORTÓL NAPJAIKIG: Budapest; 359 S. (Ungarische Übersetzung des UČEBNIK EVREJSKOJ ISTORII aus dem Jiddischen; vergleiche Autobibliographie Nr. 279).
341. ISTORIA EVRELOR PENTRU SCOLA ŞI ADULTI. In romaneste de A. Feller, Bd. I, Bukarest, 139 S. (Rumänische Übersetzung des UČEBNIK EVREJSKOJ ISTORII aus dem Jiddischen; vergleiche Autobibliographie Nr. 279).

1936

342. ISTORIJA EVREEV V EVROPE [GESCHICHTE DER JUDEN IN EUROPA]. 4 Bde. (Bd. 4–7 der WELTGESCHICHTE), Riga, 384 S. + 429 S. + 384 S. + 392 S. (bis 1937).
343. SEFER HA-CHAJIM (Sichronot) [BUCH DES LEBENS (Erinnerungen)]. Aus dem Russischen M. Ben-Elieser. Erster Band 1870–1890, Tel Aviv: Dwir, 289 S.
344. ***Filosofija bi-chtawei ha-kodesch [Philosophie in den Heiligen Schriften], in: *Festschrift für Joseph Klausner*. Tel Aviv, S. 316–320.
345. ***A welt-organisazie far a welt-folk [Eine Weltorganisation für ein Weltvolk]. *Zukunft*, Januar, S. 28–30 (Nachgedruckt in anderen Zeitungen).
346. ***Der romantiker fun der rewoluzie (a. lesin) [Der Romantiker der Revolution (Abraham Lessin]. *Zukunft*, März S. 163 f.
347. A SHORT HISTORY OF THE JEWISH PEOPLE. Aus dem Russischen von D. Mowshowich, London, 319 S. (Übersetzung des UČEBNIK EVREJSKOJ ISTORII; vergleiche Autobibliographie Nr. 279).
348. PRÉCIS DE l'HISTORIE JUIVE des origines jusqu'à 1934. Aus dem Russischen von J. Pougatz, Préface d'André Spire, Paris: Cahiers juifs, 320 S. (Vergleiche Autobibliographie Nr. 319).

1937

349. NOVEJŠAJA ISTORIJA EVREJSKOGO NARODA ot francuzskoj revoljucii do našich dnej [NEUESTE GESCHICHTE DES JÜDISCHEN VOLKES von der Französischen Revolution bis in unsere Tage]. 3 Bde. (Bd. 8–10 der WELTGESCHICHTE), Riga 349 S. + 408 S. + 480 S. (bis 1938).

350. MICHTAWIM AL JAHADUT HA-JASCHANA WE–HA-CHADASCHA [BRIEFE VOM ALTEN UND NEUEN JUDENTUM]. Tel Aviv: Dwir, 144 S.

351. ***A buch wegn problemen fun der jidischer geschichte: S. Baron, *A History of the Jews* [Ein Buch zu Problemen der jüdischen Geschichte: Salo Baron, *A History of the Jews*]. *Zukunft* Dezember, S. 765–768.

352. MEIN LEBEN. Herausgegeben von Elias Hurwicz, Berlin: Jüdische Büchervereinigung, 256 S. (Gekürzte Fassung von *Kniga Žizni*, Bd. 1–2).

353. A propos de la protection des minorités juives. Réponse à M. Sliosberg. *Revue juive de Genève*, Fevrier.

354. Stranica iz istorijata na evrejskija narod, po S. Dubnow. Vremja na frenckata revoljucija. Bjuletin Evrejskata Obščina, Sofija (Bulgarische Übersetzung vom ersten Band der NEUESTEN GESCHICHTE; vergleiche Autobibliographie Nr. 259).

355. WELTGESCHICHTE DES JÜDISCHEN VOLKES. Kurzgefaßte Ausgabe in drei Bänden. In Verbindung mit dem Verfasser bearbeitet von Aaron Steinberg. Berlin: Jüdischer Verlag/Jerusalem: Hoza'a Ivrit, 1937–38, 541 S. + 555 S. + 704 S.

1938

356. ***Wegen der isolazie fun »bund« in der zionistischer folks bawegung [Zur Isolation des »Bund« in der zionistischen Volksbewegung]. *Zukunft*, Juni; S. 329.

357. WELTGESCHICHTE FUN JIDISCHN FOLK [WELTGESCHICHTE DES JÜDISCHEN VOLKES]. Bd. 3–5 [der WELTGESCHICHTE] Aus dem Russischen von L. Hades. Wilne (YIVO), 565 S. + 448 S. + 512 S. (bis 1939).

1939

358. ISTORIJA EVREJSKOGO NARODA NA VOSTOKE [GESCHICHTE DES JÜDISCHEN VOLKES IM ORIENT]. Bd. 1–3 [der WELTGESCHICHTE], Riga, 416 S. + 476 S. + 446 S.

359. Russko-evrejskaja intelligencija v istoričeskom aspekte [Russisch-jüdische Intelligenzija unter historischem Aspekt]. *Evrejskij mir* (Paris), S. 11–16.

360. Probuždenie mirovoj sovesti i učast' evrejstva [Das Erwachen des Weltgewissens und der Anteil des Judentums daran]. *Russkie zapiski* (Paris) 4, S. 140–147.

361. Mawo le-toldot ha-chasidut [Einführung in die GESCHICHTE DES CHASSIDISMUS]. Aus dem Russischen von Baruch Krupnik, autorisiert vom Verfasser mit Ergänzungen. *He–Atid* 3, S. 73–102.

362. ***Jesod ha-jahadut sche–be–torat tolstoi [Grundlage des Judentums in der Lehre Tolstois]. *Ha-Schiloach* XXV, S. 627/8.

363. ***Internazionale lige kegn agresie oifn idischn folk (oifruf) [Internationale Liga gegen die Aggression auf das jüdische Volk]. *Der tog* 13. Mai (nachgedruckt in anderen Zeitungen).

364. ***Wos darf men ton in hamans zeitn? Oif scheidweg [Was darf man tun in Hamans Zeiten? Am Kreuzweg]. *Samlbicher* 2 (Paris), S. 3–7.

365. HISTORIA ŻYDÓW [Geschichte der Juden]. Vorwort von Z. Erlichow und C. Slapakow, Kraków, 299 S. (polnische Übersetzung des UČEBNIK EVREJSKOJ ISTORII aus dem Jiddischen. Vergleiche Autobibliographie Nr. 279).

Anhang

Victor Erlich

Leben mit Großvater

Das Bild, das aus Mutters dichter und liebevoller Biographie und aus Jonathan Frankels aufschlußreicher Einleitung entsteht*, ist das eines eindrucksvollen und engagierten Gelehrten, eines zukunftsweisenden Denkers, eines leidenschaftlichen Wortführers und – nicht zuletzt – das eines Menschen mit äußerst vielen Facetten. Ich möchte noch einen Punkt zu dieser imponierenden Liste hinzufügen: Simon Dubnow war außerdem ein vollkommener Großvater – fürsorglich, voller Anteilnahme, höchst lehrreich, und dabei erfreulich schwungvoll.

Ich schätze mich sehr glücklich, ihn so gut gekannt zu haben – ein Privileg, in dessen Genuß ich vor allem aufgrund der engen und beständigen Beziehung zwischen meinen Eltern und den Dubnows gekommen bin. Allein während meiner drei ersten Lebensjahre – ein Lebensabschnitt, an den meine Erinnerungen nicht sehr lebhaft sind – lebten wir alle in derselben Stadt, um genau zu sein, im selben Haus. Aber mit so viel gutem Willen auf beiden Seiten gab es einen großen Ansporn in den beiden folgenden Jahrzehnten, die Distanz zwischen Warschau und Berlin oder Riga zu überwinden und Gelegenheiten für Familientreffen zu ersinnen, seien es gemeinsame Sommerferien an der deutschen Küste oder auf dem Land in Polen, oder Besuche im Hause meiner Großeltern. Dementsprechend war mir mein Großvater während meiner Kindheit und Adoleszenz stets auf eine lebendige und bedeutsame Weise präsent. Er hat meine geistige Entwicklung in vielerlei Hinsicht und auf vielen Wegen beeinflußt. Und um die Bandbreite seines Einflusses auf mich aufzuzeigen, möchte ich gerne zwei weit voneinander entfernte Beispiele nennen: Es war Großvater, der vor allem dafür verantwortlich war, daß ich einem seiner bevorzugten Dichter erlag, dem Bann Victor Hugos, dessen Verse und Erzählungen ich in riesigen Mengen verschlang. Und so war Großvater mittelbar auch verantwortlich für die daraus resultierende Faszination für das Drama und die moralischen Dilemmata der Französischen Revolution. Und er war es auch, der sich trotz seines strengen Tagesplans genügend Zeit nahm, um mir das hebräische Alphabet beizubringen.

* Der Eingangssatz bezieht sich auf den ursprünglichen Druckort dieser Erinnerungen, vgl. Victor Erlich, Life with Grandfather, in: Sophie Dubnov-Erlich, *The Life and Work of S. M. Dubnov. Diaspora Nationalism and Jewish History,* translated by Judith Vowles. Introductory Essay by Jonathan Frankel. Afterword by Victor Erlich, Bloomington and Indianapolis 1991, S. 249–256; wir danken Professor Erlich für die Erlaubnis, den Text in deutscher Übersetzung in die vorliegende Ausgabe aufzunehmen (Brief vom 30. März 2005).

Vielleicht sollte ich hinzufügen, daß ich seinerzeit bewußt oder unbewußt von dem Wunsch getrieben war, die Lehren Großvaters mit denen meiner Eltern zu vermischen. Als ich mich im reifen Alter von zwölf Jahren anschickte, einen umfangreichen historischen Roman über die Französische Revolution zu schreiben, dessen Hauptfigur ein aufgeklärter Bauer mit den Überzeugungen eines Menschewiken war – ein Projekt, das ich klugerweise im Alter von vierzehn Jahren wieder aufgab – versuchte ich ganz offensichtlich, Großvaters Berufung mit der Hingabe meiner literarisch veranlagten Mutter zu kombinieren. Ebenso sollte ich jahrelang, bevor ich mich ganz und gar den Klassikern der jiddischen Literatur widmete, meine elementaren Jiddisch-Lesekenntnisse vor allem durch die Lektüre des Hauptorgans des *Bund*, die *Neie Folkszeitung*, schulen, die Vater herausgab.

Aus den liebevollen Erinnerungen an mein Leben mit Großvater ragt die Zeit zwischen 1925 und 1926 besonders hervor. Vater war für die Jüdische Arbeiterbewegung in Polen auf einer Vortragsreise quer durch Nordamerika, und meine Mutter nahm zur selben Zeit mit großer Freude eine Einladung an, in den *Bund*-Archiven in Berlin zu arbeiten: Somit konnte sie ein volles akademisches Jahr mit ihren Eltern verbringen und wieder ganz in das ihr geistesverwandte Milieu der russisch-jüdischen Intelligenzia eintauchen, das sie seit ihrer Abreise aus Petrograd im Jahre 1918 nicht aufgehört hatte zu vermissen. Für meinen älteren Bruder Alex und mich, dreizehn beziehungsweise elf Jahre alt, bedeute dieser verlängerte Besuch die einzigartige Chance, Simon und Ida Dubnow und ihre Lebenswelt kennen zu lernen.

Die Wohnung der Dubnows lag in einem ruhigen Außenbezirk der pulsierenden Metropole, und sie wirkte manchmal wie ein seltenes Beispiel kontrollierter Geschäftigkeit. Auf irgendeine Art war Großvaters anspruchsvoller Arbeitsplan dazu geeignet, einen Strom von Besuchern anzuziehen – enge Gefährten und Oberhäupter der jüdischen Gemeinde, selbstsichere Experten und schüchterne Historiker in der Ausbildung. Ein solcher, so erinnere ich mich, wurde einmal beinahe von Großmutter abgewiesen, da sie ihn für einen der unliebsamen Berliner Hausierer hielt. Sie brummelte ihr übliches »Wir brauchen nichts« und war kurz davor, dem Besucher die Tür vor der Nase zuzuschlagen, als Dubnow gerade noch rechtzeitig von seinen Studien auftauchte, um den unglückseligen jungen Gelehrten zu erkennen und vor der Abweisung zu bewahren. Vor allem war die Wohnung der Dubnows ein Haushalt, der von beständiger Arbeit bestimmt war. Ich habe seitdem niemanden mehr kennengelernt, der methodischer und produktiver schrieb als Dubnow. An besucherfreien Tagen wurde die strenge Routine von zwei täglichen so genannten »Konstitutionsübungen« unterbrochen, wobei unterbrochen eigentlich kaum das richtige Wort ist; die Spaziergänge waren ein integraler Bestandteil des Arbeitsplans, und ohne Zweifel unentbehrlich für das anspruchsvolle Schreibtempo, das Dubnow entschlossen war einzuhalten. Als ein Mann von bescheidenen, wenn nicht gar selbstentsagenden Gewohnheiten, was Essen, Kleidung, und die Qualität der Unterkunft betraf, erlaubte er sich nur einen, absolut lebenswichtigen Luxus – einen angenehmen Wohnbezirk, mit Parks oder Wäldern in der näheren Umgebung, damit man diese zu Fuß erreichen konnte.

Ich sollte ihn oft auf diesen Spaziergängen begleiten und ihre unveränderlichen Muster sind mir lieb gewesen und geblieben. Zu Beginn, während wir die ruhigen baumbestandenen Straßen von Schmargendorf oder Grunewald* entlang schlenderten, verwickelte mich Großvater noch in ein Gespräch, oder ließ sich über einen Gegenstand gemeinsamen Interesses aus. Doch sobald wir auf den Spazierweg kamen, hörte er auf zu sprechen, auch wenn dies bedeutete, daß er sich selbst mitten im Satz unterbrach, hob seinen Zeigefinger und sagte mit Gefühl: »Witja, atme!« Daraufhin sollten wir für fünfzehn oder zwanzig Minuten zusammen leise atmend schweigen, während die Blätter unter unseren Füßen raschelten. Wenn die Geschichte noch nicht fertig gewesen oder die entscheidende Stelle noch nicht erzählt war, wurde ihr Faden oder das Gespräch auf unserem Weg nach Hause wieder aufgenommen.

Für mich war es ganz eindeutig, daß Großvaters Beharren auf dem Atmen nicht nur einfach eine Frage der Lungendehnung durch die größtmögliche Menge gesunder Luft war. Die Stille, die seiner Anweisung folgte, ließ eine fast religiöse Ehrfurcht erkennen, und es waren wohl diese Momente wortloser Teilhabe an der Natur die zartesten Momente von Religiosität, die er offenbarte.

Es ist eine wohlbekannte Tatsache, daß Großvater im Großen und Ganzen ein säkularer Denker war. Selbstverständlich war der Dubnow, den ich kannte, wie auch Mutter und Professor Fraenkel gezeigt haben, nicht länger ein *Apikoires*, ein kämpferischer Herausforderer des rabbinischen Establishments. Der führende Historiker des Judentums konnte nicht darauf verzichten, sich ein tiefes Verständnis dessen anzueignen, was die jüdische Religion zum Überleben des jüdischen Volks beigetragen hatte. Doch er war kein gesetzestreuer Jude, auch wenn er an hohen Feiertagen die Synagoge besuchte – zum Teil, um der Tradition Achtung zu zollen, zum Teil aus einer Vorliebe für das *Kol Nidre*. Wie nicht anders zu erwarten, war Pessach sein liebster jüdischer Feiertag. Er fand die Symbolik des Pessachfestes angenehm und genoß es, das Fest in Gesellschaft seiner Freunde zu feiern. So gilt eine der lebendigsten Erinnerungen an unser Berliner Jahr einem Sederabend, zu dem die Dubnows eingeladen waren und den sie gemeinsam mit Mutter, Alex und mir besuchten. Der Gastgeber, Dr. Isaac Steinberg, war eine interessante und herausragende Persönlichkeit unter den russisch-jüdischen Emigranten in Berlin. Während der Revolution von 1917 war er einer der Führer jener ultraradikalen Gruppe gewesen, der linken Sozialrevolutionäre, die sich von der Sozialrevolutionären Partei losgesagt hatten und Lenins erster Regierung beigetreten waren, nur um sie 1918 aus Protest gegen den Friedensvertrag von Brest-Litowsk mit dem Deutschen Reich wieder zu verlassen. Was Dr. Steinberg zu einem einzigartigen, ja wenn nicht exzentri-

* Im engl. Original auf deutsch in der Schreibweise: »Grünewald«.

schen Phänomen machte, war, daß er all dies als vollkommen gläubiger Jude bewerkstelligte. Es ging das Gerücht um, daß er sich während seiner kurzen Anstellung als Justizkommissar geweigert haben soll, am Sabbat zu arbeiten, sehr zu Lenins Bestürzung.

Ein faszinierender Redner in mindestens drei Sprachen – Russisch, Jiddisch und Deutsch – erschien mir Dr. Steinberg allerdings mehr als Redner denn als Denker. In jedem Fall waren seine Ansichten so anders als diejenigen Dubnows, daß ich mich im Rückblick oft gewundert habe, was diese beiden Männer überhaupt zusammengebracht haben mochte. Ich vermute, daß die erste Verbindung von Isaacs jüngerem Bruder ausging, Aaron Steinberg, einem feinsinnigen und breit gebildeten Historiker, mit dem Dubnow sich bald anfreundete. Aaron wurde dann später auch ein hochgeschätzter Mitarbeiter Dubnows in seiner Eigenschaft als ausgezeichneter Übersetzer seiner monumentalen *Weltgeschichte des Jüdischen Volkes* ins Deutsche und Verfasser von deren dreibändiger, gekürzter Version. Heute vermute ich jedoch auch, daß Großvater zugleich verwirrt und fasziniert davon sein mußte, daß in Aaron Steinbergs Weltanschauung revolutionärer Maximalismus und orthodoxes Judentum so unvermittelt nebeneinander standen. Es war nicht verwunderlich, daß der Sederabend bei Steinbergs eine ausschweifend rituelle Angelegenheit war, der längste und ›orthodoxeste‹ Seder, an dem ich je teilgenommen habe. Den Feierlichkeiten ging ein unangenehmer Moment voraus. Als wir uns anschickten, am Tisch Platz zu nehmen, holte unser Gastgeber für alle anwesenden Männer Kippas hervor. Mein Bruder, der mit seinen dreizehn Jahren bereits ein engagierter und prinzipientreuer säkularer Freigeist mit sozialistischen Überzeugungen war, sträubte sich gegen die *Jarmulke*. Die darauf folgende Anspannung wurde durch Dubnows ruhige und diplomatische Art abgebaut. Er nahm Alex beiseite und sagte zu ihm etwas wie »Glaube mir, ich würde genauso auf die Kippa verzichten wie du, aber da wir Gast in Isaacs Haus sind, sollten wir seine Gefühle respektieren.« Widerwillig gab mein Bruder nach. Es war etwas Verführerisches an der Szene, den Architekten des säkularen jüdischen Nationalismus seinen Enkel im Teenager-Alter überreden zu sehen, auf die religiösen Überzeugungen des ersten sowjetischen Justizkommissars Rücksicht zu nehmen ...

Besondere Höhepunkte unseres Jahres mit Großvater waren die Gelegenheiten, ihn unverstellt zu erleben, und dabei Facetten seiner Persönlichkeit zu entdecken, die nur wenige Vertraute kannten. Hierzu gehört ein manchmal unerwartet komischer Sinn für Humor. Einmal nahmen wir gerade unseren Abendtee zu uns, und Großmutter, die normalerweise recht schweigsam war, war in einer nostalgischen Stimmung. Sie begann, eine Begebenheit zu erzählen, die bis in die Jugend meines Onkels mütterlicherseits, Jakob, zurückreichte, der zu der Zeit ihrer Erzählung Mathematikprofessor an der Moskauer Universität war. »Als Jascha in Kischinjow war«, so hob sie an, nur, um sofort von ihrem Ehemann munter unterbrochen zu werden: »Er war nie in Kischinjow«, verkündete Großvater. »Du verwechselst Jascha mit Puschkin.« Diese weit hergeholte

Bemerkung löste eine große Belustigung am Tisch aus. Großmutter, deren Geschichte so launig unterbrochen worden war, zögerte natürlich, sich dem Gelächter anzuschließen. Sie antwortete mit einem typischen verbalen Achselzucken: »Ach Semjon ...« – etwa einer Mischung aus »Du schon wieder« und »Jungs sind nun mal so.« Ida Dubnow war eine zu nüchterne Person, um es mit Semjons *jeux d'esprit* aufzunehmen, aber zugleich auch einfach zu humorvoll, um sich wirklich etwas daraus zu machen.

Mein Großvater war durchaus bedächtig, doch selbst in seinen didaktischsten Momenten war er niemals pedantisch oder gar schwerfällig. Auch das Alter vermochte es nicht, seine Vitalität zu mindern oder seine Lebensfreude zu verringern, auch wenn es natürlich nicht unbemerkt an ihm vorüberging. Er konnte auf eine bemerkenswert hartnäckige und überraschende Art altmodisch sein. Seine Haltung zur modernen Technologie, inklusive solcher höchst nützlichen Erfindungen wie dem Telefon, war zum Beispiel entschieden zurückhaltend. Ich erinnere mich an eine Szene, als Mutter vom Abendessen aufstand und in Richtung Telefon ging. Dubnow fragte einigermaßen besorgt: »Wohin gehst du, Sonja?« »Ich muß Herrn X anrufen«, antwortete Mutter, woraufhin Großvater protestierte: »Ist das denn nötig? Er wird dich anrufen.« Als einsichtiger Mann stimmte er dann später natürlich – wenn auch widerstrebend – Mutters Ansicht zu, daß es angemessen sei, hier die Initiative zu ergreifen, da es ja sie war, die eine Information von Herrn X benötigte. Aber im Jahre 1926 neigte er offensichtlich noch dazu, das Telefon nur als eine Art Hilfe für den Notfall anzusehen. Die Kehrseite dieser Einstellung war eine ehrfurchtgebietende Schnelligkeit bei der Beantwortung seiner Briefe. Offensichtlich war Korrespondieren für ihn eine sehr viel natürlichere Handlung als ein Telefongespräch zu führen. Wenn man ihn zu dieser bewundernswerten Eigenschaft beglückwünschte, sagte er mit aufrichtigem Erstaunen: »Was sonst? Eine Antwort auf einen Brief Tag um Tag, oder gar um Wochen zu verschieben, ist ebenso unhöflich, wie jemandem nicht sofort zu antworten, der einen auf der Straße grüßt.«

Ein anderer Bereich, in dem sich Dubnow unverkennbar als ein Mann des 19. Jahrhunderts erwies, war sein literarischer Geschmack. Seine treue Liebe zur Dichtung schmiedete ein machtvolles Band zwischen ihm und seiner Lieblingstochter, die auf den Knien ihres Vaters die Verskunst schätzen gelernt hatte. Später, in der zweiten Dekade des Jahrhunderts, wurde sie Dichterin und verfaßte vollendete und klare Lyrik. Obgleich Großvaters intellektuelle Ansichten vom Positivismus geprägt waren, war er für die Romantik und für Lyrik allgemein zu begeistern. Er war geradezu durchdrungen von klassischer russischer Dichtung, war sehr empfänglich für das brillante Genie von Alexander Puschkin, für den romantischen Aufruhr von Michail Lermontow, die bürgerliche Muse von Nikolai Nekrassow, die mitreißende Musikalität von Afanasi Fet, die meditative Eloquenz von Fjodor Tjutschew. Er kannte zudem zahlreiche Gedichte von Heinrich Heine und Victor Hugo auswendig. Aber seine literarische Empfindsamkeit endete mit der Jahrhundertwende. Ihm war der Mystizismus der russischen Symbolisten zu düster, ihr Erotizismus ging ihm auf die Nerven und er fand ihn dekadent. Natürlich hatte Großvater noch weniger Sinn für die sprachlichen Experimente der russischen Futuristen, umso mehr, als einer ihrer einflußreichsten Wortführer, Wladimir Majakowski, ein glühender Bolschewik wurde. Es scheint, als hätten sich Mutter und Dubnow darauf geeinigt, daß sie hinsichtlich des Modernismus nicht übereinstimmten. Aber es gab Momente, in denen er sich nicht zusammenreißen konnte.

Ich erinnere mich noch genau an solch einen Moment in Dubnows Berliner Wohnung. Großvater nahm einen Band mit Gedichten von Majakowski zur Hand, der Mutter gehörte, und öffnete ihn an derjenigen Stelle des Gedichts »Versailles«, bei der die rhythmische Bewegung in echter Futuristenmanier in kurze Verse zerhackt war, bestehend aus einem einzelnen Wort oder einer Wortgruppe. Die erste Strophe dieses Gedichts lautet in einer wörtlichen Übersetzung wie folgt:

Auf dieser
Straße
Eilen zum Palast
Unzählige Louisen
Zitternd
In den Seidenbezügen
Vergoldeter Wagen
Ihr schweres Fleisch
[...]

Dubnow betrachtete den Text mit unverhohlener Bestürzung. Dann begann er, das Gedicht zu rezitieren, wobei er vorsätzlich die schroffe, stakkatohafte Eigenart der Verse übertrieb, indem er nach jedem Minivers eine Pause machte. Er fuhr auf diese Weise bis zu seinem völligen Mißvergnügen fort, und wandte sich dann an Mutter: »Das nennst Du Poesie? Das ist ein Schluckauf!«

Das anschließende Jahrzehnt bot höchst wenig Raum für Humor oder Scherze. Der Himmel über Europa wurde von Tag zu Tag dunkler, in besonderem Maße über Deutschland. Es gab noch einen kürzeren, eher trübseligen Besuch bei den Großeltern Dubnow im Sommer 1932. Die Stadt, in der sie einen verhältnismäßig ruhigen Hafen gesucht und für eine Weile auch gefunden hatten, wurde nun von den »braunen Bataillonen« der Nazi-Schläger überschwemmt. Mit schwerem Herzen bereiteten sich die Dubnows auf einen erneuten Umzug vor. Kurz nachdem sie sich an ihrem neuen Wohnsitz in Riga niedergelassen hatten, erlitt Großvater einen schweren Verlust. Seine treue Begleiterin über fünfundfünfzig Jahre, die sanfte, tapfere und unauffällig umsorgende Frau, die ihm über Jahre der größten Armut beigestanden hatte und die so oft ihren Erfindungsreichtum anstrengen mußte, um ihm zu ermöglichen, seiner Berufung weiter zu folgen, – Ida Dubnowa – starb nach einer langwierigen Krankheit. Dubnows wachsende Besorgnis über die Zukunft Europas und die tödliche Bedrohung der europäischen Juden wurde nun verstärkt und überschattet von dem stechenden Schmerz des persönlichen Verlusts und der neuen Einsamkeit.

Im Jahre 1935 reisten Mutter und ich nach Wilna, um Großvater zu treffen und gemeinsam mit ihm am zweiten YIVO-Kongress teilzunehmen, der am zehnten Jahrestag der Gründung des Instituts stattfand. Dubnow war einer seiner Gründer und Ehrenvorsitzender. Mutter sprach treffend von der »Atmosphäre eines größeren Kulturfestivals«. Es war tatsächlich unverkennbar ein Festival des osteuropäischen Judentums – heftig, turbulent, gelegentlich ruppig, voller Ideen und Projekte, methodologischer und ideologischer Kontroversen. Ich erinnere mich vage an eine temperamentvolle Debatte über das Verhältnis von Politik und Wissenschaft, während der ein energischer Wortführer der *Bund*-Fraktion, S. Mendelson, die Position des YIVO kritisierte. Ich erinnere mich, daß ich von Mendelsons Herausforderung ebenso wie von Max Weinreichs Gegenangriff beeindruckt war, obgleich ich eigentlich als angehender *Bundist* eher der Meinung von Mendelson zugeneigt hätte sein sollen. Doch soweit ich betroffen war, war dies nicht mehr als eine interessante Nebenattraktion. Der Hauptgrund meiner Reise nach Wilna aber war es, Zeit mit Großvater zu verbringen und seinen offiziellen Auftritt mitzuverfolgen. Was ich sah, war nachhaltig beeindruckend, denn Dubnow war offensichtlich eine der dominierenden Figuren des Kongresses. Seine leidenschaftliche Rede auf der Eröffnungssektion, vorgetragen in prägnantem klarem Jiddisch, ergriff das aufmerksame Publikum ganz offensichtlich. Sein Vortrag über den »gegenwärtigen Zustand der jüdischen Historiographie« war einer der Höhepunkte der Sitzungen. In derselben Woche hielt er im Übrigen am Wilnaer Grab seines alten Freundes Zemach Schabad, eines verehrten Gemeindeoberhauptes, eine bewegende Lobrede.

Die ihm entgegengebrachte Zuneigung und Bewunderung für den Doyen der jüdischen Historiker muß für Simon Dubnow zutiefst befriedigend gewesen sein. Ebenso mußte ihn die augenscheinliche Tatsache beglücken, daß so viele Bereiche der jüdischen Wissenschaft im Aufbruch waren, für die er Pionierarbeit geleistet hatte, aber das hektische Tempo dieser Geschehnisse war kräftezehrend. Es schien eine gute Idee, sich für einige Tage auf eine ruhige Sommerfrische in der Nähe von Wilna zurückzuziehen. In der kleinen jüdischen Pension, in der wir unterkamen, schlossen sich uns bald darauf Bella und Marc Chagall an, die zu dem Kongress in Zusammenhang mit einer Ausstellung von Chagalls Bildern zur Bibel gekommen waren. Wir sahen sie viel während unseres kurzen Aufenthaltes in der Pension. Die Chagalls nahmen ihre Mahlzeiten mit uns ein und begleiteten uns oft auf unseren Spaziergängen in den Wäldern der Umgebung.

Insbesondere unsere gemeinsamen Frühstückszeremonien waren denkwürdig. Jeden Morgen konfrontierte uns die vorlaute Bedienung mit einer durch und durch folkloristischen Auswahl an Speisen – gehackte Leber oder Hering. Ich erinnere mich noch gut daran, daß, wenn Chagall an der Reihe war zu antworten, er sich stets an seine Frau wandte und mit seinen blauen Augen um ihr Einverständnis für seine Unfähigkeit ersuchte, eine so weltliche Angelegenheit zu bewältigen. Dann erst sagte er zu ihr: »Bella, wonach steht mir heute der Appetit?« Es war bemerkenswert, daß Bella niemals Schwierigkeiten hatte, diese Frage zu beantworten.

Ich war natürlich hoch erfreut, den Tisch mit einem international so bekannten Maler teilen zu dürfen. Aber es war mir dabei zugleich völlig bewußt, daß der wahre Magnet in unserem Trio Großvater war. Während Chagall Mutters Gesellschaft zu genießen schien und einmal auch ein künstlerisches Interesse an meinem Profil äußerte, das er – eher spaßeshalber – als ›äthiopisch‹ bezeichnete, galt die eigentliche Aufmerksamkeit dieses jüdischen Künstlers, der sich seiner Wurzeln so sehr bewußt war, der Gelegenheit, mit einem der bedeutendsten jüdischen Historiker zu sprechen. Aber dies war, so vermute ich heute, nur ein Teil seiner Faszination für Simon Dubnow. Was Chagall noch mehr angezogen haben dürfte, war jene Mischung aus Ernsthaftigkeit und Jugendlichkeit – ein Charakteristikum, das Simon Dubnow noch in seinem fünfundsiebzigsten Lebensjahr auszeichnete.

Es ist diese zuletzt genannte Eigenschaft, die meine Erinnerung an unser, wie sich herausstellen sollte, letztes Zusammentreffen dominiert. Es war im späten Frühling des Jahres 1940, wiederum in Wilna. Aber in der Zwischenzeit hatten sowohl die alte Stadt als auch unser persönliches Schicksal einschneidende Änderungen durchmachen müssen. Wir waren nicht länger Besucher des ›litauischen Jerusalems‹, sondern zu Flüchtlingen geworden, zur Flucht gezwungen von der Vierten Teilung Polens und der Invasion der Nazis. Unsere Familie, die inzwischen auch meine Frau und meine Schwägerin umfaßte, wurde brutal auseinandergerissen. Im frühen Oktober wurde Vater vom NKWD in Brest-Litowsk festgenommen. Unsere Versuche herauszubekommen, in welchem sowjetischen Gefängnis er festgehalten worden war, waren vergeblich. Wilna, das im September 1939 von der Roten Armee besetzt wurde, war zeitweilig dem noch unabhängigen Litauen überlassen, unmittelbar vor der schleichenden Sowjetisierung des ganzen Landes, die im Sommer 1940 beginnen sollte.

Während dieser von Unsicherheit und Besorgnis überschatteten Zeit kam Großvater aus Riga, um seine Freunde, Kollegen und uns zu besuchen. Er teilte unsere heftige Besorgnis um Vater und betrachtete Hitlers Vormarsch in Richtung Westen mit wachsender Bestürzung. Dennoch, und dies war bezeichnend für ihn, weigerte er sich, schwermütig zu werden oder gar Verzweiflung aufkommen zu lassen. Er war voller Pläne für künftige Aktivitäten – und dabei so tatkräftig und energiegeladen wie immer. Mir ist vor allem die lebhafte Art in Erinnerung geblieben, mit der er die Treppen zu unserer Wilnaer Wohnung in der vierten Etage am Tag seiner Abreise nahm. Ich erinnere mich, wie ich damals dachte, daß dieser beinahe Achtzigjährige im Geiste einer der jüngsten Männer war, die ich je kennen lernen würde, und daß er noch Jahre des schöpferischen Lebens vor sich hätte.

Der Rest ist Geschichte. Im Jahre 1941 war dies gleichbedeutend mit einem Alptraum. Etwa ein Jahr nach seiner Rückkehr nach Riga wurde der große Historiker von einer Gewehrkugel eines Nazi-Mörders getroffen – ein Schicksal, dem er vielleicht hätte entgehen können, wenn er sich nicht dazu entschieden hätte, in seiner angestammten Umgebung bei den ihm verbundenen Menschen zu bleiben und Zeugnis von ihrem Leidensweg abzulegen. Aber sein Ruhm lebt weiter, wie Mutter gesagt hat, ebenso wie die Erinnerung an ihn.

Wenn ich an unseren letzten flüchtigen Blick auf Großvater zurückdenke, muß ich an die Schlußstrophe eines Gedichts von Pasternak denken, ein Gedicht, von dem ich sicher bin, daß Großvater es als geistesverwandt empfunden hätte:

Du sollst nicht für einen einzigen Augenblick
Deine Wesensart verraten oder Dich für einen anderen ausgeben
Aber am Lebens sein, dies allein zählt,
Am Leben und lebendig bis zum Ende.

Aus dem Englischen von Susanne Zepp

Anmerkungen

Anmerkungen

Einführung

1 Simon Dubnow, *Buch des Lebens. Erinnerungen und Gedanken. Materialien zur Geschichte meiner Zeit.* 3 Bde., herausgegeben im Auftrag des Simon-Dubnow-Instituts von Verena Dohrn, Göttingen 2004–2005, Bd. III, Vorwort, S. 55.

2 Dubnow, *Buch des Lebens*, Bd. III, Dreizehntes Buch, Kapitel 71, S. 108.

3 Zur Biographie Simon Dubnows: Verena Dohrn, Einführung zu Dubnow, *Buch des Leben,* Bd. I, S. 11–23.

4 Anke Hilbrenner, Nationalization in Odessa – Simon Dubnow and the Society for the Dissemination of Enlightenment Among the Jews in Russia, in: *Jahrbuch des Simon-Dubnow-Instituts* II (2003), S. 223–239.

5 Zu Berlin als Durchgangsstation für jüdische Migranten vor allem aus dem östlichen Europa: Tobias Brinkmann, Topographien der Migration. Jüdische Durchwanderung in Berlin nach 1918, in: Dan Diner (Hg.), *Synchrone Welten. Zeitenräume jüdischer Geschichte*, Göttingen 2005, S. 175–198.

6 Dubnow, *Buch des Lebens,* Bd. II, Elftes Buch, Kapitel 65, S. 322–326 (siehe Stanley Nash, *On the Treshhold of Jewish Nationalism. The Life and Times of Shay Ish Hurwitz,* 1861–1922, New York 1972).

7 Josef Meisl, *Geschichte der Juden in Polen und Rußland*, 3 Bde., Berlin 1921–1925; ders., *Haskalah. Die Geschichte der Aufklärungsbewegung unter den Juden in Rußland*, Berlin 1919.

8 Dubnow, *Buch des Lebens*, Bd. II, Siebtes Buch, Kapitel 43, S. 36–41.

9 Walter Laqueur, *Weimar: A Cultural History 1918–1933*. London 1974; deutsch: *Weimar. Die Kultur der Republik*. Frankfurt a. Main – Berlin – Wien 1977; Peter Gay, *Weimar Culture: The Outsider as Insider*, New York 1968; deutsch: *Die Republik der Außenseiter. Geist und Kultur in der Weimarer Zeit 1918–1933,* Frankfurt am Main 1987; Manfred Görtemaker und Bildarchiv Preußischer Kulturbesitz (Hg.), *Weimar in Berlin. Porträt einer Epoche*, Berlin-Brandenburg 2002.

10 Michael Brenner, *Jüdische Kultur in der Weimarer Republik*. Aus dem Englischen von Holger Fliessbach, München 2000.

11 Eike Geisel, *Im Scheunenviertel. Bilder, Texte und Dokumente*, Berlin [2]1881; Cornelia Hecht, *Deutsche Juden und Antisemitismus in der Weimarer Republik*, Bonn 2003.

12 Fritz Mierau (Hg.), *Russen in Berlin. Literatur, Malerei, Theater, Film 1918–1933*, Leipzig 1987; Klaus Kändler [u. a.], *Berliner Begegnungen. Ausländische Künstler in Berlin 1918–1933. Aufsätze, Bilder, Dokumente*, Berlin 1987; Karl Schlögel, Berlin: »Stiefmutter unter den russischen Städten«, in: ders. (Hg.), *Der große Exodus. Die russische Emigration und ihre Zentren 1917–1941*, München 1994, S. 234–259; ders. (Hg.), *Russische Emigration in Deutschland 1918–1941. Leben im europäischen Bürgerkrieg*, Berlin 1995; ders., *Berlin Ostbahnhof Europas. Russen und Deutsche in ihrem Jahrhundert*, Berlin 1998; ders. (Hg.), *Chronik russischen Lebens in Deutschland 1918–1941*, Berlin 1999.

13 Trude Maurer, *Ostjuden in Deutschland 1918–1933*, Hamburg 1986, S. 709–716.

14 Brenner, *Jüdische Kultur in der Weimarer Republik*, S. 228.

15 Salomon Adler-Rudel, *Ostjuden in Deutschland, 1880–1940,* Tübingen 1959, S. 165 f.

[16] Schlögel (Hg.), Chronik (siehe Barbara Schäfer, *Berliner Zionistenkreise. Eine vereinsgeschichtliche Studie,* Berlin 2003).

[17] Gottfried Kratz, Russische Verlage und Druckereien in Berlin 1918–1941, in: Schlögel (Hg.), *Chronik*, S. 501–570.

[18] Nach Salomon Adler-Rudel, dessen Darstellung bereits 1959 publiziert wurde und noch aus der Sicht des beteiligten Zeitgenossen geschrieben ist, widmete Trude Maurer der russisch-jüdischen Selbsthilfeorganisation einige Seiten in ihrer Monographie *Ostjuden in Deutschland.* Vor wenigen Jahren begann Jelena Solominskaja mit Forschungen zum *Verband russischer Juden* und seinem Vorsitzenden Jakow Tejtel, hat sie jedoch abgebrochen. Vergleiche: Elena Solominskaja, Sojuz russkich evreev v Germanii 1920–1935gg.: urok istorii [Verband russischer Juden in Deutschland 1920–1935: ein Lehrstück der Geschichte], in: Michail Pachomovskij (Hg.), *Russkoe evrejstvo v zarubež'e. Stat'i, publikacii, memuary i èsse* [Russisches Judentum im Ausland. Aufsätze, Publikationen, Memoiren und Essays]. Bd. 5 [10], Jerusalem 2003, S. 201–226.

[19] Über ORT wurde vor fünfundzwanzig Jahren eine Monographie veröffentlicht: Leon Shapiro, *The History of ORT. A Jewish Movement for Social Change,* New York 1980; eine offizielle Geschichte von ORT befindet sich auf der Website der Weltorganisation: Jack Rader, *By the Skill of their Hands: The Story of ORT.* Geneva 1970 (*http://archive.ort.org/* vom 27. Juni 2005); ebenda soll demnächst ein Katalog des Londoner Archivs bereitgestellt werden.

[20] *Jüdische Rundschau* vom 2. November 1926, S. 616.

[21] Adler-Rudel, *Ostjuden*, S. 107.

[22] Schlögel, *Der große Exodus*, S. 17.

[23] Dubnow, *Buch des Lebens*, Bd. III, Dreizehntes Buch, Kapitel 71, S. 106, Eintragung vom 1. März 1925.

[24] Ebd., S. 107, Eintragung vom 27. April 1925.

[25] Ebd., S. 102.

[26] Dubnow, *Buch des Lebens*, Bd. I, Fünftes Buch, Kapitel 28, S. 290.

[27] Manfred Hildermeier, Die jüdische Frage im Zarenreich. Zum Problem der unterbliebenen Emanzipation, in: *Jahrbücher für Geschichte Osteuropas* 32 (1984), S. 321–357.

[28] Eli Lederhendler, Modernity Without Assimilation or Emancipation? The Case of Russian Jewry, in: Jonathan Frankel/Steven Zipperstein (Hg.), *Assimilation and Community. The Jews in Nineteenth-Century Europe*, Cambridge 1992, S. 324–343.

[29] Mark V. Višnicer, Iz Peterburgskich vospominanij [Aus den Petersburger Erinnerungen], in: *Kniga o russkom evrejstve. Ot 1860-ch godov do revoljucii 1917 g.* [Buch über die russischen Juden. Von den 1860er Jahren bis zur Revolution von 1917], herausgegeben von Sojuz russkich evreev, New York 1960 [Neudruck: Ierusalim, Moskva 2002], S. 40–47, hier S. 40.

[30] Dubnow, *Buch des Lebens*, Bd. II, Zehntes Buch, Kapitel 54, S. 164, Eintragung vom 4. Oktober 1914.

[31] Vorwort zur russischen Ausgabe der Neuesten Geschichte von 1923, zitiert nach: Dubnow, *Buch des Lebens*, Bd. III, Zwölftes Buch, Kapitel 69, S. 77.

[32] Dubnow, *Buch des Lebens*, Bd. III, Dreizehntes Buch, Kapitel 71, S. 102.

[33] Ebd., S. 104, Eintragung vom 1. Mai 1925.

[34] Dubnow, *Buch des Lebens*, Bd. III, Zwölftes Buch, Kapitel 70, S. 96, Eintragung vom 23. Juli 1924.

[35] Dubnow, *Buch des Lebens*, Bd. III, Dreizehntes Buch, Kapitel 73, S. 133, Eintragung vom 15. November 1928.

[36] Dubnow, *Buch des Lebens*, Bd. III, Zwölftes Buch, Kapitel 70, S. 93 f.

[37] Vgl. dazu auch: Michael Graetz, *Jüdische Geschichtsschreibung hundert Jahre nach Heinrich Graetz*, Wiesbaden 1992, S. 7.

[38] Heinrich Graetz, *Die Konstruktion der jüdischen Geschichte. Eine Skizze*, Berlin 1846, S. 9.

[39] Simon Dubnow, *Weltgeschichte des jüdischen Volkes. Von seinen Uranfängen bis zur Gegenwart, 10 Bde. Berlin 1925–1929*, Bd. I, S. XVIII.

[40] Dubnow, *Weltgeschichte des jüdischen Volkes*, Bd. VIII, S. 5.

[41] Ebd.

[42] Dubnow, *Weltgeschichte des jüdischen Volkes*, Bd. X, S. 66.

[43] Dubnow, *Weltgeschichte des jüdischen Volkes*, Bd. IX, S. 78–79.

[44] Vgl. Yfaat Weiss, *Deutsche und polnische Juden vor dem Holocaust. Jüdische Identität zwischen Staatsbürgerschaft und Ethnizität 1933–1940*, München 2000, S. 219–230; Dan Diner, Zweierlei Emanzipation – Westliche Juden und Ostjuden gegenübergestellt, in: ders., *Gedächtniszeiten. Über jüdische und andere Geschichten*, München 2003, S. 125–134.

[45] Leo Strauss, Soziologische Geschichtsschreibung?, in: *Der Jude* 7 (1924), S. 190–192.

[46] Dubnow, *Buch des Lebens*, Bd. III, Zwölftes Buch, Kapitel 69, S. 77, Note 51 und 53.

[47] Dubnow, *Buch des Lebens*, Bd. III, Zwölftes Buch, Kapitel 70, S. 95 f., Eintragung vom 4. Juli 1924.

[48] Selma Stern, Rezension zu »Neueste Geschichte des jüdischen Volkes«, in: *Monatsschrift für Geschichte und Wissenschaft des Judentums* 65 (1921), S. 200–210.

[49] Josef Meisl, Umschau: Geschichte, in: *Der Jude* 6 (1923), S. 662–665, S. 664.

[50] Dubnow, *Buch des Lebens*, Bd. III, Dreizehntes Buch, Kapitel 73, S. 125.

[51] Dubnow, *Weltgeschichte des jüdischen Volkes*, Bd. VIII, S. 5.

[52] Dubnow, *Buch des Lebens*, Bd. III, Zwölftes Buch, Kapitel 70, S. 92.

[53] Ebd.

[54] Vgl. Brenner, *Jüdische Kultur in der Weimarer Republik*, Dritter Teil.

[55] Benjamin Nathans, On Russian-Jewish historiography, in: Thomas Sanders (Hg.), *Historiography of imperial Russia. The profession and writing of history in a multinational state*, New York 1999, S. 397–432, S. 411.

[56] Dubnow, *Buch des Lebens*, Bd. II, Siebtes Buch, Kapitel 43, Note 52; Ja. G. Frumkin, Iz istorii russkogo evrejstva (vospominanija, materialy, dokumenty) [Aus der Geschichte der russischen Juden (Erinnerungen, Materialien, Dokumente)], in: *Kniga o russkom evrejstve*, S. 54–114, S. 65–74.

[57] Dubnow, *Buch des Lebens*, Bd. II, Siebtes Buch, Kapitel 43, S. 36–41.

[58] Archiv Instituta Vostokovedenija RAN (AV) S.-Peterburg, f. 85 (D. Maggid), op. 2, d. 182, l. 12–13: »Jubilej S. M. Dubnova.«

[59] »Ein Brief S. Dubnows. An die Redaktion der ›Jüdischen Rundschau‹, Berlin, 26. November 1922«, in: *Jüdische Rundschau*, 5. Dezember 1922, S. 633.

[60] Dubnow, *Buch des Lebens*, Bd. III, Zwölftes Buch, Kapitel 69, S. 72, Eintragung vom 14. September 1922.

[61] Dubnow, *Buch des Lebens*, Bd. III, Dreizehntes Buch, Kapitel 71, S. 102.

[62] Dubnow, *Buch des Lebens*, Bd. III, Zwölftes Buch, Kapitel 68, S. 66 f. Vgl. auch: Central Archives of the History of the Jewish People: Dubnow Collection P1/11 (1922), unpaginiert.

[63] So z. B. die *Jüdische Rundschau* in einem Brief vom 8. Dezember 1922, in: Central Archives of the History of the Jewish People: Dubnow Collection P1/11 (1922), unpaginiert.

[64] Eine Idee war, in Kaunas eine jüdische Universität für Europa zu gründen; vgl. den

Bericht: »Einstein and Dubnow to administrate Kowno university subsidy«, in: *J. T. A.-Bulletin* vom 18. Januar 1923, S. 4.

65 Heidemarie Petersen, »Mir zen far zikh die geshikhte nit fun a historisher mumie«: Die Historische Sektion des YIVO und die jüdische Geschichtsschreibung im Polen der Zwischenkriegszeit, in: Marina Dmitrieva/Heidemarie Petersen (Hg.), *Jüdische Kultur(en) im Neuen Europa. Wilna 1918–1939*, Wiesbaden 2004, S. 163–179.

66 Dubnow, *Buch des Lebens*, Bd. III, Zwölftes Buch, Kapitel 68, S. 68, Eintragung vom 15. Juli 1922.

67 Brief von Simon Dubnow an Maxim Winawer, Danzig, 30.7.1922, in: YIVO New York, Record Group 87: Papers of Simon Dubnov, folder 1024, folio 77313. Vgl. zum Kontext: Katrin Steffen. *Jüdische Polonität. Ethnizität und Nation im Spiegel der polnischsprachigen jüdischen Presse 1918–1939* (Schriften des Simon-Dubnow-Institutes 3), Göttingen 2004.

68 Maria Dold, »Eine Frage der nationalen und staatsbürgerlichen Ehre ...« Majer Bałaban und die jüdische Wissenschaft in Warschau, in: Dmitrieva, Petersen (Hg.) *Jüdische Kultur(en)*, S. 180–197.

69 Vgl. dazu auch: Anke Hilbrenner, »Simon Dubnow war eine Art intellektueller Pate«. Das YIVO in Wilna und Dubnows Aufruf zur Arbeit am nationalen Gedächtnis, in: Dmitrieva, Petersen (Hg.) *Jüdische Kultur(en)*, S. 147–162.

70 Dubnow, Shimon, Rede oif der efenung-zitsung, in: *Literarishe bleter* 33 (1935), S. 522–523.

71 Central Archives of the History of the Jewish People: Dubnow Collection, Inv/ 316, unpaginiert.

72 »Der Schwarzbart-Prozeß und die jüdische Öffentlichkeit. Ein Brief von Professor Dubnow«, in: *Das Jüdische Echo*, 14. Oktober 1927.

73 »Der Verteidiger Schalom Schwarzbarts an Louis Marshall. Paris 25. Januar 1925 (J. T. A.)«, in: *J. T. A.-Bulletin* vom 27. Januar 1927.

74 »Professor S. Dubnow über die Aufgabe der Konferenz zum Schutze der jüdischen Rechte. Berlin, 5. Juli 1927 (J. T. A.)«, in: *J. T. A.-Bulletin* vom 6. Juli 1927.

75 Vgl. zur Frage der Selbstwahrnehmung von Juden als Minderheit in Ost und West auch: Weiss, *Deutsche und polnische Juden vor dem Holocaust*, S. 219–230.

76 »Die Jüdische Rechtsschutzkonferenz«, in: *Jüdische Rundschau* vom 23. August 1927.

77 »Professor S. Dubnow über die Aufgabe der Konferenz zum Schutze der jüdischen Rechte. Berlin, 5. Juli 1927 (J. T. A.)«, in: *J. T. A.-Bulletin* vom 6. Juli 1927.

78 Dubnow, *Buch des Lebens*, Bd. III, Dreizehntes Buch, Kapitel 72, S. 115.

79 »Die Jüdische Rechtsschutzkonferenz«, in: *Jüdische Rundschau* vom 23. August 1927. [Hervorhebung im Original].

80 Iosif M. Bikerman, Grigorij A. Landau, I. O. Levin, D. O. Linskij, Venjamin S. Mandel' und Daniil S. Pasmanik [Hg.], *Rossija i evrei. Sbornik pervyj* [Rußland und die Juden. Erster Sammelband], Berlin 1924; Nachdruck: Paris 1978; deutsch: Vaterländischer Verband russischer Juden im Auslande: *Die Umwälzung in Rußland und das Schicksal der russischen Juden. Ein Sammelwerk*, Berlin 1925.

81 A. M. Kayzer, In the Jewish Iasnaia Poliana: With Dubnov in Riga, in: Kristi Groberg/Avraham Greenbaum (Hg.) *A Missionary for History. Essays in Honor of Simon Dubnov*, Minneapolis 1998, S. 51–54.

82 Verena Dohrn, Einführung zu Simon Dubnow, *Buch des Lebens,* Bd. I, S. 15–20.

83 Alexander und Eugen Kulischer, *Kriegs- und Wanderzüge: Weltgeschichte als Völkerbewegung*, Berlin und Leipzig 1932; Eugene Michel Kulischer, *Europe on the Move*, New York 1948.

84 Gespräch zwischen Emmanuel Levinas und Christoph von Wolzogen, 20. Dezember

Paris 1985, in: Emmanuel Levinas, *Humanismus des anderen Menschen*, übersetzt und mit einer Einleitung versehen von Ludwig Wenzler, Hamburg 1989, S. 131–150, hier: S. 146. Die Hervorhebungen stammen vom Herausgeber.

85 Über das historische Mysterium, in: David Koigen, *Der Apokalyptische Reiter*, Berlin 1925, S. 5.

86 Dubnow, *Buch des Lebens*, Bd. III, Dreizehntes Buch, Kapitel 72, S. 113; zu Leo Motzkin, seiner politischen Arbeit und seinem Verhältnis zu Simon Dubnow: Frank Nesemann, Minderheitendiplomatie – Leo Motzkin zwischen Imperien und Nationen, in: Diner (Hg.), *Synchrone Welten*, S. 147–171, hier insbesondere S. 156 f.

87 Osip Mandel'šam, Pšenica čelovečeskaja [Menschenweizen], in: Ders., Sočinenija [Werke], 2 Bde., Moskva 1991, Bd. 2, S. 191–195, hier S. 193 f. Deutsch: Ossip Mandelstam, Menschen-Weizen, in: Fritz Mierau (Hg.), Russen in Berlin. Literatur, Malerei, Theater, Film 1918–1933, Leipzig 1987, S. 142–144, hier S. 143.

88 Zu Simon Dubnows Diaspora-Konzeption vgl. Renée Poznanski, Dubnov and the Diaspora, in: Groberg, Greenbaum (Hg.), *A Missionary for History*, S. 5–10.

89 Dubnow, *Buch des Lebens*, Bd. III, Vierzehntes Buch, Kapitel 74, S. 145, Eintragung vom 18. Mai 1930.

90 Ebd., Kapitel 76, S. 168, Eintragung vom 31. Juli 1933.

91 Dohrn, Einführung zu Dubnow, *Buch des Lebens*, Bd. I, S. 31; Dubnow, *Buch des Lebens*, Bd. II, S. 13; Bd. III, S. 55.

92 Dubnow, *Buch des Lebens*, Bd. I, S. 49.

93 Dubnow, *Buch des Lebens*, Bd. II, S. 13.

94 *Buch des Lebens*, Bd. III, S. 171–173.

95 Dubnow, *Buch des Lebens*, Bd. I, S. 50.

96 Maurice Halbwachs, *Das Gedächtnis und seine sozialen Bedingungen*. Aus dem Französischen von Lutz Geldsetzer, Frankfurt am Main 1985, S. 121; dazu Jan Assmann, *Das kulturelle Gedächtnis. Schrift, Erinnerung und politische Identität in frühen Hochkulturen*, München 1992, S. 35 f.

97 Dubnow, *Buch des Lebens*, Bd. I, Fünftes Buch, Kapitel 32, S. 330.

98 Dubnow, *Buch des Lebens*, Bd. II, Elftes Buch, Kapitel 66, S. 336.

Vorwort

1 Dubnow verwendet hier den russischen Begriff der *mirossoserzanije*, daß heißt: Weltanschauung im Sinne von Weltbetrachtung oder Weltempfinden, statt *mirowosrenije*, Weltanschauung im Sinne von Ideologie. Unter Historismus versteht Dubnow seine Weltanschauung der Identifikation der individuellen mit der kollektiven Geschichte. Er stellte ein Buch seiner *Erinnerungen* ausdrücklich unter das Motto des Historismus (vergleiche Bd. I, Fünftes Buch).

2 Die deutsche Edition der Erinnerungen präsentiert Dubnows Autobibliographie leicht verändert. In der Autobibliographie der russischen Originalausgabe kombinierte Dubnow zwei Ordnungssysteme und gliederte einerseits nach der Chronologie und andererseits nach Sprachen. In der deutschen Edition sind die Titel sind durchgehend chronologisch geordnet. Der Gliederung in drei Bände entsprechend, wurde die Autobibliographie in drei Zeitabschnitte unterteilt und jeder Abschnitt einem Band beigegeben.

Zwölftes Buch
Auf den Ruinen Europas, 1922–1924

[1] Auf der Wirtschaftskonferenz in Genua (10. April bis 19. Mai 1922) betrat erstmals eine sowjetische Delegation die internationale Bühne. David Lloyd George nahm als Premierminister von Großbritannien daran teil. Er hinterließ Erinnerungen an Europa nach dem Weltkrieg und an die Friedensverhandlungen (deutsch: *Die Wahrheit der Reparationen und Kriegsschulden*, Berlin 1932). Dubnow war von diesem Ausspruch offensichtlich so fasziniert, daß er ihn an dieser Stelle in seinen Erinnerungen zum zweiten Mal zitiert (vergleiche Bd. II, Elftes Buch, Kapitel 67).

[2] Kowno war seit Oktober 1920 Hauptstadt Litauens und hieß offiziell litauisch Kaunas. Dubnow jedoch nennt die Stadt in seinen Erinnerungen – wie auch Petrograd/Petersburg – weiterhin bei ihrem alten Namen.

[3] Den nationalen Minderheiten in der Ersten Lettischen Republik wurde nicht nur Religionsfreiheit, sondern auch Schulautonomie gewährt. Dementsprechend hatte jede Minderheit eine eigene Repräsentanz und Verwaltung innerhalb des Bildungsministeriums.

[4] Die Elisabethstraße nördlich der Altstadt war Anfang der 1920er Jahre die modernste großbürgerliche Wohnlage in Riga.

[5] Die von dem Orientalisten Baron David Ginzburg ins Leben gerufenen *Kurse für Orientalistik* fanden von 1908 bis zur Februarrevolution 1917 in Petersburg/Petrograd statt. Der Religionswissenschaftler Gershom Scholem bezeichnete sie in seinen Erinnerungen als »die erste akademische Institution für Judaistik in Europa, die nicht der Rabbinerausbildung diente« (vergleiche Bd. II, Achtes Buch, Kapitel 47; siehe Gershom Scholem, *Von Berlin nach Jerusalem. Jugenderinnerungen.* Aus dem Hebräischen von Michael Brocke und Andrea Schatz, Frankfurt am Main 1997, S. 97).

[6] Das Schwarzhäupterhaus am Rande der Altstadt von Riga ist ein repräsentativer gotischer Backsteinbau aus dem 14. Jh., ursprünglich als Neues Haus der Rigischen Kaufleute errichtet, über Jahrhunderte Sitz der Compagnie der Schwarzen Häupter (lediger, meist deutscher Kaufleute, deren Schutzpatron der Heilige Mauritius war). Es diente traditionell als Versammlungsort für gesellschaftliche Ereignisse und Feste verschiedener Vereine in Riga und wurde in der Zeit der Ersten Lettischen Republik offenbar auch der Jüdischen Gemeinde von Riga zur Verfügung gestellt. Das Gebäude wurde 1941 beim deutschen Angriff auf Riga zerstört, 1948 unter sowjetlettischer Herrschaft gänzlich abgetragen, jedoch 1995–1999 wieder aufgebaut und dient nun erneut als repräsentativer Veranstaltungsort.

[7] Dem »Vierzehn-Punkte-Programm« des amerikanischen Präsidenten Woodrow Wilson, das allen Nationen das Recht auf Souveränität zusprach, vor allem aber der Initiative jüdischer Diplomaten auf der Pariser Friedenskonferenz war es zu verdanken, daß den neu entstehenden Nationalstaaten in Ostmitteleuropa die Gewährung von Minderheitenrechten zur Bedingung gemacht wurde. Diese Rechte wurden in den einzelnen Staaten der Zwischenkriegszeit verschieden ausgelegt, in unterschiedlichem Maße gewährt und von den autoritären Regimen mehr oder weniger eingeschränkt. Dubnows Konzeption der Kulturautonomie ging durch Leo Motzkins diplomatischen Bemühungen in die Definition der europäischen Minderheitenrechte ein (siehe Nesemann, Leo Motzkin, S. 156 f.

[8] Šiauliai, Radviliškis und Kėdainiai sind Bezirkstädte in Mittellitauen an der Bahnlinie von Riga nach Kaunas.

[9] Gemeint ist die Jugendorganisation der linken Zionisten *Ha-Schomer ha-Zair*.

[10] Das »Metropolis« an der Laisvės alėja, Ecke Daukantas-Straße in Kaunas war während der Ersten Litauischen Republik das beste Hotel der Hauptstadt. Dort stiegen die aus-

ländischen Politiker und Diplomaten ab. Es ist bis auf den heutigen Tag Restaurant und Hotel.

11 Die Mapu-Bibliothek ist eine von mehreren jüdischen Büchereien im Kaunas der Zwischenkriegszeit. Sie wurde als Bibliothek der Filiale der Petersburger *Gesellschaft für Aufklärung* bereits vor dem Weltkrieg gegründet und nach dem hebräischen Maskil und Schriftsteller Abraham Mapu (1808–1867) benannt, der in Slobodka, einer Vorstadt von Kaunas, aufgewachsen war und sein Leben verbracht hatte.

12 Dubnow entwickelte seine Konzeption der Kulturautonomie, von ihm selbst meist als Autonomismus bezeichnet, seit der ersten Hälfte der 1890er Jahre in Auseinandersetzung mit dem Begründer des Kulturzionismus Achad Haam in Odessa (vergleiche Bd. I, Sechstes Buch, Kapitel 29 und 30, 38).

13 Vergleiche Bd. II, Zehntes Buch, Kapitel 55, Eintragung vom 5. Mai 1915 sowie die dazugehörige Note 25.

14 Anspielung auf Fjodor Dostojewskis Roman *Aufzeichnungen aus einem Totenhaus*, in dem der Schriftsteller die Verbannung nach Sibirien literarisch verarbeitet (Fedor M. Dostoevskij, *Zapiski iz mertvogo doma*, Sankt-Peterburg 1865).

15 Vergleiche Bd. II, Elftes Buch, Kapitel 67.

16 In der Republik Litauen war den Juden zunächst weitgehende Autonomie in der Organisation des Gemeinde- und Kulturlebens gewährt worden. Ihre Angelegenheiten wurden von einem eigenen Ministerium verwaltet und die Minderheit von einem Nationalrat repräsentiert. Ende 1924 sperrte die litauische Regierung den Haushalt der jüdischen Selbstverwaltung und brachte damit die Kulturautonomie weitgehend zum Erliegen. Die jüdischen Schulen hatten jedoch weiterhin Bestand.

17 1. Mose 45: 24.

18 Die *Jüdische Historisch-Ethnographische Gesellschaft*, 1891 von jungen Petersburger Intellektuellen zunächst als *Historisch-Ethnographische Kommission* bei der *Gesellschaft für Aufklärung* gegründet, bestand von 1908 bis 1929 und initiierte, nicht zuletzt durch das Engagement Dubnows, die russisch-jüdische Geschichtsforschung.

19 Die Stadt Eydtkuhnen in Ostpreußen heißt heute Tschernyschewskoje und liegt an der Grenze des Gebiets Kaliningrad zu Litauen. Der Grenzort war das »Nadelöhr«, die »Schleuse zwischen den Welten«, die die Migranten passieren mußten (siehe Karl Schlögel, *Berlin, Ostbahnhof Europas*, S. 39–41).

20 Die Stadt Wirballen (polnisch Werłbalawa, Gouv. Suwałki), bis 1914 an der Grenze zwischen Ostpreußen und dem Zarenreich, Eydtkuhnen gegenüber gelegen, heißt heute Virbalis und gehört zu Litauen.

21 Brösen ist der deutsche Name eines kleinen Ostseebads in der Danziger Bucht nordwestlich von Danzig.

22 Dubnow hatte weder das Abitur gemacht noch ein Studium absolviert, sondern war Autodidakt.

23 Der von Leopold Ullstein gegründete Ullstein-Verlag in Berlin, der zunächst Zeitungen publizierte, besteht seit 1877. Der *Klal*-Verlag erhielt seinen Namen von der hebräischen Wendung *klal israel* [ganz Israel], die in der Bedeutung von ›Einheit Israels‹ als politisch-programmatischer Begriff verwendet wurde. Er publizierte zwischen 1921 und 1924 vorwiegend jiddische, aber auch hebräische schöne Literatur, Erinnerungen und historische Werke. Im *Klal*-Verlag erschienen unter anderem die Erinnerungen von Jecheskel Kotik, Güdemanns deutsch-jüdische Kulturgeschichte und die Memoiren des Ber Bolechow, herausgegeben von Mark Wischnitzer.

24 Der russischsprachige Verlag *Grani* (Grani Russischer Bücherverlag G.m.b.H.), publizierte von 1921 bis 1928 in Berlin vorwiegend schöne Literatur. Bei *Grani* kam 1923 auch Dubnows *Neueste Geschichte*, Bd. I im russischen Original heraus (vergleiche Au-

tobibliographie). Dort erschienen Lew Dejtschs Erinnerungen und dessen Buch über die Rolle der Juden in der russischen revolutionären Bewegung (vergleiche Note 47). Ilja Tscherikower veröffentlichte bei *Grani* eine Dokumentation der Pogrome in der Ukraine seit 1917 aus dem *Ostjüdischen Historischen Archiv* (vergleiche Note 65).

[25] Der hebräische Verlag *Dwir*, benannt nach dem Altar im heiligsten Bezirk des Tempels in Jerusalem, trat 1921 in Berlin die Nachfolge des Verlags *Moria* an, den Chajim Nachman Bialik, Jehoschua Chana Rawnizki und andere 1901 in Odessa gegründet hatten (vergleiche Bd. II, Neuntes Buch, Kapitel 50, Note 1). Bei *Dwir* in Wilmersdorf, Sigmaringerstr. 25 erschienen Werke der modernen hebräischen Literatur (Perez, Abramowitsch, Asch, Bialik, Tschernichowski), aber auch Übersetzungen von Heine und Andersen. 1924 siedelte *Dwir* nach Tel Aviv über. Unter anderem erschienen Dubnows *Neueste Geschichte*, die *Geschichte des Chassidismus* und die *Weltgeschichte* in hebräischer Übersetzung bei *Dwir* in Tel Aviv (vergleiche Autobibliographie).

[26] Der Jüdische Verlag wurde 1902 von Martin Buber, Berthold Feiwel, Ephraim Moses Lilien und Davis Trietsch in Berlin gegründet. Sein ausgesprochenes Anliegen war, eine »Zentralstelle zur Förderung jüdischer Literatur, Kunst und Wissenschaft« zu sein. Seit 1907 im Besitz der Zionistischen Organisation wurde er nach Köln verlegt, kam aber 1911 wieder zurück nach Berlin, wurde unter der Leitung von Aaron Eliasberg (bis 1921) reorganisiert und seit 1921 (seit 1925 als Privatverlag) von Siegmund Kaznelson geführt. In den 1920er Jahren hatte der Verlag in Berlin-Tiergarten, Budapester Straße Nr. 11, seine Räume. Im Jüdischen Verlag erschien die Zeitschrift *Der Jude* (1920–1924), die Gesamtausgabe des *Babylonischen Talmud* in der deutschen Übersetzung von Lazarus Goldschmidt (seit 1929, 12 Bde.), das vierbändige *Jüdische Lexikon* (vergleiche Note 79), historische, kulturwissenschaftliche und literarische Schriften, Übersetzungen aus dem Jiddischen und Hebräischen, Literatur der jüdischen Nationalbewegung (siehe Anatol Schenker, Der Jüdische Verlag 1902–1938. Zwischen Aufbruch, Blüte und Vernichtung, Tübingen 2003).

[27] Im Original deutsch. Die Versorgung mit quantitativ und qualitativ ausreichendem Wohnraum war in Berlin bereits vor dem Weltkrieg ein zentrales Problem gewesen. Nach dem Krieg aber wurde es noch dringlicher. »So ergab die Wohnungszählung vom 16. Mai 1927 ein düsteres Bild: In 1,2 Millionen Wohnungen drängten sich 1,3 Millionen Haushaltungen, das heißt, etwa 100.000 Haushaltungen verfügten über keinen eigenen Wohnraum. Der Wohnungsbestand wurde deshalb schon seit dem 19. Januar 1922 zwangswirtschaftlich reglementiert, was bedeutete, dass die Bezirke den Wohnungsbestand kontrollierten und frei werdende Wohnungen nach Dringlichkeit vergaben.« (Laurenz Demps, Licht und Schatten. Alltag in der Großstadt. In: Görtemaker, *Weimar in Berlin*, S. 36–43, hier S. 39 f.).

[28] Zwischen dem 8. Juni und dem 7. August 1922 fand der erste Schauprozeß, der Prozeß gegen die Sozialrevolutionäre und revolutionären Kämpfer der ersten Generation in Moskau statt. Angeklagt waren Abram Goz, Jewgenija Ratner, Lew Gerstejn, Michail Gendelman und andere. Sie wurden des Mordversuchs an den Führern der Sowjetregierung bezichtigt. Die europäischen sozialistischen Parteien sandten Verteidiger (Émile Vandervelde, Karl Liebknecht und Kurt Rosenfeld), die allerdings wegen mangelnder Handlungsfreiheit ihr Amt bald niederlegten. Das Urteil lautete Todesstrafe, wurde aber zunächst nicht vollstreckt, da man die Verurteilten als Geiseln gegen sozialrevolutionäre Terroranschläge einsetzen wollte (siehe Marc Jansen, *A Show Trial under Lenin: The Trial of the Socialist Revolutionaries*, Moscow 1922. Translated from the Dutch by Jean Sanders. The Hague 1982).

[29] Gemeint ist die Bewegung der Nationaldemokraten *Narodowa Demokracja* (kurz: Endecja), die in der Republik Polen auf dem rechten Flügel die stärkste Kraft darstellte.

[30] Nach der Eroberung Palästinas im Weltkrieg behaupteten die Alliierten die völkerrecht-

liche Verfügungsgewalt über das Land und richteten dafür ein Völkerbundsmandat ein. Im Artikel 22 der Satzung des Völkerbunds wurde für die ehemals osmanisch regierten Gebiete die »Übertragung der Vormundschaft an fortgeschrittene Nationen« vorgesehen und auf der Konferenz von San Remo (April 1920) England zum Mandatar über Palästina bestimmt. Der Rat des Völkerbunds genehmigte den Mandatsentwurf am 22. Juli 1922.

[31] Majer Bałaban, Szymon Dubnow. In: *Nasz Kurier* Nr. 172 vom 30. Juni 1922.

[32] Auf der Haager Konferenz (15. Juni–20. Juli 1922) verhandelten die europäischen Staaten und die Sowjetunion über die Anerkennung der russischen Schulden und der ausländischen Eigentumsrechte in Rußland, ohne daß es zu Ergebnissen kam.

[33] Joseph Opatoschu, *In poilische welder*, Warsche 1921.

[34] Dubnow hatte den Altersgenossen und Verwandten von Mutterseite Saul Gurwitsch 1877 in der Jeschiwa seines Großvaters Benzion in Mstislawl kennengelernt und 1881, in seinem ersten Petersburger Jahr, mit ihm zusammen Privatunterricht in englischer Sprache genommen. Gurwitsch war 1905 nach Berlin ausgewandert und hatte dort die Zeitschrift *He-Atid* herausgegeben, bis er mit Beginn des Weltkriegs aus dem Deutschen Reich ausgewiesen worden war. Während des Krieges, der Revolution und des Bürgerkriegs war er in der Ukraine umhergeirrt. 1920 begegnete ihm Dubnow wieder in Petersburg. Das letzte Lebensjahr verbrachte Gurwitsch erneut in Berlin bei seinem Sohn Elias Hurwicz (vergleiche Bd. I., Zweites Buch, Kapitel 10; Drittes Buch, Kapitel 14; Bd. II, Elftes Buch, Kapitel 65 und 67).

[35] Oliva ist ein Stadtteil von Danzig, benannt nach einer ehemaligen Zisterzienserabtei.

[36] Vergleiche Bd. I, Sechstes Buch, Kapitel 38 über den Kampf für eine nationale Bildung und Politik in Odessa zwischen den Befürwortern einer russischen Akkulturation und den Vorkämpfern für einen jüdischen Nationalismus, zwischen Hebraisten und Jiddischisten; Dubnow beteiligte sich aktiv und versuchte schon damals eine vermittelnde Position einzunehmen.

[37] Die erste Wohnung nahmen Simon Dubnow und seine Frau Ida bei Josef Meisl in der Halberstädter Straße Nr. 3.

[38] Es ist in Berlin bis heute üblich, ein Hinterhausgebäude euphemistisch als ›Gartenhaus‹ zu bezeichnen.

[39] Die Rede ist von einer Gruppe ukrainisch-jüdischer Intellektueller und Politiker der *Folkspartej* (Jakob-Wulf Latzky-Bertoldi, Nachum Gergel, Ilja Tscherikower u. a.), die in der Zeit der unabhängigen Ukraine im sogenannten *Ostjüdischen Historischen Archiv* (vergleiche Note 65) Material über die Pogrome der Revolutions- und Kriegsjahre 1917 bis 1921 in der Ukraine gesammelt hatten. Simon Dubnow schloß sich der Gruppe an, die das Material zur Publikation vorbereitete.

[40] *Jüdische Rundschau* Nr. 96 vom 5. Dezember 1922, S. 633.

[41] Vater und Sohn schrieben ihren Nachnamen, der sich vom böhmischen Städtchen Horovice herleitet und in der deutschen Version zumeist als Horowitz oder Hurwitz verbreitet ist, auf unterschiedliche Weise: der Vater nach russischer und der Sohn nach polnischer Art, obgleich er die meiste Zeit seines Lebens in Berlin verbrachte.

[42] Während des Winters 1922/23 lebten Dubnows für einige Monate in der Charlottenbrunner Straße Nr. 46 II (bei Meyer).

[43] Das Sujet der deutschen Zimmerwirtinnen russischer Revolutionsflüchtlinge in Berlin ging in die Erinnerungsliteratur ein. Bekannte Beispiele sind: Vladimir V. Nabokov, *Die Gabe*. Übersetzt von Annelore Engel-Braunschmidt, Reinbek bei Hamburg 1999 (Dar. *Sovremennye zapiski*, Paris (1937/1938); Buchausgabe: New York 1952) und Gershom Scholem über die »Pension Struck (1917)« (in: ders., *Von Berlin nach Jerusalem*, S. 92–107).

[44] Im Original deutsch.

[45] Vom Frühjahr bis zum Herbst 1923 wohnten Ida und Simon Dubnow in der Mozartstraße Nr. 24 in Lichtenrade. Lichtenrade gehört inzwischen zu Berlin.

[46] Die *Gesellschaft zur Verbreitung der Aufklärung unter den Juden in Rußland* – bei Dubnow in der Regel *Gesellschaft für Aufklärung* genannt – wurde 1863 in Petersburg von jüdischen Bankiers und Intellektuellen auf Initiative des Baron Horaz Ginzburg gegründet. Sie stellte im Ansatz eine moderne zentrale Instanz zur Interessenvertretung der Juden im Zarenreich dar. Die *Gesellschaft* in Petersburg wie ihre Filiale in Odessa hatten Dubnow wissenschaftlichen und politisches Handlungsraum eröffnet, gleichwohl aber auch seine Kritik an ihrer paternalistischen Politik und an dem von ihr vertretenen Programm der russischen Akkulturation geweckt. Nach der Februarrevolution verlor die Gesellschaft ihre Funktion. Nach dem Oktoberumsturz wurde sie endgültig entmachtet und Ende 1929 aufgelöst.

[47] Lev Dejč, *Rol' evreev v russkom revoljucionnom dviženii*. Bd. 1, Berlin 1923; jiddisch: *Jidn in der rusischer rewoluzie*. Berlin 1923.

[48] Iosif M. Bikerman, Grigorij A. Landau, I. O. Levin, D. O. Linski, Venjamin S. Mandel' und Daniil S. Pasmanik (Hg.), *Rossija i evrei. Sbornik pervyj* [Rußland und die Juden. Erster Sammelband]. Berlin 1924; Nachdruck: Paris 1978; deutsch: Vaterländischer Verband russischer Juden im Auslande: *Die Umwälzung in Rußland und das Schicksal der russischen Juden. Ein Sammelwerk*. Berlin 1925. Der Sammelband, den Bikerman und andere herausgaben, löste eine heftige Debatte im russischen Berlin aus. (Siehe Matthias Vetter, Die Russische Emigration und ihre »Judenfrage«, in: Schlögel, *Russische Emigration*, S. 109–124, hier S. 120–124; Schlögel, *Berlin Ostbahnhof Europas*, S. 228–231).

[49] Vorwort zu: Simon Dubnow, Neueste Geschichte des jüdischen Volkes, Band III. Deutsch von Elias Hurwicz, Berlin 1923, S. V f.

[50] Martin Philippson, *Neueste Geschichte des jüdischen Volkes*, 3 Bde., Leipzig 1907–1911.

[51] Heinrich Stern, Neueste Geschichte des jüdischen Volkes. Dubnows dritter Band. *C. V.-Zeitung* 2 (1923) 28, S. 226 f.

[52] Simon Dubnow, *Neueste Geschichte des jüdischen Volkes*, Band III, S. 470.

[53] Der Schlußsatz von Heinrich Sterns Rezension in der *CV-Zeitung* lautet: »Wir wollen ihm zum Schlusse deshalb ganz offen sagen, daß jede Beleidigung, die dem deutschen Volke zugefügt wird, uns mittrifft und daß wir nicht gesonnen sind, die Fensterscheiben zu bezahlen, die ein Außenstehender einwirft – selbst wenn er Dubnow heißt.«

[54] Gemeint ist der Kurort Bad Homburg vor der Höhe. Er wurde in den 1920er Jahren zu einem Zentrum der hebräischen Literatur. Schmuel Josef Agnon und andere jüdische Schriftsteller wohnten dort. Chajim Nachman Bialik pendelte in den Jahren 1921 bis 1924 zwischen Berlin und Bad Homburg. In Bad Homburg lebte die Verlegerin Schoschanna Pernitz. Zusammen mit ihrem Ehemann leitete sie den 1917 in Moskau gegründeten *Omanut*-Verlag. Sie öffnete den Literaten ihr Haus und führte einen literarischen Salon. (Siehe Brenner, *Jüdische Kultur in der Weimarer Republik*, S. 218 f.)

[55] *Igerot Achad Haam* [Briefe des Achad Haam]. 6 Bde., Tel Aviv 1923–1925; neu ediert von Leon (Arie) Simon und Jochanan Pogravinsky, Tel Aviv 1957–1960.

[56] Der Pogrom in der bessarabischen Gouvernementstadt Kischinjow zwischen dem 6. und dem 8. April des Jahres 1903 zur Zeit des russischen Osterfestes bildete den Auftakt und wurde für Dubnow zum Inbegriff des um sich greifenden gewalttätigen Antisemitismus ›von unten‹ im Zarenreich (vergleiche Bd. I, Sechstes Buch, Kapitel 40).

[57] Möglicherweise täuscht sich Dubnow hier in seinen Erinnerungen. Er lernte Ben Ami 1890 in Odessa kennen und verlor ihn dann aus dem Blick. In den Erinnerungen ist an keiner Stelle von einem Wiedersehen in Petersburg die Rede. Dubnow charakterisiert

Ben Ami in den Erinnerungen an Odessa mit Wendungen aus einem Gedicht von Nekrassow: »... ein Herz, das müde ist zu hassen, lernt nicht zu lieben«. (Vergleiche Bd. I, Fünftes Buch, Kapitel 26, S. 277 und die dazugehörige Note 22).

58 In der Krisensituation nach 1919, bedingt durch die Aufstände von rechts und links, die Last der Reparationsforderungen und die wirtschaftliche Depression, die mit Inflation und Arbeitslosigkeit einherging, kam es in Deutschland verschiedentlich zum Aufruhr der Straße und zu antijüdischen Pogromen. Besonders aggressiv wütete der Mob am 5. und 6. November 1923 in Berlin, als die Inflation ihren Höhepunkt erreichte. Während der 1920er Jahre strömten Hunderttausende Arbeitssuchende in die Großstadt Berlin. Viele von ihnen blieben erwerbslos, nicht wenige waren kriminell und gewaltbereit. Der Aufruhr begann am Vormittag des 5. November vor dem zentralen Arbeitsamt am Alexanderplatz, wo Erwerbslose sich in Erwartung von Unterstützungszahlungen versammelt hatten. Das Gerüchte, die Brotpreise seien um das Sechsfache gestiegen, und die Tatsache, daß die erwarteten Zahlungen ausblieben, heizten die Stimmung an. Da gaben antisemitische Agitatoren Parolen aus, die sich wie ein Lauffeuer verbreiteten: das Geld sei an ›die Galizier‹ gegangen und im Scheunenviertel würden sie das Papiergeld aufkaufen. Daraufhin zog die aufgebrachte Menge ins nahegelegene Scheunenviertel (vergleiche Note 59). Zwei Tage lang wurden jüdische Passanten und Ladenbesitzer geschlagen und jüdische Geschäfte geplündert und zerstört. Die Polizei reagierte mit Verzögerung, galt das Viertel doch als Brutstätte der Kriminalität und Prostitution, wo Razzien zum alltäglichen Geschäft gehörten. Sie ging zunächst gegen die jüdische Selbstwehr, organisiert vom *Reichsbund jüdischer Frontsoldaten*, vor, statt die Marodeure zu verfolgen, und brachte die Situation erst nach zwei Tagen unter Kontrolle. Der Pogrom polarisierte die jüdische Öffentlichkeit. Die deutsch-jüdischen Liberalen beschwichtigten, machten die antisemitischen Verführer verantwortlich, die gegen die Ostjuden vorgingen, während die Zionisten in dem Pogrom das ganze Potential des Antisemitismus antizipierten. Der Scheunenviertelpogrom ist in der Literatur häufig beschrieben worden. (Siehe Cornelia Hecht, *Deutsche Juden und Antisemitismus in der Weimarer Republik*, Bonn 2003, S. 177–184 mit Hinweisen auf weiterführende Literatur).

59 Die Grenadierstraße, die heute nach einem Widerstandskämpfer Almstadtstraße heißt, lag im Zentrum des sogenannten Scheunenviertels, benannt nach den Scheunen, Ställen und Lagerschuppen vor den alten Stadttoren, wo sich die recht- und mittellosen Migranten und Neubürger sammelten. Das Viertel in Berlin-Mitte hinter dem Alexanderplatz umfaßte nur einige Straßenzüge um die Artillerie-, die Dragoner- und die Grenadierstraße. Dort lebten seit der Jahrhundertwende vornehmlich arme ostjüdische Flüchtlinge, aber auch Kleinkriminelle und Prostituierte. Es war kein Ghetto, so Joseph Roth über die westlichen Ghettos der Juden aus dem östlichen Europa auf Wanderschaft, sondern das jüdische Viertel in Berlin (Joseph Roth, *Juden auf Wanderschaft*, Köln 1985, S. 47). Die Dragonerstraße heißt heute Max-Beer-Straße. In der Artilleriestraße, seit Kriegsende Tucholskystraße, befanden sich die *Hochschule für die Wissenschaft des Judentums* (Nr. 14, vergleiche Note 97) und die Synagoge der *Adass Jisroel* nebst orthodoxem Rabbinerseminar (Nr. 31, vergleiche Note 63). (siehe Eike Geisel, *Im Scheunenviertel*. Bilder, Texte und Dokumente. Berlin [2]1981; Martin Beradt, *Die Straße der kleinen Ewigkeit*, Frankfurt am Main 2000).

60 Infolge der Inflation und der damit einhergehenden politischen und sozialen Unruhen wie des Druckerstreiks Ende 1923 war die Hochzeit der Publikationen für manche Migrantenverlage nach 1924 vorbei, so auch für *Klal*, *Grani*, *Dwir* und *Ajanot*, bei denen Dubnow publizierte (vergleiche die Noten 23–25, 61).

61 Der hebräische Verlag *Ajanot* [Quellen] wurde 1922 von Simon Rawidowicz in Berlin Charlottenburg gegründet und geleitet. Der Verlag publizierte nachweislich bis 1925. Dort gab Rawidowicz 1922 den *Sefer ha-Madda* [Buch der Erkenntnis], den ersten

Band des *Mischne Tora* von Maimonides, als Schulbuch heraus; danach die erste Werkausgabe der Schriften von Nachman Krochmal (*Kitwei Nachman Krochmal*, 1924). Bei *Ajanot* erschien 1925 der Litauische Pinkos in der Herausgabe von Simon Dubnow (vergleiche Autobibliographie), von Samuel Abba Horodezky Quellen des Chassidismus ebenso Briefe und Gedichte des Wilnaer Maskil Micha Josef Lebenson (1924).

62 Vergleiche Bd. II, Autobibliographie Nr. 157.

63 Gemeint ist das Rabbinerseminar für das orthodoxe Judentum zu Berlin, das von Dr. Esriel Hildesheimer gegründet, 1873 eröffnet und im November 1938, kurz nach der Reichspogromnacht, geschlossen wurde.

64 Das opus magnum des Nachman Krochmal, *More newuche ha-sman* [Führer der Verirrten der Zeit], war Teil der Werkausgabe *Kitwe Nachman Krochmal*, die Rawidowicz 1924, mit eigenen Kommentaren versehen, bei *Ajonot* herausgab (vergleiche Note 61).

65 Das *Ostjüdische Historische Archiv* war auf Initiative einer Gruppe jüdischer Intellektueller und Politiker der *Jüdischen Folkspartej* in Kiew gegründet worden, die Materialien über die Pogrome der Revolutions- und Bürgerkriegsjahre 1917 bis 1921 in der Ukraine gesammelt hatten. Einige Prominente, Chajim Nachman Bialik, Jakob-Wulf Latzky-Bertoldi, Simon Dubnow, Max Solowejtschik und Jakow Tejtel, hatten sich dafür eingesetzt, daß das Archiv nach Berlin verlegt wurde, damit die Materialien dort publiziert werden konnten. Das Archiv besaß Mitte der 1920er Jahre mehr als zehntausend Dokumente, meist Zeitzeugenberichte, und fünfhundert Photographien. Von der im russisch-jüdischen Verlag *Grani* geplanten siebenbändigen Reihe des Archivs kam nur der erste Band in russischer und in jiddischer Sprache heraus: Ilja Čerikover/Elias Tscherikower (Hg.), *Antisemitizm i pogromy na Ukraine 1917–1918 gg./Antisemitism un Pogromen in Ukraine 1917–1918*, Berlin 1923. Daneben wurden von den Verwaltern des Archivs an anderer Stelle Dokumentationen zu den Pogromen in der Ukraine veröffentlicht: Nachum Gergel, Die Pogrome in der Ukraine in den Jahren 1918–1921. *Schriften für Ökonomik und Statistik des Jiddischen Wissenschaftlichen Instituts* (deutsch und jiddisch), Berlin/Warschau 1928; Jakob Lestschinsky, Der schreck fun ziffern. *Zukunft*, New York, September-Oktober 1922; Koralnik, Pogrommaterialien. *Blätter für jüdische Demographie, Statistik und Oekonomik* 1, Berlin 1923; Elias Tscherikower (Hg.), *Samelbicher. In der tekufe fun rewoluzie (memoarn, materialn, dokumentn)*, Berlin 1924; Elias Tscherikower, *Di geschichte fun der pogrom-bawegung in Ukraine 1917–1921*, Berlin o. J.; Leo Motzkin (Hg.), *Pogromes en Ukraine sous les gouvernements ukrainens (1917–1920)*, Paris 1927; siehe auch: Jacob Jacobson, Jacob Segall (Hg.), *Jüdisches Jahrbuch für Groß-Berlin auf das Jahr 1926*. Ein Wegweiser durch die jüdischen Einrichtungen und Organisationen Berlins, Berlin o. J., S. 157; vergleiche Note 39).

66 *Reschumot. Measef le-diwrei sichronot, le-etnografija u-le-folklor be-israel* [Quellen. Bote für Erinnerungen, Ethnographie und Folklore in Israel], Bd. 3, herausgegeben von Alter Drujanow, Berlin 1923. Band 3 war insofern ein Sonderband, als er ausschließlich den Pogromen gegen die Juden in Rußland und vor allem in der Ukraine während der Revolutions- und Bürgerkriegsjahre gewidmet war. Dubnow irrt in der Annahme, der Band sei in der Redaktion von Bialik herausgegeben worden.

67 Im Herbst und Winter 1923 wohnten Dubnows für kurze Zeit in der Kaiser-Wilhelm-Straße Nr. 78 in Lichtenrade.

68 Im Original deutsch.

69 Hebr.: »junger Rabbi«.

70 Gemeint sind die *Kurse für Orientalistik* (vergleiche Note 5).

71 Dubnow hatte 1899 in einigen seiner *Briefe vom alten und neuen Judentum* gegen die zionistische Ideologie Max Nordaus polemisiert (vergleiche Bd. I, Sechstes Buch, Kapitel 35 und die dazu gehörigen Noten 33 und 34).

[72] Nordau's Death: Expressions of Sorrow. *J. T. A.-Bulletin* Bd. IV, Nr. 23 vom 26. Januar 1923, S.1; in der Meldung werden die Reaktionen von drei Persönlichkeiten auf Max Nordaus Tod mitgeteilt – Simon Dubnow, dem ehemaligen Präsidenten des Jüdischen Weltkongresses Otto Warburg und dem Revisionisten-Zionisten Wladimir Jabotinsky.

[73] Heute gibt es ein Hotel des Namens »Kant-Hotel« auf der Kantstraße Nr. 111 in einem Nachkriegsbau. Das Jüdische Jahrbuch für Groß-Berlin 1926 annoncierte nur das »Hotel Hessler« auf der Kantstr. 165/66.

[74] Gemeint ist Bad Homburg vor der Höhe, wo Schmuel Josef Agnon sein Haus hatte und Rawnizki und Bialik zeitweilig wohnten (vergleiche Note 54).

[75] Der Historiker und Berliner Ordinarius Heinrich Treitschke machte durch verschiedentliche antisemitische Ausfälle von sich reden. Unter anderem veröffentlichte er in den von ihm herausgegebenen *Preußischen Jahrbüchern* drei Aufsätze, die unter dem Titel *Ein Wort über unser Judentum* 1880 als Sonderheft erschienen. Darin bezog er sich polemisch auf die angeblich von Heinrich Graetz in seiner Geschichte der Juden geforderte »jüdische Sondernationalität«. Die beiden jüdischen Kollegen Moritz Lazarus in Berlin und Hermann Cohen in Marburg verwahrten sich gegen Treitschkes Angriffe. Gleichwohl führte dessen Polemik zu Auseinandersetzungen zwischen den deutsch-jüdischen Intellektuellen. Der deutschnationale Neukantianer Cohen hatte ein deistisches Verständnis vom Judentum und kritisierte Graetz für sein nationales und, in abgemilderter Form, den Begründer der Völkerpsychologie Moritz Lazarus für sein partikularistisches jüdisches Selbstverständnis. Graetz setzte sich nur vorsichtig zur Wehr (Siehe Dubnow, *Die neueste Geschichte des jüdischen Volkes*, Bd. III, § 39 und § 40).

[76] Im Original deutsch. Theodor Herzl, *Tagebücher* (1895 bis 1904), 3 Bde., hrsg. von Alexander Bein, Berlin: Jüdischer Verlag 1922/23. Dubnow glich das Kapitel zur Geschichte des politischen Zionismus in seiner *Neuesten Geschichte* mit den *Tagebüchern* ab (siehe Dubnow, *Die neueste Geschichte des jüdischen Volkes*, Bd. III, § 49).

[77] Der Essay *Was ist die jüdische Geschichte?* erschien 1898 in deutscher Übersetzung (vergleiche Autobibliographie Bd. I, Nr. 100).

[78] Vergleiche Bd. I, Sechstes Buch, Kapitel 34.

[79] Gemeint ist das *Jüdische Lexikon. Ein enzyklopädisches Handbuch des jüdischen Wissens* in 4 Bänden (in fünf gebunden), begründet von Günther Herlitz und Bruno Kirschner, Berlin: Jüdischer Verlag, 1927–1930. An dem Lexikon arbeiteten bis zu 300 Wissenschaftler, Rabbiner und Literaten mit. Die Redaktion wurde von dem Judaisten Ismar Elbogen beraten (siehe Brenner, *Jüdische Kultur in der Weimarer Republik*, S. 128 f.).

[80] Teplik ist eine Stadt und ein Regionalzentrum in Podolien, westlich von Uman gelegen, heute Westukraine. Im Jahre 1919 verübten marodierende Banden unter dem Kommando des nationalen Freiheitskämpfers Simon Petljura dort einen Pogrom gegen Juden.

[81] Im Original deutsch.

[82] Vergleiche Note 58.

[83] Die Ecke Grolman-/ Schillerstraße gibt es im heutigen Berlin nicht mehr. Im Zuge des Wiederaufbaus der Stadt nach den Zerstörungen des Krieges wurden die Straßenführungen verändert.

[84] Am 10. Oktober 1918 wurde in der Sowjetunion eine neue Orthographie zur Vereinfachung der Schreibweisen eingeführt.

[85] Im Verlag *Gescher* in Berlin gab David Bjelozerkowski 1924 eine Biographie über Joseph Trumpeldor heraus und Josef Heller 1935 eine Geschichte des Zionismus.

[86] Laut *J. T. A.-Bulletin* (Bd. V, Nr. 50 vom 27. Februar 1924, S. 3) fand in Berlin eine Konferenz des *Verbands der jüdischen ausländischen Studenten*, bei Dubnow als »Verband jüdischer Studenten« bezeichnet, statt, an der Albert Einstein und Simon Dubnow

als Ehrenpräsidenten des *Verbands jüdischer Studentenvereine in Deutschland* teilnahmen.

87 Das Haupthaus der *B'nai B'rith*-Logen in Berlin befand sich in der Kleiststraße Nr. 10 und war ein zentraler und repräsentativer Veranstaltungsort für das jüdische Berlin. Dort unterhielt auch der *Verband russischer Juden* von 1921 bis 1926 einen eigenen Klub.

88 Gut ein Jahr, vom Frühjahr 1924 bis zum Sommer 1925, wohnten Ida und Simon Dubnow am Hohenzollerndamm Nr. 86 (bei Meisl).

89 David Koigen, *Ideen zur Philosophie der Kultur: der Kulturakt*, München und Leipzig 1910; ders., *Der moralische Gott. Eine Abhandlung über die Beziehungen zwischen Kultur und Religion*, Berlin 1922.

90 David Koigen, *Der Aufbau der sozialen Welt im Zeitalter der Wissenschaft. Umrisse einer soziologischen Strukturlehre*, Berlin 1929.

91 In den Diskussionen mit dem Literaturkritiker Akim Wolynski-Flekser der Jahre 1885/86 habe Dubnow eine Aversion gegen die deutsche Philosophie entwickelt, heißt es in den Erinnerungen (vergleiche Bd. I, Viertes Buch, Kapitel 20).

92 I. Z. Štejnberg [Isaak N. Steinberg], *Nravstvennyj lik revoljucii*[Das moralische Antlitz der Revolution], Berlin 1923.

93 Die Jüdische Universität wurde an der Jahreswende 1918/19 in Petrograd gegründet (vergleiche Bd. II, Elftes Buch, Kapitel 63 und die dazu gehörige Note 100).

94 Die *Freie Philosophische Assoziation* (Wolfil) war von 1919 bis 1920 eine russische wissenschaftliche Gesellschaft in Petrograd mit so prominenten Mitgliedern wie Alexander Blok, R. W. Iwanow-Rasumnik und Nikolai Berdjajew. Nach deren Ausreise aus der Sowjetunion löste sich die Gesellschaft auf.

95 Nathan Birnbaum, *Gottes Volk*, Wien 1918; ders., *Um die Ewigkeit. Jüdische Essays*, Berlin 1920.

96 Im Original deutsch. Die *Jüdische Wissenschaftliche Vereinigung*, die am 13. Juni 1924 auf Initiative russisch-jüdischer Intellektueller in Berlin gegründet worden war, bestand nur ein Jahr. Sie war eine einzigartige Verbindung von jüdischen Wissenschaftlern aus Deutschland und dem östlichen Europa und ist doch in keinem der einschlägigen jüdischen Lexika verzeichnet. Sie wird auch weder als Organisation noch im Rahmen ihrer Veranstaltungen im Logenhaus, Kleiststraße Nr. 10, in Karl Schlögels *Chronik* erwähnt.

97 Die *Hochschule für die Wissenschaft des* Judentums, gegründet 1870 und eröffnet 1872 in Berlin, die erste von der christlichen Theologie wie von traditionellen rabbinischen Autoritäten unabhängige, akademische Einrichtung für Judaistik in Deutschland, fungierte als modernes liberales Rabbinerseminar zur Ausbildung von Rabbinern und Lehrern.

98 Im Original deutsch; bis auf zwei Ausnahmen verwendet Dubnow im folgenden stets den deutschen Titel seines Werkes.

99 Vergleiche Note 55.

100 Anspielung auf Schibolet.

101 Rezensionen zu den ersten beiden Bänden von Dubnow, *Neueste Geschichte*, Berlin 1920, waren erschienen in: *Das literarische Echo* 23 (1921), S. 951 (H. Bergmann); *Allgemeine Zeitung des Judenthums* 85 (1921), S. 190; *Der Jude* 6 (1921) S. 196 (Ernst Simon); *Orientalistische Literatur-Zeitung* (1921), S. 311 (O. Rescher); *Leipziger Tageblatt* Nr. 17, S. 11; *Im Deutschen Reich* 27 (1922), S. 274 (Heinrich Stern); *Monatsschrift für Geschichte und Wissenschaft des Judentums* 65 (1921), S. 200–210 (Selma Stern).

102 Rezensionen zu Dubnow, *Neueste Geschichte*, Bd. III verfaßten Heinrich Stern in der *C. V.-Zeitung* (vergleiche Note 51 und 53), Josef Meisl (Umschau: Geschichte. *Der Jude* 6 (1923) 10/11, S. 662–665), Leo Strauss (Soziologische Geschichtsschreibung?

Der Jude 7 (1924) 3, S. 190–192) und Selma Stern (*Monatsschrift für Geschichte und Wissenschaft des Judentums* 68 (1924), S. 177 f.); außerdem gab es Besprechungen in: *Weltwirtschaftliches Archiv*, Bd. 20 (1924), S. 297; *Forschungen zur brandenburgischen und preußischen Geschichte* 37 (1924), S. 148 f. (S. Neufeld); *Mitteilungen aus der historischen Literatur* N. F. XIII (1924), S. 84 (S. Neufeld).

103 Im Jahr 1924 lebten von Dubnows Freunden und Bekannten außer Chajim Nachman Bialik auch Achad Haam, Jehoschua Chana Rawnizki, Salman Rubaschow, Semjon Rosenbaum und Isaak Goldberg in Palästina.

104 Am 6. August 1924 um 20.30 Uhr hielt Jakob-Wolf Latzky-Bertoldi im »Café Leon« einen Vortrag über Argentinien und die jüdische Emigration (siehe Schlögel, *Chronik*, S. 231).

105 Jüdisch-spanisches Zentrum ist ein Begriff in Dubnows Geschichtskonzeption und bezieht sich auf Juden im mittelalterlichen Spanien unter maurischer Herrschaft.

106 Im Jahr 1923 wurde in der Franzensbader Straße Nr. 7–8, Stadtteil Grunewald, »in einem bis dahin als Tanz- und Ausflugslokal dienenden Haus eine Synagoge eingerichtet, die 1938 vollständig demoliert und 1941 abgerissen wurde. An dem Neubau ist eine Gedenktafel angebracht« (siehe Ulrich Eckhardt und Andreas Nachama, *Jüdische Orte in Berlin*. Mit Feuilletons von Heinz Knobloch und Fotografien von Elke Nord, Berlin 1996, S. 118).

107 Die Rede ist von dem Sozialrevolutionär Ilja Dobkowski (vergleiche Bd. II, Elftes Buch, Kapitel 61, S. 250).

108 Anspielung auf die romantische Bekanntschaft Dubnows mit der Zahnärztin Wera während des Sommers 1898 im Haus des Freundes Markus Kagan in Retschitza, die er im Frühjahr 1914 in Petersburg wieder getroffen hatte (vergleiche Bd. I, Sechstes Buch, Kapitel 34; Bd. II, Neuntes Buch, Kapitel 53).

109 Die Londoner Konferenz vom 5.–16. August 1924 beschloß den Dawesplan, der die deutschen Reparationszahlungen nach dem Ersten Weltkrieg regelte. Haushalt und Handelsbilanz sollten durch die Zahlungen nicht gefährdet werden. Zunächst wurde die deutsche Währung durch einen Milliardenkredit stabilisiert. Die Reparationszahlungen sollten erst nach einer gewissen Frist mit jährlichen Raten in begrenzter Höhe beginnen. Der Plan scheiterte jedoch und wurde 1928 durch den Youngplan ersetzt.

110 Vom 1. September bis zum 2. Oktober 1924 fand die Fünfte Versammlung des Völkerbundes in Genf statt.

111 Kohelet 12: 12

112 Kohelet 1: 2.

Dreizehntes Buch
Vollendung der zehnbändigen *Geschichte*, 1925–1929

1 In der möblierten Vierzimmerwohnung Charlottenbrunner Straße Nr. 3 lebten Simon und Ida Dubnow fünf Jahre, von August 1925 bis August 1930.

2 Das Wort »Liquidierung« gehörte zum Sprachgebrauch des Sowjetjargons. Dubnow verwendet es im Hinblick auf seine eigene Arbeit eindeutig ironisch.

3 Die Gründung des *Preußischen Landesverbands jüdischer Gemeinden* 1921 war der erste Schritt zur Schaffung einer Gesamtorganisation der deutschen Juden. Nach eigenem Bekunden ließ sich Dubnow nicht als Kandidat der *Jüdischen Volkspartei* für die ersten und einzigen Wahlen zum Landesverband Anfang Februar 1925 aufstellen, bei denen die *Volkspartei* als zweitstärkste Kraft nach den Liberalen gut abschnitt; wohl aber unterstützte er die Partei. Von den von ihm vorgeschlagenen Kandidaten ließ sich Max

Solowejtschik nachweislich für die Wahlen aufstellen (zur *Jüdischen Volkspartei*: siehe Michael Brenner, The Jüdische Volkspartei. National-Jewish Communal Politics during Weimarer Republic, in: *Yearbook of the Leo Baeck Institute* 35 (1990), S. 219–243).

[4] Ein gewisser Zwi Woyslawski veröffentlichte gegen Dubnow einen »Offenen Brief« in *Ha-Olam* (1925), 1 und in der *Jüdischen Rundschau* Nr. 5 vom 16. Januar 1925.

[5] Die Autobibliographie verzeichnet nur die hebräische Publikation von Dubnows Antwort an den zionistischen Herausforderer. Josef Meisl nennt in »Simon Dubnows Abhandlungen und Schriften« auch die deutsche Version des offenen Antwortbriefes. Er wurde in der *Jüdischen Rundschau* Nr. 10 vom 3. Februar 1925, S. 91 publiziert.

[6] Kritikus ist das Pseudonym des Rezensenten Dubnow (vergleiche Bd. I, Erläuterungen zur Autobibliographie).

[7] Vergleiche Bd. I, Autobibliographie Nr. 4 und 5.

[8] Am 7. Februar 1925 wurde im Logenhaus, Kleiststraße Nr. 10, die dritte Konferenz des *Verbands der ausländischen jüdischen Studenten* mit Vorträgen von Simon Dubnow und Eduard Bernstein eröffnet (siehe Schlögel, *Chronik*, S. 247).

[9] Siehe Dubnow, *Weltgeschichte*, Bd. X, § 45.

[10] Das *Komitee für das arbeitende Palästina* (*Jüdisches Lexikon* 1927) bzw. *International Socialist Pro-Palestine Committee* (*Encyclopaedia Judaica* 1996) war eine Initiative von führenden Sozialdemokraten und Sozialisten zur Förderung der organisierten jüdischen Arbeiterbewegung *Poale Zion* in Palästina nach dem Weltkrieg und der Russischen Revolution und richtete sich gegen den radikalen marxistischen Flügel der Partei.

[11] Fichtengrund ist heute ein Ortsteil von Friedrichsthal im Oranienburger Land, Oberhavel, nördlich von Berlin.

[12] Johannisbad, heute Janské Lázně, Tschechien, ist ein kleiner nordböhmischer Kurort.

[13] Die Bibliotheksbestände der Jüdischen Gemeinde von Berlin in der Oranienburger Straße Nr. 29, in die Dubnows Bibliothek eingegliedert wurde, sind während des Zweiten Weltkriegs verloren gegangen. Nach der mündlichen Auskunft von Feliks Tych, Direktor des Jüdischen Historischen Instituts (Żydowski Instytut Historyczny) in Warschau, gegenüber Evelyn Adunka in Wien im Jahre 2000, die bisher unbestätigt blieb, befinden sich zumindest Teile der Berliner Jüdischen Gemeindebibliothek bis heute im Bestand des Warschauer Instituts (siehe Evelyn Adunka, *Der Raub der Bücher. Plünderung in der NS-Zeit und Restitution nach 1945*, Wien 2002, S. 81, und die dazugehörige Note 33, S. 255).

[14] In der »Vierten Beilage« zur *Geschichte des Chassidismus* (Bd. I) setzte sich Dubnow ausführlich mit den Kopien der chassidischen Briefe auseinander.

[15] 1888 publizierte Dubnow seine ersten Aufsätze zur Geschichte des Chassidismus im Petersburger *Woschod* (vergleiche Bd. I, Viertes Buch, Kapitel 23; Autobibliographie Bd. I, Nr. 45 und 46).

[16] Der Übersetzer der *Weltgeschichte* Aaron Steinberg nannte die Periode »palästinensisch-babylonisch« (siehe Dubnow, *Weltgeschichte*, Bd. III, Zweites Buch). Um Mißverständnissen vorzubeugen, heißt es hier »palästinisch-babylonisch« analog zur im Deutschen mittlerweile üblichen Bezeichnung Palästinischer Talmud. Die Periodisierung der jüdischen Geschichte nach Hegemoniezentren, die Dubnow der *Weltgeschichte* zugrunde legte, ist ein Merkmal seiner Konzeption. Er gliederte nach sozialen und politischen, zeitlichen und räumlichen Aspekten, berücksichtigte dabei den Kontext und das Verhältnis der Diasporaregionen zueinander. So entstand ein dynamisches Strukturmodell von Haupt- bzw. Hegemonie- und Nebenzentren, das sich durch Verlagerungen und Neugewichtungen in zwei große Perioden, die orientalische und die europäische, teilte, die wiederum in zahlreiche Unterperioden zerfielen (vergleiche insbesondere Bd. I, Fünftes Buch, Kapitel 31; siehe Dubnow, *Weltgeschichte*, Bd. I, Einleitung).

17 Die Hebräische Universität in Jerusalem wurde am 1. April 1925 durch Lord Balfour eröffnet. Dubnow hatte die Gründung der Hebräischen Universität von Anfang an verfolgt, konkurrierte sie doch lange Zeit mit seinen eigenen Plänen zur Errichtung einer jüdischen Universität in Europa (vergleiche Bd. II, Neuntes Buch, Kapitel 53 und Elftes Buch, Kapitel 63).

18 Dubnow war um einen Artikel für ein Sonderheft des *Ha-Doar* anläßlich der Eröffnung der Hebräischen Universität in Jerusalem gebeten worden. Da er keine Zeit dafür erübrigen wollte, sandte er die Kopie eines Briefes an Achad Haam vom 3. April 1925. Der Brief wurde im *Ha-Doar* 5 (1925), 20 abgedruckt. Im selben Heft (S. 14) berichtete ein gewisser Mem Het Toisner, Dubnow wolle nur eine Jüdische Universität im Westen, nicht aber in Palästina. Darüber beschwerte sich Dubnow in einem Leserbrief an die Redaktion, der im *Ha-Doar* 5 (1925), 24 veröffentlicht wurde: Man habe nicht seinen eigenen Aussagen, sondern denen seiner Gegner vertraut.

19 Den Abschluß einer Vortragsreihe des russischen Juristen und Historikers Prof. Walentin N. Speranski von der Universität Petersburg bildete die Veranstaltung zum Thema »Die Juden und Rußland«. Nach Schlögels *Chronik* (S. 261) fand der Vortrag allerdings nicht am 8., sondern am 11. Mai in den Spichernsälen, Spichernstraße Nr. 3, um 20.00 Uhr statt.

20 Am 9. August 1925 wurde in Berlin der Jüdische Emigrationskongreß eröffnet, den das Vereinigte Komitee für jüdische Emigration *(Emigdirect)* einberufen hatte, in dem verschiedene osteuropäisch-jüdische Organisationen vertreten waren (siehe Schlögel, *Chronik*, S. 267).

21 Im Jahr 1881, nach den ersten großen Pogromwellen im Süden des Zarenreiches in Reaktion auf den Mord an Alexander II., hatte die massenhafte Emigration der Juden aus dem Zarenreich eingesetzt. Im Jahr 1925 kam sie infolge der neuen amerikanischen Einwanderungsbestimmungen, die eine starke Kontingentierung und Begrenzung der jüdischen Einwanderung in die USA vorsahen, zu einem vorläufigen Ende.

22 Dubnow on the Future of Zionism and the Jewish Agency: No Longer a Party Movement. *J. T. A.-Bulletin*, Bd. VI, Nr. 232 vom 8. Oktober 1925, S. 4.

23 Die Verträge von Locarno waren ein am 16. Oktober 1925 abgeschlossener Sicherheitspakt nach dem Scheitern des Genfer Protokolls von 1924. Frankreich wollte den Bestand des Versailler Vertrags auf der Grundlage eines Systems kollektiver Sicherheiten im Rahmen des Völkerbunds wahren. Deutschland legte den Plan eines regionalen Sicherheitspakts zur Garantie der Westgrenzen vor, der von Großbritannien unter der Bedingung unterstützt wurde, daß Deutschland dem Völkerbund beitrat. In dem von Italien und Großbritannien garantierten Hauptvertrag verzichteten Frankreich, Deutschland und Belgien auf die gewaltsame Revision ihrer gemeinsamen Grenzen. In Einzelverträgen mit Polen und der Tschechoslowakei verzichtete Deutschland auf gewaltsame Grenzrevisionen. Deutschlands Mitgliedschaft im Völkerbund wurde mit seiner Freistellung von der Teilnahme an Völkerbundssanktionen gegen Sowjetrußland verbunden.

24 Nikolaj A. Nekrasov, »Čto ni god – umen'šajutsja sily ...« [Jahr um Jahr – und die Kräfte schwinden ..., 1861]; die ersten beiden Zeilen der zweiten Strophe.

25 Der Kommissar für Volksbildung Anatoli Lunatscharski war in den 1920/30er Jahren mehrmals in Berlin. Bei seinem Aufenthalt im Herbst 1925 wurde ihm »anläßlich der Feierlichkeiten zum 200jährigen Bestehen der Russischen Akademie der Wissenschaften [gegründet von Peter I. 1724] seitens der preußischen und Reichsregierung größte Aufmerksamkeit entgegengebracht« (siehe Thea Kirfel-Lenk, »Ändere die Welt: Sie braucht es.« Erwin Piscator und sein internationales Theaterkollektiv, in: *Berliner Begegnungen. Ausländische Künstler in Berlin 1918–1933*, Berlin 1987, S. 312–324, hier S. 324).

26 Vergleiche Note 16; siehe Dubnow, *Weltgeschichte*, Bd. III, 65–67.

[27] Die Feier zum fünfundsiebzigsten Geburtstag von Jakow Tejtel, Vorsitzender des *Verbandes russischer Juden,* fand am 19. Dezember 1925 um 20.00 Uhr im Logenhaus, Kleiststraße Nr. 10, statt (siehe Schlögel, *Chronik*, S. 279).

[28] Vergleiche Note 16.

[29] Vergleiche Note 16; siehe Dubnow, *Weltgeschichte*, Bd. IV.

[30] Vergleiche Note 16; siehe Dubnow, *Weltgeschichte*, Bd. IV, § 27.

[31] Die *Librairie Payot* in Paris, gegründet 1912 von G. Payot, ist ein renommierter wissenschaftlicher Verlag für Geschichte, Philologie und Soziologie.

[32] Gemeint ist das *Bulletin* der J. T. A. in Berlin (vergleiche Glossar und Zeitschriftenverzeichnis).

[33] Am 25. Mai 1926 erschoß der Revolutionär und jiddische Dichter Shalom Schwarzbard den ukrainischen Armeeführer Simon Petljura in Paris, der für zahlreiche Pogrome in den Revolutions- und Bürgerkriegsjahren verantwortlich gemacht wurde. Der Prozeß gegen ihn wurde am 17. Oktober eröffnet (vergleiche Zwölftes Buch, Note 39 und 65).

[34] Das Komitee zur Verteidigung Schwarzbards in Paris bildete sich unter Leo Motzkins Führung unter dem Dach des *Comité des Délégations Juives*.

[35] Gemeint ist der Europäische Nationalitätenkongreß (1925–1938), im Unterschied zum Völkerbund, der ein Staatenbund war, ein transnationaler Zusammenschluß der Minderheiten in Europa, und – im Gegensatz zur Komintern – bürgerlich liberal orientiert. Der Europäische Nationalitätenkongreß war auf Initiative des Deutschbalten Ewald Ammende gegründet worden, verlor jedoch schon bald seine Unabhängigkeit und geriet unter den Einfluß des Deutschen Auswärtigen Amtes. Der Veranstaltungsort Genf war ein Politikum und sehr umstritten (siehe Sabine Bamberger-Stemmann, *Der Europäische Nationalitätenkongreß 1925–1938. Nationale Minderheiten zwischen Lobbyisten und Großmachtinteressen*, Marburg 2000).

[36] Das Seebad Ahlbeck an der Ostseeküste von Usedom gehört zu den sogenannten Kaiserbädern.

[37] Sofija Dubnowa-Erlich kam im September 1926 mit ihren beiden Söhnen Alexander und Viktor aus Warschau und blieb bis zum Sommer des nächsten Jahres. Sie wohnte bei den Eltern in der Charlottenbrunnerstraße, Berlin-Grunewald, und arbeitete im *Bund*-Archiv im *Vorwärts*-Haus der SPD in der Lindenstr. 2–3, das im Mai 1926 von Genf statt in das bolschewistische Rußland oder in das instabile Polen nach Berlin verlegt worden war. Im *Bund*-Archiv ordnete Sofija Dubnowa-Erlich zunächst unter der Aufsicht des Archivleiters Franz Kurski polnische und russische Parteidokumente, Flugblätter, Zeitungen, Briefe und wertete darüber hinaus Materialien für eine Forschungsarbeit über die Rolle der Bürstenmacher und Gerber in der revolutionären Bewegung aus, woraus die jiddische Monographie *Garber bund un berschter bund*, Warsche 1936 entstand (nach Auskunft von Gertrud Pickhan; siehe Sofija Dubnova-Èrlich, *Chleb i maza* [Brot und Mazze], Sankt-Peterburg 1994, S. 202–204).

[38] Maksim Vinaver, *Nedavnee. Vospominanija i charakteristiki*, Paris [3]1926.

[39] Der jüdische *Verband für Bürgerrechte* wurde im April 1905 in Wilna gegründet und hatte seinen Sitz in Petersburg. Die Dynamik des Revolutionsjahres hatte die jüdischen Liberalen bewogen, sich zusammenzuschließen. Es war eine Öffentlichkeit entstanden, die auch sie ermutigte, in die russische Politik einzutreten. Der *Verband für Bürgerrechte* war die erste allgemeine überparteiliche Organisation des gesamten Spektrums liberaler jüdischer Kommunalpolitiker und Juristen im Zarenreich mit doppelter Funktion: 1. die Beteiligung der Juden an der noch zu erkämpfenden parlamentarischen Politik in Rußland vorzubereiten und 2. Juden nach den Pogromen vom Oktober 1905 Rechtshilfe zu leisten. Das Programm des Verbands wurde von Dubnow formuliert. Es sah eine Politik mit doppelter Strategie vor: Erlangung der Bürgerrechte einerseits und kultureller Autonomie andererseits. Bereits nach zweijährigem Bestehen fiel der Verband

der allgemeinen Fragmentierung der jüdischen Politik im Zarenreich zum Opfer. Dubnow gibt in den Erinnerungen einen detaillierten Bericht von der Arbeit des Verbandes (vergleiche Bd. II, Kapitel 43).

40 Die Gedenkfeier für Achad Haam in Berlin fand am 9. Januar 1927 um 12.00 Uhr im großen Saal des Logenhauses, Kleiststraße Nr. 10, statt (*Jüdische Rundschau* Nr. 2 vom 7. Januar 1927, S. 9).

41 *Jüdische Rundschau* Nr. 54 vom 8. Juli 1927, S. 386; siehe auch »The Zurich Conference on Jewish Rights: Professor Dubnov Reviews History of Jewish Emancipation«. *J. T. A.-Bulletin*, Bd. VIII, Nr. 193 vom 19. August 1927, S. 1.

42 Oberhof ist ein Luftkurort im Thüringer Wald.

43 Von Moses (Moritz) Hirschkopf konnte nur der Titel *Weltkrieg und Weltidee: Neue Wege zur Völkerversöhnung und Menschenverbrüderung* (Berlin 1923) ermittelt werden.

44 Zurich Conference on Jewish Rights. New Council Formed. Dr. Stephen Wise indignant. *Jewish Guardian* Nr. 413 vom 26. August 1927, S. 3–4.

45 Jews and the Schwartzbard Trial: Appeal To Jewish Public Opinion by Professor Dubnov. *J. T. A.-Bulletin*, Bd. VIII, Nr. 227 vom 30. September 1927, S. 3.

46 Nach Hiob 16:18. Dubnow sprach in dem besagten Aufruf von einem Gebet der Märtyrer.

47 Sabbatai Zewi aus Smyrna (1626–1676) war der Begründer der wohl bekanntesten, nach ihm benannten messianischen Bewegung (Sabbatianismus), die in Folge der Verheerungen im Osten der Polnisch-Litauischen Republik durch den Polnisch-Kosakischen Krieg (1648–1654) und den Ersten Nordischen Krieg (1655–1660) zahlreiche Anhänger fand (vergleiche Bd. I, Erstes Buch, Kapitel 1).

48 Am Weihnachtsabend kam es an der Ecke Tauentzienstraße/Rankestraße gegenüber dem Lokal »Wilhelma«, das als Treffpunkt der Nationalsozialisten galt, zu antisemitischen Ausschreitungen. Ein Rittergutsbesitzer, ein gewisser Baron von Engelhardt, griff den 74jährigen Philosophen Gregor Itelson in volltrunkenem Zustand mit den Worten »Schlagt den Juden tot!« tätlich an, bis dieser im Gesicht erheblich verletzt auf der Straße liegen blieb und ins Krankenhaus geschafft werden mußte. Itelson stellte Strafanzeige (*Jüdische Rundschau* Nr. 1 vom 5. Januar 1926, S. 7).

49 Der Artikel, den Moses (Mojzesz) Schorr über Dubnow im Januar 1921 in der Krakauer Tageszeitung *Nowy Dziennik* sowie in einer kürzeren hebräischen Version in der *Ha-Zefira* publiziert hatte, trug in der polnischen Fassung den Titel »Szymon Dubnow, z okazji jubileuszu 60-lecia urodzin«.

50 Das Instytut Nauk Judaistycznych [Institut für Judaistik] in Warschau nahm zum Wintersemester 1927/28 den Lehrbetrieb auf. Die feierliche Eröffnung fand am 19. Februar 1928 statt. Dem Anspruch nach war es eine Hochschule für jüdische Studien und bildete Rabbiner, Lehrer für den jüdischen Religionsunterricht an höheren Schulen sowie Lehrer für säkulare judaistische Fächer an jüdischen Schulen aus (siehe Maria Dold, »Eine Frage der nationalen und staatsbürgerlichen Ehre …« Majer Bałaban und die jüdische Wissenschaft in Warschau, in: Dmitrieva, Petersen (Hg.), *Jüdische Kultur(en) im Neuen Europa*, S. 180–197).

51 Acht Jahre nach der Erlangung der Unabhängigkeit Polens riß Marschall Józef Piłsudski am 12. Mai 1926 mit Unterstützung der Linken einschließlich der Kommunisten die Macht in einem Staatsstreich an sich und führte seitdem bis kurz vor seinem Tod 1935 das sogenannte *Sanacja-Regime* [Sanierungs-Regime]. Während des Putsches kam es, so die *Jüdische Rundschau*, im Zentrum von Warschau zu Straßenkämpfen und dabei auch zu Ausschreitungen gegen Juden (*Jüdische Rundschau* Nr. 38/39 vom 18. Mai 1926, S. 292).

52 Bei den Wahlen der Jüdischen Gemeinde in Berlin vom 16. Mai 1926 verloren die Libe-

ralen ihre absolute Mehrheit, sie erhielten nur 46, 5 Prozent der Stimmen, während die vereinigte Opposition unter Führung der *Jüdischen Volkspartei* 53, 5 Prozent erhielt. Dubnow wurde kein Repräsentant der Gemeinde (*Jüdische Rundschau* Nr. 38/39 vom 18. Mai 1926, S. 289).

[53] Gemeint ist die *Jüdische Volkspartei.*

[54] Der Gedenkabend zu Ehren des russisch-jüdischen Dichters Simon Frug anläßlich des zehnjährigen Todestages fand am 31. Mai 1926 im Logenhaus, Kleiststraße Nr. 10, statt (siehe Schlögel, *Chronik*, S. 292).

[55] Vergleiche Bd. II, Zehntes Buch, Kapitel 58.

[56] Dubnows namentlichen Erinnerungen an Wolynski-Flekser setzen erst mit dem Jahr 1885 ein (vergleiche Bd. I, Viertes Buch, Kapitel 20 und 21).

[57] Dubnow begegnete Wolynski im September 1920 im Kommissariat für Aufklärung in Petrograd. Zusammen mit Losinski und anderen plante er die Gründung eines Instituts für die Geschichte und Kultur des Judentums, in dem die *Historisch-Ethnographische Gesellschaft*, Archivkommissionen und eventuell die Jüdische Universität vereint werden sollten (vergleiche Bd. II, Elftes Buch, Kapitel 65).

[58] Josef Meisl, Dubnows Abhandlungen und Schriften, in: *Sonchino-Blätter*, Berlin 1925, S. 223–247. Überarbeitete Fassung in: *Festschrift zu Simon Dubnows siebzigstem Geburtstag*, hrsg. von Ismar Elbogen, Josef Meisl und Mark Wischnitzer, Berlin 1930, S. 266–295 (vergleiche die Vorbemerkung zur Autobibliographie in diesem Band).

[59] Markus Kagan (Mordechai ben Hillel Hacohen), *Olami* [Meine Welt]. 5 Bde., Jerusalem 1927–1929.

[60] Vergleiche Bd. I, Zweites Buch, Kapitel 13; Drittes Buch, Kapitel 14.

[61] Anfangszeile des Morgengebets »Elohai ...« [Mein Gott! Die Seele, die du mir rein gegeben, du hast sie geschaffen, du hast sie gebildet ...].

[62] Im Sommer 1883 hatte Dubnow die Biographie des dänischen Literaturhistorikers und Kosmopoliten Georg Brandes über John Stuart Mill gelesen (vergleiche Bd. I, Drittes Buch, Kapitel 17).

[63] Im achten *Brief vom alten und neuen Judentum* hatte Dubnow das Modell der Assimilation am Beispiel von Georg Brandes kritisiert (vergleiche Bd. I, Sechstes Buch, Kapitel 38; Autobibliographie Bd. I, Nr. 116).

[64] Der Neffe von Seiten seiner Frau, Robert Saitschik, verbrachte als Gymnasiast den Sommer 1885 bei den Verwandten in Mstislawl. Im November 1887 wohnte Dubnow während eines Arbeitsaufenthalts in Warschau bei seinem Neffen, der damals vom Gymnasium relegiert war und sich auf ein Auslandsstudium vorbereitete. Im Sommer 1897 war Saitschik, mittlerweile Professor an der Technischen Hochschule in Zürich, zeitweise Dubnows Reisebegleiter in der Schweiz (vergleiche Bd. I, Drittes Buch, Kapitel 19; Viertes Buch, Kapitel 23; Fünftes Buch, Kapitel 32).

[65] M. Lewadin, *Dornenweg. Dramatische Szenen aus der Russischen Revolution*, Berlin 1927; jiddisch: *Der weg fun pain*, Warsche 1928. Steinberg gab das Drama unter Pseudonym heraus.

[66] Die Revolutionen, die kommen alles zu rächen / Schaffen ewig Gutes trotz ihres vorübergehenden Übels (Victor Hugo, *Les Contemplations* (1856), V, 3: «Écrit en 1846», 4. Strophe, die Zeilen 65/66).

[67] Chaim Žitlovskij, Duchovnyj nacionalizm Dubnova. *Serp* 2 (1907) S. 292–310. Dubnow ging später im *Zhitlowski-samlbuch* (Warsche 1929) auf die Polemik gegen ihn ein (vergleiche Bd. II, Achtes Buch, Kapitel 47; Autobibliographie im vorliegenden Band).

[68] Vergleiche Bd. I, Fünftes Buch, Kapitel 32.

[69] The Zurich Conference and The National Unity of the Jews all over the World: Interview with Professor Dubnov. *J. T. A.-Bulletin*, Bd. VIII, Nr. 205 vom 2. September 1927, S. 5.

70 An der Jahreswende 1907/08 hatte Dubnow die Mappe mit der laufenden Korrespondenz, die über seinem Schreibtisch hing, mit dem Zitat »Scripta manent!« beschriftet (vergleiche Bd. II, Achtes Buch, Kapitel 47).

71 Psalm 103: 15 und 17, verkürzt kombiniert.

72 *Besseda* [Gespräch] hieß der Klub der jüdischen Kaufleute im Zentrum von Odessa an der Ecke Potschtowaja und Puschkinskaja, gegenüber der Brodski-Synagoge (vergleiche Bd. I, Sechstes Buch, Kapitel 38 und 39).

73 Im August 1929 kam es in Hebron, Sfad und Jerusalem zu brutalen Ausschreitungen gegen die jüdische Bevölkerung.

74 Der Kurort Bad Reinerz in Mittelschlesien heißt heute polnisch Duszniki Zdrój.

75 *Eben eser*, hebräisch: »Stein der Hilfe«; zugleich Bezeichnung einer Abteilung im halachischen Kanon *Schulchan Aruch*.

76 Im Jahre 1926 wurde in Kiew ein Lehrstuhl für Jüdische Forschung an der Ukrainischen Akademie der Wissenschaften eingerichtet, der 1929 in ein Wissenschaftliches Forschungsinstitut für jüdische proletarische Kultur umgewandelt wurde. Das Institut wurde 1936 geschlossen.

77 Vergleiche Note 41 in diesem Buch.

78 Ende der 1920er, Anfang der 1930er Jahre unternahm die Sowjetregierung den abenteuerlichen Versuch, im Fernen Osten, in der Region der Flüsse Bora und Dschan eine jüdische ›autonome‹ Republik zu gründen, welche als das ›Birobidschan-Projekt‹ in die Geschichte einging. Offiziell war das Unternehmen erfolgreich, faktisch aber scheiterte das Experiment in der unwirtlichen Gegend. Es kostete Tausenden von Siedlern das Leben.

79 Gemeint ist Dubnows Aufruf zur jüdischen Geschichtsschreibung in Rußland, abgedruckt im *Woschod*, Oktober 1891 (vergleiche Bd. I, Fünftes Buch, Kapitel 27).

80 S. Nepomnjaščij, Ugolok Sankt-Peterburg. *Tribuna* vom 15. Juni 1929 (siehe Avram Grinbaum, *Evrejskaja nauka i naučnye učreždenija v Sovetskom Sojuze, 1918–1953*, Moskva/Ierusalim 1994/5754, S. 27, 127 f.; im Original englisch: Avraham Greenbaum, *Jewish Scholarship and Scholarly Institutions in Soviet Russia, 1918–1953*, Jerusalem 1978).

81 *J. T. A.-Bulletin*, Bd. X, Nr. 301 vom 31. Dezember 1929, S. 6.

82 Gemeint ist wieder der Europäische Nationalitätenkongreß (1925–1939).

83 Im Frühjahr 1928 begann die staatliche Politik der Kollektivierung der sowjetischen Landwirtschaft.

84 Nach dem Pogrom von Kischinjow im April 1903 hatte eine Gruppe jüdischer Literaten in Odessa (Achad Haam, Jehoschua Chana Rawnizki, Chajim Nachman Bialik, Ben Ami und Simon Dubnow) einen Aufruf zur Selbstverteidigung veröffentlicht (vergleiche Bd. I, Sechstes Buch, Kapitel 40).

85 Jakob Lestschinsky, *Schriften far ekonomik un statistik*. Jidischer Wisenschaftlecher Institut, Berlin 1928.

86 Louis Israel Newman, *Jewish influence on Christian reform movements*, New York 1925.

87 Am 14. und 18. April 1928 erschütterten zwei Erdbeben die Stadt Plowdiw (Philippopel) und ganz Südbulgarien. Das antike Korinth wurde am 22. April 1928 fast völlig zerstört.

88 *Maimoniana: oder Rhapsodien zur Charakteristik Salomon Maimon's aus seinem Privatleben gesammelt von Sabbatia Joseph Wolff*, Berlin 1813; neu hrsg. von Martin L. Davies und Christoph Schulte, Berlin 2003).

89 Für die *Weltgeschichte* las Dubnow von Julius Fürst, *Henriette Herz, ihr Leben und ihre Erinnerungen*. Berlin 1850 (vergleiche Dubnow, *Weltgeschichte*, Bd. VIII, § 33).

90 Möglicherweise eine Metapher für den »Emanzipations- und Kulturkampf in Deutsch-

land«, so der Titel des dritten Kapitels vom Bd. VIII der *Weltgeschichte*. Dort heißt es am Ende von Paragraph 33: »Die geistige Oberschicht und die Literatur«: »Noch war die Zeit der Reife nicht gekommen: das Zepter führte der Lenz, der Frühling des von Jahrhunderte währender Sklaverei erlösten menschlichen Geistes. In der Glut der Frühlingssonne schmolz das Eis, der Strom des Lebens sprengte seine winterliche Decke und trat in überschäumendem Freiheitsdrang aus den Ufern.«.

[91] Vergleiche Bd. I, Fünftes und Sechstes Buch.

[92] Der Außenminister der USA, Frank Kellogg, und der französische Außenminister Aristide Briand erreichten einen Kriegsächtungspakt, den sogenannten ›Kellogg-Pakt‹, der am 28. August 1928 von den USA, Frankreich, Großbritannien, Deutschland, Belgien, Italien, Japan, Polen, Tschechoslowakei sowie den britischen Dominions und bis Ende 1929 von insgesamt vierundfünfzig Staaten unterzeichnet wurde.

[93] Die Rede ist hier vom Jidischer Wisnschaftlecher Institut (seit dem Zweiten Weltkrieg Yidisher Visnshaftlekher Institut, kurz YIVO), das im August 1925 in Berlin gegründet worden war, dort zunächst, in der Bismarckstr. 106 unter der Leitung von Max Solowejtschik, auch sein Generalsekretariat hatte, seinen Hauptsitz aber bald darauf nach Wilna verlegte. In der Berliner Anfangszeit hatte das YIVO sechzig Mitglieder. Dubnow war sein erster Vorsitzender. Die Idee des YIVO stammte von dem Sprachwissenschaftler und Literaturkritiker Nachum Stif, aber der Plan war »gleichsam zwischen Wilna und Berlin im Kreise jüdischer Intellektueller geboren worden«, die wie Stif aus dem Zarenreich gekommen waren und seit Beginn der 1920er Jahre in Berlin lebten. Vor der Gründung hatte man den Plan in Wilna, Warschau und Berlin diskutiert. Das YIVO bestand aus vier Sektionen, die auf drei Städte verteilt waren, der Philologisch-Ethnographischen Sektion in Wilna, der Historischen und der Ökonomischen Sektion in Berlin (nach 1933 in Paris bzw. Warschau) und seit 1929 der Pädagogisch-Psychologischen Sektion in Warschau, später in Wilna (siehe *Jüdisches Jahrbuch für Groß-Berlin*, S. 215; Stefan Schreiner, *Wissenschaft des Ostjudentums. Eine Ausstellung zum 75. Geburtstag des Yidisher Visnshaftlekher Institut (YIVO)*, Tübingen/Vilnius 2000, S. 5–21).

[94] Der Klub »Scholem-Alejchem«, offiziell »Verein zur Förderung Jüdischer Literatur und Kunst Schalom Aleichem e. V.«, bei Dubnow »Schalom-Alejchem-Klub«, wurde am 25.12.1924 als Treffpunkt für jüdische Schriftsteller, Künstler und Gelehrte demokratischer Ausrichtung feierlich eröffnet. Er befand sich in der Kleiststraße Nr. 9 und damit in unmittelbarer Nachbarschaft zum Logenhaus (Nr. 10). Der Klub hatte bis 1929 Bestand. Am 4. November 1928 berichtete die *Rul* von der Veranstaltung zu Ehren des Präsidenten der Gesellschaft *Emigdirect* Mejr N. Krejnin; beteiligt war auch der Vorsitzende Leon M. Bramson (siehe Schlögel, *Chronik*, S. 367; *Jüdisches Jahrbuch für Großberlin*, S. 213).

[95] Mit Mejr Krejnin verband Dubnow die Arbeit in der *Folkspartej* (vergleiche Bd. II, Achtes, Neuntes und Zehntes Buch).

[96] Vergleiche Bd. II, Neuntes Buch, Kapitel 52.

[97] Steinberg übersetzte freier: »Abwehrversuche: Die Lossagung vom Nationaljudentum«.

[98] Die »Geschichte eines jüdischen Soldaten« erschien erstmals in Auszügen 1916 in der *Jewrejskaja nedelija* [Jüdischen Woche] und als Broschüre 1917 in Petrograd (vergleiche Autobibliographie Bd. II, Nr. 219 und 234).

[99] Nach Jahren des Argumentierens und ungeachtet heftiger Proteste von Seiten der Zionisten-Revisionisten, entschied der sechzehnte Zionistenkongreß im August 1929 in Zürich, Nichtzionisten zu erlauben, sich an der Arbeit der *Jewish Agency* zu beteiligen.

Vierzehntes Buch
Die letzten Jahre in Berlin, 1930–1933

[1] Vergleiche Bd. I, Viertes Buch, Kapitel 24, Autobibliographie der Jahre 1888–1891.

[2] Vergleiche das Vorwort zu Bd. I.

[3] »Den ersten großen Krawall nach der [Reichstags-]Wahl inszenierten die Nationalsozialisten am 13. Oktober [1930], dem Tag der Reichstagseröffnung. Sie randalierten in der Berliner Innenstadt, schlugen die Fensterscheiben des Warenhauses Wertheim, eines Cafés sowie weiterer Geschäfte ein.« (Siehe Hecht, *Deutsche Juden und Antisemitismus*, S. 221 nach einem Bericht der *C. V.-Zeitung* vom 17. Oktober 1930).

[4] Der Kurfürstendamm wurde nach 1919 zum Schauplatz zahlloser Übergriffe auf Juden. Cornelia Hecht widmete dem »Kurfürstendammkrawall 1931« in ihrem Buch *Deutsche Juden und Antisemitismus in der Weimarer Republik* ein eigenes Kapitel. »Was sich allerdings am Abend des 12. September 1931, dem ersten Tag des jüdischen Neujahres, ›mitten in Berlin‹ ereignete, stellte alles, was zuvor an Terror bereits erlebt worden war, in den Schatten. An diesem Abend wurde Berlin zum Schauplatz der schrecklichsten antijüdischen Ausschreitung in der Spätphase der Weimarer Republik. Mehrere hundert Nationalsozialisten versammelten sich gegen 20 Uhr in der Gegend um die Gedächtniskirche. Etwa um 20.45 Uhr begannen – auf Signal ausgelöst – antisemitische Kundgebungen, in deren Verlauf sich kleine Gruppen von Nationalsozialisten unter das Straßenpublikum mischten und für Juden gehaltene Passanten auf den Straßen anpöbelten sowie mit Fäusten, Schlagringen und Knüppeln attackierten. Teilweise kam es zu regelrechten Verfolgungsjagden. Die Ausschreitungen erreichten ihren Höhepunkt, als etwa 30 Mann unter judenfeindlichen Schmährufen wie ›Sarah, pack‹ den Koffer!‹ und ›Deutschland, erwache, Juda, verrecke!‹ – in das bevorzugt von jüdischen Gästen besuchte Café Reimann stürmten, Schüsse abgaben, Inhaber und Gäste bedrohten und binnen kürzester Zeit das Mobiliar und die Schaufensterscheiben demolierten.« (Siehe Hecht, *Deutsche Juden und Antisemitismus,* S. 240; weiterführende Literatur ebenda)

[5] Der Verlag *Macmillan*, New York und London, wurde 1843 von zwei Schotten, den Brüdern Daniel und Alexander Macmillan, gegründet. Er verlegte so bekannte Autoren wie Lewis Carroll, Alfred Lord Tennyson, Rudyard Kipling, Henry James, Thomas Hardy und H. G. Wells und ist heute im Besitz der Verlagsgruppe Georg Holtzbrinck GmbH, Stuttgart.

[6] Seit 1925 und bis 1934 wurde in Berlin im Verlag *Eschkol* unter der Leitung von Jakob Klatzkin, Nachum Goldmann und Ismar Elbogen an einer *Encyclopaedia Judaica* gearbeitet, die ursprünglich in drei Sprachen (hebräisch, deutsch und englisch) erscheinen sollte, aber dann aus finanziellen Gründen nur auf deutsch erschien. »Das vorgesehene Limit von zehn Bänden war 1934 erreicht, doch der zehnte Band enthielt erst die Beiträge mit dem Anfangsbuchstaben L. Die restlichen Bände konnten infolge der politischen Entwicklungen in Deutschland nicht mehr erscheinen.« (Siehe Brenner, *Jüdische Kultur in der Weimarer Republik*, S. 131).

[7] Das *J. T. A.-Bulletin*, das Dubnow in Berlin regelmäßig las, berichtete zwischen dem 8. und dem 19. November 1929 fortwährend über Studentenkrawalle in Wien, Budapest, Bukarest, Berlin und Krakau. Sie begannen in Wien, wohin sich zahlreiche jüdische Studenten aus Budapest geflüchtet hatten, nachdem dort ein Numerus clausus für Juden eingeführt worden war. Zunächst ein Nebenkriegsschauplatz in den Schlägereien zwischen Kommunisten und Nationalsozialisten, wuchsen sich die Angriffe von faschistischen Studenten gegen Juden, die mit Kommunisten und Sozialisten gleichgesetzt wurden, zu Pogromen aus. Die Polizei hatte nicht ohne weiteres Zugangsrecht zu den Universitäten, und die Rektoren waren machtlos. Jüdische Studenten gründeten Selbst-

wehrgruppen. In Reaktion auf die Wiener Unruhen verbreiteten sich die Studentenkrawalle wie ein Lauffeuer erst nach Bukarest, dann nach Berlin und Krakau. Sie verliefen überall nach demselben Muster (*J. T. A.-Bulletin*, Bd. X, Nr. 257–265 vom 8.–19.11. 1929).

[8] Vergleiche Bd. I, Viertes Buch, Kapitel 20.

[9] Lev Trockij, *Moja žizn'. Opyty avtobiografii*, Berlin 1930. Im selben Jahr und Verlag (S. Fischer) erschien Trotzkis Autobiographie in deutscher Übersetzung (*Mein Leben. Versuch einer Autobiographie*, übertragen von Alexandra Ramm) und zudem auf russisch im Verlag *Bereg*, Riga.

[10] Siehe Leo Trotzki, *Mein Leben*, das Kapitel »Dorf und Stadt«.

[11] Auf den letzten Seiten seiner Autobiographie, im Kapitel »Der Planet ohne Visum«, rechtfertigte Leo Trotzki die Oktoberrevolution: »Die Arbeiterklasse in Rußland hat unter Führung der Bolschewiki den Versuch unternommen, das Leben umzubauen, um die Möglichkeit der periodisch wiederkehrenden Tobsuchtsanfälle der Menschheit auszuschalten und die Grundlagen für eine höhere Kultur zu schaffen. Das ist der Sinn der Oktoberrevolution. Es ist selbstverständlich, daß die Aufgabe, die sie sich gestellt hat, noch nicht gelöst ist. Die Lösung dieser Aufgabe ist aber ihrem Wesen nach auf Jahrzehnte berechnet. Mehr noch, muß man die Oktoberrevolution als Ausgangspunkt der neuen Geschichte der Menschheit in ihrer Gesamtheit betrachten.«

[12] Vom 17.–20. Mai 1930 traf sich die Paneuropa-Bewegung, die erste (konservative) europäische Einigungsbewegung, gegründet 1923 von Richard Nikolaus Graf Coudenhove-Kalergi (1894–1972), zu ihrem zweiten Kongreß in Berlin.

[13] »*Mir, mir a net mira*« ist ein unübersetzbares Wortspiel, beruhend auf der Doppelbedeutung des russischen Wortes *mir* [Frieden und Welt].

[14] In den letzten Jahren wohnten Ida und Simon Dubnow in Berlin-Grunewald in der Ruhlaer Straße Nr. 8.

[15] Seit 1938 Schellendorffstraße; die nationalsozialistische Stadtverwaltung ließ alle Straßen, die nach Juden benannt waren, umbenennen. Karl Rudolf Friedenthal (1827–1890), geb. in Breslau, jüdischer Herkunft, war Jurist und preußischer Politiker, Mitbegründer der *Freikonservativen Partei*.

[16] Vergleiche Dreizehntes Buch, Note 73.

[17] Die Reichstagswahlen fanden am 14. September 1930 statt.

[18] Der Wahlerfolg der Nationalsozialisten bei den Reichstagswahlen am 14. September 1930 kam nach den beträchtlichen Zunahmen der für die Nationalsozialisten votierenden Stimmen bei den Gemeindewahlen in Preußen und Bayern Ende 1929 nicht überraschend.

[19] Nach der offiziellen Kalenderumstellung in Sowjetrußland im Februar 1918, die mit einer Zeitverschiebung von dreizehn Tagen und einer entsprechenden Neudatierung einherging, entschied sich Simon Dubnow, seinen Geburtstag nicht länger am 10. September, sondern in Zukunft nach dem beweglichen jüdischen Festtagskalender immer am zweiten Tag von Rosch ha-Schana zu feiern (vergleiche Elftes Buch, Kapitel 63).

[20] Zum Freundeskreis, der am 24. September 1930 Dubnows siebzigsten Geburtstag feierte, gehörten Ilja Tscherikower, Jakob Lestschinsky, Salman Rubaschow, Baruch Krupnik, Aaron Steinberg, Josef Meisl, David Landman und Benzion Dubnow (Feier des 70. Geburtstages Prof. S. Dubnows. *Jüdische Rundschau* Nr. 77/78 vom 1. Oktober 1930, S. 508).

[21] Vergleiche Zwölftes Buch, Note 5.

[22] Die Rede ist von der *Festschrift zu Simon Dubnows siebzigstem Geburtstag*. Herausgegeben von Ismar Elbogen, Josef Meisl und Mark Wischnitzer, die im Jüdischen Verlag, Berlin 1930 kurz nach dem Geburtstag erschien. Eine der Luxusausgaben, die Dubnow

an seinem Siebzigsten überreicht wurden, war mit einem besonderen Widmungsaufdruck der Jüdischen Gemeinde versehen (Feier des 70. Geburtstages Prof. S. Dubnows. *Jüdische Rundschau* Nr. 77/78 vom 1. Oktober 1930, S. 508).

23 Im Bericht der *Jüdischen Rundschau* hieß es: »Hunderte von Glückwunschtelegrammen und Begrüßungsschreiben waren eingelangt, darunter solche von Albert Einstein, Sigmund Freud, Cyrus Adler, der Londoner Historischen Gesellschaft, dem Jiddischen Wissenschaftlichen Institut, der Gemeinde Berlin und schließlich dem Verband der hebräischen Schriftsteller in Palästina, Zweig Jerusalem [...]. Aus Warschau war die Nachricht eingelangt, daß der Jüdische PEN-Club Dubnow zu seinem Ehrenmitglied gewählt hat. Die jüdische und allgemeine Presse hat die Geburtstagsfeier zum Anlaß einer ausführlichen Würdigung von Dubnows Wirken und Schaffen genommen. Die ›Literarischen Blätter‹ in Warschau, ›Frimorgen‹ in Riga und ›Folksblat‹ in Kowno hatten Sonderausgaben veranstaltet.« (Ebd.)

24 Dubnow feierte nach eigenem Bekunden sein vierzigjähriges literarisches Jubiläum Ende April/Anfang Mai 1921 in Petrograd. Möglicherweise handelt es sich hier um einen Druckfehler (vergleiche Bd. II, Elftes Buch, Kapitel 66).

25 Möglicherweise ein freie Übertragung aus John Stuart Mill, *Autobiography* (London 1873); letztes und siebtes Kapitel »General View of the Remainder of my Life«.

26 Die Jubiläumsfeier für Simon Dubnow zum siebzigsten Geburtstag fand am 5. Oktober 1930 um 10.30 Uhr im Logenhaus in der Kleiststraße Nr. 10 statt. Der Eintritt war frei. Die Feier wurde vom YIVO ausgerichtet, Vorträge hielten Eduard Bernstein, Ismar Elbogen *(Hochschule für die Wissenschaft des Judentums)*, Gotthold Weil (Preußische Staatsbibliothek), Alfred Klee *(Jüdische Volkspartei)*, ein heute nicht mehr bekannter Ioachimson, E. Finkel (Großloge für Deutschland), Leonti Bramson (ORT), I. L. Kann (*Verband russischer Juden*), Simon Rawidowicz, Michael Taube, Juli Brutzkus (OZE), Mark Wischnitzer, Wolf Latzky, Jakob Lestschinsky, Salman Rubaschow, Aaron Steinberg und Ilja Tscherikower (die Vornamen sind zum Teil nicht zu ermitteln, siehe Schlögel, *Chronik*, S. 415).

27 Vergleiche Note 21. Jubiläumspublikationen zum siebzigsten Geburtstag außer der *Festschrift*, die bis 16. Oktober 1930 erschienen waren, sind u. a.: Raphael Mahler, Dubnow's teorie wegn der jidischer geschichte. *Literarische bleter* 7 (Warsche 1930), S. 757–759, S. 775 f.; Schmuel Niger, Schimen Dubnow un di jidische literatur. *Der tog* (New York) vom 28. September 1930, o. S.).

28 Die Danksagung Dubnows an die Gratulanten zum siebzigsten Geburtstag erschien in der *Jüdischen Rundschau* Nr. 85 vom 28. Oktober 1930, S. 558.

29 Vor den Reichstagswahlen vom 14. September 1930 hatten die Sozialdemokraten gegen das *Zentrum* gekämpft. Nach dem Wahlerfolg der Nationalsozialisten änderten sie den Kurs unter dem Zwang der neuen politischen Lage. Bemüht, die NSDAP an einer Machtübernahme zu hindern, bewog sie zu einer Politik des kleineren Übels – zur ›Tolerierungspolitik‹ gegenüber dem *Zentrums*-Kanzler Brüning und Reichspräsident Hindenburg.

30 Gemeint ist der Enkel Alexander Erlich, der damals in Berlin studierte.

31 Dubnow gebraucht hier die Bezeichnung »Faschist« als tagespolitischen Kampfbegriff. Seit dem Staatsstreich im Mai 1926 wurde Polen vom *Sanacja-Regime* unter Führung Marschall Piłsudskis regiert (vergleiche Dreizehntes Buch, Note 51). »Das Regime hatte keinerlei faschistische Neigungen, denn die polnischen Sympathisanten des Faschismus waren unter den Gegners Piłsudskis zu finden, und es war keine formale Diktatur. Das Parlament, die Parteien, die Opposition – das alles funktionierte wie bisher. Piłsudski begnügte sich damit, hinter den Kulissen die Fäden zu ziehen [...].« (Siehe Norman Davies, *Im Herzen Europas. Geschichte Polens.* Aus dem Englischen von Friedrich Griese, München 2000, S. 114).

[32] Seit 1928 und bis 1932 fand eine ganze Reihe von Prozessen gegen die Repräsentanten der alten Intelligenzija und Mitglieder der verschiedenen politischen Parteien in der Sowjetunion als Mittel zur Einschüchterung der Eliten und zur Errichtung einer totalitären Herrschaft statt: u. a. der Prozeß gegen die Menschewiki (vergleiche Note 37), gegen die Bergbauingenieure, gegen die ›Industriepartei‹, die ›Akademikerpartei‹. Vom 25. November bis zum 7. Dezember lief in Moskau der Prozeß gegen die ›Industriepartei‹, der die Vorbereitung einer bewaffneten Intervention des Auslands vorgeworfen wurde.

[33] Steinberg übersetzte freier: »Lebensführung und Sitten der Chassidim«.

[34] »Am 15. Februar fand in Berlin eine Beratung angesehener jiddischer Gelehrter und Publizisten mit den Mitgliedern des Jiddischen Wissenschaftlichen Instituts statt, die der Schaffung einer Enzyklopädie für allgemeines und jüdisches Wissen in jiddischer Sprache galt.« (*Jüdische Rundschau* Nr. 14 vom 20. Februar 1931, S. 93). Im Jahre 1933 erschien ein Probeheft der *Algemeine enziklopedie* in Berlin. Die *Algemeine enziklopedie*, herausgegeben von Raphael R. Abramowitz [u. a.] im *Dubnow-Fond* (vergleiche Note 35), Bd. 1–4 erschien in Paris (1934–1937) und Bd. 5–12 in New York (1944–1966).

[35] Der Dubnow-Fond, gegründet Dubnow zu Ehren an dessen siebzigstem Geburtstag, war ein Projekt der Historischen Sektion des YIVO unter Leitung von Ilja Tscherikower zur Finanzierung der jiddischen *Algemeine enziklopedie* (vergleiche Note 34). Man setzte Popularität und Bekanntheit Dubnows für die Einwerbung von Fördermitteln ein. Der Dubnow-Fond hatte seinen Sitz in Berlin-Charlottenburg, Uhlandstraße Nr. 20/21.

[36] Martin Buber fand in Dubnows Erinnerungen (Band II) an das Jahr 1906 keine Erwähnung. Er wird ausschließlich im dritten Band namentlich genannt. Im Jahre 1906 hatte Buber sein erstes Werk, *Die Geschichten des Rabbi Nachman, ihm nacherzählt* (Frankfurt am Main), veröffentlicht. Im Vorwort zu seiner *Geschichte des Chassidismus* würdigt Dubnow unter anderem Bubers Vorarbeiten. Ihm gebühre das Verdienst, »die Grundbegriffe der *Dogmatik* des Chassidismus vertieft und das chassidische System dem modernen Denken nähergebracht zu haben«. Gleichwohl merkt er kritisch an, daß es Buber nicht gelungen sei, »den *historischen* Horizont zu erweitern«. In der Quellenübersicht erläutert er die Würdigung wie die Kritik und schließt mit den Worten: »So sind denn die Bücher Bubers geeignet, die Kontemplation und Spekulation, nicht aber die Forschung zu fördern; sie erweitern nicht unsere Kenntnisse, sondern ermöglichen lediglich eine tiefere psychologische Einfühlung. Sie stellen einen neuen, durch und durch modernen Kommentar zur chassidischen Lehre dar.« (Dubnow, *Geschichte des Chassidismus*, Bd. I). Dubnow und Buber hatten in Berlin nach dem bisherigen Kenntnisstand keinen Kontakt miteinander, was angesichts des von Dubnow auf den Punkt gebrachten unterschiedlichen Erkenntnisinteresses auch nicht verwunderlich ist.

[37] Vom 1.–9. März fand in Moskau der Prozeß gegen die ehemaligen Führer der sozialdemokratischen Fraktion der Sozialdemokratischen Arbeiterpartei Rußlands (Menschewiki) statt. Sie wurden der Untergrundtätigkeit und konspirativer Verbindungen zur Emigration bezichtigt und zu hohen Freiheitsstrafen verurteilt (vergleiche Note 32).

[38] Karl Lieblich, *Wir jungen Juden. Drei Untersuchungen zur jüdischen Frage*, Stuttgart 1931.

[39] Kontakt hielten Simon und Ida Dubnow in Berlin vor allem zu ihren Kindern, Olga in Leningrad und Jakow in Moskau.

[40] Die von Außenminister Lord Arthur J. Balfour unterzeichnete Erklärung der Britischen Regierung vom 2. November 1917 zugunsten »der Errichtung einer jüdischen Heimstätte in Palästina« war Resultat langer Verhandlungen, verdankte sich aber vor allem der Auflösung des Osmanischen Reiches als Verbündetem der Mittelmächte, den politischen Interessen Großbritanniens im Nahen Osten sowie der Neuordnung Europas nach dem Prinzip des Selbstbestimmungsrechts der Nationen infolge des Ersten Welt-

kriegs. Die *Balfour*-Erklärung manifestierte die internationale Anerkennung der im Baseler Programm (von 1897) formulierten zionistischen Forderungen (vergleiche Bd. II, Elftes Buch, Kapitel 61).

41 Der Wahlsieg der Republikaner im April 1931 veranlaßte Alfons XIII., seit 1923 Monarch in einer Militärdiktatur, zum Rücktritt. Am 9.12.1931 wurde die Zweite Spanische Republik ausgerufen.

42 Die für Anfang April 1931 angesetzte Round-Table-Konferenz als zweiter Teil der Verhandlungen zwischen *Jewish Agency*, britischer Regierung und der *Arabischen Exekutive* war wegen der Unruhen, die der Mord von Palästinensern an drei jüdischen neueingewanderten Arbeitern ausgelöst hatte (»Bluttat von Jadschur«), aufgeschoben worden. Die Krise verschärfte die Fraktionierung der zionistischen Bewegung.

43 Nachdem der Plan einer deutsch-österreichischen Zollunion zur Stärkung der beiden Volkswirtschaften im Frühjahr 1931 am politischen und wirtschaftlichen Widerstand der Westmächte gescheitert war »und im Mai 1931 überdies noch die Österreichische Creditanstalt zusammenbrach, kam es auch in Deutschland zur Zahlungsunfähigkeit zahlreicher Banken, wie der Darmstädter und Nationalbank, der Dresdner Bank sowie der Commerz- und Privatbank. Inländische Gläubigereinlagen wurden vermehrt abgehoben. Die Reichbank verlor in wenigen Wochen mehr als die Hälfte ihrer Gold- und Devisenbestände und reagierte mit einer mehrfachen Anhebung des Diskont- und Lombardsatzes, die im August 1931 die astronomische Höhe von 15 bzw. 20 Prozent erreichten. Neben zahlreichen Banken brachen deshalb auch viele Firmen zusammen, die keine Kredite mehr erhielten.« (Siehe Kristina Hübener, Das Ende der Republik. Aufstieg der Nationalsozialisten, in: Görtemaker, *Weimar in Berlin*, S. 178–185, hier S. 182)

44 Birkenwerder ist ein Ort im Oranienburger Land, Oberhavel, nördlich von Berlin.

45 Das Plebiszit vom 9. August 1931 über die Auflösung des Preußischen Landtags war auf die Initiative des *Stahlhelm* hin von der rechten Opposition im Machtkampf um Preußen erzwungen worden. Da nicht mehr als 37 Prozent der Stimmberechtigten für die Auflösung votierten, konnte der Angriff der Rechten damals noch abgewehrt werden.

46 Im Herbst 1931 gab Reichspräsident Hindenburg dem Drängen der Rechten nach. Die Vormachtstellung des katholischen *Zentrums* in der Regierung sollte gebrochen und ein reines Rechtskabinett gebildet werden. Am 7. Oktober 1931 trat Brüning zurück, um sogleich mit der Neubildung der Regierung betraut zu werden. Genau in jenen Tagen empfing der Reichspräsident den Führer der Nationalsozialistischen Partei, Adolf Hitler, zusammen mit Hermann Göring zum ersten Mal.

47 Am 11. Oktober 1931 fanden sich in Bad Harzburg die antidemokratischen Gruppen *Deutsche Nationale Volkspartei*, *Stahlhelm*, *Vaterländische Verbände* und NSDAP zu eine Tagung zusammen. Sie hatten bereits 1929 ein Bündnis geschlossen (»Harzburger Front«), ein Volksbegehren gegen den Young-Plan zur Neuregelung der Reparationsfrage veranstaltet und damit Hitler politisch salonfähig gemacht. Die Tagung in Bad Harzburg sollte die Einigkeit der »nationalen Opposition« demonstrieren und die Eroberung der Staatsmacht in Preußen und im Reich vorbereiten.

48 Am 13. Oktober erschienen die Nationalsozialisten und Deutschnationalen im Reichstag, um die Regierung Brüning zu stürzen. Ihr Vorhaben scheiterte an der Uneinigkeit der rechten Opposition. Die *Wirtschaftspartei* verweigerte ihre Zustimmung. In der entscheidenden Abstimmung siegte Brüning mit einer knappen Mehrheit von 25 Stimmen.

49 Den ganzen November 1931 über kam es, initiiert durch die polnischen Nationaldemokraten, in mehreren polnischen Städten, ausgehend von Wilna, zu schweren Krawallen zwischen polnischen und jüdischen Studenten in den Universitäten und auf den Straßen, die durch den Tod des polnischen Studenten Wacławski angeheizt wurden. Selbst die

Schlichtungsversuche der Universitätsrektoren schlugen fehl (siehe *Jüdische Rundschau* im November 1931).

50 Aus den hessischen Landtagswahlen im November 1931 ging bei einer Wahlbeteiligung von 82, 3 % die NSDAP als stärkste Partei hervor. Sie erhielt 37, 08 % der Stimmen und 27 von 70 Sitzen im Landtag, gefolgt von der SPD mit 21, 41 % und 16 Sitzen.

51 Gemeint ist der Skandal um die sogenannten »Boxheimer Dokumente«, die im Boxheimer Hof bei Worms ausgearbeiteten Pläne des hessischen NSDAP-Rechtsexperten Werner Best für den Fall der Machtergreifung, die der Polizei dank einer persönlichen Intrige während der Koalitionsverhandlungen zwischen *Zentrum* und NSDAP nach den hessischen Landtagswahlen im November 1931 zugespielt wurden. Der Plan sah die Einrichtung von Konzentrationslagern und die Todesstrafe bei Widerstand gegen die Staatsgewalt sowie die Abschaffung des Privateigentums und die Rationierung der Lebensmittel im Notfall vor, wovon Juden ausgeschlossen sein sollten. Nach der Machtergreifung wurde Werner Best Staatskommissar für das Polizeiwesen in Hessen und Polizeipräsident der Provinz Hessen. Er ließ nach Dachau eines der ersten Konzentrationslager des ›Dritten Reiches‹ in Osthofen errichten. Best wurde der Organisator der Gestapo und des Reichssicherheitshauptamtes. Er war u. a. an der Deportation der polnischen Juden aus Deutschland an die polnische Grenze im Oktober 1938 beteiligt und NS-Statthalter in Dänemark. Im Nachkriegsdeutschland fungierte er als Organisator des Netzwerks zur Unterstützung von NS-Angeklagten (siehe Ulrich Herbert, *Best. Biographische Studien über Radikalismus, Weltanschauung und Vernunft, 1903–1989.* Bonn 1996).

52 Ende 1921, Dubnow wartete auf die Erlaubnis, Sowjetrußland zu verlassen, und hatte seine Bibliothek bereits verpackt, als ihm angesichts des quälenden Wartens die Idee kam, an seinen Erinnerungen zu schreiben (vergleiche Bd. II, Elftes Buch, Kapitel 67).

53 Angesichts der Regierungskrise im Frühjahr 1932 entließ der wiedergewählte Reichspräsident die Regierung Brüning und setzte das ›Kabinett der Barone‹ unter der Führung von Papens ein, der bewußt auf die Ablösung der parlamentarischen Demokratie zielte. Am 20. Juli 1932 ließ von Papen die preußische Regierung absetzen. Der Regierung von Papen folgte das Übergangskabinett Schleicher (vom 2. Dezember 1923 bis zum 29. Januar 1933).

54 Bei den Reichstagswahlen 1932 erhielt die NSDAP 37, 4 Prozent und bildete mit der KPD zusammen die Mehrheit im Reichstag.

55 Vom 14.–17. August 1932 fand in Genf auf Initiative der *Zionistischen Organisation* und der *Jüdischen Volkspartei* unter Beteiligung von etwa hundert Delegierten aus neunzehn Ländern eine Jüdische Weltkonferenz statt; *Poale Zion* und in deren Gefolge einige Länderverbände blieben der Konferenz fern. Es wurde beschlossen, spätestens im Sommer 1934 einen Jüdischen Weltkongreß einzuberufen.

56 Von Petersburg aus pflegte die Familie Dubnow in die Sommerfrische nach Finnland zu fahren, das damals zum Zarenreich gehörte. Die Sommer 1907 bis 1912 verbrachten sie im ›weißen‹ Sommerhaus in Linka am Kirka-Jarwe-See (finnisch: Kirkkojärvi, heute Bolschoje simaginskoje osero), das den Verwandten Emanuil gehörte. Dort begann Dubnow mit der Aufzeichnung seiner Erinnerungen. Nachdem das Haus verkauft war, wechselten die Orte in Finnland, an denen Dubnows ihre Ferien verbrachten (vergleiche Bd. II, Achtes und Neuntes Buch).

57 In der Anfangs- und Endphase der Weimarer Republik erlangten Notverordnungen, d. h. gesetzesvertretende Ordnungen der Exekutive zur Überbrückung der Scheidung von Gesetz und Verordnung in Situationen ausgesprochener Dringlichkeit, besondere Bedeutung. Seit 1930 wurden Notverordnungen, die die Gewaltenteilung aufhoben und den Reichspräsidenten bzw. eine Regierung seines Vertrauens mit außerordentlichen Vollmachten ausstattete (nach § 48 der Reichsverfassung), zum eigentlichen Regie-

rungsinstrument. »Die Notverordnung vom 8. Dezember 1931 enthielt [...] Vorschriften gegen den Waffenmißbrauch, insbesondere die Erschwerung des Erwerbs von Schußwaffen, ein allgemeines Verbot von Uniformen und Abzeichen politischer Verbände und verstärkten Ehrenschutz für die im öffentlichen Leben stehenden Personen. Außerdem war ein allgemeiner Weihnachtsfriede durch das Verbot aller politischen Versammlungen und Aufzüge bis 3. Januar 1932 angeordnet.« (Siehe Wilhelm Hoegner, *Die verratene Republik. Geschichte der deutschen Gegenrevolution*, München 1958, S. 240 f.).

58 Gemeint ist die *Encyclopaedia of Social Sciences*, herausgegeben von Edwin R. A. Seligman, 15 Bde. London/New York 1930–1935.

59 Auf der Abrüstungskonferenz in Genf, die vom Völkerbund vorbereitet war und im Februar 1932 begann, konnten sich die einundsechzig Teilnehmerstaaten nicht einigen. Allerdings wurde Deutschlands Forderung nach Gleichberechtigung anerkannt. Ende des Jahres 1931 waren japanische Truppen in der Mandschurei eingebrochen. Am 18. Februar 1932 rief Japan in der Mandschurei den Staat Mandschukuo aus. Damit begann der japanisch-chinesische Krieg, der bis 1945 andauern sollte.

60 Eine Woche währten die »Universitätskrawalle« in Berlin (*Jüdische Rundschau* Nr. 7 vom 26. Januar 1932, S. 1). Es begann mit Provokationen und tätlichen Übergriffen nationalsozialistischer Studenten nach den Wahlkämpfen zur Studentenvertretung, die sich zu Krawallen zwischen Nazis auf der einen und Sozialisten und Demokraten, darunter vielen Juden, auf der anderen Seite auswuchsen. Das Rektorat war machtlos, die Polizei griff ein, ging zunächst gegen die sozialistischen und demokratischen Studenten vor und erst danach gegen die nationalsozialistischen.

61 Die Weltwirtschaftskrise, die am Schwarzen Donnerstag, dem 24. Oktober 1929, mit einem Börsenkrach in New York begonnen hatte, zog sich hin und erreichte erst 1932 ihren absoluten Tiefpunkt.

62 Das Kapitel über Jossif Dubno und das Buch *Jesod Josef* wurde das zweite Kapitel vom *Buch des Lebens*. Möglicherweise sah Dubnow die Vorrede als eigenes Kapitel an (vergleiche Bd. I).

63 Dubnow lebte von 1890 bis 1903 in Odessa (vergleiche Bd. I, Fünftes und Sechstes Buch).

64 »Schefoch chamoscho ...! [Schütte aus Deinen Grimm ...!]« beginnt Psalm 79: 6 (vergleiche Bd. I, Fünftes Buch, Kapitel 26).

65 In Smolensk, erstmals außerhalb des ›Ansiedlungsrayons‹, lebte der junge Simon Dubnow von 1879 bis 1980 zurückgezogen, betrieb autodidaktische Studien und verdiente sich den Lebensunterhalt mit Nachhilfeunterricht (vergleiche Bd. I, Zweites Buch, Kapitel 12).

66 Bevor Ida und Simon Dubnow Anfang des Jahres 1883 in Petersburg zusammenzogen, führten sie einen regen Briefwechsel (vergleiche Bd. I, Drittes Buch, Kapitel 16).

67 Iwan S. Nikitin, »Vyryta zastupom jama glubokaja« [Ausgehoben mit dem Spaten eine Grube tief, 1860]; Titel und Anfangszeile des Gedichts.

68 Anspielung auf antisemitische Tendenzen in der zaristischen Politik und russischen Öffentlichkeit während des Jahres 1891, die in den Vertreibungen der Juden aus Moskau gipfelten (vergleiche Bd. I, Fünftes Buch, Kapitel 27).

69 Glatz, heute polnisch Kłodzko, liegt südlich von Wrocław (Breslau), nahe der tschechischen Grenze.

70 Gemeint ist die *Vossische Zeitung*.

71 Am 27. Februar 1933 brannte der Reichstag. Ein niederländischer Anarchist, Marinus van der Lubbe, gestand die Tat. Die Nationalsozialisten unterstellten Brandstiftung im Auftrag der Kommunistischen Partei als »Fanal« für einen Aufstand gegen die neue Regierung. Auf der gegnerischen Seite verdächtigte man die Nationalsozialisten der

Brandlegung als Provokation. Van der Lubbe wurde zum Tode verurteilt und das Urteil Ende 1933 vollzogen. Bis auf den heutigen Tag dauert die historiographische Kontroverse um die These der Alleintäterschaft an.

72 Bei den letzten freien Reichstagswahlen am 5. März 1933 erhielt die NSDAP 43, 9 % (288 Sitze), gefolgt von der SPD mit 18, 3 % (120 Sitzen), der KPD mit 12, 3 % (81 Sitzen) und dem *Zentrum* mit 11, 3 % (73 Sitzen).

73 Unmittelbar nach der Machtergreifung leitete Hitler in Berufung auf den § 48 der Reichsverfassung (vergleiche Note 57) die totale politische Gleichschaltung ein. Dazu gehörte auch die Aufhebung der Hoheitsrechte der Länder. Auf der Basis des bereits am 23. März 1933 vom Reichstag angenommenen ›Ermächtigungsgesetzes‹ begann er das Deutsche Reich in einen Einheitsstaat zu verwandeln.

74 Jakob Lestschinsky wurde am Samstag, dem 11. März 1933, von der politischen Polizei verhaftet. Er sollte nach Litauen abgeschoben werden. Drei Tage später, am Dienstag, dem 14. März, kam er wieder frei. Ihm wurde ein Frist von zwei Wochen bis zur Ausreise eingeräumt (*J. T. A.-Bulletin*, Bd. XIV, Nr. 61–64 vom 13.–16.3.1933).

75 Als »Gelbhemden« bezeichnet Dubnow gewöhnlich die ›Braunhemden‹ der nationalsozialistischen ›Sturmabteilungen‹ nach dem Goldbraun ihrer Hemden.

76 Zwischen dem 3. und dem 15. März koordinierten jüdische Organisationen in Großbritannien, den USA und Polen den Protest gegen die diktatorische, antijüdische Politik des nationalsozialistischen Deutschland. In London informierte die *Jewish Agency* die Parlamentarier und den *Jewish Board of Deputies*. Der amerikanische und der tschechische Botschafter protestierten beim Auswärtigen Amt gegen die Diskriminierung ihrer Staatsbürger in Deutschland. In Warschau protestierte der Klub der jüdischen Abgeordneten im *Sejm* gegen die antisemitischen Attacken der Nationalsozialisten (*J. T. A.-Bulletin*, Bd. XIV, Nr. 54–63 vom 4.–15. März 1933).

77 Das *J. T. A.-Bulletin* berichtete: In New York, London, Warschau und zahlreichen anderen Städten kam es am 27. März 1933 zu jüdischen Protestdemonstrationen gegen Nazi-Deutschland. In New York nahm eine viertel Million Menschen daran teil. Auch in Palästina und in Australien wurde an jenem Tag demonstriert. Das *Jewish Board of Deputies* veröffentlichte eine Protestnote gegen das nationalsozialistische Regime in Deutschland. Die britischen Katholiken schlossen sich dem Protest an. Die polnische Regierung verbot die Demonstration. Die amerikanische Regierung versprach, die Situation zu beobachten. Der polnische, der amerikanische und der englische Botschafter schickten dem Auswärtigen Amt moderate Warnungen. Von England ausgehend wurde der Boykott deutscher Waren diskutiert (*J. T. A.-Bulletin*, Bd. XIV, Nr. 73/74 vom 27./29. März 1933).

78 Die NSDAP verstand die englischen Boykottdrohungen propagandistisch zu nutzen, denunzierte sie als jüdische Verschwörung und nahm sie als Vorwand für den ersten reichsweiten Boykottaufruf, den ›Aprilboykott‹ am 1. April gegen jüdische Firmen und Geschäfte (siehe Peter Longerich, *Politik der Vernichtung. Eine Gesamtdarstellung der nationalsozialistischen Judenverfolgung*, München/Zürich 1998, S. 30 f.).

79 Die *Jüdische Rundschau* berichtete in allen Aprilnummern des Jahres 1933 von den Debatten im britischen Unterhaus über Einwanderungsquoten für Palästina, die Aufnahme von Juden aus Deutschland in England und über Diskriminierung von Juden in Deutschland. Das *J. T. A.-Bulletin* berichtete am 5. April 1933: Britische Parlamentsabgeordnete appellierten an Reichspräsident Hindenburg, er möge die Regierung dazu veranlassen, den deutschen Juden ihre Staatsbürgerrechte zurückzugeben. Am selben Tag waren zwei britische Staatsangehörige in Berlin wegen Unterstützung von Juden verhaftet worden. Der britische Botschafter hatte sich daraufhin hin an das Auswärtige Amt gewandt. Der Vorfall sollte vor den Völkerbund gebracht werden.

80 Dubnow war dem Jiddischisten Nachum Stif in Petersburg/Petrograd, vor allem im

Rahmen der politischen Arbeit in der *Folkspartej*, wiederholt begegnet (vergleiche Bd. II, Achtes Buch, Kapitel 48; Zehntes Buch, Kapitel 54; Elftes Buch, Kapitel 62).

81 Ende April beurlaubte Kultusminister Rust eine Reihe von Hochschulprofessoren vorwiegend jüdischer Herkunft an den Universitäten Frankfurt am Main, Marburg, Göttingen, Königsberg und Kiel. In Berlin wurde Dubnows Kollege und Bekannter Prof. Gotthold Weil, Leiter der Orientalistischen Abteilung der Preußischen Staatsbibliothek und Mitglied des Kuratoriums der *Hochschule für die Wissenschaft des Judentums* sowie des Vorstands der *Akademie für die Wissenschaft des Judentums* beurlaubt (*Jüdische Rundschau* Nr. 34 vom 28. April 1933, S. 167).

82 Gemeint ist Ilja Tscherikower.

83 Nikolaj A. Nekrasov »Edu li noč'ju po ulice temnoj …« [»Geh' ich nachts die dunkle Straße entlang …«, 1847]; fünfte Zeile.

84 Von Karlsbad aus dementierte Philipp Scheidemann im Juli 1933 die Verleumdung, die über ihn in deutschen Zeitungen verbreitet wurde, er habe in der *New York Times* versucht, in einen Krieg gegen Deutschland zu hetzen. Der Widerruf erschien in der Karlsbader Zeitung *Volkswillen*, andere Blättern übernahmen ihn. Darin wurde in Auszügen der Ursprungstext wiedergegeben, den Scheidemann (am 29. Juni 1933) unter dem Titel »Hitlers Hand am Pulverfaß« in der Züricher Zeitung *Volksrecht* veröffentlicht hatte. Dort heißt es: »Das imperialistische Deutschland Kaiser Wilhelm II. war eine Idylle, ein Hort des sicheren Weltfriedens im Vergleich mit dem Tollhaus, das jetzt aus Deutschland gemacht worden ist.« (Siehe Philipp Scheidemann, Hitlers Hand am Pulverfaß. *Volksrecht* Nr. 150 (36. Jg.) vom 29. Juni 1933, o. S.; ders., *Das historische Versagen der SPD. Schriften aus dem Exil*, hrsg. von Frank R. Reitzle, Lüneburg 2002, S. 42 f.).

85 Die Zeitungsnachricht über die Verhaftung von Scheidemanns Verwandten im Juli 1933 war ein propagandistischer Einsatz der Sippenhaft. Er sollte sich als Finte zur Einschüchterung des sozialdemokratischen Politikers und ersten Reichskanzlers der jungen demokratischen Republik erweisen. Ende Februar 1933 war Scheidemann, um der Verhaftung durch die Nationalsozialisten zu entgehen, ins Ausland geflohen, zunächst über Salzburg ins tschechische Karlsbad, von dort in die Slowakei. In Karlsbad hatte er vom Selbstmord der ältesten Tochter und ihres Ehemannes erfahren, die sich der Anpöbeleien der Nazis nicht mehr zu erwehren gewußt hatten. In Prystian, Slowakei, wurde er mit der amtlichen Verlautbarung über die Verhaftung der Verwandten konfrontiert, die von allen Abendzeitungen abgedruckt wurde (siehe Scheidemann, *Das historische Versagen der SPD*, S. 41 f.).

86 Gemeint ist die Familie des Freundes Simon Rawidowicz.

87 Die *Kina* »Be-lejl se jiwkajun …« [In dieser Nacht weinen und schluchzen …] nach Klagelieder 1: 2 ist eine der wenigen, die in der Nacht von Tischa be-Aw gesprochen werden. Der Autor ist unbekannt. Dubnow spielt in den Erinnerungen immer wieder auf diese *Kina* an (vergleiche Bd. I, Sechstes Buch, Kapitel 34; Bd. II, Siebtes Buch, Kapitel 45; Neuntes Buch, Kapitel 51).

88 Zitat eines Gedichtes des philosophischen Lyrikers Fjodor I. Tjutschew, nach dem Tod des Bruders verfaßt (Fedor I. Tjutčev, »Brat', stol'ko let soputstvovavšij mne …« [Bruder, so viele Jahre mein Begleiter …, 1870]); der letzte Vers lautet »Peredowogo net, i ja, kak jest, / Na rokowoj stoju otscheredi« [Nichts, was nach vorn weist, / und nun reih ich mich beim Schicksal ein].

89 Nikolaj A. Nekrasov, Rycar' na čas [Ritter für eine Stunde, 1862]; zwischengeschaltetes Terzett in der Mitte des Gedichts. Nekrassows Loblied an die Mutter verlieh Dubnows eigenen Erinnerungen an die Mutter Ausdruck (vergleiche Bd. I, Erstes Buch, Kapitel 3).

90 Aleksandr S. Puškin, »Vnov' ja posetil …« [Erneut besuchte ich …, 1835]; Beginn der

vierten und letzten Strophe des Gedichts, das den verlassenen Erdenwinkel auf der Krim besingt, in den der Dichter wegen seiner aufrührerischen Verse für zwei Jahre verbannt worden war.

91 Der Beiname Acher des rabbinischen Gelehrten Elischa ben Abuja figuriert in den Erinnerungen Dubnows als leitmotivische Metapher für sein eigenes Rebellentum (vergleiche Bd. I, Drittes Buch, Kapitel 14).

92 Aleksandr S. Puškin, *Evgenij Onegin* (1823–1831); achter und letzter Gesang des Versromans, letzte, 51. Strophe: »No te, kotorym / w druschnoj wstretsche / Ja strofy perwye tschital ... / Inych usch net, a te daletsche« [Doch jene, denen beim Freundestreffen / Ich die ersten Strophen las ... / Die einen sind nicht mehr, die anderen fern].

93 Das Zitat ist nicht nachweisbar. Es erinnert an die sich leitmotivisch durch die Erinnerungen ziehenden Verse eines Sehnsuchtliedes *Nacht in Neapel*, in welchem es einen Pilger, den es nach Neapel verschlagen hat, nach seiner nördlichen Heimat zieht und das der junge Dubnow in einem Gasthaus gehört hatte (vergleiche Bd. I, Zweites Buch, 11. Kapitel). Nach Auskunft von Viktor Kel'ner aber handelt es sich um ein ungenaues Zitat aus einem russischen Gedicht (Petr F,. Jakobovič, »Skazočnyj gorod« [Märchenhafte Stadt]).

Gedanken

1 Vergleiche Bd. I, Erstes Buch, Kapitel 8.

2 Aleksandr S. Puškin, »Poėt« [Der Poet, 1827].

3 Oh Erinnerungen! Liebste, im Schatten gewachsene / Dunkler Horizont gewesener Gedanken! / Lieber Abglanz der Dinge im Abendrot! / Ausstrahlung der schwindenden Vergangenheit! / Wie von der Schwelle des Tempels das Auge des Geistes euch in Träumen betrachtet. Victor Hugo, »Un soir que je regardais le ciel«. *Les Contemplations* I, 130.

4 Glückliche Erinnerung gibt es, vielleicht, auf Erden / Wahrscheinlicher als das Glück. Alfred de Musset, »Souvenir« [1841]; 17. Strophe, dritte und vierte Zeile.

5 Aleksandr S. Puškin, »Esli žizn' tebja obmanet ...« [Wenn das Leben dich betrügt ..., 1825]; die Gedichtzeile, auf die Dubnow hier anspielt, wurde in Rußland zu einem geflügelten Wort.

6 Sie blicken fast mit Tränen auf das vergangene Leid zurück. Victor Hugo, »Où donc est le bonheur? ...« [1830]; vierte Strophe, vierte Zeile.

7 Im Ersten der *Briefe vom alten und neuen Judentum*, zuerst erschienen im *Woschod* im November 1897, in unmittelbarer Reaktion auf den Ersten Zionistenkongreß in Basel, definierte Dubnow eine Nation als »eine kulturhistorische Gruppe, die, kraft ihrer Abstammung und kraft der Bedingungen ihrer Entwicklung, gewisse Charakterzüge, eine gewisse Disposition der intellektuellen und moralischen Fähigkeiten und einen Vorrat an geschichtlichen Traditionen aufweist, die sie insgesamt von anderen gleichartigen Gruppen unterscheiden, – kurz, die eine ausgeprägte kollektive Persönlichkeit« (russ. *sobiratelnaja litschnost*) darstellt. In der »Einleitung« zur *Weltgeschichte* kam Dubnow auf den Begriff der »kollektiven Persönlichkeit« zurück. Zentrale Aufgabe für ihn als modernen Historiker sei, die jüdische Geschichtsschreibung auf eine »*bio-soziologische* Grundlage« zu stellen und den »doppelten Prozeß der (nationalen) Individualisierung und des Kampfes um die sich gestaltende Individualität« zu rekonstruieren (siehe Dubnow, *Weltgeschichte*, Bd. I Einleitung, S. XX).

8 Dubnow spielt hier auf Platos Gedächtnisbild an. »Platos Wachstafel der Seele prägen sich Eindrücke und Wahrnehmungen unmittelbar ein, sie bedürfen keiner Übersetzung in Zeichen, d. h. keiner Repräsentation, die sich entfremdend zwischen Ding und Gedächtnis schiebt« (siehe Renate Lachmann, *Gedächtnis und Literatur. Intertextualität in*

der russischen Moderne, Frankfurt am Main 1990, S. 14 f.). »Sokrates verwendet [...] das Bild von der Wachstafel, dem Geschenk der Mnemosyne, um damit den Zusammenhang von Erinnerung [Urbild] und Wahrnehmung [Abbild] zu beschreiben, der für zuverlässiges Erinnern als Erkennen Voraussetzung ist«. (Siehe Aleida Assmann, *Erinnerungsräume. Formen und Wandlungen des kulturellen Gedächtnisses*, München 1999, S. 151 f.).

9 Der »Gerechte« oder auch »Fromme« (hebr.: *zaddik*) hat in der jüdischen Tradition eine besondere Bedeutung. In der jüdischen Mystik bezeichnet das Wort das Ideal des Mittlers zwischen Gott und den Menschen, nach dem Bibelvers »Der Zaddik ist das Fundament der Welt« (Sprüche 10: 25). Im Chassidismus liegt die geistliche, rabbinische Autorität bei den Zaddikim. Sie führen die Gemeinden und gelten als heilige Männer, Wundertäter und vorbildliche Menschen. Dubnow verwandte aber nicht das hebräische, sondern das russische Wort für den Gerechten (*prawednik*).

10 In der Erstveröffentlichung war es der Siebte Brief »Pis'ma o starom i novom evrejstve. Pis'mo sedmoe. Avtonomizm, kak osnova nacional'noj programmy« [Brief vom alten und neuen Judentum. Siebter Brief. Autonomismus als Grundlage des nationalen Programms]. *Voschod* 21 (1901) 12.

11 Den Gedanken formulierte nicht der französische Historiker Constantin Volney, sondern Ludwig Feuerbach in *Das Wesen des Christenthums* (I, 12, Leipzig 1841).

12 Die metaphorische Wendung ist eine Kombination aus zwei Bibelpassagen, über das »Murren« Israels am Ufer des Schilfmeeres und über Israel, das von Gott geschlagen wird wie das Rohr im Wasser (2. Mose 15: 22–24 und 1. Könige 14. 15), Dubnow zitierte hier vermutlich Ossip Mandelstams Essayfragment »Skrjabin und das Christentum«, auch als »Puschkin und Skrjabin« bekannt, das nach dem Manuskript eines Vortrags veröffentlicht wurde, den der Dichter 1915 vor der Sankt-Peterburger Religiös-Philosophischen Gesellschaft gehalten hatte und den Dubnow gehört haben mag (Osip Mandel'štam, [Skrjabin i christianstvo]. *Sočinenija*, 2 Bde., Moskva 1990, Bd. 2, S. 157–161, hier S. 160; S. 439).

13 Nach Babylonischer Talmud, Chagiga II, erste Mischna »Wer über vier Dinge, was oben, was unten, was vorn und was hinten [sich befindet], grübelt, für den wäre es besser, er wäre gar nicht zur Welt gekommen«. Und: Chagiga II, Fol. 13b: » ... denn so heißt es im Buche des Ben Sira: Forsche nicht nach dem, was vor dir verborgen ist, grüble nicht nach dem, was dir verhüllt ist. Stelle Betrachtungen an, die dir erlaubt sind, und befasse dich nicht mit Geheimnissen.«

14 Anspielung auf Babylonischer Talmud, Chagiga II, Fol. 13b zu Hesekiel/Jecheskel 1: 22. Goldschmidt übersetzte den Ausdruck mit »furchtbares Kristall«, Zunz dagegen mit »strahlend wie der hehre Kristall«; Buber-Rosenzweig übertrugen es im Sinne Dubnows als »Anblick des furchtbaren Eises«; bei Luther heißt es »ein Kristall, unheimlich anzuschauen«.

15 Im russischen Kulturkreis bekannte programmatische Äußerung des Theoretiker des *Narodnitschestwo* Nikolai K. Michailowski in der Vorrede zu seinen Gesammelten Werken: »Jedes Mal, wenn mir das Wort ›Wahrheit‹ [prawda] einfällt, dann kann ich mich nicht zurückhalten und gerate in Verzückung über seine einzigartige innere Schönheit. So ein Wort gibt es scheint's in keiner europäischen Sprache. Es scheint so, als würden ›Wahrhaftigkeit‹ [istina] und ›Gerechtigkeit‹ [sprawedliwost] nur im Russischen mit ein und demselben Wort bezeichnet und nur dort zu einem einzigen großartigen Ziel verschmelzen. Ich gebe zu, in diesem großen Sinne stellte das Wort immer das Ziel meines Suchens dar ... Ich wollte niemals glauben, daß es verboten sei, solch einen Standpunkt einzunehmen, in dem die wahrhaftige Wahrheit und die gerechte Wahrheit Hand in Hand gehen und die eine die andere vervollkommnet.« (Nikolaj K. Michajlovskij, *Polnoe sobranie sočinenij*, 10 Bde., Sankt-Peterburg 1909, Bd. 1, Vorrede).

[16] »Baruch ata adonai elohejnu melech ha-olam, ascher jazar et-ha-adam be-chochma ...« Eines der täglichen jüdischen Morgengebete.

[17] Pirke Awot 4: 1.

[18] Babylonischer Talmud, Baba kamma Fol. 93 a.

[19] »Sie sagten mir: Wähle, Tyrann oder Opfer zu sein. / Ich wählte das Unglück und ließ ihnen das Verbrechen.« Zeilen aus der *Esquisse d'un Tableau Historique des Progrès de l'esprit Humain* (1893) von Antoine Marquis de Condorcet. (Vergleiche Bd. II, Neuntes Buch, Kapitel 52 und die dazu gehörige Note 45).

[20] Nikolai A. Nekrasov, »Rycar' na čas« [Ritter für eine Stunde, 1862]; vorletzte Strophe.

[21] »Après nous le déluge!« – Geflügeltes Wort, das der Marquise de Pompadour (nach der Niederlage der Franzosen gegen die Preußen 1757 in der Schlacht bei Roßbach im Siebenjährigen Krieg) zugesprochen wird.

[22] Die Redewendung stammte nicht von dem Oberprokurator des Hl. Synod Pobedonoszew, der zum Inbegriff einer reaktionären, antijüdischen Staatspolitik im Zarenreich wurde, sondern von dem russischen Kulturphilosophen Konstantin Leontjew. (Vergleiche Bd. I, Viertes Buch, Kapitel 20).

[23] Gemeint ist die Presse als ›vierte Gewalt‹; im russischen Kontext spricht man von der Presse als der ›sechsten Gewalt‹. Dafür gibt es unterschiedliche Erklärungen. Eine von ihnen besagt, daß der russische Schriftsteller Michail J. Saltykow-Schtschedrin den Ausdruck ›sechste Gewalt‹ von Friedrich Engels' (*Der europäische Krieg*, 1854) für die Revolution in Ergänzung zu den fünf Großmächten Europas benutzte, um einen neuen Begriff einzuführen: den der ›siebten Gewalt‹ für die zaristische Zensur; daraus wiederum sei der Ausdruck ›sechste Gewalt‹ für die Presse abgeleitet worden, der im russischen Sprachgebrauch zu einem geflügelten Wort wurde.

[24] Anspielung auf Johannesevangelium 3: 8.

[25] Vergleiche Dreizehntes Buch, Kapitel 72, Eintragung vom 15. Juli 1927.

[26] Der Staatsstreich der Faschisten in Italien fand 1922 statt.

[27] »Le style c'est l'homme« – vielzitierter Aphorismus aus der am 25. August 1753 gehaltenen Antrittsrede des Grafen Georges Louis Leclerc de Buffon vor der Académie Française.

[28] David Friedrich Strauß, »Das lesende Publikum« [1867]. *Poetisches Gedenkbuch*. Gedichte aus dem Nachlasse. *Gesammelte Schriften*, 12 Bde., Bd. 12, Bonn 1876/77, S. 162.

[29] Goethe »Der Sänger« [1783]; erste Zeile der fünften Strophe.

[30] Die Bibliothek von Alexandria wurde um 520 von christlichen Fanatikern und nicht bei der Eroberung der Stadt durch die Araber im Jahre 641 zerstört. (Vergleiche Dubnow, *Weltgeschichte*, Bd. III, § 55).

[31] Babylonischer Talmud, Pesachim Fol. 87 b (siehe dazu auch Renée Poznanski, Dubnov and the Diaspora, in: Kristi Groberg and Avraham Greenbaum (Hg.), *A Missionary for History. Essays in Honor of Simon Dubnov*, Minneapolis, Minnesota 1998, S. 5–10).

[32] 1. Mose 22: 17; 32: 13.

[33] Nach Dubnow ein Ausspruch von Rabbi Jakob Joseph Kohen von Polonnoje (gest. um 1782), dem »Schöpfer des chassidischen Schrifttums«, zur Auslegung des Verses 1. Mose 22: 17 in *Toldot Jakob Joseph*. Dubnow bezeichnete Jakob Joseph von Polonnoje als »Apostel« des Chassidismus, weil er die mündliche Lehre des Baal Schem Tow in eine schriftliche umwandelte (siehe Dubnow, *Geschichte des Chassidismus*, Bd. I, § 16, S. 169).

[34] Die Rede ist von polnischen radikalen Nationalisten. Dubnow bildete die Bezeichnung *Narowzy* aus der polnischen Abkürzung *nara* – ›nationale Radikale‹. Die Organisation der nationalen Radikalen *Obóz Narodowo-Radykalny* (ONR) bildete sich 1934 im

Zuge der national-radikalen Bewegung *Ruch Narodowo-Radykalny*; nach Auskunft von Szymon Rudnicki handelte es sich um polnische Faschisten (siehe Szymon Rudnicki, *Obozu Narodowo-Radykalnego. Geneza i działalność* [Das Lager der National-Radikalen. Genese und Wirken], Warszawa 1985).

35 Arthur Schopenhauer, »Metaphysik der Geschlechtsliebe«, in: *Parerga und Paralipomena*, 2 Bde., Leipzig 1851.

36 Eduard von Hartmann, *Philosophie des Unbewußten*, Berlin 1869.

37 Fedor I. Tjutčev, »Poslednjaja ljubov'« [Letzte Liebe, 1852]; Teil des letzten Zyklus von Liebesgedichten, den Fjodor Tjutschew seiner großen Liebe J. A. Denissjewa widmete.

38 Aleksandr S. Puškin, »Geroj« [Der Held, 1830]; geflügeltes Wort im russischen Kulturkreis.

39 1. Mose 2: 24.

40 Im hohen Alter, kurz vor seinem Tod, verließ Lew Tolstoi seine Familie und sein Gut Jasnaja Poljana. (Vergleiche Bd. II, Neuntes Buch, Kapitel 50, Note 9).

41 Gemeint ist der deutsch-französische Krieg.

42 Bei dem antijüdischen Pogrom vom 27. bis zum 30. Mai 1871 in Odessa wurden sechs Personen getötet, 21 verwundet und 863 Häuser sowie 552 Geschäfte beschädigt oder zerstört. Es war nicht das erste Mal, daß der Pöbel sich in der Freihandels- und Hafenstadt am Schwarzen Meer, in der Russen, Griechen, Juden und viele andere ethno-konfessionelle Gruppen nebeneinander lebten, gegen die Juden erhob. Bereits 1821 hatten vor allem griechische Kaufleute und Nationalisten einen Pogrom gegen die Juden angestiftet. Der Pogrom von 1871 nahm größere Ausmaße an als zehn Jahre später der nach dem Mord an Alexander II. 1881. Anlaß bot Ostern 1871 das Gerücht, die Juden hätten die orthodoxe Kirche und den dazu gehörigen Friedhof entweiht. Aber das Antriebsmoment des Pogroms war der Antimodernismus der slawophilen russischen Intelligenzija, nicht so sehr der Nationalismus oder der Konkurrenzgedanke der griechischen Kaufleute.

43 Die Sentenz des französischen Romantikers Alfred de Vigny ist ein geflügeltes Wort in Rußland; seine Herkunft kann nicht nachgewiesen werden.

44 Vergleiche Bd. I, Erstes Buch, Kapitel 8.

45 Vergleiche Bd. I, Zweites Buch, Kapitel 12.

46 Vergleiche Bd. II, Elftes Buch, Kapitel 60, Eintragung vom 16. August 1917, Note 36.

47 Vergleiche Bd. I, Viertes Buch, Kapitel 24.

48 Lev Tolstoj, Smert' Ivana Il'iča, *Sočinenija grafa L. N. T.*, Bd. 12, Moskva 1886; Novelle.

49 Alphonse de Lamartine, *Histoire des Girondins*, Paris 1847.

50 Victor Hugo, *Quatre-Vingt-Treize*, Paris 1874.

51 Das Zitat stammt nicht von Karamsin, sondern aus einem Brief von Alexander Puschkin an den Literaturkritiker Pjotr A. Wjasemski aus dem Jahre 1824; es wurde in Rußland zum geflügelten Wort.

52 »*Im Sturme hast du angefangen, im Sturme sollst du enden.*« (David Friedrich Strauß, »Alter und neuer Glaube« [1872]. *Poetisches Gedenkbuch*, S. 181; die beiden Zeilen, die dem Zitat vorausgehen, lauten: »Auf, alter Krieger, laß das Bangen, / Und gürte deine Lenden«.

Victor Erlich
Leben mit Großvater

1 Der Eingangssatz bezieht sich auf den ursprünglichen Druckort dieser Erinnerungen, vgl. Victor Erlich, Life with Grandfather, in: Sophie Dubnov-Erlich, *The Life and Work of*

S. M. Dubnov. Diaspora Nationalism and Jewish History, translated by Judith Vowles. Introductory Essay by Jonathan Frankel. Afterword by Victor Erlich, Bloomington and Indianapolis 1991, S. 249–256; wir danken Professor Erlich für die Erlaubnis, den Text in deutscher Übersetzung in die vorliegende Ausgabe aufzunehmen (Brief vom 30. März 2005).

[2] Im engl. Original auf deutsch in der Schreibweise: »Grünewald«.

Verzeichnisse

Verzeichnis der Zeitungen, Zeitschriften und Periodika*

Angriff – siehe *Der Angriff.*

C. V.-Zeitung, Organ des *Centralvereins deutscher Staatsbürger jüdischen Glaubens*, Berlin 1922–1938.

Der Angriff, nationalsozialistisches Kampfblatt, zunächst wöchentlich, seit 1939 täglich, zwischen 1928 und 1932 zeitweilig verboten, Berlin 1927–1945.

Der emes [Die Wahrheit], jiddische Tageszeitung, Organ der Kommunistischen Partei, Moskau 1919–1948.

Der moment, jiddische Tageszeitung, Warschau seit 1910–1939.

Der tog [Der Tag], jiddische zionistische Tageszeitung, New York 1914–1971.

***Die Freistatt*

Di jidische stime [Die jüdische Stimme], jiddische zionistische Zeitung, Kaunas 1919–1940.

Dos freie wort [Das freie Wort], jiddische Zeitschrift, London 1933–1935

Emes – siehe *Der emes.*

Ethos, Vierteljahrsschrift für Soziologie, Geschichte- und Kulturphilosophie, Karlsruhe 1925–1928.

Forwerts [Vorwärts], jiddische sozialistische Zeitung, New York, seit 1897, bis 1982 täglich, seitdem wöchentlich.

Freiheit, jiddische kommunistische Tageszeitung, New York 1922–1929.

Frimorgen oder *Frimorgn* [Früher Morgen], jiddische Tageszeitung, Riga 1926–1934.

Ha-Doar [Die Post], hebräische zionistische Wochenzeitung, New York 1921–1970.

***Ha-Tekufa*

Jewish Guardian, wöchentlich erscheinende englisch-jüdische Zeitung, London 1920–1936.

**Jewrejskaja starina*

***Jewrejskaja tribuna*

***Jewrejski mir*

J. T. A.-Bulletin, Daily News Bulletin der *Jewish Telegraphic Agency*, London/Berlin/New York [u. a.] nachgewiesen seit 1923.

Jüdische Rundschau, zweimal wöchentlich erscheinende zionistische Zeitung, Berlin 1896–1938.

Kirjat sefer [»Stadt des Buches«; biblische Bezeichnung], bibliographische Zeitschrift, Jerusalem seit 1924.

Moment – siehe *Der moment.*

*Alle mit * gekennzeichneten Zeitungen, Zeitschriften und Periodika wurden bereits in Bd. 1 erläutert, alle mit ** gekennzeichneten in Bd. 2.

Mundo Israelita [Israelitische Welt], spanisch-jüdische zionistische Wochenzeitung, Buenos Aires seit 1923.

Neis [Neues], jiddische literarische Zeitung, folkistisch orientiert, Wilna 1921–1926.

Neuland, Zeitschrift, Parteiorgan der *Jüdischen Sozialistische Arbeiterpartei*, Wien 1907–1914.

Oktober, jiddische Zeitung, Organ der Kommunistischen Partei Weißrußlands, Minsk 1925–1941.

**Otetschestwennyje sapiski.*

Poslednije nowosti [Letzte Neuigkeiten], russische Zeitung, Organ der liberal-demokratischen russischen Emigranten in Paris bis 1940.

**Rasswet* (Petersburg 1879–83).

***Rasswet* (Berlin).

Reschumot. Measef le-diwrej sichronot, le-etnografia u-le-folklor be-israel [Quellen. Bote für Erinnerungen, Ethnographie und Folklore in Israel], Halbjahresschrift, Odessa 1918–1919; Berlin 1922–1923; Tel Aviv 1924–1930.

Rimon [Granatapfel], richtig jidd./hebr.: *Milgroijm-Rimon*, jiddische literarische Zeitschrift, Berlin 1922–1924.

Rul [Steuer], russische liberaldemokratische Tageszeitung der Emigration, Berlin 1920–1931.

**Russki jewrej*

**Russkije wedomosti*

Snamja barby [Banner des Kampfes], antibolschewistische Zeitschrift, das Organ der linken Sozialrevolutionäre in der Berliner Emigration 1923.

Soncino-Blätter, wissenschaftliche deutsch-jüdische Zeitschrift der *Soncino Gesellschaft der Freunde des jüdischen Buches*, Berlin 1924–1937.

Starina – siehe *Jewrejskaja starina.*

Stime – siehe *Di jidische stime.*

Sweno [Verbindung], russische monatliche Literaturbeilage der *Poslednije nowosti*, Paris 1927–1928.

Tog – siehe *Der tog.*

Tribuna, eigentlich *Tribuna jewrejskoj sowjetskoj obschtschestwennosti* [Tribüne der jüdischen sowjetischen Öffentlichkeit], sowjetisch-jüdische Zeitschrift, Zentralorgan der OSET, erschien zunächst monatlich, seit 1929 zweimal im Monat, Moskau 1927–1937.

Völkischer Beobachter, Kampfblatt der nationalsozialistischen Bewegung, zunächst zweimal wöchentlich, ab 1923 täglich, München/Berlin (Nordeutsche Ausgabe) 1920–1945.

Voss – siehe *Vossische Zeitung.*

Vossische Zeitung, größte Berliner Zeitung, geht zurück auf die *Berlinische privilegirte Zeitung* (seit 1721), seit 1785 *Königlich privilegirte Zeitung von Staats- und gelehrten Sachen,* seit 1910 *Vossische Zeitung*, seit 1914 verlegt im Ullstein Verlag, anfangs wöchentlich, seit 1875 zweimal täglich; 1934 von den Nationalsozialisten verboten.

**Woschod.*

Zukunft, jiddische Zeitung, erscheint monatlich, New York seit 1892.

Kommentiertes Namensverzeichnis*

Zusammengestellt von Verena Dohrn und Viktor E. Kel'ner

* Das Verzeichnis erfaßt alle Fundstellen der im Buch des Lebens erwähnten Personennamen und gibt knappe Hinweise zu Lebensdaten und Biographie der Person. Nicht erläutert wurden allgemein bekannte Persönlichkeiten (wie Sigmund Freud). In manchen Fällen konnten Vornamen und Lebensdaten nicht ermittelt werden. Die in Band 1 bereits erläuterten Namen sind mit einem * und die in Band 2 erläuterten mit ** gekennzeichnet.

Ben Ami* 33, 71, 78, 147, 156, 242, 253

Bernfeld, Simon* 92, 119

Bernstein, Eduard** 41, 86, 101, 103 f., 147 f., 160, 164, 248, 257

Bescht* 101, 105, 115, 144, 213

Bialik, Chajim Nachman* 33, 37, 41, 66 f., 72, 78, 81 f., 85, 87, 96, 143, 145, 155 f., 166, 172, 239 f., 242, 244, 246, 253

Bikerman, Jossif M.* 76 f., 107, 149, 236, 242, 300

Birnbaum, Nathan** 91, 212 f., 246

Biržiška, Mykolo 66

(bei Dubnow Michail, 1882–1962): litauischer Literatur- und Kulturhistoriker, Politiker, Unterzeichner der litauischen Unabhängigkeitserklärung, geb. in Wekschnja, Gouv. Kowno (lit. Viekšniai bei Kaunas); Studium der Rechtswissenschaften an der Universität Moskau (Abschluß 1907); lebte und wirkte als Vorkämpfer der litauischen Nationalbewegung 1907–1922 in Wilna/Vilnius/Wilno, leitete 1915–1922 das erste litauische Gymnasium; war im Zweiten Ministerkabinett 1918 Bildungsminister; wurde unter polnischer Herrschaft nach Litauen abgeschoben; leitete 1922–1930 ein Gymnasium in Kaunas, hatte seit 1922 den Lehrstuhl für Litauische Literatur an der Universität Kaunas inne, war von 1922–1925 Dekan der Fakultät für Künste und 1926/27 Rektor der Universität; emigrierte angesichts der sowjetischen Okkupation Litauens 1944 nach Deutschland, 1949 in die USA.

Blau, Ludwig 119

(1861–1936): ungarisch-jüdischer Gelehrter, geb. in Putnok, Ungarn; Studium an der Jeschiwa in Preßburg, der Landesrabbinerschule in Budapest und der Universität Budapest; seit 1889 Professor, seit 1914 Direktor der Rabbinerschule.

Börne, Ludwig* 192, 207

Bramson, Leonti M.* 41, 133, 148, 254, 257

Brandes, Georg* 121, 253

Brann, Markus* 93

Braudo, Alexander I.* 96 f.

Braun, Otto 150, 154

(1872–1955): deutscher Politiker (SPD), geb. in Königsberg; 1920–1933 preußischer Ministerpräsident (mit kurzen Unterbrechungen 1921/1925, ›Roter Zar von Preußen‹); »die kampflose Räumung dieser Machtposition nach der Wahlniederlage und dem Preußenputsch der Reichsregierung von Papen 1932 ebnete Hitler den Weg zur Macht« (Meyers Großes Taschenlexikon [2]1987); emigrierte 1933 in die Schweiz.

Briand, Aristide 254

(1862–1932): französischer Politiker, Advokat, Journalist, geb. in Nantes; 1906–1932 Regierungsmitglied als Außenminister (zuletzt 1925–1932) oder Ministerpräsident (zuletzt 1929); verließ 1906 die sozialistische Partei, versuchte seit 1918 mit dem Instrument des Völkerbunds durch Abrüstungspolitik und Politik der Versöhnung mit Deutschland ein transnationales kollektives Sicherheitssystem zu schaffen.

Brüning, Heinrich 150–154, 257, 259 f., 290

(1885–1970): deutscher liberaler Politiker, geb. in Münster; 1924–1933 Mitglied der Reichsregierung (Zentrum); wurde am 30. März 1930 vom Reichspräsidenten zum Reichskanzler eines von Fraktionsbindungen unabhängigen Kabinetts berufen, ging September 1930 zu einer parlamentarisch tolerierten Präsidialregierung über, regierte mit Hilfe von Notverordnungen, wurde Ende Mai 1932 entlassen, floh 1934 in die Niederlande, lebte seit 1935 in den USA, war seit 1939 Professor in Harvard, nach seiner Rückkehr nach Deutschland 1951–1954 Professor an der Universität Köln; lebte seit 1957 wieder in den USA.

Bruno, Giordano* 128, 245

Brutzkus, Juli D.* 14, 18, 41, 49, 62, 64, 72, 257

Buber, Martin 30, 33, 114, 149, 240, 258, 265

(1878–1965): jüdischer Religionsphilosoph, geb. in Wien; Studium an den Universitäten Wien, Leipzig, Zürich und Berlin (bei Wilhelm Dilthey und Georg Simmel); seit 1898 in der zionistischen Bewegung aktiv, redigierte seit 1901 *Die Welt*, gründete 1902 mit anderen den *Jüdischen Verlag*, forschte seit 1905 über den Chassidismus; schuf im Ersten Weltkrieg das *Nationale Jüdische Komitee* in Berlin zur Hilfe für die Juden im deutsch besetzten östlichen Europa und in Palästina; gab seit 1916 *Der Jude* heraus, vertrat 1920 erstmals seine zionistisch-sozialistische Position in Anlehnung an David Gordon und Gustav Landauer öffentlich; unterrichtete seit 1925, seit 1930 als Professor für Jüdische Religion und Ethik an der Universität Frankfurt am Main, wurde 1933 entlassen; seit 1933 Direktor der Mittelstelle für jüdische Erwachsenenbildung und Leiter des Jüdischen Lehrhauses in Frankfurt; siedelte 1938 nach Palästina, war Professor für Sozialphilosophie an der Hebräischen Universität (bis 1951) und aktiv in der israelischen Friedensbewegung.

Bucharin, Nikolai I.

(1888–1938): sowjetischer Politiker, Wirtschaftstheoretiker, geb. in Moskau; seit 1906 Mitglied des linken Flügels der Sozialdemokratischen Partei, Kampfgenosse Lenins, ZK-Mitglied und Chefredakteur der *Prawda*, unterstützte als Mitglied im Politbüro (seit 1924) und Vorsitzender der Komintern (seit 1926) den Kurs Stalins, wandte sich später jedoch gegen dessen Politik der Zwangskollektivierung und Industrialisierung; verlor 1929 alle politischen Ämter, wurde 1937 verhaftet und nach einem Schauprozeß hingerichtet.

Buffon, Georges Louis Leclerc de Graf 266

(1707–1788): französischer Naturforscher.

Byron, George Gordon Noel Lord* 206

Cahan, Abraham 150

(1860–1951): Redakteur, sozialistischer Publizist, geb. in Podbereschye, Gouv. Wilna; besuchte das Jüdische Lehrerinstitut in Wilna, floh 1882 vor der zaristischen Polizei in die USA, leistet Pionierarbeit für die jiddische Presse, arbeitete als Redakteur bei *Neie zejt*, *Arbejter zeitung* und *Zukunft*; war Mitbegründer und bis ins hohe Alter Chefredakteur des zweisprachigen *Jewish Daily Forward/Forwerts* in New York.

Chawkin, Wladimir A. 147

(1860–1930): Arzt, Bakteriologe, geb. in Rußland, entdeckte Bakterien gegen die Pest, arbeitete in Frankreich, der Schweiz und Indien.

Cohen, Hermann* 32, 82, 245, 282 f.

Condorcet, Antoine, Marquis de* 191, 266

Dejtsch, Lew G. 76

(1855–1941): Russischer Revolutionär jüdischer Herkunft (Menschewik), geb. in Tultschin, Gouv. Podolien; aktiv bei den Narodniki in den 1870er Jahren, organisierte 1877 eine regionale Bauernrevolte in der Ukraine, wurde verhaftet, konnte aber in die Schweiz fliehen, gründete zusammen mit Plechanow und Axelrod die erste russische marxistische Gruppe im Ausland *Oswoboschdenie truda* [Befreiung der Arbeit], wurde 1884 in Deutschland verhaftet, an Rußland ausgeliefert; seine Erinnerungen *Sixteen Years in Siberia* (London 1903) zeugen von der Verbannung, aus der er erst 1901 erneut in die Schweiz entkam; 1905 Rückkehr nach Rußland, Verhaftung und Flucht; lebte vorübergehend in London (1907–1911) und den USA (1911–1916), nach der Februarrevolution wieder in Rußland, zurückgezogen von der Politik. Plante ein historisches Werk über die Russische Revolution, von dem nur der erste Band über die Rolle der Juden in der revolutionären Bewegung erschien (*Rol' evreev v russkom revoljucionnom dviženii*. Berlin 1923).

Dineson, Jakob* 103, 213

Dizengoff, Meir J.* 132

Dobkowski, Ilja** 247

Doktorowitsch 97

ein Mäzen und wohlhabender Jude aus Polen.

Dubnow, Benzion 158, 256

(?–1932): Neffe von Simon Dubnow; lebte in Palästina, studierte in Berlin, nahm sich das Leben.

Dubnow, Benzion* 13, 241

Dubnowa, Ida – siehe **Frejdlin, Ida*** 12 f., 46, 48 f., 157, 222, 225 f., 241, 245, 247, 256, 258, 261

Ebert, Friedrich** 79, 106

Ehrenpreis, Marcus** 98

Eichenwald, Juli I. 120

(1872–1928): russischer Literaturkritiker jüdischer Herkunft, Publizist, geb. in Balta; übersetzte das Werk Schopenhauers (1901–1910); 1922 aus Sowjetrußland ausgewiesen, lebte in Berlin, war Mitarbeiter der *Rul*; kam bei einem Unfall ums Leben.

Einstein, Albert 36, 41, 86, 97 f., 147, 235, 245, 256

Eisenstadt, Grigori Ch. 60

(Aisenstadt, 1885–?): Rabbiner, geb. in Pinsk; Studium an der Universität Kiew (Wirtschaftswissenschaften); lebte und wirkte seit 1913 in Reval, war 1918/1919 Vorsitzender des *Komitees zur Rettung Estlands*, seit 1922 Vorsteher der Jüdischen Gemeinde in Tallinn, seit 1926 Vorsitzender des Kulturautonomiebehörde der Juden in Estland; wurde 1940, nach dem Einmarsch der Sowjets, nach Sibirien deportiert, lebte nach dem Krieg und bis zu seinem Tod in Riga.

Elbogen, Ismar 31 f., 40, 42, 92, 94, 119, 211, 245, 252, 255–257

(1874–1943): Wissenschaftler, Lehrer, Repräsentant der Wissenschaft des Judentums, geb. in Schildberg, Provinz Posen; Studium am Rabbinerseminar Breslau; seit 1899 Dozent für Jüdische Geschichte and Bibelexegese am *Collegio Rabbinico Italiano* in Florenz; seit 1903 Dozent an der *Hochschule für die Wissenschaft des Judentums* in Berlin; bewies organisatorischen Einsatz und Verantwortung in den maßgeblichen Institutionen für Jüdische Studien in Deutschland und Palästina; 1919 wurde ihm der preußische Professortitel verliehen; emigrierte 1938 in die USA, hatte Forschungsprofessuren am *Jewish Theological Seminary*, *Hebrew Union College*, *Jewish Institute of Religion* and *Dropsie College* in New York. Sein Hauptforschungsgebiet war die Geschichte der jüdischen Liturgie. *Der jüdische Gottesdienst* in seiner geschichtlichen Entwicklung (1913) ist bis heute ein Standardwerk.

Eliasberg, Alexander** 28, 73

Eljaschewa (Gurljand) – siehe **Gurljand, Esfir**** 72

Emanuil* 260

Emanuil, Rosa* 130

Erlich, Alexander** 257

Erlich, Genrich M.** 65

Erlich, Sofija – siehe **Dubnowa, Sofija*** 64, 250

Erlich, Viktor (Victor)** 221–229, 267

Feinlejb, M. M. 60

in den 1920er Jahren Vertreter von ORT in Estland.

Ferdinand II., der Katholische 281

(1452–1516): König von Aragonien (seit 1479), von Sizilien (seit 1468), von Kastilien-León (seit 1474 als Ferdinand V.), von Neapel (seit 1504 als Ferdinand III.), seit 1469 verheiratet mit Isabella von Kastilien; Gründer der Königreichs Spanien, berüchtigt durch die Errichtung der Inquisition, durch die Vertreibung der Juden aus Spanien und die Bekämpfung der Mauren in Kastilien.

Frejdlin, Faina (Fanny) 160

Schwester von Ida in Petersburg (gestorben 1932)**

(arab. Suleiman ibn Jachja, lat.: Avicebron, 1020–1057): einer der namhaftesten andalusisch-jüdischen Dichter und Philosophen des Mittelalters.

(?–1931): russisch-jüdischer Kommunalpolitiker, Literat; während des Ersten Weltkriegs Direktor des JEKOPO in Petrograd; Mitglied des Zentralkomitees der *Jüdischen Sozialistisch-Territorialistischen Partei* und der *Vereinigten Jüdischen Sozialistischen Partei*; 1918 Direktor des Ministeriums für jüdische Angelegenheiten in der Ukraine; seit 1925 Mitarbeiter der ökonomisch-statistischen Abteilung des YIVO, Mitarbeiter des Ostjüdischen Historischen Archivs, und der Pogrom-Kommission zur Verteidigung von Schalom Schwarzbard in Berlin; Herausgeber von Dokumentationen über die Pogrome in Rußland und der Ukraine 1917–1921, Verfasser einer historischen Monographie zur Lage der Juden in Rußland im selben Zeitraum (*Di lage der jiden in rusland*. Warsche 1929).

(1869–1940): amerikanische Anarchistin und Frauenrechtlerin russisch-jüdischer Herkunft, geb. in Kowno, emigrierte 1886 in die USA; kam in New York mit Anarchisten in Kontakt; ging 1919 ins revolutionäre Rußland zurück, lebte und wirkte dort bis 1921, emigrierte dann erneut; verbrachte einige Jahre in England, Kanada und Spanien, agitierte, publizierte, wurde dafür verschiedentlich verfolgt und inhaftiert, Autorin u. a. der Erinnerungen *My further disillusionment in Russia* (New York 1924).

(1882–1940): führender russischer Sozialrevolutionär; verbrachte den Rest seines Lebens nach dem Prozeß gegen die Sozialrevolutionäre 1922 in Moskau mehr oder weniger in Haft, wo er auch starb.

Graetz, Heinrich* 26, 29 f., 32, 45, 82, 92–94, 104, 129, 145, 167, 216, 234, 245

Greßmann, Hugo 111

(1877–1927): deutscher protestantischer Theologe, Experte für die Hebräische Bibel, seit 1907 Professor an der Universität Berlin.

Grinbaum, Izchak** 117, 131, 253, 297

Gurwitsch (Hurwitz), Saul-Israel* 13, 66 f., 70, 73, 82, 212, 241, 280

Guttmann, Julius 114

(1880–1950): jüdischer Religionsphilosoph, geb. in Hildesheim als Sohn des Rabbiners und Religionsphilosophen Jakob Guttmann; ordiniert am Rabbinerseminar Breslau; seit 1910 Privatdozent an der Universität Breslau, seit 1919 Dozent an der Hochschule für die Wissenschaft des Judentums in Berlin; emigrierte 1934 nach Palästina, war seitdem Professor für Jüdische Religionsphilosophie an der Hebräischen Universität.

Halevi, Jehuda (ben Samuel)* 191, 198

Harkavy, Alexander 150

(1863–1939): jiddischer Lexikograph, Literat, geb. in Nowogrudok, Gouv. Minsk als Neffe des Orientalisten Abraham Harkavy; lebte seit 1878 in Wilna, verdiente dort seinen Lebensunterhalt als Buchhalter im Verlag *Romm*; seit den Pogromen von 1881 aktiv in der agrarsozialistischen Bewegung *des Am-Olam* [Ewigen Volks], ging in die USA, um sich in einer der Landkommunen der Bewegung niederzulassen; verdingte sich als Privatlehrer für Englisch und Hebräisch, als daraus nichts wurde, Autor u. a. des *Yiddish-English-Hebrew Dictionary* (New York 1925, mehrere Auflagen).

Hartmann, Eduard von* 203, 267

Hegel, Georg Wilhelm Friedrich* 183 f.

Heine, Heinrich* 192, 196, 225, 240

Hellman, Jakob 61

(1880–1950): Politiker, Publizist, geb. in Talsen, Kurland, Studium an Jeschiwot und den Universitäten Frankfurt am Main, Marburg und Bern (Abschluß 1910); seit der Jugend ein linker Zionist; lebte in Berlin, Riga, während des Weltkriegs in Rußland, einer der Gründer der *Zeire Zion*; während der 1920er Jahre Parlamentsabgeordneter in Lettland; Redakteur der jiddischen Zeitungen *Frimorgen*, *Dos folk* und *Der weg* in Riga; emigrierte 1939 nach Argentinien.

Herz, Henriette** 15, 131, 253

Herzen, Alexander I.* 192

Herzl, Theodor* 83, 245, 283

Hildesheimer, Meier 103

(Meir, 1864–1934): deutscher Rabbiner, Sohn des Gründers des Berliner Rabbinerseminars Israel Hildesheimer, geb. in Eisenstadt; seit 1899 Leiter der orthodoxen Gemeinde *Adass Jisroel* in Berlin, öffentliches Engagement als führendes Mitglied der *Agudas Jisroel*, des *Central-Vereins deutscher Staatsbürger jüdischen Glaubens*, geschäftsführender Kurator am Rabbinerseminar in Berlin, wirkte u. a. in der Zentralen Wohlfahrtsstelle der deutschen Juden.

Hilferding, Rudolf 79

(1877–1941): deutscher sozialistischer Politiker und Politologe jüdischer Herkunft, geb. in Wien, Studium der Medizin an der Universität Wien, seit 1906 Redakteur der *Neuen Zeit*, 1907–1915 politischer Schriftleiter des *Vorwärts* in Berlin; seit 1914 als Gegner der Kriegskreditbewilligung der SPD Führer der USPD, nach der Wiedervereinigung mit der SPD seit 1923 Mitglied des Parteivorstands; Reichsfinanzminister 1923 (August bis Oktober) im Kabinett Stresemann, 1928/29 im Kabinett Hermann Müller; sein opus magnum *Das Finanzkapital* (Wien 1910) gilt als eines der bedeutendsten Werke des Austromarxismus; emigrierte 1933 nach Zürich, ging 1938 nach Paris, wurde 1941 von der Vichy-Polizei an die Deutschen ausgeliefert, die genauen Umstände seines gewaltsamen Todes sind ungewiß.

Hindenburg, Paul von** 106 f., 151, 154, 156, 158, 160, 162 f., 257, 259, 262

Hirschhorn 70

Folkistischer Abgeordneter des Warschauer *Sejm*.

Hirschkopf Familie – siehe **Hirschkopf, Moses.** 122

Hirschkopf, Moses (Moritz) 117, 251

Besucher bei Dubnow in Berlin, mit dem er sich im August 1927 am Rande der Züricher Konferenz traf; Autor des Buches *Weltkrieg und Weltidee: Neue Wege zur Völkerversöhnung und Menschenverbrüderung* (Berlin 1923).

Hitler** 11, 71, 79, 151 f., 157, 159 f., 162 f., 165 f., 188, 259, 262, 274, 280 f., 287

Hugenberg, Alfred 163

(1865–1951): deutscher Politiker auf dem rechten Flügel der Deutschnationalen Volkspartei, trug dazu bei, Hitler gesellschaftsfähig zu machen; war Januar bis Juni 1933 Reichswirtschafts- und Reichsernährungsminister.

Hugo, Victor* 122, 179, 194, 196, 206, 208, 225, 252, 264, 267

Hurwicz, Elias 13, 28, 73, 212 f., 218, 241 f.

(1884–1973): Soziologe, Publizist; geb. in Rogatschow, Gouv. Mogiljow als Sohn von Saul-Israel Gurwitsch, einem entfernten Verwandten von Simon Dubnow; Studium an der Universität Berlin, Promotion; gab unter dem Titel *Mein Leben* 1937 in der Jüdischen Buchvereinigung, Berlin, die Erinnerungen Simon Dubnows in einer gekürzten Fassung heraus; Mitglied der Reichsvereinigung der Juden in Deutschland, während der NS-Zeit privilegiert durch Ehe mit einer Nichtjüdin, überlebte den Holocaust, war nach 1945 Mitglied der Jüdischen Gemeinde von Berlin, lebte bis zu seinem Tod in Berlin.

Isabella I., die Katholische 183, 277

(1451–1504): Königin von Kastilien-León (seit 1474), und Aragonien (seit 1479); seit 1469 verheiratet mit Ferdinand II. von Aragonien, wodurch die Grundlagen für das Königreich Spanien gelegt wurden.

Itelson, Gregor 118, 251

(1852–1926): jüdischer Philosoph; geb. in Schitomir, Gouv. Wolhynien, Studium an der Universität Petersburg; verließ Rußland 1884 und ließ sich in Berlin nieder; sein Interesse galt der Mathematik und Physik, vor allem aber den Grundlagen der Philosophie; bekannt wurde er mit einem Vortrag vor dem Zweiten Philosophen Kongreß in Genf 1904 durch den Versuch, die Abhängigkeit der Logik vom Denken zu befreien, sie von den Gegenständen her und als eine selbständige Wissenschaft zu definieren; er stand, beeinflußt von Bolzano, den zeitgenössischen Philosophen Meinong, Husserl und Couturat nahe; hielt während seiner letzten Lebensjahre Vorträge an der Jüdischen Volkshochschule in Berlin.

Jacobson, Victor 41, 75, 90, 212, 299

(1869–1935): zionistischer Politiker, Diplomat, geb. in Simferopol, Krim; aktiv in der *Chibat Zion*, Studium der Philosophie an der Universität Berlin, seit 1887 Mitglied des *Russisch-Jüdischen Wissenschaftlichen Vereins* in Berlin, seit 1897 in der Zionistischen Organisation, seit dem dritten Zionistenkongreß (1899) im zionistischen Aktionskomitee, Gegner des Uganda-Kolonisationsprojekts; seit 1906 Leiter der Filiale des *Anglo-Palestine Company* in Beirut, seit 1908 in Konstantinopel, Repräsentant der Zionistischen Organisation in der Türkei; während des Ersten Weltkriegs Leiter des Kopenhagener Büros, Herausgeber des *Kopenhagener Manifests* (1918); aktiv in der arabisch-jüdischen Zusammenarbeit, Initiator des *Berit Schalom* (gegr. Jerusalem 1926); repräsentierte seit 1925 die Zionistische Organisation und die *Jewish Agency* in Paris und vor dem Völkerbund in Genf.

Jakob-Jossif (Joske) Dubno 144, 156, 261

Rabbiner und Kabbalist, lebte und wirkte in den letzten Jahrzehnten des 17. Jh. in der wolhynischen Stadt Dubno, Vorfahre von Simon Dubnow (vergleiche Bd. I, Erstes Buch, Kapitel 1).

Jefroikin, Israil R.** 116, 135, 297

Juodakis, Petras 63

(1872–1940): litauischer Chemiker, geb. in Račėiupnai, Kreis Ponewesch (lit.: Panevēžys), Gouv. Kowno; Absolvent der Universität Petersburg; 1908–1920 Dozent an der Popedinski-Handelsschule in Petersburg; seit 1921 in Kaunas, 1922, im Jahr der Gründung der Universität Kaunas Kultusminister von Litauen; 1922–1940 Professor für Chemie an der Universität Kaunas.

Kagan, Markus G.* 76, 120, 247, 252

Kahr, Gustav Ritter von 79

(1862–1934): deutscher Politiker, Jurist; nach dem Kapp-Putsch 1920–1921 Ministerpräsident einer bürgerlichen Rechtsregierung in Bayern; plante eine rechte Diktatur im Reich von Bayern aus, ging beim ›Hitler-Putsch‹ 1923 auf die Seite der Gegner über, schlug mit Reichswehr und Polizei den Aufstand nieder; 1924–1930 Präsident des bayrischen Verwaltungsgerichtshofes, wurde bei der Mordaktion der ›Röhm-Affäre‹ verschleppt und getötet.

Kalmanowitsch, Samson E.** 60, 76

Kalmanowitsch, Selig** 64, 215

Kaplan, Ilja 80

(Abraham Elia, 1890–1924): Rabbiner, geb. in Kejdany, Gouv. Kowno (lit. Kėdiniai nördlich von Kaunas); an litauischen Jeschiwot zum Rabbiner ausgebildet, unterrichtete am orthodoxen Rabbinerseminar in Berlin Talmud; arbeitete bis zu seinem frühen Tod zusammen mit Simon Dubnow und Simon Rawidowicz an der Herausgabe des Litauischen Pinkas.

Karamsin, Nikolai M. 208, 267

(1766–1826): russischer Schriftsteller und Historiograph des Zaren.

Karejew, Nikolai I.** 96

Katz, Benzion 22, 69, 72

(1875–1958): hebräischer Literat, Journalist, geb. in Daugi, Gouv. Wilna; Mitarbeiter der *Ha-Zefira*, des *Ha-Schiloach*; forschte zur Kulturgeschichte der Juden in Polen und Rußland, gab 1903–1915 in Petersburg (als Zeitung und Vierteljahresschrift) und in Wilna (1905–1906, als Monatsschrift) den *Ha-Sman* heraus und 1916–1918 die Wochenschrift *Ha-Am* in Moskau; verließ Rußland 1920, ging über Kaunas (1921) nach Berlin, war seit 1928 Redaktionsmitglied des Verlages Abraham J. Stybel; lebte seit 1931 in Palästina/Israel.

Kazenelson, Siegmund 76, 90

(eigentlich Kaznelson, 1893–1959): Verleger, Redakteur, geb. in Warschau; 1911–1918 Studium der Rechtswissenschaft an der Universität Prag; schrieb bereits als Student für die zionistischen Zeitschriften *Die Welt* und *Selbstwehr* in Prag, die er während des Ersten Weltkriegs redigierte; lebte seit Beginn 1920 in Berlin, arbeitete zunächst in der Redaktion von Bubers *Der Jude*, leitete seit Oktober 1921 den *Jüdischen Verlag*, erwarb ihn 1925 und führte ihn seitdem als Privatverlag; brachte Herzls *Tagebuch*, Dubnows *Weltgeschichte*, das *Jüdische Lexikon* heraus; emigrierte 1937 nach Palästina, ließ sich in Jerusalem nieder.

Kellog, Frank 132, 254

(1856–1937): amerikanischer Jurist und Politiker, 1925–1929 Außenminister der USA.

Kittel, Rudolf 111

(Rudolph, 1853–1929): christlicher Bibelforscher, geb. in Eningen, Württemberg; lehrte Theologie an den Universitäten Tübingen (1879–1881) und Stuttgart (1881–1888), als Professor in Breslau (1888–1898) und Leipzig (1898–1924); sein größtes Verdienst war die Herausgabe der *Biblia Hebraica* (Stuttgart 1908).

Klatzkin, Jakob 114, 255

(Kljazkin, 1882–1948): jüdischer Philosoph, Publizist, Zionist, geb. in Kartusskaja Beresa, Gouv. Grodno; Studium der Philosophie an der Universität Marburg bei Hermann Cohen; Promotion an der Universität Bern 1912; 1909–1911 Redakteur von *Die Welt*, später Leiter des *Keren Kajemet* in Köln; redigierte während des Ersten Weltkriegs (1915–1918) das *Bulletin Juif* in der Schweiz, leitete den Verlag *Al Ha-Mischmar* [Auf Wacht] in Lausanne; 1921/22 Mitherausgeber der *Freien Zionistischen Blätter* in Heidelberg, Mitbegründer des Verlags *Eschkol* [Traube] in Berlin, ebenda Chefredakteur der *Encyklopaedia Judaica*; floh 1934 in die Schweiz, von dort 1941 in die USA; lehrte am College for Jewish Studies in Chicago, kehrte 1947 in die Schweiz zurück; Verfasser einer Monographie über Hermann Cohen, Übersetzer von Spinozas *Ethik* ins Hebräische.

Klausner, Josef** 97, 217

Klee, Alfred 80, 131, 257, 289

(1875–1943): Jurist, zionistischer Kommunalpolitiker, geb. in Berlin; Anwalt in Berlin, seit dem dritten Zionistenkongreß Delegierter auf zahlreichen Kongressen, gehörte zum Freundeskreis von Theodor Herzl und Max Nordau; gründete nach dem Ersten Weltkrieg die *Jüdische Volkspartei*, war als stellvertretender Vorsitzender deren Vertreter seit 1920 in der Repräsentanten-Versammlung der Berliner Jüdischen Gemeinde, seit 1925 im Rat des *Preussischen Landesverbandes* jüdischer Gemeinden; seit 1927 führender Mitarbeiter der ICA; emigrierte 1937 in die Niederlande, starb im KZ Westerbork.

Klinow, Jeschajahu 22, 112

(1890–1963): Kommunalpolitiker; Mitglied des 1926 in Berlin gegründeten Komitees zur Verteidigung Schalom Schwarzbards; emigrierte 1932 nach Palästina.

Kohen, Naftali 88

Rabbiner in Wolhynien, Vorfahre von **David Koigen**.

Koigen, David 28, 43, 88–91, 93, 97, 104, 131, 148, 162, 164, 168, 236, 246

(1879–1933): jüdischer Philosoph, geb. in Wachnowka (Wachnjaki, Waschnaki), Gouv. Kiew; Studium der Philosophie und Soziologie an den Universitäten Berlin, Bern, Zürich, München, Paris; lebte 1892–1913 in Berlin; lehrte in der unabhängigen Ukraine 1918–1921 als Professor an Universität und Handelshochschule in Kiew; lebte und lehrte als Privatdozent seit 1921 in Berlin; 1925 Begründer der Zeitschrift für Soziologie und Kulturphilosophie *Ethos*; Verfasser zahlreicher kulturphilosophischer Schriften.

Krejnin, Mejr N.** 72, 102, 133, 254

Krochmal, Nachman 80, 243–244, 289

(1785–1840): jüdischer Gelehrter, Maskil, Historiker, geb. in Brody, Galizien; einer der führenden Maskilim in Galizien, Gemeindevorsitzender von _o_kiew; bekannt als Autor des bahnbrechenden geschichtsphilosophischen Werkes *More newuche ha-sman* [Führer der Verirrten der Zeit].

Krupnik, Baruch** 73, 212, 214, 218, 256

Lamartine, Alphonse de 208, 267

(1790–1869): französischer Dichter, Historiker, Diplomat.

Landau, Jakob 61

Ingenieur, Politiker, Lehrer; vor dem Ersten Weltkrieg Direktor des russischsprachigen jüdischen Gymnasiums in Riga; führender Nationaldemokrat; Mitglied der Konstituierenden Versammlung Lettlands, Leiter der Abteilung für jüdische Kultur im Bildungsministerium Lettlands, während der 1920er Jahre Leiter eines privaten russischsprachigen jüdischen Gymnasiums in Riga.

Landman, David O.* 150, 256

Latzky-Bertoldi, Jakob-Wolf 41, 72, 96, 102, 135, 241, 244, 247, 257
(1881–1940): Journalist, führender Sozialist, geb. in Kiew, aufgewachsen in Riga; 1901 wegen Beteiligung an der Studentenbewegung vom Rigaer Polytechnikum relegiert; ging nach Berlin, gründete dort zusammen mit Nachman Syrkin die nationaljüdische sozialistische Gruppe *Cherut*, 1903 in Kiew die Gruppe *Wosroschdenie* und 1905 zusammen mit anderen die *Jüdische Sozialistische Arbeiterpartei*; gab 1907–1914 in Wien das Parteiorgan *Neuland* heraus, seit Februar 1917 in Rußland, führend in der *Jüdischen Folkspartej*; 1918 Minister für Jüdische Angelegenheiten in der Ukrainischen Volksrepublik; lebte seit 1920 in Berlin, 1923–1925 führend in der *Emigdirect*; seit 1925 in Riga, Redakteur von *Dos folk* und *Frimorgn*; ging 1935 nach Palästina.

Lazarus, Moritz* 83, 240, 245

Lebenson, Micha Josef* 206, 243

Lenin, Wladimir I.** 68, 86, 89, 127, 240

Lermontow, Michail J.* 195, 206, 225

Lestschinsky, Jakob 76, 107, 112, 127, 131, 150, 164, 244, 253, 256 f., 262
(1876–1966): Soziologe, Ökonom, Demograph, geb. in Gorodischtsche, Gouv. Kiew; mit siebzehn aktiver Kulturzionist, Mitglied der *Bne Mosche* Loge, Gründer einer modernen hebräischen Schule in Gorodischtsche; Studium in Bern, Zürich; aktiv in *Jüdischen Sozialistischen Arbeiterpartei*, Territorialist, später beim *Bund* in Warschau; vor 1914 bei ORT in Warschau tätig, erlebte den Februar 1917 in Rußland, ging 1921 nach Berlin, Korrespondent des *Forwerts* in New York, Mitbegründer des YIVO, leitete dessen sozial-ökonomischen Sektion in Berlin; emigrierte 1934 nach Warschau, 1938 in die USA und 1959 nach Israel; verfaßte sozioökonomische und demographische Pionierstudien (*Der jidischer arbeter in rusland*, 1906; *Dos jidische folk in zifern*, 1922; *Probleme der Bevölkerungs-Bewegung bei den Juden*, 1926 u. a.); gab 1923–1925 mit Boris Brutzkus und Jakob Segall die *Bleter far jidische demografie un statistik* heraus, publizierte als einer der ersten zum Holocaust (*Di jidische katastrofe*, 1944; *Crisis, Catastrophe, and Survival: A Jewish Balance Sheet, 1914–1948*, 1948).

Lévi, Israël 39, 115
(1856–1939): Rabbiner, Historiker, Philologe, geb. in Paris; 1882 ordiniert zum Rabbiner, seitdem Professor für jüdische Geschichte und Literatur am Rabbinerseminar und Lektor der talmudischen und rabbinischen Literatur an der École pratique des Hautes Études zu Paris; seit 1880 Generalsekretär der *Société des études juives*; 1919–1938 Oberrabbiner von Frankreich.

Levin, Schmarja** 17, 72, 75

Lewin, Samuil 111
(1890–?): jiddischer Schriftsteller, geb. in Polen, lebte in den 1920er Jahren in Deutschland, seit 1934 in den USA.

Lewitas, Salman 61

(1876–?): Publizist, Kommunalpolitiker, geb. in Schagory, Gouv. Kowno (lit. Žagarė); lebte lange in Warschau, gründete dort den *Jawne*-Verlag für jiddische Literatur; wurde Kaufmann, ging nach Riga, gründete die Zeitung *Di idische stime*, initiierte 1918 die Gründung einer jiddischen Schule, gehörte zu den Mitbegründern der jiddischen Zeitung *Letzte neies*; war Repräsentant des ORT in Lettland und in Berlin; sein Schicksal unter der NS-Herrschaft ist unbekannt.

Lieblich, Karl 149, 258

(1895–1984): deutsch-jüdischer Schriftsteller, geb. in Stuttgart-Botnang; promovierter Jurist; lebte in Stuttgart, veröffentlichte (z. T. unter den Pseudonymen Alexander Borowsky und Ark Schillbeil) u. a. in *Menorah. Jüdisches Familienblatt für Wissenschaft, Kunst und Literatur*, Wien 1923–1932; Autor des Buches *Wir jungen Juden: drei Untersuchungen zur jüdischen Frage* (Stuttgart 1931); emigrierte 1937 nach Brasilien, kehrte 1957 nach Deutschland zurück.

Lloyd George, David** 59, 237

Löhr, Max 111

(1864–1931): deutscher evangelischer Theologe, geb. in Stettin; Studium an den Universitäten Königsberg und Göttingen (Promotion 1889); seit 1890 Privatdozent an der Universität Königsberg; seit 1892 Dozent an der Universität Breslau; Forscher am Deutschen Archäologischen Institut in Jerusalem (1903/04, 1908/09); Verfasser zahlreicher Werke zur Hebräischen Bibel, zur Religions- und Literaturgeschichte des biblischen Israel und zum Chassidismus.

Ludendorff, Erich** 79

Lulow, Mendel 61

Kaufmann, Unternehmer in der Holzindustrie in Riga; während der 1920er Jahre einer Führer der zionistischen Bewegung in Lettland.

Lunatscharski, Anatoli W.** 108, 249

Maimon, Salomon 131, 295

(1754–1800): Maskil, Philosoph, geb. vermutlich auf dem Gut Sukowiburg am Neman (deutsch: Memel), Polen-Litauen; traditionell gebildet, wanderte 1779 nach Deutschland, führte ein unstetes Wanderleben in Armut: kam, zunächst abgewiesen in der preußischen Hauptstadt, zwei Jahre nach Posen, von dort nach Berlin, in den Kreis um Moses Mendelssohn, wurde nach einiger Zeit jedoch wegen Unbotmäßigkeit ausgeschlossen, reiste nach Hamburg, von dort nach Amsterdam und zurück nach Altona, wo er ein Gymnasium besuchte; ging erneut nach Berlin, Breslau und 1786 wieder nach Berlin; studierte Kant und verfaßte *Versuch über die Transzendentalphilosophie*, gedruckt auf Empfehlung Kants Berlin 1790; lebte 1790–1795 unter dem Schutz und auf dem Besitz des Grafen Adolf Kalkreuth bei Berlin und in Schlesien (Niedersiegersdorf bei Freistadt), wo er starb; bekannt vor allem durch *Salomon Maimon's Lebensgeschichte*, von ihm selbst geschrieben und herausgegeben von Karl Philipp Moritz, 2 Bde., Berlin 1792–1793; Neuausgabe: Salomon Maimon, *Gesammelte Werke*, 7 Bde., herausgegeben von Valerio Verra, Hildesheim ^{2}2000, Bd. 1).

Maimonides, Moses* 115, 243

Nepomnjaschtschi 122
literarisch ambitionierter *Tschekist*.

Newman, Louis Israel 253
(1893–1972): US-amerikanischer Reformrabbiner, geb. in der Provinz Rhode Island; ordiniert von Stephen Wise, amtierte bis 1930 in San Francisco, danach in New York; war führend in der zionistisch-revisionistischen Bewegung in den USA.

Nietzsche, Friedrich* 190

Nikolaus I.** 19, 192

Nomberg, Hersch David 117
(Hirsch, 1876–1927): jiddischer Schriftsteller, Publizist, Politiker, geb. in Meszczonow bei Warschau; gehörte zum Kreis um Izchak Leib Perez in Warschau; führender Jiddischist, einer der Gründer der *Folkspartej* in Polen (1916), 1919–1920 Abgeordneter im *Sejm*.

Nordau, Max* 283

Nurok, Mordechai 61
(Nurock, 1879–1962): Rabbiner, Politiker, geb. in Tukums, Kurland; seit 1902 (Konferenz von Minsk) in der religiös-zionistischen *Misrachi*-Bewegung aktiv; seit 1913 als Nachfolger seines Vaters staatlich anerkannter Rabbiner in Mitau; seit den Vertreibungen der Juden aus Kurland während des Weltkriegs in Petersburg, zwischen Februar und Oktober 1917 Gründer der religiösen Einheitsfront *Masoret we-Cherut* [Tradition und Freiheit]; 1921 Rückkehr nach Lettland; Parlamentsabgeordneter und führender Politiker der *Misrachi*, Vorkämpfer für Minderheitenrechte, Delegierter auf dem Europäischen Nationalitätenkongreß; 1941 bei der Okkupation Lettlands durch die Sowjetunion vom NKWD verhaftet, überlebte den Holocaust in der Sowjetunion, ging nach dem Krieg über Skandinavien, USA nach Israel, war *Knesset*-Abgeordneter und Postminister.

Omar ben Katab** 196 f.

Opatoschu, Joseph 69, 241
(Opatoshu, 1886–1954): Jiddischer Novellist und Romanschriftsteller, geb. in Mžawa, Polen; emigrierte 1907 in die USA.

Papen, Franz von 154 f., 158, 160, 260, 274
(1879–1969): deutscher Politiker; 1920–1932 Abgeordneter der *Zentrums*-Partei im Preußischen Landtag, rechtskonservativ, Monarchist; Juni bis November 1932 Reichskanzler, verhalf Hitler an die Macht.

Pasteur, Louis 200
(1822–1895): französischer Chemiker, Mikrobiologe.

Payot, G. 111, 141, 240
Verleger und Gründer des gleichnamigen Verlagshauses in Paris.

Perles, Felix 111
(1874–1933): deutsch-jüdischer Orientalist, geb. in München als Sohn des Historikers

und Rabbiners Joseph Perles; seit 1899 Rabbiner und Honorarprofessor an der Universität Königsberg.

Perles, Rosalie 145

(1839–1932): deutsch-jüdische Literatin, Ehefrau des Historikers **Joseph Perles** und Mutter des Orientalisten **Felix Perles** in Königsberg; schrieb für verschiedene deutsch-jüdische Periodika, verfaßte das Vorwort zu Reden ihres Ehemannes, herausgegeben von Felix Perles, und *Aphorismen* (veröffentlicht posthum 1932).

Petljura, Simon W.** 37, 38, 112, 245, 250, 291, 293

Philippson, Martin 242

(1846–1916): deutsch-jüdischer Historiker, geb. in Magdeburg als Sohn des Reformrabbiners Ludwig Philippson; habilitierte sich 1871 an der Universität Bonn, seit 1878 Professor an der Universität Brüssel, Mitglied der Belgischen Akademie der Wissenschaften, 1890 zum Rektor der Universität Brüssel gewählt, 1891 durch deutschfeindliche Agitation und Studentenprotest zum Rücktritt gezwungen; ging nach Berlin, betätigte sich aktiv in der jüdischen Öffentlichkeit, amtierte als Vorsitzender des *Deutsch-Israelitischen Gemeindebunds*, erster Präsident des *Verbands der deutschen Juden* (seit 1904), Mitbegründer und Leiter der *Gesellschaft zur Förderung der Wissenschaft des Judentums* (seit 1902); verfaßte die dreibändige *Neueste Geschichte des jüdischen Volkes* (Leipzig 1907–1911; ²1930).

Piłsudski, Józef Klemens 119, 251, 257

(1867–1935): polnischer Politiker, Staatsmann, seit 1920 Marschall von Polen, Führer der *Polnischen Sozialistischen Partei* (PPS); wurde Ende des Ersten Weltkriegs nach Proklamation des Königreichs Polen durch die Mittelmächte Mitglied des Staatsrats, im November 1918 »Staatschef« mit der obersten Militär- und Staatsgewalt; vollführte mit Hilfe seiner Anhänger 1926 einen Staatsstreich und errichtete ein autoritäres Regime.

Pinski, David 159

(1883–1959): jiddischer Erzähler und Dramatiker, geb. in Mogiljow; aufgewachsen in Moskau, studierte in Wien und später (1896) in Berlin; lebte in Warschau, debütierte mit einer Erzählung in Mordechai Spektors Jahrbuch *Der hoisfreind* (1894), gründete in Berlin den Verlag *Zeitgeist*; lebte zeitweise in der Schweiz, übersiedelte 1899 in die USA, Mitherausgeber der Wochenschrift *Der arbeter* (1904–1911); zunächst Mitglied des *Bund*, nach dem Pogrom von Kischinjow der *Poale Zion*; übersiedelte 1949 nach Israel.

Pobedonoszew, Konstantin P.* 192, 266

Polozkoi, Wolf (Zeev) 61

lebte Anfang des 20. Jh. in Petersburg, war Hörer der *Kurse für Orientalistik*; nach dem Ersten Weltkrieg Leiter des jüdischen Lehrerseminars in Riga, das von der Jüdischen Abteilung des lettischen Bildungsministeriums gegründet worden war; führender Mitarbeiter der Jüdischen Abteilung im Ministerium.

Portugejs, Semjon O. 107

(1880–1944): russisch-jüdischer Journalist, Menschewik; Mitarbeiter des Petrograder *Den*; emigrierte 1920, lebte seit 1921 in Berlin und war dort führend in der menschewistischen Gruppe *Sarja* [Morgenrot]; ging 1925 nach Paris und publizierte in der *Jewrejskaja tribuna*, übersiedelte 1940 in die USA.

Pribram, Alfred Francis 125

(Pøibram, 1859–1942): österreichischer Historiker, Verfasser von Werken zur Geschichte der Juden in Österreich.

Priluzki, Noach 68

(Prilutzki, Prylucki, 1882–1941): Journalist, Politiker, Philologe, geb. in Berditschew; Abitur in Warschau, Studium der Rechtswissenschaften an den Universitäten Warschau und Petersburg (Abschluß 1909); Rechtsanwalt in Warschau; nahm 1908 an der Jiddisch-Konferenz in Czernowitz teil, als Jugendlicher in der zionistischen Bewegung aktiv, wechselte er während des Weltkriegs zu den Liberaldemokraten, gründete 1916 in Polen die *Folkspartej*, war 1922–1926 Abgeordneter im *Sejm*, Gründer und Redakteur diverser jiddischer Zeitschriften und Zeitungen; Verfasser von Schriften zur jiddischen Philologie; Mitbegründer des YIVO, floh nach der Einnahme Warschaus nach Wilna, hatte an der Universität den Lehrstuhl für jiddische Sprache und Literatur inne, leitete das YIVO, wurde von den Nationalsozialisten in Wilna ermordet.

Puschkin, Alexander S.* 46, 178 f., 195, 203, 206, 224 f., 265, 267

Rabinowitsch 60

Beamter der Sowjetischen Botschaft in Reval (1922), der aus Odessa stammte.

Rabinowitsch-Schefer, Saul Pinchas* 71, 297

Rathenau, Walter 59, 67 f., 81, 105

(1867–1922): Industrieller, Publizist, Staatsmann, geb. in Berlin als Sohn von Emil Rathenau, dem Gründer der AEG (Allgemeinen Elektrizitäts-Gesellschaft); Studium der Elektrotechnik und Philosophie an diversen deutschen Universitäten, promovierte 1889 in Berlin; arbeitete als Ingenieur in Zürich, gründete die erste elektrochemische Fabrik in Deutschland (Bitterfeld, Preußen); seit 1899 Mitarbeiter der AEG, deren Leitung er nach dem Tod des Vaters 1915 übernahm; Sachverständiger der Regierung zu Beginn der Weimarer Republik, seit 1921 Reichsminister für Wiederaufbau, seit 1922 Reichsminister des Auswärtigen; wurde am 24. Juni 1922 nach einer antisemitischen Hetzkampagne auf der Königsallee in der Nähe seines Hauses in Berlin-Grunewald ermordet.

Rawidowicz, Simon 41, 80, 243 f., 257, 263, 282

(1897–1957): Hebräischer Gelehrter und Publizist, Vorkämpfer der Verbreitung der hebräischen Sprache, geb. in Grajewo bei Bia_ystok, Schwiegersohn von Alfred Klee; lebte und studierte seit 1919 in Berlin, lehrte an der Hebräischen Sprachschule, leitete die jüdische Gemeindebibliothek, war an der Jubiläumsausgabe von Moses Mendelssohns gesammelten Schriften beteiligt (seit 1929; gab Bd. VII heraus); gründete den *Bet ha-am ha-iwri* [Haus des hebräischen Volkes] als Treffpunkt der Berliner Hebraisten, organisierte federführend die Hebräische Konferenz in Berlin 1931, seitdem Präsident des *Brit iwrit olamit* [Hebräischen Weltbunds]; publizierte in *Ajanot* und gab seit 1927 *Ha-Tekufa* mit heraus; emigrierte 1933 nach London, war seit 1941 Professor für Jüdische Philosophie an der Universität Leeds, gründete im selben Jahr die Ararat Publishing Society in London, wechselte 1947 in die USA, leitete das Department of Near Eastern and Judaic Studies an der Brandeis University; machte sich früh als Herausgeber des Werks von Nachman Krochmal einen Namen.

Rawnizki (Rawnitzky), Jehoschua Chana* 41, 66, 72, 79, 81 f., 87, 145, 239, 245 f., 253

ligte sich an der Roten Garde in Odessa im Kampf gegen die ukrainischen Freiheitskämpfer um Simon Petljura; zahlreiche Verwandte von ihm wurden in von Petljura-Banden angezettelten Pogromen in der Ukraine ermordet; kehrte Rußland 1920 wieder den Rükken und ging zurück nach Paris, wohin 1921 auch Simon Petljura emigrierte; im Mai 1926 schoß er den ukrainischen Kosakenführer nieder und kam in Haft. Dank internationaler jüdischer Unterstützung und der glänzenden Verteidigung durch den Anwalt Henry Torrès wurde er 1927 freigesprochen; starb in Kapstadt, Südafrika.

Shelley, Percy Bysshe* 206

Sliosberg, Genrich B.* 129 f., 218

Sobernheim, Moritz Sebastian 74

(1872–1933): deutsch-jüdischer Orientalist, geb. in Berlin; Professor, Experte für semitische Epigraphik; Vorsitzender der *Gesellschaft zur Förderung der Wissenschaft des Judentums,* stellvertretender Vorsitzender des *Deutsch-Israelitischen Gemeindebundes,* Präsidiumsmitglied des Deutschen Komitees *Pro Palästina*; seit 1918 Mitarbeiter im Auswärtigen Amt, zuständig für jüdische Angelegenheiten.

Sokolow, Nachman (Nachum)* 116 f., 297

Sokrates* 264

Solowejtschik, Max** 14, 35, 37, 62–66, 72, 91, 244, 247, 254

Spektor, Mordechai* 103, 213, 288

Speranski, Valentin, N.** 107, 249

Stalin, Iossif W.** 11, 144, 275

Stampfer, Friedrich 160

(1874–1957): deutscher Journalist jüdischer Herkunft, sozialdemokratischer Politiker, geb. in Brünn; redigierte die *Leipziger Volkszeitung* (1900–1902), übernahm 1916 die Leitung des Berliner *Vorwärts,* bekanntester und einflußreichster Journalist der deutschen Sozialdemokratie in der Weimarer Republik; seit 1920 Reichstagsabgeordneter; emigrierte 1933 nach Prag, Mitglied des Exil-Parteivorstands, Chefredakteur der Wochenschrift *Neuer Vorwärts* (bis 1937); floh 1940 über die Pyrenäen nach Spanien, von dort nach New York; Mitarbeiter der *Neuen Volkszeitung* in New York; kehrte 1948 nach Deutschland zurück, war zuletzt Mitarbeiter der Akademie für Arbeit in Frankfurt am Main.

Steinberg, Aaron* 14, 18, 28 f., 41, 49, 90–93, 96, 101, 110, 131, 134, 141, 144, 149, 213, 215, 218, 248, 252, 254, 256–258

Steinberg, Isaak 14 f., 18, 88–91, 95 f., 122, 167, 223 f., 246

(1888–1957): Jurist, russisch-jüdischer Revolutionär, geb. in Dwinsk, Gouv. Witebsk; studierte an der Universität Moskau (Jura), wurde 1906 wegen Mitgliedschaft bei den Sozialrevolutionären verhaftet, von der Universität und des Landes verwiesen, setzte das Studium an der Universität Heidelberg fort, promovierte 1910 zum Thema *Die Lehre vom Verbrechen im Talmud: eine juristisch-dogmatische Studie* (Frankfurt am Main 1910); kehrte nach Rußland zurück, war Rechtsanwalt in Moskau; schloß sich nach der

(1891–1966): französischer Jurist, Politiker, geb. in Les Andelys; Rechtsanwalt in Bordeaux, seit 1919 in Paris; in der Jugend Kommunist, später Mitglied der Sozialistischen Partei, 1932–1936 Parlamentsabgeordneter; wurde berühmt durch die Verteidigung von Schalom Schwarzbard 1926, der das tödliche Attentat auf den ukrainischen Volksführer Simon Petljura in Paris verübt hatte; floh 1940 in die USA; war nach seiner Rückkehr nach Frankreich 1948–1958 gaullistischer Senator für das Seine-Departement; 1956–1958 Vizepräsident des Obersten Gerichtshofs und Präsident von *Radio et Télévision en français*.

Treitschke, Heinrich von 82, 245

Triwusch, Iossif Ilja** 73

Trotzki, Lew D.** 68, 89, 144, 256

Tscherikower, Ilja, M. 36 f., 41, 66 f., 76, 80, 83, 112, 118, 212, 215 f., 239, 241, 244, 256–258, 263

(Elias, 1881–1943): jüdischer Historiker, sozialdemokratisch orientierter Kommunalpolitiker, Publizist, geb. in Poltawa; dort einer der ersten Anhänger der *Chowewe Zion*, 1903 Abitur als Externer in Odessa, Studium an der Universität Petersburg; Mitarbeiter der russischen *Jüdischen Enzyklopädie;* 1911–1914 Redakteur des *Westnik* der *Gesellschaft für Aufklärung*; lebte während des Weltkriegs in Palästina und New York, begann jiddisch zu schreiben; kehrte 1917 nach Rußland zurück, war bis 1920 Mitarbeiter der jüdischen Autonomiebehörde in Kiew, aktiv im Allukrainischen Komitee zur Hilfe für Pogromopfer; lebte seit 1921 in Berlin, leitete die Jüdische Abteilung im russischen Verlag *Grani*, gab Dokumentationen der Pogrome in Rußland und der Ukraine heraus; war 1925 einer der Begründer des YIVO, leitete die Historische Sektion; emigrierte 1933 nach Paris, 1940 nach New York; Verfasser bedeutender Arbeiten zur Geschichte der Juden in Osteuropa, Frankreich und den USA.

Tscherikower, Rewekka N. 112

Ehefrau von Ilja Tscherikower.

Tschernichow, Mark J. 64, 117

(vermutlich) – Arzt, der Ausbildung nach, Publizist; Anfang der 1920er Jahre Mitarbeiter der *Neies* in Kaunas.

Tschernichowski, Saul G. 82, 240

(1875–1943): hebräischer Dichter, Arzt, geb. in Michailowka, Gouv. Taurien; besuchte seit 1890 die Höhere Handelsschule in Odessa, studierte 1899–1905 Medizin an den Universitäten Heidelberg und Lausanne, kehrte nach Rußland zurück, ließ sich 1910 als Arzt in Petersburg nieder, diente während des Ersten Weltkriegs als Militärarzt; war seit 1919 Arzt in Odessa; verließ Rußland, lebte 1922–1931 in Berlin, danach in Palästina; publizierte seit 1892/93, war einer der Gründer einer modernen hebräischen Poesie.

Tschernowitz Brüder – siehe **Tscherowitz, Chaim*** 81

Tscherwjakow, Alexander G. 127 f.

(1892–1937): weißrussischer Staatsmann und Politiker, einer der Gründer und Führer der Kommunistischen Partei Weißrußlands, in den 1920er Jahren Volkskommissar für Bildung, seit 1924 Vorsitzender des Zentralkomitees der Kommunistischen Partei in Weißrußland; fiel staatlichen Verfolgungen zum Opfer.

Turgenjew, Iwan S.* 195

Ussyschkin (Usyschkin), Michail M.* 116 f.

Vigny, Alfred 207, 267

Comte de (1797–1863): Dichter der französischer Romantik.

Voldemaras, Augustinas 63, 66

(1883–1942): Historiker, Staatsmann, einer der führenden Politiker der litauischen nationalen Partei *Tautininkai*; geb. Disna, Kreis Swenzjany (lit. Švenčionys). Gouv. Wilna; machte 1904 das Abitur an einem Gymnasium in Petersburg; studierte bis 1909 an der Universität Petersburg (Geschichte, Philologie); lehrte 1914–1918 als Dozent an der Universität Petrograd; amtierte 1918 als Premierminister der Republik Litauen, 1926–1929 Präsident einer autoritären Regierung, gehörte seit 1929 zur faschistischen und germanophilen Fraktion der litauischen Nationalisten, gründete die Organisation *Geležpinis Vilkas* [Eiserner Wolf]; war 1922–1926 Professor an der Universität Kaunas; wurde 1940 vom NKWD verhaftet, kam während der Haft ums Leben.

Volney, Constantin François de Chasseboeuf* 188, 265

Voltaire* 187

Wasserman, Hermann 61

(1874–1952): – Arzt, Kommunalpolitiker, geb. in Livland, Studium an den Universitäten Dorpat und Berlin; lebte seit 1900 in Riga, während des Weltkriegs Militärarzt, in den 1920er Jahren einer der führenden demokratischen Zionisten in Lettland; nach der Okkupation Lettlands durch die Sowjetunion 1941 verhaftet und in den Ural deportiert; kehrte 1947 nach Riga zurück; nach der Pensionierung 1950 erneut deportiert, nun nach Kasachstan, wo er starb.

Weil, Gotthold 31, 92 f., 257, 262

(1882–1960): Orientalist, geb. in Berlin; begann seine Berufskarriere 1906 an der Preußischen Staatsbibliothek in Berlin, war seit 1918 Direktor der Orientalischen Abteilung; habilitierte 1912 an der Universität Berlin, war seit 1920 Honorarprofessor mit einem Lehrauftrag in der nachbiblischen Jüdischen Geschichte und Literatur; war Mitglied des Kuratoriums für die Hochschule für die Wissenschaft des Judentums, des Vorstands der Akademie zur Förderung der Wissenschaft des Judentums; wurde 1931 zum Professor für Semitische Sprachen an der Universität Frankfurt berufen; wurde 1933 zusammen mit anderen jüdischen Kollegen beurlaubt, 1934 aus dem Staatsdienst entlassen; leitete 1935–1946 die National- und Universitätsbibliothek in Jerusalem und hatte den Lehrstuhl für Türkische Studien an der Hebräischen Universität inne.

Weinreich, Max 133, 227

(1894–1969): Jiddischer Linguist, Historiker, Mitbegründer des YIVO, geb. in Goldingen, Gouv. Kurland; studierte an der Universität Petersburg, promovierte an der Universität Marburg (*Geschichte der jiddischen Sprachforschung*, 1923; ed. Jerold C. Frakes, Atlanta/Georgia 1993); war Lehrer am Jiddischen Lehrerseminar in Wilna; emigrierte 1939 über Brüssel in die USA, wurde der erste Direktor des YIVO in New York und nach dem Zweiten Weltkrieg der erste Professor für Jiddisch in den USA; veröffentlichte auf jiddisch, russisch und englisch, übersetzte u. a. Homer, Freud und Ernst Toller; bekannt vor allem durch die *Geschichte fun der jidischer sprach* (5 Bde., New York 1947; englisch: Bd. I–III: *History of the Yiddish Language*, translated by Shlomo Noble with the assistance of Joshua A. Fishman, Chicago 1980); verfaßte über den Nationalsozialismus bereits 1946 das Buch *Hitler's Professors. The Part of Scholarship in Germany's Crimes Against the Jewish People*, [Nachdruck] New Haven 1999).

Wels, Otto 160

(1873–1939): deutscher Politiker, geb. in Berlin; seit 1891 Mitglied der Sozialdemokratischen Partei; 1912–1933 Reichsminister, während der Novemberrevolution Stadtkommandant von Berlin; lehnte im Namen der SPD-Fraktion das Ermächtigungsgesetz ab, leitete nach der Emigration den Exilvorstand der SPD in Prag bzw. Paris.

Wilhelm II.** 106, 188, 263

Winawer, Maxim M.* 94, 110, 113 f., 128, 211, 236

Wischnitzer, Mark L.** 14, 18, 25, 33, 36, 41 f., 72, 211, 239, 252, 256 f.

Wise, Stephen Samuel 70, 115–117, 251, 287, 296 f.

(1874–1949): führender amerikanischer Zionist, Rabbiner, geb. in Budapest; Ausbildung zum Rabbiner (1892) und Promotion (1902) an der Columbia University, New York; Ordination zum Rabbiner 1893 durch R. Adolph Jellinek in Wien; Rabbiner in New York, Portland; seit 1898 in der Zionistischen Organisation aktiv, Gründer und später Leiter des *Provisional Executive Committee for General Zionist Affairs*, 1916–1919 Berater von Präsident Wilson, beteiligt an Formulierung der *Balfour*-Deklaration, Redner auf der Pariser Friedenskonferenz; 1918–1920 Vizepräsident, 1936–1938 Präsident der *Zionistischen Organisation* in Amerika; Mitbegründer, 1921–1925 Vizepräsident, danach Ehrenpräsident des *American Jewish Congress*; organisierte 1936 den *World Jewish Congress*, leitete ihn bis zu seinem Tod 1949.

Wolf, Lucien 117

(1857–1930): englisch-jüdischer Journalist und Diplomat; geb. in London, gab die *Jewish World* (1874–1893; 1905–1908) heraus, war Auslandsredakteur der *Daily Graphic* (1890–1909), veröffentlichte in diversen englischen Zeitschriften; war Vorstandsmitglied der *Anglo-Jewish Association* und seit dem Ersten Weltkrieg des *Joint Committee*; setzte sich auf der Pariser Friedenskonferenz für die Anerkennung der Juden als Minderheit ein, verwahrte sich jedoch gegen jegliche Form nationaljüdischer Politik; vertrat die britisch-jüdischen Interessen vor dem Völkerbund; verfaßte eine Biographie über Sir Moses Montefiore und Pionierschriften zur englisch-jüdischen Geschichte.

Wolff, Sabbatia Joseph 131, 253

(1757–1832): Schriftsteller und Maskil, gehörte zur ersten Generation deutsch akkulturierter Juden in Berlin; Verfasser der Maimoniana, der ersten Biographie des jüdischen Aufklärers Salomon Maimon (Berlin 1813).

Wolynski-Flekser – siehe **Wolynski, Akim L.*** 120, 246, 252

Zetkin, Clara 159

Zunz, Leopold* 29, 50, 92, 265

Glossar

(Einträge mit * bzw. ** verweisen auf das entsprechende Stichwort in Bd. I bzw. Bd. II; kursive mit ›siehe‹ gekennzeichnete Einträge sind Querverweise innerhalb des Glossars.)

Agudas Israel oder Agudat Israel (hebr.): »Bund Israels«; übernationale Bewegung und Partei der Orthodoxie im aschkenasischen Judentum, deren politisches Programm war, die Bestimmungen der *Halacha* als oberste Richtschnur für Individuum und Gemeinschaft zu bewahren und durchzusetzen; Zusammenschluß der deutschen Neoorthodoxie, der ungarischen und der polnisch-litauischen orthodoxen Juden 1912 in Kattowitz, Oberschlesien; hat bis auf den heutigen Tag vor allem in Israel und den USA Bestand.

Alliance Israélite Universelle: Die erste übernationale jüdische Hilfsorganisation in Europa und zentrale Interessenvertretung der Juden in Frankreich, gegründet 1860 in Paris nach der ›Damaskus-Affäre‹ (Ritualmordbeschuldigung, 1840) und dem ›Mortara-Fall‹ (Fall einer Zwangstaufe, 1858) in Bologna; organisierte nach den Pogromen im Jahre 1881 zusammen mit anderen Hilfsorganisationen die jüdische Emigration aus dem Zarenreich.

American Jewish Committee: Erste Vereinigung und Interessenvertretung der Juden in den USA, nach den Pogromen des Revolutionsjahrs 1905 im Russischen Reich vom jüdischen Großbürgertum, Philanthropen und Diplomaten deutscher Herkunft in New York, u. a. Louis Marshall und Cyrus Adler, gegründet; 1912–1929 von Louis Marshall geleitet, der sich in der Auseinandersetzung um die Rechte der Juden seit der Pariser Friedenskonferenz für die Bürgerrechte engagierte, aber sich im Unterschied zum *American Jewish Congress* gegen die Anerkennung der Juden als Nation in der Diaspora aussprach; seinem Einfluß verdankte sich die Öffnung der *Jewish Agency* für nichtzionistische Mitglieder im Jahre 1929.

American Jewish Congress: Eine der zentralen Vereinigungen der Juden in den USA seit Ende des Ersten Weltkriegs; trat im Dezember 1918 unter Führung von Stephen Wise in Philadelphia zusammen, mit dem Ziel, jüdische Interessen auf der Pariser Friedenskonferenz und bei der Neuordnung Europas nach dem Krieg zu vertreten; repräsentiert waren Gemeinden, Organisationen sowie landsmannschaftliche und andere Verbände; setzte sich für Bürgerrechte und für die Anerkennung der Juden in der Diaspora als Nation ein.

Amerikanischer Jüdischer Kongreß – siehe *American Jewish Congress*.

Am-Olam (hebr.): »Ewiges Volk«; Selbstbezeichnung der agrarsozialistischen jüdischen Bewegung nach dem Titel des gleichnamigen Aufsatzes von Perez Smolenskin (Smolenski), initiiert von zwei jungen Juden in Odessa im Frühjahr 1881 mit Aufrufen zur Emigration und zur Gründung sozialistischer Kommunen in den USA; einige hundert Anhänger folgten dem Aufruf und bildeten Kolonien in verschiedenen Regionen der USA.

Anglo-Jewish Association: Zentrale Interessenvertretung und Hilfsorganisation der Juden in Großbritannien, gegründet 1871.

Ansiedlungsrayon**

Apikoires*

Artel (russ.): Genossenschaft, Artel.

Bet ha-Midrasch*

Biluize – siehe *Bilu***.

Bne Mosche (hebr.): Geheime jüdische Loge in Odessa, 1889 von einer Gruppe junger Intellektueller (Jehoschua Barzilai [Eisenstadt], Abraham Lubarski, Achad Haam u. a.) nach dem Vorbild der Freimaurerlogen gegründet; hatte acht Jahre, bis 1897, Bestand; sollte geistig und körperlich auf die Auswanderung nach Palästina vorbereiten und hatte einen starken Einfluß auf die *Chowewe Zion*-Bewegung.

Chassidismus*

Chibat Zion (hebr.): »Liebe Zions«; kulturzionistische Bewegung nach den Pogromen der Jahre 1881/2 im Russischen Reich, auch *Chowewe zion* [Freunde Zions] genannt, die sich in verschiedenen Städten des *Ansiedlungsrayons* sowie in den Metropolen zu kleinen Gruppen zusammenschlossen; an der Bewegung beteiligten sich u. a. bekannte Literaten wie Saul Pinchas Rabinowitsch, Moses Leib Lilienblum und Lew Lewanda.

Churban Aschkenas (hebr.): »Zerstörung von Aschkenas«; von Dubnow verwendeter Begriff für die wiederholten Verfolgungen der Juden in der Geschichte Europas.

Comité des Délégations Juives: Interessenvertretung der Juden auf der Pariser Friedenskonferenz, vom *American Jewish Congress* und der *Zionistischen Organisation* initiiert, geführt von Julian Mack, Präsident des *American Jewish Congress*, Nachum Sokolow als Vizepräsident und Leo Motzkin als Generalsekretär für die *Zionistische Organisation*; nicht repräsentiert waren die Juden der westeuropäischen Länder, vielmehr setzte sich das *Comité* für die Forderungen der Juden im östlichen Europa nach bürgerlichen und nationalen Rechten ein.

Council for protection of the rights of Jewish minorities, auch Council for Jewish Minority Rights: Entstanden aus dem *Comité des Délégations Juives* auf der Pariser Friedenskonferenz, gegründet im August 1927 in Zürich unter Anwesenheit von fünfundsechzig Delegierten aus dreizehn Ländern (Polen, Palästina, Lettland, Litauen, Griechenland und Estland), die Delegierten des *American Jewish Congress* eingeschlossen, mit Sitz in Genf zur permanenten Vertretung der Juden vor dem Völkerbund; das Präsidium bildeten Nachum Sokolow, Stephen Wise, Leo Motzkin, Rabbi Zewi Perez Chajes, Simon Dubnow und Izchak Grinbaum; die Exekutive David Zwi Farbstejn, Israil Jefroikin, Emil Margulies, Leon Reich, Jakob Robinson und ein Delegierter des *American Jewish Congress*.

Ejcha – siehe *Echa***.

Erez Israel (hebr.): »Land Israel«; ursprünglich zionistisch-programmatische Bezeichnung für Israel; mittlerweile auch umgangssprachlich gebraucht.

Folkisten – siehe *Jüdische Folkspartej***

Foreign office of the Board of Deputies: älteste Interessenvertretung der Juden in Großbritannien, geht auf ein sefardisches Komitee von großbürgerlichen Deputierten zurück, die Georg III. 1760 ihre Loyalität bekundeten; offiziell und allgemein anerkannt seit 1835; setzte sich für die Emanzipation und gegen den Antisemitismus ein; wurde zwischen 1838 und 1874 von dem Philanthropen Moses Montefiore geleitet; ist seit 1943 zionistisch dominiert.

Golus oder Galut*

Haidamatschina – siehe *Haidamaken***.

Halacha*

Hatikwa (hebr.): »Die Hoffnung«; anfangs hebräische, seit 1948 israelische Nationalhymne.

I. C. A: Abkürzung für *Jewish Colonization Association*, jüdische Hilfsorganisation; 1891 als Aktiengesellschaft nach englischem Recht von dem österreichisch-jüdischen Philanthropen Baron Moritz Hirsch in London zur Unterstützung armer Juden im östlichen Europa gegründet; engagierte sich im Bereich der Bildung und der Kolonisation, vor allem in Südamerika; siehe auch JEKO**.

Jamim noarim (hebr.): siehe *Furchtbare Tage**.

JEKOPO**

Jeschibotnik*

Jewish Agency, eigentlich Ha-Sochnut ha-jehudit le-Erez Israel (hebr.): »Die jüdische Agentur für das Land Israel«; übernationale Nicht-Regierungsorganisation mit Sitz in Jerusalem, zugleich Exekutive und Repräsentation der Zionistischen Weltorganisation, gegründet 1922 nach dem Artikel 4 des vom Völkerbund erteilten Palästina-Mandats mit der Aufgabe, die Regierung von Palästina zu beraten und mit ihr in Fragen der Errichtung einer jüdischen Heimstatt in Palästina zusammenzuarbeiten; stand seit 1929 auch den Nichtzionisten offen, d. h. alle Gremien wurden paritätisch besetzt, das Amt des Präsidenten blieb jedoch den Zionisten vorbehalten; war in den 1920er Jahren auch an Kolonisationsprojekten in der Sowjetunion beteiligt; mit der Gründung des Staates Israel veränderte sich die Funktion, doch die Verantwortung für Einwanderung und alle damit verbundenen Fragen blieb erhalten.

Jewish Committee – siehe *American Jewish Committee*.

Jewsekzija**

Joint – siehe *Jewish Agency*.

Jom Kippur*

J. T. A.: Abkürzung für *Jüdische Telegraphen-Agentur*, Nachfolgeorganisation des Anfang des Ersten Weltkriegs in Den Haag eröffneten *Jewish Correspondence Bureau*, gegründet 1919 von Jacob Landau und Mejr Grossman in London; die erste und bis auf den heutigen Tag größte jüdische Nachrichtenagentur; begann mit zwei Büros (London, New York) und verfügte 1926 bereits über sechs Standorte (Paris, Warschau, Berlin, Jerusalem, London und New York) und einhundertsechsundvierzig Korrespondenten; die Zahl der Leser wurde Mitte der 1920er Jahre auf zehn Millionen geschätzt; jedes Agenturbüro gab ein Bulletin in der Landessprache mit Meldungen aus der jüdischen Welt rund um den Globus heraus.

Jüdische Demokratische Gruppe**

Jüdische Folkspartej**

Jüdisches Komitee – siehe *Jewish Committee*.

Jüdische Sozialistische Arbeiterpartei (SERP)**

Jüdische Volkspartei: Zusammenschluß von verschiedenen, an Fragen jüdischer Kommunalpolitik interessierten nationaljüdischen Gruppen in der Weimarer Republik, erstmals anläßlich der Repräsentantenwahl der Jüdischen Gemeinde Berlin im Jahr 1919; nach dem Berliner Vorbild erfolgten ähnliche Zusammenschlüsse in anderen Gemeinden (Königsberg, Breslau, Köln, München, Leipzig, Dresden) und Landesverbänden, so zu den ersten Wahlen zum Preußischen Landesverband 1925; Hauptmerkmal war das Verständnis der Jüdischen Gemeinde als ›Volksgemeinde‹ mit munizipalen Pflichten und nicht als ›Religionsgemeinde‹.

Kaddisch*

Kina,-ot*

Kolo, eigentlich *koł o* (poln.): »Kreis«, »Runde«; zwischenparteiliche Fraktion im *Sejm*, deren Mitglieder bei bestimmten Abstimmungen eine einheitliche Haltung vertreten; hier die Fraktion der jüdischen Abgeordneten im polnischen Parlament.

Komitee der jüdischen Delegationen – siehe *Comité des Délégations Juives.*

Kopenhagener Manifest vom 28. Oktober 1918: Manifest des Kopenhagener Büros der *Zionistischen Organisation* unter Leitung von Victor Jacobson, das im Hinblick auf die Neuordnung Europas nach dem Weltkrieg an die Pariser Friedenskonferenz appellierte und Minderheitenrechte für alle staatenlosen Nationen in Europa im allgemeinen wie für die Juden im besonderen forderte, d. h. für die Juden Bürgerrechte und nationale Rechte in der Diaspora und die Errichtung einer nationalen Heimstatt in Palästina.

Marranentum – siehe Marrane oder Marrano*

Meschulach (hebr.): »Abgesandter«; Der Tradition nach ein Bevollmächtigter und Bote einer jüdischen Institution, um Abgaben zu ihrer Förderung einzutreiben.

Misnaged, misnagdisch – siehe *Misnagid* oder *Mitnaged**.

Narodnitschestwo*

Nasiräer**

ORT**

OPJE (russ.): Abkürzung für *Gesellschaft zur Verbreitung der Aufklärung unter den Juden in Rußland* – bei Dubnow in der Regel *Gesellschaft für Aufklärung* genannt; gegründet von jüdischen Bankiers, Kaufleuten und Intellektuellen auf Initiative des Baron Horaz Ginzburg im Jahre 1863 in Petersburg; modernisierte Institution traditioneller jüdischer Fürsprache (stadlanut), vorpolitische zentrale Vereinigung in der Residenzstadt und über Jahrzehnte die einzige von der Regierung anerkannte Interessenvertretung der Juden im Russischen Reich; wurde Ende des Jahres 1929 aufgelöst.

OSET**

Pessach*

Piter**

Poale Zion**

Purim*

Rosch ha-Schana*

Saeima: Bezeichnung des Parlaments in Lettland.

Sarja (russ.): »Morgenrot«; menschewistische Gruppe im Berlin der 1920er Jahre.

Schawuos – siehe *Schowuos* oder *Schawuot**

Schwarzhunderter**

Schwarzhundertschaft – siehe *Schwarzhunderter***

Sejder oder Seder**

Sejm*

Sijum (hebr.): »Abschluß«, der nach der jüdischen Tradition zu unterschiedlichen Anlässen mehr oder weniger gefeiert wird: Gemeint ist der Abschluß 1. eines Gebetes o. ä., stets mit gutem Inhalt; 2. der Niederschrift einer Torarolle; 3. der Lesung eines der Bücher der Tora im Gottesdienst; 3. der im Jahreszyklus gelesenen Wochenabschnitte der Tora an *Simchat Tora*; 4. des Studiums eines Talmudtraktats.

Simchat Tora*

Sowdepien (russ.): Abkürzung für Sowjet der Arbeiter- und Bauerndeputierten; verächtlicher Ausdruck für die Sowjetunion.

Sozialrevolutionäre**

Stadlan*

Tische be-Aw*

Tscheka**

Verband russischer Juden: Politisch neutrale Selbsthilfeorganisation der meist mittelständischen Emigranten aus dem Russischen Reich in Berlin, gegründet 1920 und 1935 durch die Gestapo aufgelöst; wurde von der Jüdischen Gemeinde in Berlin, seit 1926 auch vom »Internationalen Arbeitsamt« beim Völkerbund und von verschiedenen jüdischen Hilfsorganisationen *(Joint, I. C. A., Alliance Israélite Universelle, Hilfsverein der deutschen Juden)* unterstützt.

Vaterländischer Bund, eigentlich Vaterländischer Bund russischer Juden: Vereinigung von russisch-jüdischen Emigranten im Berlin der zwanziger Jahre, gegründet u. a. von Jossif Bikerman, Wenjamin Mandel, Grigori Landau, ehemaligen Mitgliedern der *Jüdischen Demokratischen Gruppe*, mit denen Dubnow nach der Revolution von 1905 und bis 1917 in Petersburg politisch zusammengearbeitet hatte; kooperierten in der Berliner Emigration im Kampf gegen den Bolschewismus mit den russischen Monarchisten.

Volkspartei – siehe *Jüdische Volkspartei.*

Wosroschdenije**

Zionisten-Revisionisten: radikal-nationalistische Fraktion innerhalb der zionistischen Bewegung, gegründet und geführt von Wladimir Jabotinsky, seit den späten 1920er und in den 1930er Jahren die Oppositionspartei innerhalb der Zionistischen Weltorganisation; ihr Organ war der *Rasswet* im Berlin der zwanziger Jahre und danach in Paris; forderten die gewaltsame Einnahme Palästinas und einen ethno-konfessionell homogenen jüdischen Staat.

Zionistische Organisation: Übernationale Vereinigung der Zionisten auf demokratischer Grundlage nach dem Baseler Programm von 1897; Mitglieder wurden alle, die den Mitgliedsbeitrag von einem Schekel zahlten; organisiert nach Ortsgruppen und Landesverbänden; bis zum Ersten Weltkrieg eine überschaubare Organisation von weniger als 100.000 Mitgliedern, expandierte seit dem Krieg angesichts der Notsituation der osteuropäischen Juden und wurde zur einflußreichsten Selbsthilfe- und Interessenorganisation der Juden weltweit.

Sachindex und Ortsregister (Bd. I–III)

von Nicolas Berg und Grit Jilek

Vorbemerkung

Register sind Seitenzugänge zum Text – und dies in einem doppelten Sinne. Die englischsprachige Fassung von Simon Dubnows »Geschichte der Juden in Russland und Polen«, die ursprünglich als Einzelmonografie geplant gewesen war, dann aber zwischen 1916 und 1920 in drei Büchern erschien, enthielt im letzten der drei Bände einen umfangreichen Index, der genau die Hälfte des über 400seitigen Abschlussbandes umfasste.[1] Autor dieses Sach- und Namensregisters war Dubnows Freund und Übersetzer Israel Friedländer, der 1920 bei einem Pogrom in der Ukraine ermordet worden war und den Abschlussband seiner Übertragung selbst nicht mehr im Druck gesehen hatte.[2] Simon Dubnow beschreibt in einer kurzen Passage seiner Erinnerungen den Moment, als er das Paket mit dem fertigen Buch in Kowno während seiner Zeit des Wartens auf die Ausreiseerlaubnis nach Deutschland erhielt, ein Buch, das nun auch den Tod seines Freundes anzeigte.[3] In einer Friedländer gewidmeten Vorbemerkung der amerikanischen Herausgeber heißt es hier, dass das Register in seinem Gebrauchswert kaum zu überschätzen sei und es nachgerade eine »Synopsis« der jüdischen Geschichte in Russland und Polen darstelle.[4] In der Tat finden sich hier Einträge zu Personen- und Ortsnamen, die zumeist noch einmal so fein ausdifferenziert werden, dass der Benutzer etwa zu »Ahad Ha'am« (d. i. Ascher Ginzburg) nicht nur eine Reihe von Seitenangaben erhält, sondern diese noch einmal unterteilt in Belegstellen zu dessen schriftstellerischen, organisatorischen und politischen Tätigkeiten als Kulturzionist, Zeitschriften-Herausgeber und Philosoph. Der Eintrag zu »Vilna« reicht auf diese Weise über sechs Spalten. Friedländers Register enthält Sachbegriffe wie »Armee« und »Künstler«, »Po-

1 Simon Dubnow, History of the Jews in Russia and Poland. From the earliest Times until the Present Day, translated from the Russian by Israel Friedlaender, 3 Bde, Philadelphia 1916–1920, Bd. 3, S. 205–411 (vergleiche auch in dieser Ausgabe, Band II, Autobibliographie, Nr. 248, S. 371). Die Register von Dubnows Lebenswerk, der zehnbändigen »Weltgeschichte des jüdischen Volkes« (1925–1929) und der zweibändigen »Geschichte des Chassidismus« (1931), sind im Vergleich hierzu schmal und umfassen jeweils nur zwanzig Spalten, vgl. die Namens- und Sachregister, in: Simon Dubnow, Geschichte des Chassidismus (2 Bde), Bd. 2, Berlin 1931, S. 325–336; dass., in: Simon Dubnow, Weltgeschichte des jüdischen Volkes, Bd. 10, Berlin 1929, S. 565–574.

2 Zu Israel Friedländer vergleiche die Bemerkungen im kommentierten Namensverzeichnis von Band I, S. 494.

3 In diesem Band, Drittes Buch, Kapitel 68, S. 63.

4 Die Vorbemerkung der Herausgeber, in: Dubnow, History of the Jews in Russia and Poland, Bd. 3, S. 3.

grome« und »Ritualmord-Beschuldigung«, »Siedlungsrechte« und »Terrorismus«, »Universität« und »Zionismus«, stets unterteilt in Subeinträge, die die Kohärenz des Eintrages nicht dementierten, aber die beiden Gefahren jeder Indexikalisierung – Vereinfachung und Überzeichnungen – zu vermeiden wussten. Zuletzt finden sich hier auch deutende Begriffe wie z. B. »Autonomismus«, »Russifizierung«, »Territorialismus« oder »Jüdischer Nationalismus«, zum Teil also interpretationsleitende Termini, die der Geschichtsschreiber Simon Dubnow selbst geprägt hatte.

Das vorliegende Sach- und Ortsregister zur deutschen Übersetzung aller drei Bände der Erinnerungen von Simon Dubnow steht in dieser Tradition. Es versteht sich als Versuch, Zugänge zum Text – hier der Dubnowschen Memoiren – zu eröffnen, die konkrete wie umfassende, jüdische wie allgemeine Einträge berücksichtigen und dabei durch ein Verweissystem auch kombinieren und verschränken. Darüber hinaus werden hier besondere terminologische Prägungen von Simon Dubnow berücksichtigt sowie solche Begriffe, die seine individuelle Wertung enthalten, z. B. »Antithese«, »Triade«, »Autonomismus« oder »Diasporanationalismus« – Begriffe, die das Register *kursiv* aufführt.

Der Leser findet im Folgenden Einträge, die im engeren Sinne jüdische Lebenswelten erschließen, seien sie religiös oder historisch, also Begriffe wie beispielsweise »Synagoge«, »Mischna« oder »Kahal«, »Haskala« oder »Stetl«. Diese Ebene des Registers ist in den Erinnerungen des säkularen Wissenschaftlers und Historikers dabei aber keineswegs dominant. Weitaus mehr Einträge enthält es deswegen auf der Ebene jener Begrifflichkeiten, die zwar die jüdische Geschichte zentral betreffen, deswegen aber nicht jüdisch genannt werden können, Begriffe also, die so etwas wie den Zusammenhang aus jüdischer und allgemeiner Geschichte bezeichnen. Zu ihnen gehört z. B. »Galut/Golus«, bzw. »Diaspora« und »Emanzipation«, »Pogrom« und »Antisemitismus«. In diese Reihe sind nicht zuletzt auch begriffliche Missverständnisse aufzunehmen, bzw. jene Worte, die mehr den Blick auf die jüdischen Lebenswelten charakterisieren, als diese selbst. Das Register enthält in diesem Sinne also auch Ausdrücke, die wir heute gemeinhin in Anführungen setzen wie z. B. »Ostjuden«, »Judenfrage« oder auch »Wucher«. Am häufigsten erscheint im Index jedoch eine dritte, eine allgemeine Ebene derjenigen historischen Termini, die gar nicht aus der Sphäre der jüdischen Geschichte im engeren Sinne stammen, aber im Zeitalter der Moderne eine sehr spezielle Bedeutung für diese aufweisen. Hierzu wären z. B. »Minderheitenrechte«, »Emigration«, »Sakralität« und »Säkularisierung« oder auch »Transterritorialität« zu zählen, Worte, die für die jüdische Geschichte des 19. und frühen 20. Jahrhundert einen ganz besonderen und eigenen Klang aufweisen.

Es ist die Besonderheit dieses Registers, dass es – analog zur Gewichtung im Text von Simon Dubnow – am meisten Seiteneinträge für diejenigen Einträge aufführt, die das Jüdische gespiegelt oder verwandelt im Allgemeinen zeigen, also in Begriffen wie »Europa«, »Zeitungen/Zeitschriften«, »Universität« oder

»Sprachen«. Vielleicht könnte man sogar sagen, dass der Index den Kern seiner Semantik gerade dort aufweist, wo er dem Leser weniger die nominalen Bedeutungen der Worte anbietet, als vielmehr deren spezifische Färbung aus der Perspektive osteuropäischer jüdischer Lebenswelten zwischen 1860 und 1930. Mit ihnen wird das Memoirenwerk Dubnows – und durch dieses wiederum sein Lebenswerk – als sehr spezifische Antwort auf die Herausforderungen der Moderne lesbar gemacht. Eine solche Übertragung im erweiterten Sinne verlässt dabei keineswegs die historischen Begriffswelten der Quellensprache des 19. und frühen 20. Jahrhunderts. Dennoch handelt es sich dabei um eine Art von Transfer, denn die Übersetzung vom Jüdischen ins Allgemeine, die im Erfahrungstext der Memoiren selbst angelegt ist und vom Register noch einmal in pointierter Form wiederholt wird, macht die Semantik jüdischer Geschichte in Mittel- und Ostmitteleuropa für heute beschreibbar und konvertiert somit ihre Besonderheit für die allgemein-europäische Geschichte und für unsere Gegenwart.

Das Register bezieht sich auf den Memoirentext, den Anmerkungsapparat und die Anhänge aller drei Bände der deutschen Gesamtausgabe, wobei die Bandzählung mit römischen Zahlen markiert wird. Nicht berücksichtigt wurden die Vorworte der Herausgeber, bzw. die Einleitungen in Band I und III. Der Schrägstrich zwischen zwei oder mehreren Begriffen – z. B. beim Eintrag »Arbeiterbewegung/Arbeiterparteien« – bedeutet, dass diese Begriffe gleichrangig in einem synthetischen Eintrag zusammengefasst wurden. Grundsätzlich erscheinen die Seitenzahlen aus dem Haupttext und den Anmerkungen zu einem Registereintrag in Normalschrift. Seitenzahlen, die sich auf das kommentierte Namensverzeichnis oder auf das Glossar beziehen, sind *kursiv* gesetzt. ***Halbfette*** Seitenzahlen verweisen entweder auf einen begriffsidentischen Eintrag des Sachwortes im Glossar oder auf die vollständige bibliografische Angabe einer Zeitung/Zeitschrift im Anhang des jeweiligen Bandes. Querverweise zu anderen Registereinträgen erscheinen hinter dem jeweiligen Registereintrag in runden Klammern, wobei zwischen echten Querverweisen (s. = siehe) und dem Hinweis auf semantisch verwandte Stichworte (vgl. = vergleiche) unterschieden wird. Unterbegriffe sind alle jene Einträge, die vom Haupteintrag/Oberbegriff distinkt sind, ohne einen eigenen Eintrag zu bilden, z. B. »Bildungsreform« im Eintrag »Bildung«; sie werden mit Spiegelstrichen alphabetisch im Anschluss an den Haupteintrag aufgeführt.

5 Es existieren verschiedene Ausgaben der Zeitung Der Tog: 1. Der tog Wilna; 2. (Der) tog Petrograd; 3 Der tog New York.

6 Es existieren verschiedene Ausgaben der Zeitung Rasswet: 1. Rasswet Wochenzeitschrift, St. Petersburg 1879–1883; 2. Rasswet, russisch-jüdische Wochenzeitung, Petersburg/Petrograd 1907–1915, 1917/8 (vgl. auch Jewrejskaja schisn); 3. Rasswet, russisch-jüdische Wochenzeitschrift, Odessa 1860/1; 4. Rasswet, russisch-jüdische Wochenzeitung, Organ der Zionisten, Berlin 1922–1924, Paris 1933).

7 Es existieren verschiedene Ausgaben der Zeitung Russki jewrej: 1. Russki jewrej, Wochenzeitschrift, St. Petersburg 1879–1884; 2. Russki jewrej, russisch-jüdische Zeitschrift, Moskau 1915).

Bildnachweis

2, 3, 4, 7:	Bildarchiv Preußischer Kulturbesitz, Berlin, 2005
5, 6:	Beth Hatefutsoth, Photo Archive, Tel Aviv
8, 9, 12, 20, 24:	Privatbesitz Viktorija Dubnowa, Moskau
10, 16, 18, 19, 21, 22, 23:	The Archives of the YIVO Institute for Jewish Research, New York
11:	Privatbesitz
13, 14:	Privatarchiv Anatol Schenker, Basel
17:	Central Archives for the History of the Jewish People, Jerusalem